Carl Friedrich von Weizsäcker:
Wahrnehmung der Neuzeit

29 154 296 339 ff.
42 156

35

406

408 ff.

Deutscher
Taschenbuch
Verlag

dtv

Von Carl Friedrich von Weizsäcker
sind im Deutschen Taschenbuch Verlag erschienen:
Wege in der Gefahr. Eine Studie über Wirtschaft, Gesellschaft und Kriegsverhütung (1452)
Deutlichkeit. Beiträge zu politischen und religiösen Gegenwartsfragen (1687)
Die Einheit der Natur. Studien (10012)
Der bedrohte Friede. Politische Aufsätze 1945–1981 (10182)

Ungekürzte Ausgabe
1. Auflage November 1985
2. Auflage Juni 1986: 13. bis 18. Tausend
Deutscher Taschenbuch Verlag GmbH & Co. KG, München

ISBN 3-446-13856-0
Umschlaggestaltung: Celestino Piatti
Gesamtherstellung: C. H. Beck'sche Buchdruckerei, Nördlingen
Printed in Germany · ISBN 3-423-10498-8

Das Buch

Die Wahrnehmung einer übergroßen Bedrohung, einer Weltkrise, ist das Hauptanliegen dieses Buches. Carl Friedrich von Weizsäcker stellt im ersten Teil Aufsätze und Vorträge aus den Jahren 1976 bis 1983 über »Augenzeugen« zusammen: u.a. über Werner Siemens und Albert Einstein, Goethe und Thomas Mann, gesehen hier in ihrer Bedeutung als Seismographen für die Entwicklung auf die heutige Krisensituation hin. Im zweiten Teil dann tritt Carl Friedrich von Weizsäcker selbst als ein solcher »Augenzeuge« mit Beiträgen seit 1945 auf. Wichtig ist ihm die Art, wie andere und er die Neuzeit wahrgenommen haben; denn, so schreibt er selbst: »Das Ziel ist, die Neuzeit sehen zu lernen, um womöglich besser in ihr handeln zu können. Das Ziel ist Wahrnehmung der Neuzeit. Was wir heute an der Neuzeit am unausweichlichsten wahrnehmen, ist – so scheint es wenigstens dem Verfasser – ihre Krise. Mit der Wahrnehmung der Krise beginnt das Buch. Es sucht dann aber Besinnung durch Distanz. Es läßt sich zunächst auf die bunte Fülle der Neuzeit ein. Schließlich sucht es jedoch Begriffe, um die einheitliche Linie in dieser Fülle zu bezeichnen. Die Begriffe bestätigen – so scheint es – die Unausweichlichkeit der Krise. Das Buch endet, auf wenigen Seiten, mit Zielen in und jenseits der Krise.«

Der Autor

Carl Friedrich von Weizsäcker, geboren 1912 in Kiel, studierte Physik in Berlin, Göttingen, Leipzig und promovierte 1933 bei Werner Heisenberg. 1936 habilitierte er sich, war Professor für theoretische Physik an den Universitäten Straßburg und Göttingen, von 1957 bis 1969 für Philosophie an der Universität Hamburg. Von 1970 bis 1980 war er Direktor des Max-Planck-Instituts zur Erforschung der Lebensbedingungen der wissenschaftlich-technischen Welt in Starnberg. Wichtigere neuere Veröffentlichungen: »Wege in der Gefahr« (1976 und 1979), »Der Garten des Menschlichen« (1977 und 1983), »Deutlichkeit« (1978 und 1981), »Der bedrohte Friede« (1981 und 1983), »Aufbau der Physik« (1985).

Inhalt

Vorwort

Der Gegenstand dieses Buches ist die Neuzeit, also die Geschichtsphase, in der wir noch leben und für die wir mitverantwortlich sind. Das Ziel ist, die Neuzeit sehen zu lernen, um womöglich besser in ihr handeln zu können. Das Ziel ist Wahrnehmung der Neuzeit. Was wir heute an der Neuzeit am unausweichlichsten wahrnehmen, ist – so scheint es wenigstens dem Verfasser – ihre Krise. Mit der Wahrnehmung der Krise beginnt das Buch. Es sucht dann aber Besinnung durch Distanz. Es läßt sich zunächst auf die bunte Fülle der Neuzeit ein. Schließlich sucht es jedoch Begriffe, um die einheitliche Linie in dieser Fülle zu bezeichnen. Die Begriffe bestätigen – so scheint es – die Unausweichlichkeit der Krise. Das Buch endet, auf wenigen Seiten, mit Zielen in und jenseits der Krise.

Äußerlich besteht das Buch, wie schon das Inhaltsverzeichnis zeigt, aus zwei verschiedenartigen, aber aufeinander bezogenen Teilen.

Vorwiegend unter dem Titel »Augenzeugen« sind Aufsätze und Vorträge aus den Jahren 1978 bis 1983 gesammelt; hinzu kommt ein Vortrag über Siemens von 1966. Zu dieser Sammlung gehören auch die »Randnotizen« des Teils II. Alle diese aus heterogenen Anlässen geschriebenen Texte waren von vorneherein im Blick auf das Thema »Neuzeit« abgefaßt. Diesen Zusammenhang skizziert die Einleitung und reflektiert der Abschnitt »Begriffe« des Teils II. In denselben fünf Jahren habe ich wesentlich mehr Aufsätze geschrieben, die aus thematischen Gründen hier nicht aufgenommen sind. Fortgelassen sind die politischen Texte, die meist schon publiziert sind (»Der bedrohte Friede« 1981; »Möglichkeiten und Probleme auf dem Weg zu einer vernünftigen Weltfriedensordnung« 1982); nur den späteren Essay über Kennan habe ich aufgenommen, der sich wie von selbst ins Thema »Krise der Neuzeit« einfügt. Fortgelassen sind ferner zahlreiche Texte zur Philosophie, insbesondere zur Philosophie der Logik, Mathematik und Naturwissenschaft. Diese hoffe ich demnächst in einer anderen Sammlung als eine Art Ernte meiner ursprünglichen

Arbeitsrichtung vorzulegen. Nur die Philosophie der Kunst habe ich nicht aus der gegenwärtigen Sammlung verbannt, da Kunst einer der wichtigsten Seismographen der Neuzeit ist.

Der zweite Teil nennt sich »Reflexion des Verfassers«. Seine Texte zielen direkt, nicht durch andere Augenzeugen vermittelt, auf das Verständnis der Neuzeit. Zunächst drucke ich drei Aufsätze aus dem Umkreis des zweiten Weltkriegs ab, die ich seinerzeit nicht zu veröffentlichen gewagt habe. Vielleicht ist das Krisenbewußtsein von 1945 demjenigen von 1983 verständlicher als der optimistischen Zwischenphase. Vor allem aber habe ich damals, wenngleich in jugendlicher Unfertigkeit, doch mit der begrifflichen Arbeit der Besinnung durch Distanz begonnen. Einigen neueren Reflexionen (»Randnotizen«) folgen dann drei auf die eigene Person bezogene »Rechenschaftsberichte«, also nochmals Spiegelungen unserer Zeit in einer Subjektivität. Eigens für dieses Buch geschrieben ist, außer Einleitung und Schlußwort, der große Abschnitt »Begriffe«, ein Stück philosophischer, speziell geschichtsphilosophischer Arbeit.

Dem Carl Hanser Verlag danke ich für seine unwankende Treue; insbesondere danke ich Herrn Stephan Sattler für sein aktives Mitdenken an der Gestaltung dieses Buchs. Frau Ruth Grosse hat nicht nur die Mühe der äußeren Herstellung der Texte getragen, sondern ebenso hat sie die Mühe des Ausdenkens und Ertragens seines Inhalts geteilt. Daß das Buch zugleich ein Dank an meinen Freund Georg Picht ist, verrät jeder seiner Teile. Das brauchte ich nicht zu wollen, das ist von selber, aus der sechzigjährigen Verbundenheit in diesen Wahrnehmungen und – noch einmal – in ihrem Ertragen, in alle Texte eingeflossen.

Starnberg, 1. Mai 1983 C. F. v. Weizsäcker

Einleitung: Wahrnehmung der Neuzeit

1

Dichter und Marxisten haben vor 1914 den Weltkrieg vorhergesagt. Einige verantwortliche Staatsmänner sahen die mögliche katastrophale Variante des Spiels, dessen erste Figuren sie waren. Prophezeiungen des Endes tauchten im Volk auf. Aber die Menschen aßen und tranken, freiten und ließen sich freien, bis die Flut kam (Matth. 24, 38).

Der Seismograph der Kunst, die gesellschaftskritische Konstruktion der Weltgeschichte, der Albtraum der Verantwortungsbewußten, das mediale Durchscheinen der Zukunft, sie alle kündigten nicht bloß zehn Jahre Unterbrechung des Fortschritts und eine Umschichtung der Machtverhältnisse an, sondern eine Krise unserer Existenz, eine Krise der Menschheit. Im Europa der Zwanzigerjahre war das Krisenbewußtsein stark. Der zweite Weltkrieg erschien wie der Vollzug der Krise. Der Optimismus der Jahrhundertmitte sah auf die Epoche zweier Weltkriege wie auf einen überwundenen Fieberschauer zurück, einen Irrtum oder eine Reinigung.

Die erneute, die weltweite Fortschrittszuversicht war eine Flucht nach vorn. Die Seismographen zeigen seit über 35 Jahren konstant das kommende Beben an. Obstinat, ja zwangshaft verweigert sich die Kunst unseres Jahrhunderts dem zivilisatorischen Optimismus. Bewußt nimmt sie die Leistung der neuzeitlichen Kunstentwicklung, die Erschließung der Realität als einer geordneten, zurück. Die kapitalistische Weltwirtschaft beweist freilich fortdauernd eine höhere Vitalität als alle sozialistischen Alternativen. Aber es ist die Vitalität des Wellenreiters in selbsterzeugten Krisenwellen. Von ihrer Gerechtigkeit, von ihrer Weisheit hat sie die Jugend der Welt nicht zu überzeugen vermocht. Regierungsverantwortung ist in diesen Jahrzehnten rascher Kommunikation zur nervenverzehrenden Tortur geworden. Lautlos schwebt über ihr, jedem sichtbar, die Drohung der Atombombe. Sie gibt der alten mythischen

Sprache der Untergangsprophetien eine heute technisch vorstellbare Gestalt.

Krisen sind normal in der Evolution, zumal in der Menschheitsgeschichte. Was die kommende Krise übergroß macht, sind zunächst technische Daten. Die Welt ist heute *ein* Zusammenhang; sie wird als Ganze hineingezogen. Die Zerstörungsmittel sind übergroß. Und die Versorgung der Milliarden lebender Menschen beruht auf einem technischen Netz, dessen auch nur zeitweilige Zerstörung den Hunger zu einem größeren Abräumer machen wird als vermutlich die Radioaktivität des Atomkriegs.

Unsere Welt ist nicht erlahmt. Ihre Krise ist formell ein Stolpern über die eigene Kraft. Aber man kann auch sagen, sie sei Folge einer neurotischen Fehlleitung.

Reden wir von drei Bereichen: dem Westen, Rußland, den außereuropäischen Kulturen. Die akute Gefahr stammt von Rußland und von der Angst des Westens vor Rußland. Der schwache Gigant ist in diesem Jahrzehnt militärisch am stärksten. Wird man beiderseits der Versuchung widerstehen, aus der Angst in die Aktion zu fliehen?

Die tiefere Wurzel der Krise läßt sich zwiefältig beschreiben. Die außereuropäischen Kulturen sind von der westlichen Kultur überwältigt und zutiefst verwandelt worden. Jetzt besinnen sie sich auf ihre Identität. Nicht die bei Teilen der Weltbevölkerung noch wachsende Armut, im Gegenteil die bei großen Teilen eintretende Entlastung von der reinen Subsistenzwirtschaft zündet die aktive Gegenwehr, die Militanz. So heute im Islam.

Warum aber die Gegenwehr? Nicht einfach aus Traditionalismus. Die westliche Kultur ist mit sich selbst unvereinbar. Dieses Problem läßt sich nicht mehr ökonomisch, nicht mehr sozial beschreiben. Am nächsten kommt ihm heute die Psychologie. Die Willens- und Verstandeskultur hat uns Wollen als Selbstzweck gelehrt. Daher die unermeßliche Effizienz und das umsichgreifende Empfinden der Sinnlosigkeit.

2

Dieses Buch entstammt der Sorge. Es enthält vorwiegend Texte aus den Jahren 1978 bis 1983. Dies waren die Jahre des Schocks, in denen unseren Nationen klarwurde, daß unsere Zukunft nicht gesichert, daß der Friede bedroht ist. Der Schock hat mich nicht überrascht. Ich war eher entsetzt, daß er so spät kam. Wer hinschaute, konnte die Gefahr vorher sehen.

Die zwei Seiten, mit denen diese Einleitung begonnen hat, sind Teile einer privaten Aufzeichnung aus der Neujahrswoche 1980. Damals hatten der NATO-Doppelbeschluß, der russische Einmarsch in Afghanistan, die Stabilisierung des Khomeini-Regimes den Anfang der Achtzigerjahre eingeläutet. Ich hatte seit mehr als zehn Jahren auf die Achtzigerjahre mit besonderer Besorgnis vorausgeblickt.

Als Einführung in den Inhalt und den Aufbau des Buchs möchte ich das eingangs Gesagte noch einmal auslegen. Dabei wähle ich eine andere Reihenfolge der prognostischen Instanzen. Ich spreche zuerst vom politischen Handeln, dann von der gesellschaftstheoretischen Analyse, dann von der Kunst, zuletzt nur en passant von der Prophetie. Das wichtigste dabei sind die Menschen, die wirklichen Menschen, die alle voneinander verschieden sind, über keinen gemeinsamen Kamm zu scheren, und die miteinander leben sollen.

Das jetzige Buch ist kein politisches Buch. Politische Analysen und politische Handlungsvorschläge habe ich anderswo vorgelegt*, und ich werde damit fortfahren. Die Krisenerwartung darf unter keinen Umständen die Bereitschaft zur Teilhabe an der aktiven politischen Verantwortung lähmen. Sie muß sie vielmehr intensivieren. Es gibt Wege in der Gefahr. Es soll Wege in der Krise geben. Aber wer *nur* die konkrete politische Verantwortung sieht, erweist sich heute zunehmend als ratlos, und um so schlimmer, je weniger ihm seine eigene Ratlosigkeit bewußt wird. Die Denkfigur des gegenseitigen Vorwurfs, für Wahlkämpfe und ideologische Außenpolitik gleich charakteri-

* »Wege in der Gefahr« (1976), »Der bedrohte Friede« (1981), »Möglichkeiten und Probleme auf dem Weg zu einer vernünftigen Weltfriedensordnung« (1982). In diese Reihe gehört im jetzigen Buch nur der Aufsatz »George F. Kennan und die Politik der Weltmächte«.

stisch, ist ihrem Wesen nach unfähig, den Grund der Krise zu Gesicht zu bekommen. Sie steigert die Gefahr, vor der sie sich fürchtet.

Es ist sinnvoll, dem Grund der Krise in wirtschaftlichen, gesellschaftlichen, seelischen Konstellationen nachzuspüren. Dies ist ein Feld empirischer Studien und theoretischer Reflexion. Ich versuche ständig, aus dieser Arbeit meiner wissenschaftlichen Kollegen zu lernen und da oder dort einen Beitrag zu leisten. Aber wenn ich das Auge von der Arbeit erhebe, wenn mich der direkte Anblick der Krise erschüttert, so meine ich noch einen größeren, menschheitsgeschichtlichen Zusammenhang wahrzunehmen. Was ich dann sehe, vermag ich nicht in Theorie zu verwandeln, so wenig wie das, was ich erfahre, wenn ich einem einzelnen Menschen liebend begegne. Ich kann nur versuchen, den Blick nicht abzuwenden. Vielleicht fallen mir dann Worte ein, um etwas von dem Gesehenen zu beschreiben, so daß andere dasselbe wahrnehmen und in ihrer eigenen Weise beschreiben können. Ob dies dann unsere soziologischen Analysen sensibler, unser politisches Handeln genauer macht, wird sich zeigen.

Diesem Zusammenhang entstammt das Wort *Wahrnehmung* im Titel des Buches. Damit klingt ein philosophisches Problem an, das erst am Ende, im Abschnitt »Begriffe«, systematisch erörtert werden wird. Es ist eben das Problem, wie sich Theorie und Wahrnehmung zueinander verhalten.

Daß ein Lebewesen in seiner Umwelt immer schon auf natürliche Weise orientiert ist, das ist eine Fähigkeit, die von der neuzeitlichen Willens- und Verstandeswelt als gegeben benützt, ja ausgebeutet, aber, wie die Ausgebeuteten so oft, ohne hinreichende Nahrung gelassen wird. Die Vernunft der Affekte, die Wahrnehmung eines Ganzen wird als subjektiv abgewertet oder allenfalls in das geduldete Kulturreservat der Kunst abgedrängt.

Tatsächlich ist die Kunst aber eine der großen Leistungen der Neuzeit. In ihr ist eine Wahrnehmungsfähigkeit ausgebildet, die der mächtigen Theorie und der normativen Praxis verlorengegangen ist. Nicht zufällig ist die Kunst einer der ersten Seismographen der Krise gewesen. Es hat sich mir daher in den Beiträgen dieses Bandes aufgedrängt, einiges über die Wahrheit der Kunst zu sagen, so in den Beiträgen über Goethe, über Nietzsche, über Heisenberg und Heidegger, in der Schlußreflexion »Begriffe«.

Prophetie im eigentlichen Sinne ist kein ausdrückliches Thema dieses Buchs. Was sich öffentlich als Prophetie gibt, der angstvoll-spielerische Versuch, dem lieben Gott in die Karten zu gucken, ist heute wieder einmal Mode. Das ist ein psychisches Krisensymptom, eine Krankheit, und kein objektiver Krisenindikator. Wahre Prophetie trifft uns anders.

3

Das Buch beginnt mit der Wahrnehmung einer Krise – unserer Krise. Es versucht, diese Wahrnehmung in einen größeren Rahmen zu stellen: den einer Wahrnehmung der Neuzeit. Diese Ausweitung des Rahmens soll zunächst Distanz schaffen, durch Distanz Ruhe, durch Ruhe Besinnung.

Neuzeit ist nicht nur Krise. Soweit die Neuzeit eine Willens- und Verstandeswelt ist, ist sie zugleich die bisher größte Entfaltung zweier zusammengehöriger Fähigkeiten, die im Menschen angelegt sind: eben des individuellen Wollens und des begrifflichen Denkens. Naturwissenschaft ist nicht nur instrumentaler Verstand, sondern zugleich ein unvergleichlich großartiger Blick auf die Einheit der Natur. Der liberale Rechtsstaat setzt nicht nur Egoismen frei, sondern lehrt mich, die Anderen als meinesgleichen in der Anforderung an die gemeinsame Vernunft anzuerkennen. Technik hat geholfen, elende, schmutzige Armut zu überwinden; daß sie in ihrer gewaltigen Weltverwandlung dann die Natur selbst bedroht, wird später erkannt. Und Neuzeit ist nicht nur Wille und Verstand. Sie ist Glücksfähigkeit, im kleinen Raum, nicht bloß im Pathos des Grenzenlosen. Sie ist die Sensibilität der Kunst. Sie ist der Versuch, ernstzumachen, wo vorher nur symbolische Bilder da waren, und sie ist der Reichtum der Perspektiven, des Verstehens anderer Menschen und Kulturen.

Aber bezahlt die Neuzeit nicht eben für diese Reichtümer mit der jetzigen Existenzkrise? Kann sie den Vergleich aushalten mit wahrhaft stabilen Kulturen, wie der altägyptischen, der hinduistischen, der chinesischen, deren jede einen klaren Stil und eine gefügte Sozialordnung durch drei Jahrtausende bewahrt hat?

Suchen wir auch hier zuerst Besinnung durch Distanz! Ich wage eine wirtschaftshistorische Hypothese: daß nämlich jede dieser alten Kulturen stets nur solange stabil war, als es in ihr ein, wenngleich langsames, Wirtschaftswachstum gab. Ein wachsender Lebensraum erzeugt Ausweichmöglichkeiten, gestattet also das Regieren mit Kompromissen; ein stagnierender, und daher, da es stets Wellen gibt, zeitweilig schrumpfender Lebensraum erzwingt Kompromißlosigkeit und damit seelische und politische Krisen. Unser Jahrzehnt bietet ein kleines Beispiel: solange die Wirtschaft wuchs, gab es bei Wahlen den »Bonus des Regierenden«; seit sie stagniert, verliert fast jede Regierung die Wahl, einerlei, welche politische Richtung sie vertritt. Die Chronisten der stabilen Kulturen erzählen, in Wellen, die höchstens dreihundert Jahre dauern, von guten Herrschern, langlebigen Dynastien, schlechten Herrschern, Revolutionen oder fremden Eroberern, Jahrhunderten der Wirren, und einem Neuanfang. Nun ist Wachstum, bei begrenzten zivilisatorischen Mitteln, nicht unbegrenzt möglich. Sollten die »schlechten Herrscher« einfach die Opfer der Grenzen des Wachstums gewesen sein und die Jahrhunderte der Wirren die Schrumpfung der Ökonomie vor neuem Wachstum?

Mag die Hypothese richtig oder falsch sein, jedenfalls hat es in allen Hochkulturen tiefe, wiederkehrende Krisen gegeben. Die Neuzeit freilich hat das Tempo des Wachstums und damit vermutlich auch das Tempo und die Intensität der Krisenerzeugung gesteigert. Und wir haben die Krise der Neuzeit zu verstehen, denn sie ist unsere eigene. Die Ausweitung des Rahmens bedeutet nur, daß wir die Krise der Neuzeit wahrscheinlich nicht besser verstehen werden, als wir die Neuzeit selbst verstehen.

Das Buch strebt also eine Wahrnehmung der Neuzeit an. Das ist nicht eine Theorie der Neuzeit – ein Unternehmen, das vielleicht unmöglich und jedenfalls, soweit ich sehen kann, jenseits der Kräfte aller heute Lebenden ist. Sätze einer Theorie, im neuzeitlichen Sinne dieses Worts, sollten mit wissenschaftlichen Methoden überprüfbar sein. Für so subtile Wahrnehmungen, wie sie einer Kultur gegenüber notwendig sind, ist das beim heutigen Bewußtseinszustand der Menschheit unmöglich. Das Buch ist deshalb auf das Verstehen angewiesen, so wie man in der deutschen Geisteswissenschaft dieses Wort gebraucht; es ist, wie man heute auch sagt, hermeneutisch *. Das Buch ist deshalb ein Buch über Menschen, und über die Art, wie diese Menschen die Neuzeit wahrgenommen haben. Vielleicht schärfen wir unsere eigene Wahrnehmung, wenn wir ihre Wahrnehmung zu verstehen suchen.

4

Das Buch ist in zwei Teile gegliedert. Der erste Teil, überschrieben »Augenzeugen«, sucht die Wahrnehmungen bedeutender Geister der letzten zwei Jahrhunderte zu verstehen, von Goethe bis Kennan. Die Auswahl hat z. T. die Zufälligkeit der äußeren Anlässe; so schwankt auch der Stil der Beiträge zwischen theoretischer Konzentration und lockerem Erzählen. Aber bei jedem der Beiträge habe ich, schon als ich Anlaß hatte, ihn zu schreiben, den Zusammenhang mit dem Thema »Neuzeit« als Hauptpunkt ins Auge gefaßt. So sind Goethe, Nietzsche, Thomas Mann, Heidegger und Picht, bei aller Verschiedenheit, Augenzeugen. Die glücklichste Wachstumsphase der Technik ist durch Siemens vertreten, die der Physik durch Einstein, Bohr und Heisenberg. Scholem wirft ein Licht auf den Messianismus, dem die Neuzeit mehr verdankt, als sie weiß. Nicht vergessen sein lassen wollte ich, was ich Friederike von Griechenland und Fridolin Stier verdanke. Auf den Nachruf auf Ludwig Raiser habe ich ungern, um seines Umfangs willen, verzichtet; er ist als Einleitung zu seinen Aufsätzen** zugänglich. Alle bisher genannten sind, wenigstens der Herkunft nach, Deutsche. Kennan weitet den Horizont »von Milwaukee bis Moskau«; seine Einsichten erscheinen mir unerläßlich, wenn wir die politische Struktur der heutigen Krise verstehen wollen.

* Hermeneus heißt griechisch Dolmetscher.

** Ludwig Raiser, »Vom rechten Gebrauch der Freiheit«. Stuttgart, Klett-Cotta, 1982.

Der zweite Teil, »Reflexionen des Verfassers«, stellt die Wahrnehmungen eines einzigen Menschen dar, des Verfassers dieses Buchs selbst. Aber auch hier liegt eine Betrachtung aus der Distanz vor. Der erste Abschnitt besteht aus drei Aufsätzen, die ich nahe dem Ende des zweiten Weltkriegs geschrieben habe. Ich habe damals nicht gewagt, sie zu veröffentlichen; denn ich empfand sie zurecht als unausgereift. Heute scheinen sie mir einen gewissen Zeugniswert zu haben, als eine Wahrnehmungsweise der Neuzeit durch einen jungen Deutschen, ehe unser Krisenbewußtsein unter dem Wirtschaftswunder verdämmerte. Viele von uns Deutschen hat damals die Frage nach dem Grund der unseligen Geschichte unseres Volks in diesem Jahrhundert beschäftigt. Damals war in einigen von uns das Bewußtsein der Menschheitskrise überwältigend stark; es war möglich, die deutsche Krise als eines ihrer Symptome zu sehen. Mehr als dreißig Jahre später, im Beginn der Achtzigerjahre, kehrten meine Gedanken mehrfach zu der Frage zurück, was ich selbst angesichts der latenten Menschheitskrise getan und unterlassen habe; davon handelt der dritte Abschnitt »Rechenschaft über die eigene Rolle«. Auf dem Weg dahin durchlief ich noch einmal die Fragen von 1945. Angeregt durch einen Aufsatz von Picht über Nietzsche schrieb ich an einem entspannten Wochenende im Sommer 1978 den Aufsatz über den deutschen Titanismus, den ich nun an den Anfang des Buchs stelle. Er sagt in einer Form, die ich mit meinem heutigen Wissen vertreten kann, worum es mir damals ging. Er setzt damit zugleich das Thema für die Variationen, aus denen dieses Buch besteht. Der vierte Abschnitt des zweiten Teils fragt dann, welche Begriffe zu einer Beschreibung des Wahrgenommenen geeignet sind. Hier reflektiere ich philosophisch auf die Wahrnehmungen. Ich suche auszusprechen, wie die Teile des Buchs miteinander, wie die Variationen mit dem Thema zusammenhängen.

Am Ende des Buchs frage ich noch einmal, was wir aus ihm für die Wahrnehmung der Neuzeit und für das Handeln in der Gegenwart gelernt haben könnten.

I Augenzeugen

Der deutsche Titanismus *

Was soll das Wort »Titanismus« bedeuten?

Die Titanen der griechischen Sage versuchten den Olymp, den Sitz der Weltherrschaft des Zeus, zu stürmen. Die Titanen der Sage sind selbst Götter, andere, konkurrierende. In Götterkämpfen des Mythus spiegeln sich wohl auch frühe Revolutionen der Menschen. Prometheus, der Bringer menschlicher Kultur, war einer der Titanen. Titanismus ist, so gesehen, Kulturrevolution. Später kam es auf, welterobernde Menschen titanisch zu nennen. Weltherrschaft und ihre Gründung ist eine strukturell alte Sache; es gibt sie seit den Hochkulturen. Eine Stromkultur – die des Nil, des Euphrat, des Indus, des Gelben Flusses – politisch zu einigen, bedeutet die Errichtung dessen, was im Rahmen dieser Kultur nur als Weltherrschaft gesehen werden kann. Es bedeutet einen Titanismus. Dieser politische Vorgang ist zugleich ein notwendiger Schritt der Kulturentwicklung und ein Akt der Hybris. In den Dokumenten der Herrscher, den Verwaltungstexten, Inschriften, Statuen, Preisliedern, spiegelt sich seine Notwendigkeit. In den Dokumenten der Besiegten – so im Alten Testament – wird seine Hybris bloßgestellt.

In der Neuzeit ist die westliche Zivilisation titanisch, das kapitalistische Weltsystem, die wissenschaftlich-technische Welt. Diese Welteroberung ist durch das Denken ermöglicht, durch technischen Verstand, kaufmännische Planung, politische Organisation. Der philosophischen Rückfrage zeigt sich hinter den objektiv titanischen Leistungen des praktischen Verstandes die gedankliche Welteroberung durch die Theorie: Physik, Ökonomie, politische Philosophie, und als deren gemeinsame begriffliche Wurzel die Metaphysik. Freilich sind Seefahrer, Kaufleute, Ingenieure, Beamte, Parlamentarier, Regenten meist nicht zugleich Theoretiker. Die täglichen Anforderungen der Praxis berauben sie eher des Bewußtseins ihres eigenen

* Festvortrag zum 50jährigen Jubiläum des Carl Hanser Verlags am 1. Oktober 1978. Gedruckt in »50 Jahre Carl Hanser Verlag«. München, Hanser 1978.

Titanismus. Gedacht und gefühlt wird der neuzeitliche Titanismus am entschiedensten in der Theorie.

Die Deutschen waren unter den großen Nationen des neuzeitlichen Europa diejenige mit dem gebrochensten Zugang zur realen Macht. Das hat historische Gründe, die im Mittelalter liegen. Die frühmittelalterliche Übernahme des römischen Kaisererbes durch die deutschen Könige und der Verschleiß der Zentralmacht im Kampf um die Bewahrung dieses Erbes dürfte dabei die Hauptrolle gespielt haben. Jedenfalls sind dann die Deutschen der frühen und mittleren Neuzeit dem neuzeitlichen Machtprozeß der Weltverwandlung zu nahe, um ihn nicht wie ihr eigenes Unternehmen wahrzunehmen, und doch zu fern, um ihn selbst zu vollziehen. Vielleicht erklärt dies, daß sie ihn grundsätzlicher als ihre westlichen Nachbarn denken. Titanismus als Erlebensweise ist zumal seit der Mitte des 18. Jahrhunderts ein deutsches Phänomen. Der Denker, der das Ganze denkt, hat ein Herrschaftserlebnis, das konzentrierter, freilich auch zweideutiger sein kann als das Erlebnis des ständig durch reale Verantwortung von der Egozentrik abgelenkten wirklichen Herrschers. Eben darum ist die Spannung zwischen Theorie und Praxis ein typisches Thema der deutschen Theorie.

In der deutschen Literatur des beginnenden 19. Jahrhunderts gibt es manche Dokumente des Leidens der Deutschen an den Problemen dieser Spannung. Ich zitiere * einen Text von Hölderlin und einen Text von Heine.

Hölderlins Gedicht »An die Deutschen« lese ich in zwei Fassungen, der älteren, als abgeschlossener Zweistropher, und der späteren Umarbeitung der Strophen als Einleitung eines langen Gedichts.

An die Deutschen

Spottet ja nicht des Kinds, wenn es mit Peitsch und Sporn
Auf dem Rosse von Holz mutig und groß sich dünkt,
Denn, ihr Deutschen, auch ihr seid
Tatenarm und gedankenvoll.
Oder kömmt, wie der Strahl aus dem Gewölke kömmt

* aus den Hanserschen Ausgaben

Aus Gedanken die Tat? Leben die Bücher bald?
O ihr Lieben, so nimmt mich,
Daß ich büße die Lästerung.

Dasselbe lautet, wenige Jahre später, erweitert und verdichtet:

An die Deutschen
Spottet nimmer des Kinds, wenn noch das alberne
Auf dem Rosse von Holz herrlich und viel sich dünkt,
O ihr Guten! auch wir sind
Tatenarm und gedankenvoll.
Aber kommt, wie der Strahl aus dem Gewölke kommt,
Aus Gedanken vielleicht, geistig und reif die Tat?
Folgt die Frucht, wie des Haines
Dunklem Blatte, der stillen Schrift?
Und das Schweigen im Volk, ist es die Feier schon
Vor dem Feste? die Furcht, welche den Gott ansagt?
O dann nimmt mich, ihr Lieben!
Daß ich büße die Lästerung.

Dies ist das Leiden einer übermenschlich großen Hoffnung.

Ein Menschenalter später schildert Heine die Philosophie der Jugendfreunde Hölderlins, mit denen dieser seine Hoffnungen geteilt hatte, für ein französisches Publikum von außen in seiner Schrift über »Religion und Philosophie in Deutschland«. Hier wählt das Leiden einen zynischen Ton, und das Gewittergleichnis wird mit verändertem Pathos gebraucht. »Lächelt nicht über meinen Rat, den Rat eines Träumers, der Euch vor Kantianern, Fichteanern und Naturphilosophen warnt. Lächelt nicht über den Phantasten, der im Reiche der Erscheinungen dieselbe Revolution erwartet, die im Gebiete des Geistes stattgefunden. Der Gedanke geht der Tat voraus, wie der Blitz dem Donner. Der deutsche Donner ist freilich auch ein Deutscher und ist nicht sehr gelenkig, und kommt etwas langsam herangerollt; aber kommen wird er, und wenn Ihr es einst krachen hört, wie es noch niemals in der Weltgeschichte gekracht hat, so wißt: der deutsche Donner hat endlich sein Ziel erreicht ... Es wird ein Stück aufgeführt werden, wogegen die französische Revolution nur wie eine harmlose Idylle erscheinen möchte.«

So geschrieben 1834.

Wir haben die Geschichte der nachfolgenden hundert Jahre vor Augen. Haben sich die Prophezeiungen erfüllt? Gewiß nicht die Sehnsucht Hölderlins. Aber eigentlich auch nicht die Vorhersage Heines. Wir Deutschen haben gehandelt. Wir haben ein Stück aufgeführt, wogegen die französische Revolution wie eine harmlose Idylle erscheinen kann. Aber Heine meinte, die Welt werde erzittern, wenn die Deutschen zu tun beginnen, was sie denken. Wir haben jedoch die Welt zittern gemacht, indem wir das Denken vergaßen und nur den Titanismus ins Handeln übersetzten. Und wir dürfen uns nicht darüber täuschen, daß Deutschland als die geistige Möglichkeit, die es einmal war, damit zerstört ist. Was seit 1945 geschehen ist, ändert daran nichts. Die Wiederentstehung deutscher Staaten – zweier Staaten, den Umständen gemäß –, der geschichtlich beispiellose Wohlstand, die fortdauernde zivilisatorische Dynamik der Deutschen, die nahezu geglückte Einfügung ihrer Gesellschaft in die Lebens- und Denkschemata ihrer größeren Nachbarn, all dies bedeutet ein Überleben. Aber die einer Nation so natürliche naive Identifikation mit der eigenen Vergangenheit ist uns abgeschnitten. Das noch immer gelegentlich erratische Verhalten der Deutschen entstammt der Verdrängung, die uns von unserer Vergangenheit abschirmt.

Es könnte aber für uns heilsam und für die Welt nützlich sein, wenn wir versuchten, unsere Vergangenheit zu verstehen. Denn die Probleme, die der geistige Titanismus der Deutschen bewegt hat, sind keine Probleme Deutschlands, sondern Probleme der Neuzeit. Sie bestehen heute unvermindert fort, ja sie treten erst in ihre volle Virulenz ein. Der Deutsche Hitler ist versunken; er ist heute fast nur noch als Angsttraum wirklich. Aber der Deutsche Marx ist zu einem der Titanen für unsere Gegenwart geworden. Marx verdankt zwar die politische Modernität den Franzosen seiner Zeit, die ökonomische Realität den Engländern, aber die welterobernde Universalität seines Ansatzes verdankt er dem Titanismus der deutschen Philosophie. Ich nenne ihn hier nur als ein Beispiel für das Fortleben dieser jetzt alten Gedanken der Deutschen.

Es kann nicht die Aufgabe eines Vortrags sein, die Inhalte des geistigen deutschen Titanismus begrifflich aufzuarbeiten.

Darum bemühe ich mich anderswo, und langsamer. Es könnte aber, gleichsam als Material einer solchen Aufarbeitung, sinnvoll sein, hier ganz rasch eine Kette von Impressionen über diesen Titanismus locker aneinanderzureihen. Wie jedes historische Phänomen ist der deutsche Titanismus höchst komplex. Von einem einzigen theoretischen Gesichtspunkt aus – und wäre er so ergiebig wie die Geschichtsphilosophie Hegels – kann man ihn nur mißdeuten. Wer aber rund fünf wache Jahrzehnte mit der deutschen Geistesgeschichte umgegangen ist, hat naturgemäß viele Eindrücke gesammelt, die er selbst nur unvollkommen deuten kann und die doch wohl jeweils einen Grund in den Fakten haben, also vermutlich ebenso viele Fragen zu formulieren gestatten. Ich erlaube mir also eine quasi plaudernde Folge von Anmerkungen.

Zunächst noch einmal die Ferne von der realen Politik. Deutschen politischen Titanismus als reale Macht hat es eigentlich vor Hitler zuletzt bei den Staufern gegeben, deren letzter, Friedrich II., schon in den kulturellen Titanismus der italienischen Renaissance gehört; geistig ist er Italiener, nicht Deutscher. Napoleon imponierte den Deutschen, die er besiegte, durch seinen Titanismus fast mehr als den Franzosen. Bismarck war in der Geste titanischer als in der Realität seines Griffs nach konservativ-national begrenzten Zielen. Die deutsche Tradition, so scheint es, empfindet das Titanische mehr als sie es praktisch vollzieht.

Die Neuzeit Deutschlands beginnt mit einem Titanen der Empfindung. Martin Luther bietet wenigstens allen mediterran geprägten Menschen ein titanisches Bild. In der Tat übernahm er, als er sich zu seiner Aufgabe durchgerungen hatte, bewußt die Verantwortung für das Seelenheil der Christenheit. Der Inhalt seines Glaubens freilich lenkte ganz von der eigenen Person ab: Rechtfertigung des Sünders, und eben nicht durch eigene Werke. Aber das Verlegen der Rettung in einen Bereich jenseits des Herstellbaren hat in seiner Radikalität eine Sprengwirkung für alles Hergestellte; es zerstört den Olymp der abendländischen Kultur. Im Kern ist der Titanismus der Neuzeit nicht die machbare technische Herrschaft, sondern die Radikalität. Die Radikalität des Denkens sprengt dann nur unter anderem auch die Hemmungen gegen technische Umgestaltung. Was wir verstehen müssen, wenn wir die neuzeitliche Kulturrevolution verstehen wollen, ist die Radikalität. In ihrem Sinn ist Luther einer der Titanen, und jede seiner unbewachteren Äußerungen verrät, daß er es weiß.

Nach der Katastrophe des Dreißigjährigen Kriegs brauchte Deutschland hundert Jahre, um Westeuropa geistig einzuholen. Das Einholen war, wie so häufig, unvollständig. Deutschland blieb partiell weiterhin zurück, zunächst noch in der Naturwissenschaft und Wirtschaft, permanent in der Politik; die politischen Exzesse der Deutschen sind auch eine Form politischer Unbildung. Partiell, nämlich im geistig Zentralen, überholte damals Deutschland die Nachbarn, zeitweilig in der Literatur, permanent, wie mir scheint, in der Philosophie, am glanzvollsten für ein Jahrhundert in der Musik. So stabilisierte sich die unheimliche Spaltung von Geist und sozialer Realität in unserem Lande.

Der Kern des deutschen Titanismus ist der Titanismus der Philosophie. Philosophie, das Denken des Ganzen, ist eine Erfindung der Griechen, eine nicht selbstverständliche geistige Möglichkeit. Ihre antike und mittelalterliche Geschichte ist heute nicht unser Thema. Den Anfang des Titanismus der neuzeitlichen Philosophie markiert ein Franzose, René Descartes. Er ist titanisch durch Radikalität: radikaler Zweifel, die Unerschütterlichkeit des ego cogito, der Anspruch vollendeter Luzidität, die mathematische Begründung der Naturwissenschaft a priori. Das unerschütterliche Fundament des Wissens macht uns zu maîtres et possesseurs de la nature.

Ich zögere, schon den Kusaner und Leibniz der Reihe der titanischen Philosophen einzuordnen. Wenn ich diese beiden universalen Geister richtig verstehe, war ihr Pathos, in voller, vorausschauender Kenntnis der radikalen Möglichkeit, doch nicht das radikale, sondern das versöhnende Pathos, die Einheit der Gegensätze, die Bewahrung. Kant aber eröffnet die titanische Philosophie der Deutschen. Die sachliche Stringenz dieses Titanismus wird nur um so deutlicher, da sein Träger ein so zarter, gewissenhafter, allen landläufigen Vorstellungen vom Titanen so unentsprechender Mann war.

Den Anspruch, das Ganze zu denken, den die Philosophie an sich selbst stellt, versteht Kant als die Forderung nach einem vernünftigen System, und dieser Forderung folgt er radikal. In der Vorrede zur »Metaphysik der Sitten« sagt er, auf die kritische, d. h. seine Philosophie zurückblickend: »Es klingt arrogant, selbstsüchtig und für die, welche ihrem alten System noch nicht entsagt haben, verkleinerlich, zu behaupten: daß vor dem Entstehen der kritischen Philosophie es noch gar keine gegeben habe. – Um nun über diese scheinbare Anmaßung absprechen zu können, kommt es auf die Frage an: *ob es wohl mehr als eine Philosophie geben könne?* Verschiedene Arten zu philosophieren und zu den ersten Vernunftprinzipien zurückzugehen, um darauf mit mehr oder weniger Glück ein System zu gründen, hat es nicht allein gegeben, sondern es mußte viele Versuche dieser Art, deren jeder auch um die gegenwärtige sein Verdienst hat, geben; aber da es doch, objektiv betrachtet, nur *eine* menschliche Vernunft geben kann: so kann es auch nicht viel Philosophien geben, d. i. es ist nur *ein* wahres System derselben aus Prinzipien möglich ... Wenn also jemand ein System der Philosophie als sein eigenes Fabrikat ankündigt, so ist es ebensoviel, als ob er sagt: vor dieser Philosophie sei gar keine andere noch gewesen.«

Neben diesem Anspruch der theoretischen Vernunft an sich selbst steht gleich hart die Basis des vielberufenen ethischen Rigorismus Kants, der Anspruch der praktischen Vernunft an sich selbst. Die praktische Vernunft statuiert nur *ein* unbedingtes Gebot, *einen* kategorischen Imperativ, nämlich die Forderung an jede sittliche Maxime, allgemeingültig sein zu können. Dies ist ein Gebot der Autonomie der Vernunft und entspringt demselben Begriff von Vernunft wie der Systemgedanke: sie wäre nicht Vernunft, wenn ihre Gebote nicht vernünftig, d. h. für Kant allgemeingültig wären. Ich glaube in der Tat, daß die politische Philosophie der Aufklärung, die titanische Moral der Freiheit und Gleichheit, nur unter diesem Gesichtspunkt konsistent gemacht werden kann.

Goethe, der größte Deutsche aus der Zeit des deutschen Titanismus, gehört diesem Titanismus nicht an. Dies, obwohl sein Faust die Symbolfigur des deutschen Titanismus geworden ist. Aber wenn Goethe im Werther der Empfindsamkeit, im Faust dem Titanentum, in der Iphigenie der Klassik ein menschliches Gesicht verlieh, so ging er in keiner dieser von ihm durchlittenen Positionen auf. Der Umwelt gegenüber blieb er schließlich in der klassischen Selbststilisierung stehen, aber der Olympier ist immerhin das Gegenbild zum Titanen, und er ist die natürliche Maske des keinem Empfindungsschema seiner oder unserer Kulturöffentlichkeit mehr zugänglichen alten Mannes. Er war weit abgerückt vom Radikalismus der Neuzeit, dem religiösen, dem politischen, dem naturwissenschaftlichen. Eben damit war er in Deutschland in bis heute wachsendem Maße einsam, einerlei wie sehr er unseren Generationen Symbole ihrer Empfindungen gegeben hat.

Die eigentlich titanische Philosophie ist die des deutschen Idealismus. Sie verdankt Kant die denkerische Radikalität, Goethe den menschlichen Reichtum, der französischen Revolution das Pathos des Aufbruchs. Der tiefste Einfluß war doch der von Kant; er erweckte Fichte, Schelling, Hegel zum Bewußtsein davon, was Philosophie ist. Dieses Bewußtsein führte sie zur griechischen Philosophie des Einen zurück, in ihrer Sprache gesagt: des Absoluten, des Anhypotheton, dessen, das keiner Voraussetzung bedarf. Dem philosophischen Laien erklärt man das Absolute als einen philosophischen Namen Gottes; dem Philosophen des Idealismus ist der Gott der Religion eine Erscheinung des Absoluten. Wenn Hölderlin das beängstigende Schweigen im Volk als die Feier vor dem Fest deutet, als die Furcht, die den Gott ansagt, so erwartet er mit seinen Jugendfreunden diese Epiphanie, das religiös-politische Ereignis.

Tatsächlich ist aber die Philosophie des deutschen Idealismus in den Streit der Systeme und ihrer Träger, der Professoren, hinausgelaufen. Wir können ihr nur gerecht werden, wenn wir die Unentrinnbarkeit dieses Ausgangs verstehen. Wer versucht, das Wahre zu denken, wer daran festhält, daß das Wahre das Ganze ist, und wer glaubt, die notwendige Form des Denkens des Ganzen sei das System, der wird titanisch. Er gerät in einen notwendigen Pflichtenkonflikt. Zu meinen, das Wahre sei nicht das Ganze, oder gar, man brauche nicht das Wahre zu denken, ist auf dieser Stufe der Erkenntnis nicht etwa Bescheidenheit, sondern pflichtvergessene Feigheit. Das Ganze als System zu denken aber führt, wie die Geschichte lehrt, nicht zur Einigung der Denker, sondern dazu, daß immer mehr Personen ein System der Philosophie als ihr eigenes Fabrikat ankündigen. Die Titanen können nicht kooperieren.

Hegel hat sich auch diesem Problem bewußt gestellt. Er dachte die Vielheit der aufgetretenen Systeme als den Weg des Geistes zu sich, die Wahrheit der Geschichte als Geschichte der Wahrheit. Aber das System, in dem er dies dachte, erfuhr das dialektische Schicksal aller Systeme. Es wies objektiv über sich hinaus, es war nicht die letzte Philosophie. Eher war es der erste volle philosophische Blick auf die Wirklichkeit der Geschichte. Philosophisch war es m. E. noch kurzschlüssig, mit dem jungen Marx das Rad nur um *eine* Umdrehung weiterzudrehen und zu hoffen, die Vollendung der Philosophie sei in der Veränderung der Welt, der bewußten Herbeiführung des politischen Ereignisses, der Revolution. Diesem Pathos entstammt die Kraft der marxistischen Selbstdeutung des Sozialismus. Der Sozialismus, ein unvermeidlicher politischer Prozeß – einer von mehreren – verschafft sich dadurch das titanische Selbstbewußtsein der Einmaligkeit, der Einigkeit mit dem Gang der Geschichte. Der Marxismus kann sich so noch eine Weile abblenden gegen die Erkenntnis der Einseitigkeit, in der er die seit Hegel gestellte Aufgabe löst, die Geschichte, d. h. philosophisch die Zeit zu denken.

Der reale Titanismus des 19. Jahrhunderts im abendländischen Kulturkreis ist das Wachstum der einander ermöglichenden Mächte der Wirtschaft und der Technik. Deutschland trat in diesen Prozeß etwas verspätet, aber dann mit voller Kraft ein. Er vermittelte den Deutschen ein Stück moderner Normalität. Das Selbstbewußtsein der Träger dieses Prozesses ist ja, wie schon gesagt, eher naiv sachbezogen als titanisch. Für das Bürgertum, das den Prozeß steuerte, fern der Arbeiterschaft, die ihn erlitt und trug, blieb das titanische Empfinden in jenen privatisierenden Bereich eingeschlossen, den man Kultur nannte. Eine seiner Ausdrucksweisen wurde die Kunst.

Das Titanische in der deutschen Kunst geht auf die Frühromantik zurück, auf das Jena der Fichte-Zeit, auf persönlich so zarte Gestalten wie Novalis und Hölderlin, auf Friedrich Schlegel. In der Musik entspricht dem Pathos der idealistischen Philosophen Beethoven, »der neue Bacchus, der der Menschheit einen Wein keltert, von dem sie noch nicht getrunken hat«.

Das Symphonische in seiner Musik, das symphonischste Einzelinstrument, das Klavier, die große Architektur des Pathos entspricht dem Titanischen in der Philosophie, dem System. Dieses Pathos hat Wagner später aufgenommen.

Verstehen wir, was das Titanische in der Kunst ist? Es ist gefährlich, eine solche Frage begrifflich beantworten zu wollen. Ich folge im heutigen Vortrag ja nicht einer Theorie des Titanischen, sondern einer Kette von Empfindungen, die, wenn ich Glück habe, Wahrnehmungen sind. Aber läßt sich sagen, was sie wahrnehmen? Vielleicht ist das Titanische in der Kunst eben die Philosophie in ihr, wenn ich einem Zitat aus Nietzsche über Wagner als Dichter folgen darf.* Sie ist »ein ungeheures Gedankensystem ohne die begriffliche Form des Gedankens... Die Gedanken, welche die Helden der Dichtung äußern, sind nicht die Gedanken des Dichters als Dichter: er denkt in Vorgängen, die Folge der Szenen und das was vorgeht, ist sein Denken.« Was aber ist denn die Philosophie, das Denken, wenn es so in der Kunst sein kann? Was verbindet das System als Begriffswerk mit dem Gedanken ohne die begriffliche Form des Gedankens in der Kunst? Nicht alle denkende Kunst ist titanisch. Wie ist der Anspruch aufs Ganze zu verstehen, der Kunst titanisch macht? Ich lasse die Fragen hier offen.

Mit der bürgerlich-modernen Wendung gerät der deutsche Titanismus in die Zersplitterung und bei seinen großen Trägern in den bewußten Gegensatz zur fortschreitenden geschichtlichen Realität. Hegel versuchte noch im Einklang mit seiner Zeit zu denken. Ihm konnte Philosophie noch »ihre Zeit in Gedanken erfaßt« sein**; so konnte er Philosophiegeschichte als Weltgeschichte interpretieren. Von nun an wenden sich die philosophischen und künstlerischen Titanen gegen ihre Zeit, die in der Praxis ihrer Normalität selbst objektiv titanisch wird. Sie leisten gleichsam titanische Selbstkritik ihrer Zeit. Marx sieht zutreffend den Titanismus des Kapitals und sucht ihn titanisch zu überwinden. Kierkegaard und Schopen-

* F. Nietzsche, Kritische Gesamtausgabe, hrsg. v. G. Colli und M. Montinari, IV, 1, 279f. Hierzu zitiert nach G. Picht, »Zum Problem der ›Genealogie der Moral‹ bei Nietzsche«, in »Wahrheit, Vernunft, Verantwortung«. Stuttgart, Klett, 1969.

** »Philosophie des Rechts«, Vorrede.

hauer sehen sich selbst, in ganz verschiedenen Ausdrucksformen, in der Rolle des gefesselten Prometheus. Marx und Nietzsche übernehmen von Hegel das Denken in Kategorien der realen Weltgeschichte. Aber sie sehen nicht mehr die Weltgeschichte als Bewegung des Begriffs, sondern die Bewegung des Begriffs als Symptom der Weltgeschichte. Der Titanismus verlagert sich aus dem Denken des Systems in das Denken der Weltgeschichte, das die Geschichte dadurch macht, daß es sie denkt.

Dieser Titanismus mag Hybris sein, aber er ist notwendig. Sagen wir es in moderner Sprache. Das, verglichen mit den Jahrmillionen organischer Entwicklung, rasende Tempo menschlicher Kulturveränderungen – viele grundlegende Neuerungen in wenigen Jahrtausenden – dieses Tempo ist möglich, weil die der organischen Entwicklung fehlende lamarckistische Vererbung erworbener Eigenschaften durch die Traditionsfähigkeit menschlicher Kultur geleistet wird. Die menschliche Kultur kann in Gewohnheiten speichern, was einmal gedacht worden ist; beim Menschen verändern Gedanken die Welt. Wie soll man hoffen, daß die menschliche Kultur nicht in den Abgrund fährt, wenn menschliches Denken die realen Folgen menschlichen Denkens nicht versteht?

Die Philosophie hatte recht, wenn sie es als Pflicht verstand, das Ganze zu denken. Sie hatte sich aber an ein gedankliches Bild des Ganzen gebunden, das der Geschichte nicht gemäß ist. Das System als Bild des Ganzen entstammt der Metaphysik, d. h. einer Gestalt der Philosophie, welche die Zeit als Abbild der Ewigkeit und das Ewige als erkennbar nach dem Vorbild zeitloser mathematischer Wahrheiten ansah. Die deduktive Mathematik ist der verborgene Stammvater des philosophischen Systems. Hier ist nicht gesehen, daß der Begriff wesentlich in der Zeit ist. Die Folge Hegel, Marx, Nietzsche zeigt eine fortschreitende Vergeschichtlichung des Begriffs. Heidegger hat wohl als erster das spekulative Problem, um das es hier geht, scharf bezeichnet, etwa im Schlußsatz von »Sein und Zeit«: »Offenbart sich die Zeit selbst als Horizont des Seins?« Es handelt sich bei Heidegger um das wiederum titanische Unternehmen, die Philosophie von dieser Frage her neu zu denken.

Aber die Philosophie der Geschichte hat sich vom realen Prozeß gelöst, vom Prozeß nicht bloß der gleichzeitigen Gesellschaft, sondern vom Prozeß der Erkenntnis, der sich in die positiven Wissenschaften verlagerte. Ein geistreicher Beobachter hat gesagt, die deutsche Kulturgeschichte des 19. Jahrhunderts sei der Übergang von Schelling und Hegel zu Siemens und Halske. Werner Siemens kann mit Recht als eine Symbolfigur dieser deutschen Entwicklung gelten, ein dynamischer, genialer, redlicher Mann, ein Löwe, aber kein Titan. Er war nicht bloß Techniker, sondern primär Naturwissenschaftler. Die Naturwissenschaft ist das legitime Kind der Mathematik. Ihr ist die systematische Gestalt, freilich nicht als deduktives System, angemessen. Eben darum können in ihr Viele beim gemeinsamen Bau des Systems zusammenwirken und bedürfen nicht des subjektiven Titanentums.

Aber auch in der Wissenschaft gibt es die titanische Zusammenfassung, die Legitimität der Revolution. Naheliegend mag dies in den schwer durchschaubaren Wissenschaften erscheinen, zumal in der Wissenschaft vom Menschen. Hier verweise ich nur auf *ein* Beispiel, den Titanismus der Psychoanalyse. Ich erlaube mir einen Freudianischen Einfall zu Freuds Titanentum. Freud behauptet einmal, Napoleon sei psychisch mit Joseph, dem Sohn Jakobs, identifiziert gewesen und habe deshalb Ägypten erobern müssen. Freuds Biograph Jones macht plausibel, daß Freud selbst sich mit Joseph identifizierte. Ein Kindheitsproblem Sigmund Freuds; aber außerdem war Joseph der erste jüdische Traumdeuter. Beides zusammengenommen ergibt, daß Freud sich mit Napoleon identifizierte. Er war in der Tat der Welteroberer der für ihn wirklichen Welt: des Unbewußten.

Philosophisch noch wichtiger ist der Titanismus im Durchschaubaren, der Systemanspruch der Fundamentaldisziplin der Naturwissenschaft, der theoretischen Physik. Man kann die theoretische Physik unseres Jahrhunderts noch in die titanische Tradition des deutschen Denkens einordnen. Sie ist zwar international gültig, aber in der Herkunft vor allem deutsch: Planck, Einstein, der philosophisch deutsch geprägte Bohr, Heisenberg. Sie wäre ohne die ihr immanenten philosophischen Fragestellungen nie entstanden, und sie ist ohne noch entschiedeneres Philosophieren nicht zu vollenden. Gegenüber der Philosophie hat sie den Vorteil, durch ihren empirischen Erfolg unwiderleglich zu sein. Wie ist das möglich? Die »normale Wissenschaft« nach 1927 entledigt sich dieses beunruhigenden Problems, indem sie den Titanismus der Fragestellungen schlicht vergißt; das ist die Stunde der Amerikaner. Amerika war seit langem der naive Träger des Titanismus der modernen Praxis und schützte seine Naivität durch Verdrängung der Probleme der Philosophie. So kam ihm die titanische Selbstkritik der Neuzeit erst spät und, selbst nach Vietnam, nur unvollständig zu Ohren. Als titanische Theorie zur amerikanischen Praxis entwickelt sich in unserem Jahrhundert die Funktionalisierung des Denkens, ein kybernetisches Weltbild. Dies ist die theoretische Weltherrschaft der klassischen Physik. Die innere Revolution der Physik unseres Jahrhunderts ist darin noch nicht geistig verarbeitet. Manchmal sind die Herren der Welt geistig liebenswert altmodisch.

Der Übergang des Denkens in die unsensible Kontrolliertheit der Wissenschaft läßt eine andere Funktion des Denkens, die seismographische, immer mehr der Kunst zufallen. In der Tat wurde die Kunst seit dem Anfang unseres Jahrhunderts zum Seismographen des herannahenden Erdbebens. Es waren nur die Lyriker*, und die Sozialisten, die in allen Nationen Europas den ersten Weltkrieg vorhersagten. Es bedurfte oft bei diesen Künstlern eines titanischen Selbstbewußtseins, um den Gegensatz gegen ihre Zeit auszuhalten. So, um Deutsche zu zitieren, in den »Proklamationen« und dem »Fränkischen Koran« Ludwig Derleths, oder bei Stefan George, dessen Vierzeiler von 1900 mir im Ohr klingt:

> Ich sah von fern getümmel einer schlacht
> So wie sie bald in unsren ebnen kracht.
> Ich sah die kleine schar ums banner stehn...
> Und alle andern haben nichts gesehn.

Nicht nur den ersten Weltkrieg haben die Dichter vorausgewußt.

* Vgl. die Studie von Sir Maurice Bowra.

Ich bin am Ende. Was ist Titanismus? Was ist Radikalität? Ich habe Bilder aneinandergereiht, nicht eine Theorie entworfen. Ich habe versucht, die Ambivalenz im Titanischen sichtbar zu machen, die Hybris in seiner Notwendigkeit, die Notwendigkeit in seiner Hybris. Ich habe nicht verhehlt, wo mein Herz für das Schicksal der Titanen schlägt. Radikalität ist geistig verwandt dem Phänomen, das in der christlichen Kirche Häresie genannt wird, im Gegensatz zum katholischen Prinzip. Häresie ist das Herausnehmen und Absolutsetzen einer Teilwahrheit. Oft spüren Häretiker zuerst die Zeichen der Zeit, und manchmal waren verurteilte Ketzer, die manifest unrecht hatten, die innigsten Freunde Gottes. Die Geschichte schreitet vor in Abfolgen von Ebenen und Krisen. Der Olympier stabilisiert eine Ebene, er bewahrt einen Frieden. Der Titan zeigt eine Krise an.

Georg Picht: Zwei Briefe zum Titanismus

27. XII. 78

Lieber Carl Friedrich –

Aus Deiner liebevollen Bemerkung, ich bräuchte Deine Studien nicht zu lesen, spüre ich den Wunsch, ich solle darauf reagieren. Das tue ich gerne, denn sie haben mich gefreut. Besonders der Vortrag über den Titanismus ist sehr wichtig. Das mußte gesagt werden, und es ist gut, daß es von Dir kommt.

Nun also einige Randbemerkungen, wie sie einem beim Durchlesen kommen. Wenn ich den Namen »Titanen« höre, kann ich meiner geistigen Herkunft nach nicht vergessen, daß sie unsterbliche Götter sind, älter als Zeus. Dieser trägt *auch* die Züge des Usurpators, es fehlt nicht an Winken, daß seine, immer prekäre, Herrschaft ein Ende finden könnte – und was wäre sie, hätte er nicht mit der Titanin Mnemosyne zu seiner Verherrlichung die Musen gezeugt?! Die Titanen weisen auf die Begrenztheit und Endlichkeit des Zeus, der sich »Vater« nennt, obwohl er nur durch Verstümmelung des Vaters dazu gelangen konnte, seine Weltordnung zu errichten. »Titanismus« kann nur entstehen, wenn die Menschen vergessen oder nicht wahrhaben wollen, daß die Titanen Götter sind. Unsere Bilder von den Göttern sind anthropomorph; daraus zu schließen, die Götter selbst seien anthropomorph, ist ein Ausdruck jener »titanistischen« Verblendung, mit der wir die bisherigen Formen der Aufklärung erkauft haben. Deshalb trifft das Beispiel Freud. Sein Moses-Buch ist eine steckengebliebene Selbstanalyse: er hat die Urschuld begangen, Moses zu ermorden und projiziert sie – angesichts von Hitler! – auf das ganze jüdische Volk.

Ich bin gewiß, daß die Götter – nicht (nur) ihre Bilder – wirkliche Phänomene in der wirklichen Natur sind. Du gibst ihnen den Namen »Ebenen« (= Zeus) und »Krisen« (= Titanen). Dein Sprachgebrauch ist aber, wenn mein Gedächtnis mich nicht täuscht, ambivalent: Du gebrauchst diese Metaphern (= Götterbilder) sowohl im Kontext »Wissenschaftstheorie« wie im Kontext »Evolution«. Ich ziehe den zweiten Kontext vor; er erklärt, recht verstanden, den ersten. Dann muß aber

»Evolution« als Evolution eines ganzen Ökosystems verstanden werden, denn nur auf ein solches bezogen geben diese Namen für durchgreifende Zustände einen Sinn.

Der Prometheus-Mythos weist schon auf die Gefahr, daß sich die Menschen mit den Titanen identifizieren und dadurch eine Macht erwerben, die Zeus bedroht. Darauf verweist das Chorlied aus der Antigone. Ich fühle mich durch es legitimiert, seine Gabe – πῦρ ἔντεχνον (pyr entechnon) – zu interpretieren: Verfügungsgewalt über Energie und die in ihr vorgezeichneten Maschinen. Aber die πολιτικὴ τέχνη (politike techne) ist er ihnen schuldig geblieben.

Ins Bewußtsein getreten ist den Deutschen ihr Titanismus durch Goethes Prometheus. Dort kommt auch schon das Problem zu Wort, daß nun das »heilig glühende Herz« in sich selbst der Titanen Übermut bezwingen muß. Ich weiß nicht, ob ich mit Deinem Goethe-Bild einig bin. War etwa der »Olympier« eine kunstvoll stilisierte Maske des »Titanen« – sozusagen sein letzter Triumph? Wenn ich den Faust richtig lese, ist diese Frage für Goethe bis zuletzt offen geblieben.

Der Brief würde kein Ende nehmen, wenn ich anfangen wollte, über Philosophie zu sprechen. Sokrates und Platon halten wie Kant die Form des Wissens, welche die Metaphysik in Anspruch nimmt, für Hybris, den Verzicht darauf für Preisgabe der Seele. Deshalb heißt diese Kunst φιλο-σοφία. So ist das Wort auch in dem von Dir zitierten Text von Kant zu verstehen. Aristoteles will hingegen die πρώτη φιλοσοφία (prote philosophia) als ἐπιςτήμη (episteme) aufbauen. Deswegen muß er sich in Met. A 1 unter Mißbrauch eines Platon-Zitats gegen den Vorwurf der Hybris, also des Titanismus, verteidigen. Dem jungen Nietzsche ist es widerfahren, daß die Götter wieder aufstehen: aus »Wille und Vorstellung« wird »Dionysos und Apollon«. Daraus entwickelt sich dann, was der späte Nietzsche »die Überwindung des Nihilismus« nennt. Nur muß man sagen: die Götterdämmerung war schon furchtbar genug, der neue Durchbruch der Götter wird noch schrecklicher werden.

Dies für heute – laß Dir's wohlgehen. G.

Aus einem Brief von Georg Picht an C. F. v. Weizsäcker vom 27.2. 1979

... Du hast mich veranlaßt, über das Argument mit den »phantastischen Erfolgen« der Physik zu meditieren. Hier weist die Frage über die Götter hinaus zu Gott. Schon seit den frühen Kirchenvätern, vor allem aber seit der Konstantinischen Ära, hat sich die Christenheit gewöhnt, Gott als den »Herrn der Geschichte« zu denken. Sie erwartet den Messias wie die Juden als König und als Weltenrichter; die verklärte Kirche ist die »ecclesia triumphans«. Vor diesem Hintergrund muß dann, wie in der puritanischen Ethik, aus der der Kapitalismus hervorging, Erfolg als ein Kriterium der Wahrheit erscheinen. Dies alles konnte ich schon als Junge nicht glauben, denn es ist die Quintessenz der Geschichte des jüdischen Volkes, wie sie im Alten Testament erzählt wird, daß die Geschichte immer so verläuft, wie Gott *nicht* will. Sie zeigt nicht die Macht, sondern die Ohnmacht Gottes, der zürnt und vergibt, aber nicht steuert. Jesus schockiert die Juden, weil er nicht in der Gestalt des Königs, sondern in der des leidenden Gottesknechtes erscheint. Gerade darin – also am Kreuz – offenbart sich das verborgene Wesen Gottes. Die Götter sind Mächte, er ist Ohnmacht. Die Mächte sind von einer unergründlichen Vieldeutigkeit – das zeigt der Mythos. Wer das weiß, darf mit der Macht umgehen, ohne zu freveln. Aber es gibt eine Macht, die Macht und Wahrheit identifiziert; sie trägt den Namen »Lucifer«. Ihre Botschaft: »Eritis sicut deus«.

Dies für heute – G.

Natur und Moral im Lichte der Kunst. Eine Notiz zu Goethes Wahlverwandtschaften *

Über die Wahlverwandtschaften ist schon so viel Gutes und Richtiges geschrieben worden, daß es unsinnig erscheinen muß, noch etwas über sie sagen zu wollen. Ein dreifacher Wunsch bewegt den Verfasser gleichwohl dazu: einem Jubilar ein Zeichen freundschaftlicher Erinnerung an eine lange vergangene gemeinsame Zeit zu geben; zu bekunden, daß in einer Welt, der der Olympier schon kein Stein des Anstoßes mehr, sondern eine ferne Unbegreiflichkeit geworden ist, Goethe noch das Herz eines Lesers leidenschaftlicher bewegen kann als fast jeder, der seitdem geschrieben hat; nachzudenken über das rätselhafte Verhältnis zwischen den drei Wirklichkeiten der Natur, der Moral und der Kunst.

Leidenschaft bekennt sich am leichtesten im Ich-Ton, und so sei mir dieser erlaubt. Ich habe die Wahlverwandtschaften, wie manches andere berühmte Buch, bewußt erst spät im Leben gelesen. Sehr früh hatte ich schon das Empfinden, Wichtiges werde sich erst in späterem Alter erschließen, hatte ich eine Art Lust an der jahrzehntelangen Vorfreude. Dazu kam bei gelegentlichem Blättern in einigen der besten Romane – so auch in Fontanes Effi Briest – der Schreck: dieses Buch ist zu gut, zu wissend, ich werde den Blick in die Wirklichkeit, den es mir zumutet, nicht ertragen. Schließlich habe ich die Wahlverwandtschaften zweimal gelesen, in einem Abstand von fünfundzwanzig Jahren, das erstemal etwa in dem Alter, das Goethe seinem Eduard gibt, das zweitemal unlängst, wenig älter als Goethe war, da er den Roman schrieb.

So war die erste Lektüre, trotz wachen Aufnehmens der artistischen Vollkommenheit und des geistigen Gehalts, noch überschattet von der in mir bereitliegenden Möglichkeit leidenschaftlicher Identifikation mit dem wehrlos seiner Liebe gegenüber in die Krise der Lebensmitte hineintaumelnden

* Geschrieben 1979. Gedruckt in: H. J. Mähl und E. Mannack (Hrsg.), »Studien zur Goethezeit«. Erich Trunz zum 75. Geburtstag. Heidelberg, Winter, 1981.

männlichen Helden des Buchs. Die Identifikation wurde gerade darum so stark, weil dieses Schicksal in der nicht abzuweisenden und nicht auszudenkenden Analogie der chemischen Wahlverwandtschaft, der Parallele von Natur und Moral, transparent und eben dadurch unergründlich wurde. Nicht, wie sonst im Leben und in schwächeren Romanen, ein undurchsichtiger Schleier, sondern die durchsichtige Tiefe machte es unergründlich. Ich nahm mir eine spätere, erneute Lektüre vor, um dieses Problem zu durchdenken.

Die zweite Lektüre wurde zu einem unvergleichlichen Erlebnis. Nach dem dreizehnten Kapitel des ersten Teils, also nachdem die Entscheidung des Liebesbekenntnisses beider Paare gefallen ist, mußte ich das Lesen für ein Jahr unterbrechen. Vordergründig, weil die Leseruhe der Sommerferien zu Ende ging. Aber wie sollte man nicht in einem Jahr Zeit finden, fehlende 160 Seiten zu lesen? Ich fand, ja suchte die Ruhe dazu nicht, weil ich nach jeder Seite, manchmal nach jedem Satz das Buch weglegen mußte, um den Gedanken nachzugehen, welche diese Seite, dieser Satz wachrief, und nach der offenkundigen Absicht des Autors wachrufen sollte. Die Lesepause spiegelte die für dieses Buch so charakteristischen Handlungspausen. Ein Jahr später begann ich wieder auf der ersten Seite und las zu Ende, entschlossen, das gegenwärtige Bekenntnis zu schreiben.

Diesmal war es zuerst die vollendete Kunst des Schriftstellers, die mich ergriff. Wer den Ausgang der Handlung auch nur im Umriß vor Augen hat, der muß fast vom ersten Satz des Buches an unablässig erschrecken, wie in kleinsten Andeutungen die Brüchigkeit dieser »heilen Welt« sichtbar gemacht wird. Dieser durch zehn Kapitel durchgehaltene Ton unheilschwangerer Ruhe findet in meiner beschränkten literarischen Bildung allenfalls eine Parallele bei Stifter; aber Stifter identifiziert sich doch mit seinen Harmonisierungen, Goethe läßt den Leser die volle Zweideutigkeit der seinen erfahren. Darum kann der Leser, da das Gewitter ausbricht, keine der naiven Hoffnungen der beteiligten Personen auf einen guten Ausgang teilen. Nur eine der Hauptpersonen ist mit diesem Schicksalsgang, ohne es zu wissen, von Anfang an in der Tiefe vertraut: Ottilie.

Es wäre anmaßend und überflüssig, wollte ich den von der Literaturwissenschaft so vielseitig durchleuchteten Handlungsgang und Text noch einmal deutend nacherzählen. Ich gehe sofort auf das moralische Problem, vor das Goethe seinen Leser stellt, indem er die Personen des Romans an ihm scheitern läßt. Hätten Eduard und Charlotte ihre Ehe auflösen sollen, um der Wahlverwandtschaft zu den neu hinzugekommenen Partnern zu folgen? Ist die Ehe heilig oder die Wahlverwandtschaft? Ist der tragische Ausgang die Folge einer Fehlentscheidung, die letztlich dann von Ottilie allein getroffen wird, als sie nach dem Tode des Kindes die Ehe mit dem einzig geliebten Eduard verweigert? Oder ist er die Folge einer moralischen Schwäche erstlich Eduards, letztlich aller vier Beteiligten, welche die Ehe nicht in der Unerbittlichkeit ihrer Würde geachtet haben? Es ist für den Betrachter leicht, an Eduard Schuld zu finden, der sich selbst nie schuldig fühlt; es ist fast unmöglich, an Ottilie Schuld zu finden, deren Schuldgefühl den tragischen Ausgang erzwingt. Minder schuldig scheint das verständige Paar, Charlotte und der Hauptmann. Aber zumal Charlottens wohlmeinende Klugheit wird von den Ereignissen so ständig Lügen gestraft; sie ist offenbar nicht die der Schuld überlegene Haltung. Goethe will, daß wir uns diese Fragen stellen, daß wir, je nach der Antwort, zu der unser Herz neigt, mit Zittern den vielfachen Wendungen der Handlung folgen. Aber mit welcher Antwort läßt er uns zurück?

Die Reaktion der Zeitgenossen und der meisten Interpreten auf diese Fragen war entweder feindlich oder, selbst wo sie Goethes Roman unendlich bewunderten, im Grunde ratlos, man möchte fast sagen betreten. Wie anders als die Reaktion auf den Werther, der vierzig Jahre zuvor ein Welterfolg geworden war! Im Werther fühlten die Menschen des empfindsamen Zeitalters ihr Herz ernstgenommen. Auf den Vorwurf der Moralischen, er beschönige die Schwäche gegen das eigene Gefühl, ja den Selbstmord, hatte Goethe die wahrhaftige Antwort: »Sei ein Mann und folge mir nicht nach!« Der Werther war eine Katharsis, eine Reinigung. Wovon aber, wozu reinigen die Wahlverwandtschaften?

Es ist gerade die einzige zutiefst moralisch empfindende, der Kompromisse unfähige der vier Personen, es ist Ottilie, an der alle moralischen Antworten scheitern. Offensichtlich, innerhalb der Handlung selbst, scheitert an ihr der verständige Entschluß der drei andern, die Scheidung zu vollziehen; sie allein hat die Ehe heilig gehalten. Ebenso aber, wenngleich vielleicht etwas verborgener, scheitert an ihrer Haltung auch die andere verständige Meinung, die Meinung von der Heilbarkeit der verletzten Ehe durch guten Willen, Trennung und Zeit, eine Meinung, die in dem Buch durch den Handlungsreisenden in Versöhnung, den entsetzlichen Mittler, nur zu schwach vertreten ist. Ottilie ist in ihrer Vernunft bereit, nach ihrem endgültigen Verzicht auf die Ehe mit Eduard als Lehrerin in die Pension zurückzukehren; die eine Begegnung mit Eduard auf der Reise wirft alles um. Diese Rückkehr in Eduards ständige Gegenwart macht ihren und damit seinen Tod zur inneren Notwendigkeit. Und nunmehr, objektiv todgeweiht, leben die beiden in Gegenwart Charlottes und des Majors, in einer stillen, wie erlösten Harmonie der Seelen. Und um jeden Zweifel auszuschließen, nimmt der Dichter am Schluß des Buches selbst das Wort: »So ruhen die Liebenden nebeneinander. Friede schwebt über ihrer Stätte, heitere, verwandte Engelsbilder schauen vom Gewölbe auf sie herab, und welch ein freundlicher Augenblick wird es sein, wenn sie dereinst wieder zusammen erwachen.« Man lasse sich nicht durch den nach den unerträglichen Härten des inneren Geschehens konventionell klingenden Ton dieses Abschieds des Autors vom Leser täuschen. Goethe will sagen, daß dereinst nicht Eduard und Charlotte, sondern Eduard und Ottilie miteinander erwachen, und er hat Charlotte selbst diese Anordnung der Gräber treffen lassen.

Was also hat Goethe gemeint? Es gibt eine, freilich etwas spät* überlieferte mündliche Äußerung Goethes: »Ich heidnisch? Nun, ich habe doch Gretchen hinrichten und Ottilien verhungern lassen, ist denn das den Leuten nicht christlich genug? Was wollen sie noch Christlicheres?« Gerade das naiv klingende Argument macht den Abgrund klar, der zwischen beiden Auffassungen klafft. Nicht die Todesfolge ihrer Verletzung, nicht den tragischen Ausgang verlangt die strenge, hier

* In Varnhagen von Ense's Tagebuch, 28. 6. 1843, als Äußerung Goethes zu dem General von Rühle.

christlich genannte Geschlechtsmoral, sondern den freien Verzicht auf die physische oder seelische Verletzung der Schranke. Nach dem Willen seiner damaligen kirchlichen Kritiker und mancher seiner Freunde hätte Goethe Ottilie nicht sterben lassen, sondern entweder der Versuchung widerstehen lassen oder aber moralisch verurteilen sollen; und, noch einmal, die sachliche Stärke dieser Ansicht wird bloß durch die Spießbürgerlichkeit vieler ihrer Verfechter verdunkelt. Es ist aber kein Zweifel, daß Goethes Herz für Gretchen schlägt, daß Ottilie ihm selbst die geliebteste Frauengestalt in seinen Werken blieb.

Nicht ein Urteil spricht der tragische Tod aus, sondern die Unlösbarkeit des Konflikts. Unterscheiden wir Natur und Moral als das, was ist oder geschieht, und das, was sein oder geschehen soll, so ist der tragische Tod ein Naturgeschehen. Goethe, der Naturforscher, schreibt das ganze Buch wie ein Stück Naturgeschichte menschlicher Partnerschaft und menschlicher Einsamkeit. Es ist nicht weniger, sondern eher mehr Naturgeschichte, da es die Geschichte der eigenen Natur ist: »Niemand verkennt an diesem Roman eine tief leidenschaftliche Wunde, die im Heilen sich zu schließen scheut, ein Herz, das zu genesen fürchtet.« Der chemische Titel des Buches ist präzis für den, der sich selbst in der materiellen Natur, der die Gesetze der Natur in der eigenen Seele wiederentdeckt: »Magnetes Geheimnis, erkläre mir das! Kein ander Geheimnis als Liebe und Haß.« Eben diese Moral der Natur aber, unfreundlicher gesagt die Naturhaftigkeit des Moralischen, ist den Moralisten der eigentliche Anstoß bei Goethe.

Hier nun möchte ich für Goethe Partei ergreifen, elementar, liebend, kampfbereit. Dies aber verlangt ein kleines philosophisches Ausholen.

Goethe war ein Fremdling in der neuzeitlichen Philosophie. Nicht nur, wie die meisten von uns, in der professionellen Philosophie, sondern auch in der Selbstdeutung der neuzeitlichen Fortschrittstendenzen als vernünftiger Tendenzen. Von der Philosophie im engeren Sinne hat er sich assimiliert, was ihn in seiner jeweiligen Lebensphase fördern konnte: pansophische Spekulationen und ein Blick auf Spinoza in der Jugend, die »Kritik der Urteilskraft« und Schillers ästhetische Umdichtung der Kantschen Moral in der Phase der Klassik, das Gespräch mit Schelling und die Plotin-Lektüre im Übergang zum Eigensten, zum Alter. Dies ist Begegnung, doch auch in der Form des produktiven Mißverständnisses. Noch fühlbarer erscheint seine Fremdheit gegen die neuzeitliche Atmosphäre untragischer Radikalität. Gewiß verdankt der deutsche Titanismus seine größten Symbole dem jungen Goethe: Prometheus, Faust. Aber sie sind tragische Gestalten. Man darf vielleicht sagen: Goethe, der ebensowohl innerlich Einsame wie Kontaktfreudige, brachte, zusammenhängend aber nicht identisch mit seiner dichterischen Begabung, ein angeborenes Wissen mit, das anders war als das seiner Umwelt, der konservativen sowohl wie der progressiven, der idealistischen sowohl wie der verständigen, das daher aus der Umwelt mehr Widerstand, mehr Mißverständnis in der Zustimmung, mehr Verführung empfing als echte Förderung, und das sich selbst voll bewußt zu machen vielleicht die nichtrastende Arbeit eines achtzigjährigen Lebens nicht ausgereicht hat. Was Kritiker mit großer Plausibilität am künstlichen Gleichgewicht seines Lebens, an den Ambivalenzen seines Werks auszusetzen haben, muß im Licht dieser Arbeit gesehen werden.

Könnten wir uns anmaßen, sagen zu wollen, worin dieses Wissen bestand? Leichter ist es wohl, zunächst dasjenige im neuzeitlichen Denken zu bezeichnen, wovon sich Goethes Sicht unterschied. Wählen wir als Ausgangspunkt die vorhin leichthin eingeführte Gegenüberstellung von Natur und Moral! Was ist und was sein soll – das ist eine eingängige Unterscheidung. Im Alltag müssen wir oft so unterscheiden. Aber läßt sich daraus eine prinzipielle Zweiheit konstruieren? Gibt es eigentlich Natur, gibt es Moral im Sinne ihrer Gegenüberstellung? Ist das, was sein soll, nicht im Grunde schon da? »Werde, der du bist!« Ist das wahrhaft Seiende, wenigstens in der platonischen Tradition, der Goethe durch alle Assimilationen hindurch magnetisch folgt, nicht die Idee, d. h. das Gute? In *dieser* Frage kann man den Platonismus nicht als Beleg für Goethes »Heidentum« verwenden. Gewiß ist die klare Unterscheidung des Guten und Bösen ein Geschenk der biblischen Tradition an die Menschheit. Aber Juden und Griechen sind hier ursprünglich einiger als man es oft darstellt. Im Alten Testament ist die Erfüllung des Gebots Schutz oder Wiederherstellung des Bundes zwischen Gott und dem Volk, und in weiterem Ausblick der ganzen Schöpfung; also ist das, was sein soll, Schutz oder Wiederherstellung dessen, was ist, weil es sein soll. Sollen und Sein sind hier wohl unterschieden, aber nicht im Sinne eines Gegensatzes; der Gegensatz bezeichnet die Herrschaft der Sünde.

Man kann eine überzogene Konfrontation nur relativieren, wenn man ihr relatives Recht, also wohl ihren Ursprung verstanden hat. Hierzu nun der philosophische Exkurs. Hinter der Konfrontation von Natur und Moral steht die neuzeitliche Ausformung der griechischen Unterscheidung von Theorie und Praxis. In dieser Unterscheidung ist Theorie der führende Begriff; Praxis kann dann fast als das erscheinen, was nicht Theorie ist. Dies ist daraus verständlich, daß Theorie das Kunstwerk des Abendlands, das unwahrscheinlichere, erstaunlichere Phänomen ist. Schon im zweckrationalen Handeln des sprechenden Tiers, des Menschen, löst sich die animalische Einheit von Wahrnehmen und Bewegen in eine Polarität auf. Dem Verstand, dem handlungsentlasteten begrifflichen Denken, dem aussprechbaren Urteil, das wahr oder falsch sein kann, steht der Wille gegenüber, die bewußte Entscheidung zwischen den durch das Urteil eröffneten Alternativen. Der Verstand kann denken, was ein Wille wollen kann, der Wille kann wollen, was ein Verstand denken kann. Wir sind fähig zur planvollen Aktion, weil wir die Nötigung zur direkten Reaktion unterbrechen können. Die Askese im Handeln ermöglicht die Leistung des Denkens, die ihrerseits eine neue Stufe der Leistung im Handeln eröffnet.

Formuliert sind diese Unterscheidungen in der Sprache der Theorie, also eines Denkens, das sich grundsätzlich nicht mehr auf die Praxis, sondern auf die »reine Wahrheit« bezieht. Sie habe ich soeben als das Kunstwerk des Abendlandes bezeichnet. Ihr paradigmatisches Modell ist die Mathematik: die erschaffende Entdeckung einer Unendlichkeit von reinen Gestalten in der Sprache des Beweisens, also der vollziehbaren Entscheidung zwischen Wahr und Falsch. Ihre größte neuzeitliche Anwendung ist die mathematische Naturwissenschaft. Hieraus entsteht der Begriff von Natur als dem, was unwidersprechlich, eindeutig, das ist, was es ist, was mit vorausberechenbarer Notwendigkeit so geschieht, wie es geschieht.

Diese sich stabilisierende kulturelle Ebene, oder, um ein anderes geometrisches Gleichnis zu gebrauchen, diese kulturelle Pointierung, eben das Kunstwerk der Theorie, ruft nun als verwandten Gegensatz eine entsprechende Pointierung der Praxis hervor. Das Urteil kommt im Bezug auf das Handeln in zwei unterschiedenen Stufen vor. Einmal als das verständige Urteil darüber, was jeweils der Fall ist, und was folglich dem vorgesetzten Zweck des Handelns dienen kann. Eine Stufe höher aber als das Urteil darüber, was der rechte Zweck ist, als das – wie unsere Tradition möchte – vernünftige Urteil darüber, was sein soll. Das ist die Stufe der Moral. Der vielleicht reinste theoretische Denker der Neuzeit, Kant, hat die Vernünftigkeit der Moral im kategorischen Imperativ formuliert, der von der Maxime meines Handelns nichts als die Eignung zum Prinzip einer allgemeinen Gesetzgebung, also eben die Fähigkeit zur gedanklichen Allgemeingültigkeit für alle vernünftigen Wesen verlangt.

Hier ist nun der Gegensatz zwischen Natur und Moral, zwischen dem, was ist, und dem, was sein soll, sauber herauspräpariert. Aber Kant kann sich der Frage nicht verschließen, wo die Einheit der zwei Welten zu finden sei, in welche nun die Wirklichkeit zu zerfallen scheint. Er schreibt das Buch, auf das Goethe positiv reagiert, die Kritik der Urteilskraft. Die Vermittlung der theoretischen und der praktischen Vernunft wird hier zunächst zweifach erwogen: ästhetisch und teleologisch, wir dürfen sagen durch die Begriffswelten der Kunst und des organischen Lebens. Der überwölbende Schluß aber ist eine nicht mehr als theoretisch beweisbare, jedoch als Postulat auftretende religiöse Metaphysik, die Bestätigung der Zugehörigkeit Kants zur europäischen Metaphysik, die stets die unter der Decke der Religion liegende eine Wahrheit zu denken beanspruchte. Alle drei Momente schlagen Themen an, die für Goethe, unabhängig von Kant, lebenswichtig waren.

Beginnen wir mit der organischen Natur. Goethe kann den Gegensatz von Natur und Moral schon deshalb nicht vollziehen, weil er einen anderen Naturbegriff hat als den der mathematisierenden Naturwissenschaft, in dem er einen tödlichen

Feind witterte. Zu seinem »angeborenen Wissen« gehörte es, Natur »von innen« zu erfahren. Natur von innen – was soll das heißen? Die Weise, wie wir uns selbst kennen, unterscheiden wir als unser Inneres von dem, was draußen ist. Natur von innen muß, wenn es sie gibt, dem Menschen verwandt, organisch, lebendig sein. Im Gedanken der Metamorphose dachte Goethe die Grundtatsache der Geschichte der Natur, die Evolution, voraus. Diese Tatsache zwingt den heutigen Naturwissenschaftler, den Menschen als Kind der Natur zu verstehen, sie müßte ihn zwingen, eben darum die Natur als dem Menschen verwandt anzuerkennen. Deshalb kann ein Roman über menschliche Schicksale zurecht einen chemischen Titel tragen. Wollen wir aber im einzelnen verstehen, was diese Naturzugehörigkeit des Menschen in unserem Roman bedeutet, so müssen wir zuerst das Medium betrachten, in welchem Goethe hier spricht. Es ist nicht die Naturwissenschaft, auch nicht die Goethesche, es ist keine Form der Theorie, sondern es ist Dichtung, also die Kunst.

Aber was ist das denn – die Kunst? Das ist eine der am schwersten zu beantwortenden Fragen an die abendländische Theorie. Kulturgeschichtlich darf man vielleicht sagen, daß Kunst neben Theorie und Praxis eine dritte große Pointierung der europäischen Kultur ist. Begriffsgeschichtlich könnte man sich damit an Aristoteles anschließen, der die Trias von Theoria, Praxis und Poiesis kennt, wobei die Poiesis, das Machen, Technik und Kunst unter einem Titel zusammenfaßt. Ich gestehe, daß mir damit der innere Grund dieser Trichotomie noch dunkel bleibt, und ich folge lieber der Vorstellung, daß unter dem führenden Paradigma der Theorie die anderen Pointierungen als eine Art unerläßlicher kompensierender Restkategorien entwickelt wurden.

Kunst hat es in der ganzen Menschheit und auf höchster Stufe schon bei den Griechen wirklich gegeben, ehe diese den Begriff der Theorie herausgearbeitet hatten. Aber der *Begriff* »Kunst« ist ein Produkt der Theorie. Daß Kunst – als Musik, Dichtung, Bildkunst, Baukunst – überhaupt ein einheitliches Phänomen ist, entdeckt erst die Reflexion, und kulturgeschichtlich schafft erst diese Reflexion die soziale, jede Kunstgattung zur »Kunst« umprägende Erscheinung des Künstlerischen. Der Begriff der Praxis, zunächst als Restbegriff im Gegensatz zum auffallenden Phänomen der Theorie bestimmt, wurde in Zweckmäßigkeit und Moral pointiert und gewann so seine Eigenständigkeit, in welche gesellschaftliches, wirtschaftliches, technisches, politisches Handeln einbezogen ist. Aber Theorie und Praxis, so pointiert, sind so wenig das ganze kulturelle Leben, wie Urteil und Handeln das ganze menschliche Verhalten sind. Im menschlichen Verhalten entdecken wir wenigstens noch Sinnesempfindung und seelischen Affekt – Farbe und Form, Glück und Leid, Schönes und Häßliches. Und in der Kultur entdecken wir wenigstens noch Kunst und Religion. Was Kunst sei – unsere gegenwärtige Frage –, das läßt sich aus Theorie und Praxis grundsätzlich nicht herleiten, auch wenn es sich vielleicht in einer durch die Kunst erleuchteten Theorie aussprechen läßt. Ich wage die Vermutung, daß alle Gestaltwahrnehmung als solche beglückend ist, ja, daß eine Wesenszusammengehörigkeit zwischen Gestalt und Glück besteht.

Wenn Kunst das Erzeugen von Gestalt *als* Gestalt, um der Gestalt willen ist, so ist auch Mathematik eine Kunst, und es ist vielleicht nicht ganz abwegig, die Theorie als ein Kunstwerk zu bezeichnen. In der traditionellen abendländischen Kunsttheorie spielt die Beziehung zwischen dem Wahren und dem Schönen eine Schlüsselrolle. Das Schöne wird als der Glanz, als eine Erscheinung des Wahren bezeichnet. Denkt man das Wahre in der engen Form des beweisbaren Theoretisch-Wahren, so läge es jetzt fast näher, das Verhältnis umzukehren und dieses besondere Wahre als das Schöne einer besonderen Kunstform zu bezeichnen. Solche Spekulationen seien hier nicht weiter verfolgt. Aber die Annahme scheint erlaubt, daß die Kunst etwas von der Wirklichkeit zeigt, was weder in der Sprache der Theorie noch in der Sprache der Moral gesagt werden kann. Daß sie etwas zeigt, was weder faktisch ist, noch was sein soll, sondern was in einem Bereich liegt, dem das, was faktisch ist, und das, was sein soll, erst entstammt. Nicht die tiefere, gar die fundamentale Wahrheit wird damit für die Kunst in Anspruch genommen, denn sie ist eine kulturell entstandene Pointierung neben anderen, aber doch ein durch keine Theorie und keine Moral ersetzbarer Blick.

Kehren wir zu den Wahlverwandtschaften zurück. Beginnen wir mit der schon berührten Frage, wie die »Natur von innen« die chemische Thematik des Romans ermöglicht. Der Roman ist keine Theorie. Er argumentiert nicht, er behauptet nichts, er stellt ein gestaltetes Gewebe von Beziehungen vor unseren Blick. Und hier nimmt die Schicksalsverwobenheit der Natur Formen an, die zu den Kunstmitteln der das Buch durchziehenden Unheimlichkeit gehören. Nicht was die Figuren des Romans davon wissen, ist entscheidend: Ottilie ist magnetisch begabt, Charlotte spürt nichts, Eduard, wie alle Abergläubischen, wird von seinen Zeichen durch das Medium ihrer Wahrheit hindurch gerade betrogen. Entscheidend ist, was der Dichter weiß, was der Leser stückweise merkt. Die Natur ist moralisch, sie rückt das vom Menschen Verdorbene tragisch zurecht. Fast könnte man sagen: Die Natur ist die einzige moralisch unbestechliche Figur des Romans.

Diese Moralität der Natur ist freilich »naturgesetzlich«. Sie kennt den Zusammenhang von Tat und Folge. Den Unterschied dessen, was ist, von dem, was sein soll, kennt sie nicht. Sie kennt keine Schuld, nur Notwendigkeit. Der See verzehrt das unschuldige Kind, das nicht hat sein sollen, das Kind, in dessen Gesicht nicht die physische, sondern die wahre Liebe seiner Eltern unleugbar geschrieben stand. Der aufregendste Kritiker Goethes, Walter Benjamin, hebt hervor, daß Goethes Phantasie hier im Mythos lebt und webt. Ich sehe keinen Grund, dem zu widersprechen. Was ich Goethes angeborenes Wissen genannt habe, enthält eine für neuzeitliche Intellektuelle ungewöhnliche Offenheit für mythische Erlebnisformen, ja für magische Strömungen. Diese mythische Schicht begegnet jedem von uns in unseren Träumen, manchen von uns in Prämonitionen, in einer inneren Stimme. Aber wir können meist unsere Träume nicht lesen, wir überhören die Stimme, weil wir in einer anderen Sprache erzogen sind. Die Grammatik jener Bildersprache kennt den Unterschied der Zeiten und den Unterschied zwischen Indikativ, Konjunktiv und Imperativ nicht. Sie unterscheidet nicht, ob das, was sie zeigt, geschehen ist, geschehen wird, geschehen soll.

Benjamin ist überzeugt, für den Menschen, der der moralischen Entscheidung fähig geworden ist, sei das Verharren in der mythischen Schicht schlechthin unstatthaft. An dieser Stelle geht er mit Goethe um wie Elia mit den Baalspriestern. Ich sehe die Stärke der Position Benjamins. Aber sieht er, was Goethe sieht? Benjamin hält Goethe vor, er habe den platonischen Unterschied von Idee und Erscheinung nie zu vollziehen vermocht; unbelehrbar habe er die Idee als Erscheinung gesucht. Die Urpflanze ist ein Beispiel. Der Mythos macht diesen Unterschied auch nicht; die Bilder sind ihm die Sache. An dieser Stelle, so scheint mir, verhält sich Goethe aber weniger mythisch denn als das, was er nun einmal ist, als Künstler. Auch in der Kunst *ist* das Einzelne die Idee.

Daß damit ein Konflikt zwischen Kunst und Moral angelegt ist, ist zweifellos. Menschen, die zugleich moralisch und künstlerisch empfanden, haben stets unter diesem Konflikt gelitten. Es ist, so scheint mir, ehrenvoller, in diesem Leiden zu verharren, als es durch Beschönigungen aufzulösen. Die eine Beschönigung ist die Meinung, die Kunst stehe höher als die Moral, sie entbinde von der Moral oder sei eine höhere Moral. Das mag eine Form sein, in der ein Künstler seine unerträgliche Lebensspannung aufs Maß des Erträglichen reduziert, aber es ist ein Irrtum, und diesem Irrtum ist Goethe nicht erlegen. Die andere Beschönigung ist der Irrtum der engagierten Kunst, die Verwechslung einer moralischen Wahrheit, in deren Dienst die Kunst meist nicht unbeschädigt tritt, mit der Wahrheit der Kunst.

Die Wahlverwandtschaften sind ein in hohem Grade moralisches Buch, denn sie behandeln ein moralisches Thema in tödlichem Ernst. Die Moral behält recht. Aber nicht das ist der Ernst des Buches, daß die Moral recht behält. Die Moral hat einen zu naiven Freiheitsbegriff, der nur durch die selbst moralisch motivierte Unterscheidung dessen, was ist, von dem, was sein soll, gerechtfertigt wird. Die Kunst schaut – in ihrer Perspektive – an, was ist, und sie findet das viel paradoxere und viel wahrscheinlichere Phänomen einer moralischen Weltordnung ohne die zu ihrer Einhaltung nötige Freiheit. Freiheit der Wahl zwischen zwei Möglichkeiten hat das durch Geburt und Erziehung verständige Paar, Charlotte und der Hauptmann. Eduard und Ottilie haben keine Freiheit. Eduard nicht, dem Goethe seine Leidenschaft und seine Passivität ohne sein Reflexionsvermögen mitgegeben hat, unwissender über sich selbst als einst Werther. Ottilie nicht, weil sie nicht wählen, sondern nur in der Wahrheit leben kann, die sie, kindlich-weiblich-medial, sich geben lassen muß; wird ihr die Wahrheit nicht gegeben, so muß sie sterben. Auch ihr Tod ist nicht ihre Entscheidung; er ist kein beabsichtigter Selbstmord. Spricht man von Natur, so ist medizinisches Denken legitim. Sollte Goethe keine Beispiele der Magersucht junger Mädchen gekannt haben? Sie *kann* nicht mehr essen, und sie muß lügen, um dies zu verbergen. Man soll Ottilie nicht verherrlichen, man darf sie lieben.

Was ist der moralische Nutzen eines solchen Buchs? Wohl, daß es hinschauen lehrt. Als ich im Prado einen halben Tag lang Velasquez betrachtet hatte und wieder auf der Straße stand, sah ich jeden vorübergehenden Menschen, ja jeden Wasserspritzer auf der staubigen Straße mit der hintergründigen Genauigkeit, mit der Velasquez malt. Komme ich von der Lektüre der Wahlverwandtschaften an einen Familientisch, so höre ich in den alltäglichen Worten die Vibration ihrer fernen Zusammenhänge. Das ist eine ästhetische Verzauberung, eine erzieherische zeitweilige Überreizung des Wahrnehmungsvermögens. Vielleicht werden meine Urteile von nun an etwas weniger ungerecht sein.

In der Anwendung auf das Leben hat Goethe das »Sei ein Mann und folge mir nicht nach« zu diesem Buch nicht minder deutlich ausgesprochen als zum Werther. Benjamin meint, diesen Äußerungen sei nicht zu trauen, ihr Zweck sei, Goethes Geheimnis zu wahren. Gewiß hatte Goethe ein Geheimnis zu schützen, seine einsame innere Arbeit, von der jeder Gesprächspartner etwas anderes nicht verstand. Aber jedem versuchte er das zu sagen, was dieser aufnehmen konnte. So einem katholischen Geistlichen (Eger, 7. September 1821): »Der sehr einfache Text dieses weitläufigen Büchleins sind die Worte Christi: Wer ein Weib ansieht, ihrer zu begehren pp. Ich weiß nicht, ob irgend jemand sie in dieser Paraphrase wiedererkannt hat.« Wir werden hier, zum Abschluß, auf das Verhältnis Goethes zur dritten und tiefsten Vermittlung zwischen Natur und Moral geführt, der religiösen.

Den Namen der Ottilie verdankt Goethe der elsässischen

Heiligen. »Einer mit hundert, ja tausend Gläubigen auf den Ottilienberg begangenen Wallfahrt denk' ich noch immer gern. Hier, wo das Grundgemäuer eines römischen Kastells noch übrig, sollte sich in Ruinen und Steinritzen eine schöne Grafentochter aus frommer Neigung aufgehalten haben. Unfern der Kapelle, wo sich die Wanderer erbauen, zeigt man ihren Brunnen und erzählt gar manches Anmutige. Das Bild, das ich mir von ihr machte, und ihr Name prägte sich tief bei mir ein. Beide trug ich lange mit mir herum, bis ich endlich eine meiner zwar späteren, aber darum nicht minder geliebten Töchter damit ausstattete, die von frommen und reinen Herzen so günstig aufgenommen wurde.« (Dichtung und Wahrheit, III, 11.)

Empfindliche Leser haben sich freilich an der nazarenischen Bilderwelt der Kapelle, an den mit aller naturwissenschaftlichen Reserve erzählten Wundern bei Ottiliens Begräbnis, kurz an dem Heiligenkult gestoßen, in den das Buch ausläuft. Haftet den christlichen Symbolen des alten Goethe nicht etwas gerade für Christen Peinliches an? Ottilie ist keine Glaubenszeugin und keine Heilige im Sinne moralischer Vollkommenheit. Freilich ist Heiligkeit auch etwas sehr anderes als moralisches Heldentum. Sie war historisch oft der Psychopathie und immer der Gnade nahe. Aber wir müssen wohl den Roman noch einmal zu einem sehr kurzen philosophischen Exkurs verlassen.

Theorie, Moral und Kunst sind hochgetriebene kulturelle Zuspitzungen, Verwirklichungen menschlicher Möglichkeiten. Eben als solche kann keine von ihnen die Einheit des Menschlichen vertreten, das Ganze einer Kultur tragen. Jede von ihnen, absolut gesetzt, schlägt in ihr Gegenteil um: Theorie allein wird unwahr, Moral allein wird böse, Kunst allein wird wesenlos. Historisch kennen wir als Träger des Ganzen einer Kultur nur die Religion; so aber kennen wir sie eigentlich erst in der Reflexion, im historischen Rückblick. Die Metaphysik war der Versuch, die Wahrheit der Religion, die Einheit zu denken. Goethe hatte als Sohn des 18. Jahrhunderts zur überlieferten Religion moralisch eher ein kritisches, ästhetisch ein offeneres Verhältnis. Der Metaphysik als absoluter Theorie konnte er nur tief skeptisch begegnen. Dem Radikalismus, der die Einheit im unbedingten Handeln suchte, versagte er sich, dem aufklärerischen wie dem christlichen, mit dem tiefen Instinkt für das Böse in der absolutgesetzten Moral. Der Künstler suchte die Idee in der Erscheinung. Aber, wie Benjamin nicht unrichtig bemerkt, dabei wird ihm die Gesamterscheinung des Seins der Natur »nur das Chaos der Symbole«. »Nirgends hat der Dichter je versucht, eine Hierarchie der Urphänomene zu begründen.« Ich möchte hierin die Passivität, die auf Empfangen angewiesene geistige Natur Goethes bezeugt sehen, welche ihn vor Konstruktionen bewahrt hat, die nur falsch hätten sein können.

Die Worte des alten Goethe weisen stets über sich hinaus in einen Bereich, in dem er schweigt. So schweigsam, so kommentarlos ist schon die Transparenz der Wahlverwandtschaften. Als ein mögliches Symbol streift die Heiligkeit ihr Ende.

Ein Brief zu einer Faust-Aufführung *

Starnberg, den 25.3.1982

Lieber Herr Kaiser,

dies ist ein Brief ohne praktischen Zweck, heute eine Seltenheit. Ich möchte Ihnen meine Bewunderung aussprechen für die Meisterleistung in Gerechtigkeit, die Ihre Faust-Kritik darstellt. Ambivalenz meiner Reaktion auf die Aufführung: Ich saß mit meiner Frau von der ersten bis zur letzten Minute gebannt vor dem Bildschirm; dann sagte ich: »Das ist nicht Faust, sondern eine Studie in dementia senilis.« Diese Ambivalenz explizieren Sie.

Ausgezeichnet das Wort »versnobt«. Für Menschen, die den von Goethe gewebten Teppich auswendig können, ist es sehr eindrucksvoll, einzig den schwarzen Faden der hoffnungslosen Bitternis herausgezogen zu sehen. Vielleicht ist es sogar instruktiv für eine Zeit, die in Lob und Tadel gleich weit von dem entfernt ist, worin Goethes Ernst lag, einmal erinnert zu werden, daß es ihm mit dem Menschen ernst war. Aber, dies zugegeben, bleibt mir eine spezifische Kritik. Faust ist ein Renaissance-Physiker in der midlife-crisis, die sich, seiner Situation gemäß (wie jede midlife-crisis einen Situations-Anlaß braucht), am Eingesperrtsein in der scholastischen Universität entzündet. *Natur* ist das immer wiederholte Wort. Dasselbe Pathos umschließt das mathematische Gesetz des Kosmos, die Osterlandschaft und das Kind Gretchen. Ich habe einmal eine Besprechung von Goethes Gedicht »Wiederfinden« mit den Worten entschuldigt: »Vielleicht wollte ich zeigen, daß Naturwissenschaft und Liebeslyrik, wenn man sie nur versteht, genau dieselbe Sache sind.« Man darf die Krise ins Greisenalter verlegen, wenn der Schauspieler ein Greis ist; das macht nicht soviel aus. Aber mir fehlte bei Minetti völlig die Glücksfähigkeit Fausts angesichts aller drei Gestalten der Natur. Die Ansätze zur Ekstase in allen drei Fällen wirken bei ihm als demente Ausbruchsversuche aus einer Depression.

* An Joachim Kaiser. Teilweise abgedruckt in der Süddeutschen Zeitung Nr. 83, 10. April 1982, S. 83, unter dem Titel »Streit um Grübers ›Faust‹. Aus Leserbriefen an die Feuilletonredaktion«.

Mephisto war gut, aber er war eine Karamasowsche oder noch eher Adrian Leverkühnsche Halluzination. Bei Goethe ist selbst Mephisto in seiner Weise glücksfähig; wenigstens amüsiert er sich über seine eigenen Wahrheiten. Also wieder: eindrucksvoll, nur nicht Goethe.

Über Gretchen frage ich mich, ob nicht Sibylle Wirsing in der FAZ mehr recht hat als Sie. Ich war von der Unbeholfenheit beeindruckt.

Herzliche Grüße
Ihr C. F. Weizsäcker

Werner Siemens *

Meine Damen und Herren,

irgendwo habe ich einmal die Bemerkung gelesen, der Übergang, den Deutschland von der ersten Hälfte des 19. Jahrhunderts zur zweiten Hälfte dieses Jahrhunderts vollzogen habe, sei der Übergang von Schelling und Hegel zu Siemens & Halske. Nun, das ist vielleicht eine geeignete Einleitung eines Vortrags über Werner Siemens. Spricht man von diesem Mann, so spricht man in der Tat von einer Figur, die repräsentativ sein kann für ein ganzes halbes Jahrhundert. Man spiegelt aber wiederum dieses halbe Jahrhundert in einer Person. Und so möchte ich heute etwas eigentlich sehr Simples tun, da mir ja auch Werner Siemens eine in ihrer Großartigkeit einfache Persönlichkeit gewesen zu sein scheint – ich möchte versuchen, das zu tun, was man traditionell tut, wenn man einen großen Mann der Vergangenheit ehren will. Ich will in der gebotenen Kürze sein Leben erzählen.

Ich werde Ihnen damit nichts Neues sagen, ich kann höchstens in dem Hervorheben dieses oder jenes Punktes ein gewisses Licht aufsetzen, und ich möchte dann ganz zum Schluß, nachdem ich dieses Leben erzählt habe, noch einmal zu einer kleinen Reflexion darüber zurückkehren, in welchem Sinne dieses Leben nun in der Tat mehr als nur ein Leben, nämlich eben eine ganze Zeit repräsentiert und was uns diese Zeit bedeutet. Ich bin selbst kein Historiker, auch kein Wissenschaftshistoriker, ich verdanke – und das möchte ich an dieser Stelle ausdrücklich sagen – die Belehrung über den Stoff, über den ich hier spreche, wesentlich dem sehr freundlichen Empfang, den ich in dem Siemens-Archiv in München gehabt habe. Ich danke Herrn Dr. Busse, daß ich die Möglichkeit gehabt habe, seine noch unveröffentlichte Biographie zu lesen; ich werde in ein paar Punkten auch Siemens selbst zu Wort kommen lassen;

* Vortrag, Berlin 1966. Gedruckt in »150. Geburtstag von Werner von Siemens. 100 Jahre dynamoelektrisches Prinzip«. Herausgegeben von der Siemens Aktiengesellschaft Berlin-München. 1966. Die dort gedruckte wörtliche Nachschrift nach der Tonbandaufnahme eines frei gehaltenen Vortrags habe ich für das jetzige Buch redaktionell geglättet.

dabei werde ich mich nur auf publiziertes Material stützen, auf seine Lebenserinnerungen, die wir in einer schönen neuen Ausgabe haben, und auf seine Briefe. Denn man soll ja die Stimme dieses lebendigen Menschen unmittelbar hören können.

Geboren ist Werner Siemens 1816, ein Jahr nach Bismarck, zwei Jahre vor Marx. Das sind Zeitgenossen, und vielleicht kann man in diesen drei Personen noch etwas vom 19. Jahrhundert sehen, worauf ich dann zum Schluß zurückkommen werde. Ich möchte anfangen mit einer Geschichte, die gewiß den meisten von Ihnen bekannt ist und die man doch, finde ich, verlesen sollte. Es ist die Geschichte, mit der seine eigenen Erinnerungen beginnen.

»Meine früheste Jugenderinnerung«, sagt er, »ist eine kleine Heldentat, die sich vielleicht deswegen meinem Gedächtnisse so fest einprägte, weil sie einen bleibenden Einfluß auf die Entwicklung meines Charakters ausgeübt hat. Meine Eltern lebten bis zu meinem achten Lebensjahre in meinem Geburtsorte Lenthe bei Hannover, wo mein Vater das einem Herrn von Lenthe gehörige ›Obergut‹ gepachtet hatte. Ich muß etwa fünf Jahre alt gewesen sein und spielte eines Tages im Zimmer meines Vaters, als meine drei Jahre ältere Schwester Mathilde laut weinend von der Mutter ins Zimmer geführt wurde. Sie sollte ins Pfarrhaus zu ihrer Strickstunde gehen, klagte aber, daß ein gefährlicher Gänserich ihr immer den Eintritt in den Pfarrhof wehre und sie schon wiederholt gebissen habe. Sie weigerte sich daher entschieden, trotz alles Zuredens der Mutter, ohne Begleitung in ihre Unterrichtsstunde zu gehen. Auch meinem Vater gelang es nicht, ihren Sinn zu ändern; da gab er mir seinen Stock, der ansehnlich größer war als ich selbst, und sagte: ›Dann soll Dich Werner hinbringen, der hoffentlich mehr Courage hat wie Du.‹ Mir hat das wohl zuerst etwas bedenklich geschienen, denn mein Vater gab mir die Lehre mit auf den Weg: ›Wenn der Ganter kommt, so geh ihm nur mutig entgegen und haue ihn tüchtig mit dem Stock, dann wird er schon fortlaufen!‹ Und so geschah es. Als wir das Hoftor öffneten, kam uns richtig der Gänserich mit hoch aufgerichtetem Halse und schrecklichem Zischen entgegen. Meine Schwester kehrte schreiend um, und ich hatte die größte Lust, ihr zu folgen, doch ich traute dem väterlichen Rate und ging dem Ungeheuer, zwar mit geschlossenen Augen, aber tapfer mit dem Stocke um mich schlagend, entgegen. Und siehe, jetzt bekam der Gänserich Furcht und zog sich laut schnatternd in den Haufen der auch davonlaufenden Gänse zurück.«

Es gibt ein ostasiatisches Sprichwort, das heißt: Das Junge eines Löwen brüllt wie ein Löwe. Und so ähnlich klingt mir diese Geschichte hier.

Er sagt, dies Ereignis habe auf seine Charakterbildung einen wesentlichen Einfluß genommen, und das ist mir sehr plausibel. Verfolgen wir später seine Weise des Handelns, so würde ich sagen, Schwierigkeiten hat er oft zu meistern gehabt, der Ausgang war oft unsicher. Mit geschlossenen Augen, entschlossen um sich schlagend, hat er aber die Schwierigkeiten gemeistert.

Die Schwierigkeiten der Jugend waren groß. Der Vater, aus einer angesehenen Bürgersfamilie vom Harz stammend, hat als Gutspächter meistens Mißgeschick erlebt, die zehn Kinder, die nach dem frühen Tod der Eltern übrigblieben, mußte im wesentlichen der älteste überlebende Sohn, Werner, versuchen, in ihre Lebenslaufbahn zu bringen. Er mußte zu ihrer Ernährung, er mußte zu ihrer Ausbildung beitragen, und sein Familiensinn, der sich später in seinen großen Unternehmungen so deutlich gezeigt hat, hat hier wohl die erste Übung empfangen. Von den Brüdern, mit denen er später vor allem zusammengearbeitet hat, brauche ich nur zu nennen Wilhelm – später Sir William –, Karl und Friedrich. Als er den Beruf wählen sollte, hatte er eine Entscheidung vor sich, die ich Ihnen gerne noch einmal in seinen eigenen Worten vorführen möchte.

Er schreibt von der Schule:

»Daher ließ ich in Sekunda das griechische Studium fallen und nahm statt dessen Privatstunde in Mathematik und Feldmessen, um mich zum Eintritt in die Berliner Bauakademie vorzubereiten. Nähere Erkundigungen ergaben aber leider, daß das Studium auf der Bauakademie zu kostspielig war, um meinen Eltern in der für die Landwirtschaft immer schwieriger gewordenen Zeit, in der ein Scheffel Weizen für einen Gulden verkauft wurde, bei der großen Zahl von jüngeren Geschwistern ein solches Opfer auferlegen zu können. Aus dieser Not rettete mich der Rat meines Lehrers im Feldmessen, des Leutnants im Lübecker Kontingent, Freiherrn von Bülzingslöwen, der früher bei der preußischen Artillerie gedient hatte. Dieser riet mir, beim preußischen Ingenieurkorps einzutreten, wo ich Gelegenheit erhalten würde, dasselbe zu lernen, was auf der Bauakademie gelehrt würde. Mein Vater, dem ich diesen Plan mitteilte, war ganz damit einverstanden und führte noch einen gewichtigen Grund dafür an, dessen große Wahrheit durch die neuere deutsche Geschichte in helles Licht gesetzt worden ist. Er sagte: ›So, wie es jetzt in Deutschland ist, kann es unmöglich bleiben. Es wird eine Zeit kommen, wo alles drunter und drüber geht. Der einzige feste Punkt in Deutschland ist aber der Staat Friedrichs des Großen und die preußische Armee, und in solchen Zeiten ist es immer besser, Hammer zu sein als Amboß.‹ Ich nahm daher Ostern 1834 im achtzehnten Lebensjahr Abschied von dem Gymnasium und wanderte mit sehr mäßigem Taschengeld nach Berlin, um unter die künftigen Hämmer zu gehen.«

Er gehört zu denen, denen das preußische Heer den Weg eröffnet hat in eine Tätigkeit weit außerhalb des Militärs; das andere große Beispiel dafür ist Helmholtz, der als Militärarzt seinen Weg gemacht hat. Siemens wurde Artillerie-Offizier, er hat als Artillerie-Offizier die Ausbildung empfangen, die er suchte, und er hat mit Hilfe dieser Ausbildung begonnen, sich technisch zu betätigen. Er kommt in jener frühen Zeit zusammen mit seinem Bruder Wilhelm in eine Phase des etwas »wilden Erfindens«. Es gibt eine Fülle von Erfindungen, die sie machten, von denen sie sich finanziellen Erfolg versprachen, meistens vergebens. Galvanisches Vergolden von Löffeln und was es alles gewesen sein mag. Daneben interessiert er sich für Wissenschaft. Er findet in Berlin einen Kreis wissenschaftlicher Freunde, und in seinen Lebenserinnerungen schreibt er, daß er im Grunde sich immer nach der reinen Wissenschaft gesehnt und in ihr seine Aufgabe gesucht habe. Dann aber habe er doch immer durch seine äußeren Lebensumstände und durch den Drang, zu verwirklichen, was er dachte, sich schließlich an die Technik gebunden gefühlt, indem gleichwohl seine Liebe der Wissenschaft blieb. Er schied dann erst nach den 48er Ereignissen aus dem preußischen Militär aus. Noch in späteren Zeiten aber hat es ihm, in jener Gesellschaftsverfassung, die sich die jungen Menschen heute gar nicht mehr vorstellen können, etwas wie eine Förderung bedeutet, daß er, der große Industrieführer, der er geworden war, auch den Titel eines Leutnants führte. Der Leutnant Siemens ist eine damals viel zitierte Person gewesen. Interessant ist, daß er beim Ausscheiden aus dem militärischen Dienst die Möglichkeit hatte, in den Zivildienst überzugehen oder aber in die von ihm schon vorsorglich gegründete Firma endgültig einzutreten, weil er es vorzog, sich privat zu betätigen. Er sagte: »Mir blieb nun die Wahl, entweder in den aktiven Militärdienst zurückzutreten oder zur Staatstelegraphie überzugehen, bei der mir die Stellung als Leitender Techniker zugesichert war, oder endlich jedem Dienstverhältnis zu entsagen und mich ganz der wissenschaftlichen und technischen Privattätigkeit zu widmen. Ich entschied mich für das letztere. Wieder in den militärischen Garnisondienst zurückzukehren, wäre mir nach dem bewegten und erfolgreich tätigen Leben, das ich hinter mir hatte, ganz unmöglich gewesen. Der Zivildienst sagte mir durchaus nicht zu. Es fehlte in ihm der kameradschaftliche Geist, der die drückenden Rang- und Machtunterschiede mildert und erträglicher macht, es fehlte in ihm auch die ungeschminkte Offenheit, welche selbst mit der Grobheit versöhnt, die beim Militär einmal herkömmlich ist.«

Er zog also eine Lebensweise vor, in der ungeschminkte Offenheit möglich ist, ohne daß sie notwendigerweise mit Grobheit verbunden zu sein braucht. Die Entscheidung für seinen Lebenslauf fiel durch Entdeckungen im Telegrafenwesen. Ich gehe auf das Technische dieser Entdeckungen hier nicht ein. Eine seiner Erfindungen – eine wichtige für die Verlegung unterirdischer Kabel – war z.B. die nahtlose Umpressung der Drähte mit Guttapercha. Er verlegte für den preußischen Staat Telegrafenlinien auf diese Weise. In dem Briefwechsel mit seinem Bruder Wilhelm kommt die Erleichterung zum Vorschein, daß er nun die Entscheidung für seinen Lebensweg gefunden hat – nicht mehr das Herumspielen in unbestimmten Möglichkeiten des Erfindens, sondern eine feste Aufgabe, eben das Telegrafenwesen.

Dazwischen kommt die Episode der Ereignisse von 1848. Die Revolution im Jahre 48, die er in Berlin mitmacht, die er freudig begrüßt, in jener ungebrochenen Verbindung des Nationalen und des Liberalen, die damals so charakteristisch war und mit der er voll identifiziert war. Erst in den Lebenserinnerungen stehen dann sehr viel zurückhaltendere Formulierungen über jene Ereignisse. Er ist damals nach Schleswig-Holstein gegangen, im Krieg, der gegen Dänemark um Schleswig-Holstein geführt wurde. Er hat nebenher die unterseeischen Minen erfunden, mit denen er den Kieler Hafen gegen die schwedische Kriegsflotte sperrte, er hat eine Zeitlang wirklich dort mit ein bißchen Krieg geführt. Er hat die Feste Friedrichsort besetzt vor Kiel, als Führer einer kleinen, eigens zu diesem Zweck zusammengestellten Freiwilligentruppe. Er kehrte von dort aus dann aber wieder in seine eigentliche Aufgabe zurück, kehrte also ins Telegrafenwesen zurück; er entzweite sich mit der Preußischen Telegrafenverwaltung, weil deren Leiter nicht die Kritik ertrug, die Siemens öffentlich geübt hatte an gewissen fehlerhaften Methoden, die dort angewandt worden waren.

Der große geschäftliche Erfolg, der noch sehr zweifelhaft gewesen war, kam durch Rußland. Er kam durch den Auftrag, für den russischen Staat große Telegrafenlinien durch das ganze Reich dort zu verlegen. Dies war wiederum durch die Politik mit bedingt. Der Krim-Krieg stand an und brach aus. Wir finden in den Lebenserinnerungen und in den Briefen höchst lebendige Schilderungen davon, wie er auf russischen Schlitten durch den Winter nach Petersburg eilend alle Strapazen aushält, wie er dann mit dem allmächtigen Minister, dem Grafen Kleinmichel, verhandeln muß, der von ihm in einer Nacht einen Entwurf verlangt für eine Linie nach Sewastopol. Wir sehen die Fülle von Strapazen, wir sehen dann schließlich den Erfolg, wobei interessanterweise der finanzielle Erfolg letzten Endes durch das langweiligste aller Geschäfte kommt, nämlich die Kontrolle und Reparatur der einmal errichteten Telegrafenlinien. Sein Bruder Karl tritt in dieses russische Geschäft als sein Vertreter ein. Es gibt in seinem Briefwechsel eine Reihe sehr interessanter Stellen, in denen er auseinandersetzt, wie man die deutschen Beamten der Firma behandeln müsse, welche dort hingekommen seien. Nämlich nicht nach dem russischen Schema, daß man sie als Privatdiener – wie er sagt –

behandele, sondern man müsse sie als Gleichgestellte behandeln. Die junge Frau des Bruders hat da gewisse Fehler gemacht, und er hält ihm eine strenge Lektion darüber, daß, wenn man nicht die Mitarbeiter als Gleichgestellte behandele, man keine Hoffnungen habe, daß sie wirklich im Sinne der Firma dienen und wirken. Und andererseits, daß in diesem Augenblick der jungen Ehe entschieden werde, ob er der Herr sei oder seine Frau, und es sei dieses allerdings wesentlich, daß sich die Frau in nichts einmischen dürfe, was das Geschäft angehe, auch den kleinsten Commis dürfe seine Frau nur bittweise angehen. Das ist alles sehr hübsch zu lesen, es ist mit Humor und Entschlossenheit geschrieben.

An die russischen Ereignisse knüpfe ich noch etwas an, was zeitlich erst später liegt, den Erwerb großer Kupferminen im Kaukasus. Die Lebenserinnerungen sind gerade von den Reisen in den Kaukasus besonders stark erfüllt. Bunte Schilderungen primitiver Zustände, in denen die Probleme ganz deutlich zu sehen sind, die wir bis zum heutigen Tage kennen und die ja wohl auch in unserer Zukunft noch eine große Rolle spielen werden – die Frage, wie kann man einem technisch nicht entwickelten Land Bedingungen abgewinnen, welche ermöglichen, daß in diesem Lande die Technik überhaupt funktioniert. Ein schöner Passus ist z. B. wiederum in den Lebenserinnerungen die Schilderung, daß die Qualität der Arbeit wesentlich gestiegen ist, nachdem es ihm geglückt ist, die Arbeiter zum Wohnen in vernünftigen Häusern zu bewegen und sie aus Erdhütten, in denen sie wohnten, herauszuholen. Um sie aber dazu zu bringen, daß sie in diesen Häusern wohnten, war es notwendig, daß er ihre Frauen durch Beispiele überzeugte, wieviel angenehmer man in diesen Häusern leben kann. Die Erweckung des Bedürfnisses als Vorbedingung der Erweckung des Verständnisses für den ganzen Komplex kultureller Werte, die erst, wenn sie zusammen da sind, ein funktionierendes Ganzes ergeben, also auch einen funktionierenden Betrieb. Ich glaube, jeder, der heute mit solchen Problemen zu tun hat, weiß davon sein Lied zu singen. Es ist schön, zu sehen, daß das 1865 schon ganz genauso ausgesehen hat und daß er es sehr scharf erkannt hat.

Er hat in der Mitte der Dreißigerjahre seines Lebens geheiratet – Mathilde Drumann, Tochter eines Professors aus Königsberg, die entfernt mit ihm verwandt war. Es wäre schön, ein wenig vorzulesen aus den Briefen, die er an seine Braut geschrieben hat. Wenigstens einen Passus möchte ich Ihnen zeigen, obwohl hier im Grunde die Kontinuität der Briefe wichtig ist. Wir finden ihn hier einmal von sich sprechend als Person, als erlebendes, als leidendes Wesen, nicht nur als Wissenschaftler, Unternehmer, Techniker. Wobei wohl zu sagen ist, daß die Weise, wie er zu seiner Braut und Frau spricht, auch von seiner menschlichen Klugheit zeugt, indem er ihr ihre eigenen menschlichen Schwierigkeiten dadurch erleichtert, daß er ihr die Parallele zu seinen eigenen menschlichen Schwierigkeiten deutlich macht. Ich lese hier einen Passus vor aus einem Brief aus Riga von 1852, 22. Januar:

»Siehe, ich bin schon durch Alter (er ist wohl 35 Jahre alt) und manche Lebenssorge ein bißchen schwerfällig geworden, doch Du kannst mich, ohne Dich zu täuschen, mit einem unbehilflichen russischen Ofen vergleichen. Es dauert lange und kostet viel Feuerung, bis er warm wird, wie ich gerade jetzt schmerzlich empfinde, dann aber hält er auch warm bis ans Tagesende. Lache immer nur über den unästhetischen Vergleich, er ist wahr. Ernstlich muß ich Dich aber bitten, mein liebes Bräutchen, nicht wie Du es androhst, an Dir viel zu reformieren oder gar zu revolutionieren. Ich habe Dich erwählt, wie Du bist und habe ein Anrecht darauf, Dich so zu behalten. Zeige Dich nur stets in ganz ungeschminkter Wahrheit und Du wirst stets finden, daß Du mir so am liebsten bist. Und nun gar Deine Absicht, mir ähnlicher werden zu wollen, um Gotteswillen, gib dieses Bestreben auf. Ich will nicht mich, sondern Dich heiraten.«

Das russische Geschäft geht über eine Blütezeit in einen ruhigeren Gang und dann auch in manche Probleme über. Inzwischen entwickelt sich das Geschäft auf der englischen Seite im Zusammenhang mit seinem Bruder Wilhelm. Es kommen z. B. die großen Kabellegungen. Ehe ich davon ein paar Worte sage, möchte ich aber einen Bereich seines Lebens nennen, der nun für kürzere Zeit in den Vordergrund tritt, in den frühen Sechzigerjahren, das ist die Politik. Es ist natürlich mit heutigen Verhältnissen nicht ganz vergleichbar, aber es ist doch auch, wenn man an heutige Verhältnisse denkt, interessant, daß Werner Siemens in der Zeit, in der seine Firma noch im Aufbau, noch voller finanzieller, organisatorischer und anderer Probleme ist, vier Jahre lang dem Preußischen Abgeordnetenhaus angehört hat. Er hat sich von Solingen wählen lassen, nicht sehr gern, aber er hat schließlich sich nicht gewehrt, als man es von ihm verlangte, im Rahmen der Deutschen Fortschrittspartei, die er damals mitgeformt, mitgegründet hat, deren Namen er sogar erfunden und vorgeschlagen hat. Der Inhalt der politischen Auseinandersetzungen, um die es hier ging, war einerseits der Streit mit der Regierung, der Streit um die Heeresvorlage, der Streit mit Bismarck. Siemens ist vielleicht eine der charakteristischen Figuren für die Wandlung, die der deutsche Liberalismus in jener Zeit erlebt hat.

Ich möchte nur zwei kurze Stellen aus seinen Briefen vorlesen, die das spiegeln.

Auf der einen Seite schreibt er im Jahre 1863, also auf dem Höhepunkt jenes Streits um die Heeresvorlagen zwischen fast dem ganzen Parlament und der Regierung – am 10. Juni:

»Ich bin entschlossen, mir nicht das geringste gefallenzulassen, komme daraus, was wolle. Bleibt Preußen lange wie es ist, so habe ich gar nicht Lust, ihm noch lange die Ehre meiner Gegenwart zu schenken.« –

Das ist doch wohl ein sehr scharfer Satz. Das schreibt er an seine Frau.

Im September 66 – ein Vierteljahr nach dem Krieg, dessen 100jähriges Jubiläum, wenn man das so nennen darf, ja auch in diesem Jahre gewesen ist, nach dem Krieg zwischen Preußen und Österreich, schreibt er an seinen Bruder Wilhelm in England:

»Daß Bismarck wirklich jetzt vom Heiligen Geist einer großen nationalen Mission ergriffen ist, daß er den Willen hat, kein halbes, sondern ein ganzes Deutschland zu begründen, davon bin ich jetzt fest überzeugt. Darum habe ich mich auch von den meisten meiner alten politischen Freunde getrennt und habe für das Vertrauensvotum für seine äußere Politik gewirkt und gestimmt, als welches er die Bewilligung des Kredites auffassen zu wollen erklärte. Damit soll nun aber, wie ich denke, meine politische Laufbahn vorderhand wenigstens abgeschlossen sein. Ich werde meinen Wählern Rechenschaft ablegen und gleichzeitig mein Mandat niederlegen.«

Das ist die Wendung zu dem, was sich dann in der Form der Gründung der National-Liberalen Partei dargestellt hat. Wir sehen, wie hier die liberale und die nationale Bewegung noch immer miteinander verbunden, sich nunmehr in der Mehrzahl ihrer Vertreter Bismarck und dem neu gegründeten Reich zuwenden. Siemens hat Bismarck auch persönlich kennengelernt. Die Beziehungen sind nie sehr eng gewesen. Die Voraussetzungen waren doch wesentlich verschieden. Aber ein Verhältnis gegenseitiger Achtung war da. Das zeigte, um einen anderen Aspekt des politischen Wirkens von Werner Siemens zu nennen, die Patentgesetzgebung. Aufgrund einer Denkschrift, die er schon 1863 verfaßt hatte, hat er in den siebziger Jahren das Problem von neuem aufgenommen und hat durch eine Eingabe bei Bismarck, beim Reichskanzler, wohl den wesentlichen Beitrag dazu geliefert, daß ein Patentgesetz geschaffen wurde, in den Linien, wie es seitdem besteht, die weitgehend von ihm selbst entworfen waren. Dabei spielt eine große Rolle seine Vorstellung über die Notwendigkeit einer Förderung der Qualität der deutschen Waren. Er hat mit seinen Solinger Wählern einen großen Konflikt bekommen aufgrund dessen, wie er vermutet – laut Lebenserinnerungen –, er selbst dann nicht wieder aufgestellt worden wäre, wenn er sich wieder zur Aufstellung angeboten hätte, weil die Solinger Metallindustrie die Gewohnheit hatte, ihre bessere Ware mit englischen Firmenstempeln zu versehen aufgrund von Aufträgen englischer Firmen und als englische Ware sowohl im Ausland wie in Preußen selbst oder in Deutschland zu verkaufen. Er hat eine gesetzliche Regelung durchgesetzt, die das verbot. Er wurde dafür von seinen Solinger Wählern sehr getadelt, weil sie ihm sagten, sie könnten dann ihre bessere Ware überhaupt nicht mehr absetzen, denn das Publikum verlange nun einmal englische Ware. Das Problem ist wieder aufgetaucht in den siebziger Jahren angesichts der Weltausstellung in Chicago, von wo das berühmte Wort dann nach Deutschland zurückkam, gesprochen von Deutschen, gesprochen auch von ihm selbst und ausdrücklich verteidigt von ihm selbst in scharfen Auseinandersetzungen: die deutsche Ware sei billig und schlecht. Und diesen Tadel, der als unsachliche Kritik, als ein Angriff gleichsam von hinten empfunden wurde, den hat er verteidigt mit der ausdrücklichen Erklärung, daß es nicht in unserem Interesse sein könne, uns über ein Faktum zu täuschen, sondern daß wir dieses Faktum ändern müssen. Zur Änderung eben wünschte er die Patentgesetzgebung, das Verbot der Firmierung der besseren Ware mit ausländischen Firmennamen und was es alles noch gab, und wir wissen ja auch, daß eben in jenen Zeiten dann dieser Wandel sich durchgesetzt hat und die deutsche Ware im großen und ganzen gerade den Ruf der Qualität bekommen hat, was sein Hauptanliegen war.

Ich finde auch an diesen Stellen diesen Mann in einer so schönen Weise unbefangen das Richtige tuend. Unbefangen sagend, was falsch ist, selbstverständlich voraussetzend, daß man einsieht, daß dieses im Gemeininteresse geschieht.

Ich will nicht ausführlich sprechen von den Kabellegungen, die an sich gerade wieder in den Lebenserinnerungen aufs bunteste und lustigste geschildert sind, die voller Risiken, voller Abenteuer waren, Kabellegungen im Mittelmeer, Kabellegungen über den Atlantik, vor allem die Zusammenarbeit mit der englischen Firma, dann das große Unternehmen des Baues der Telegrafenlinien nach Indien, das auch in den Verhandlungen, die in England, Preußen, Rußland, Persien gemacht werden mußten, ein großes Stück Diplomatie verlangte. Hier zeigt sich einmal das, was er selbst ausgedrückt hat, als er in einem Brief an seinen Bruder Karl sagt, ihm habe von früh an vorgeschwebt, ein Welthaus wie die Fugger zu gründen. Man sieht da, daß dieser im übrigen bescheidene Mann doch nicht ohne einen sehr großen Ehrgeiz in die Welt gekommen ist, ich würde sagen, wie es ja wohl allgemein ist, daß Menschen mit sehr großen Begabungen schon in jungen Jahren in der Form eines träumerischen Ehrgeizes das, was sie können, sich ausmalen. Ein völlig legitimer Vorgang! Hier mußte also Diplomatie betrieben werden. In dieser Diplomatie hat sich z. B. in Persien sein entfernter Neffe Georg Siemens die Sporen verdient, der dann nachher der erste große Leiter der Deutschen Bank wurde.

Auf einem der Kabelschiffe entwickelt er die Theorie der Kabellegung, ohne die die Kabellegung in tiefen Meeren vielleicht kaum richtig hätte durchgeführt werden können. Von Technik, von Geschäft, von unmittelbarem Zugreifen, vom Ergreifen der Kommandogewalt auf einem solchen Schiffe, da die anderen alles falsch machen, berichten die Erinnerungen, schließlich eben auch von Diplomatie und Politik.

Seine Frau, lang lungenleidend, stirbt. Es kommt eine Arbeitsphase, eben die Phase, in der er auch das dynamoelektrische Prinzip entdeckt, und dann, über 50jährig, noch einmal das Glück einer neuen Ehe. Ich möchte auch daraus einen Satz vorlesen, weil er es in einer, ich möchte doch sagen, hübschen Weise verbindet mit Betrachtungen, die noch einmal ans Politische anklingen. Er schreibt in den Erinnerungen: »Mein häusliches Leben erfuhr eine vollständige Umgestaltung durch meine am 13. Juli 1869 erfolgte Wiederverheiratung mit Antonie Siemens, einer entfernten Verwandten, dem einzigen Kinde des verdienten und in der landwirtschaftlichen Technik wohlbekannten Professors Karl Siemens in Hohenheim bei Stuttgart.

Ich habe in Tischreden und bei ähnlichen Veranlassungen oft scherzhaft gesagt, daß diese Verheiratung mit einer Schwäbin als eine politische Handlung zu betrachten sei, da die Mainlinie notwendig überbrückt werden müßte und dies zunächst am besten dadurch geschehe, daß möglichst viele Herzensbündnisse zwischen Nord und Süd geschlossen würden, denen die politischen dann von selbst bald nachfolgen würden. Ob mein Patriotismus hierbei nicht wesentlich durch die liebenswürdigen Eigenschaften dieser Schwäbin, die wieder warmen Sonnenschein in mein etwas verdüstertes arbeitsvolles Leben gebracht hat, beeinflußt worden ist, will ich hier nicht näher untersuchen.«

Ich gehe nicht in irgendwelche Einzelheiten ein in bezug auf das dynamoelektrische Prinzip, denn Sie werden das aus sehr viel berufenerem Munde nachher hören. Ich möchte ein paar Worte noch widmen den sozialen Problemen, mit denen er zu tun hatte, und den Beziehungen zur Wissenschaft. In den siebziger Jahren, gerade dann auch in der Krisenzeit, die damals kommt, die man in Deutschland unter dem Titel der Gründerkrise kennt, treten ja die sozialen Spannungen, die die zweite Hälfte des 19. Jahrhunderts so stark bestimmt haben, stark hervor. Es ist sehr charakteristisch für ihn, wie er das Problem behandelt, wie er z. B. in dem Augenblick, in dem ein Streik droht in der Gesamtheit der Berliner Industrie, einerseits sich an die Spitze der Unternehmer setzt, um sie zu bewegen, in einer solchen Weise zu verhandeln, daß man zu einer Einigung mit den Arbeitern kommen kann, andererseits sich persönlich erkundigt bei den Arbeitern, ob die Versammlungen, die sie abhalten, öffentlich sind und auf die Antwort, sie seien es, selbst hingeht und in den Versammlungen mit den Arbeitern darüber verhandelt, was denn ihr legitimer Anspruch sei, was sie etwa aber auch nicht fordern könnten, weil sie dadurch die Firma selbst ruinieren würden, d. h. ihren Broterwerb, und es in jener Phase in der Tat dazu bringt, daß der Streik an seinem Hause vorbeigeht.

Das Wort des gesunden Egoismus fällt in seinen Briefen und in seinen offiziellen Äußerungen über diese Dinge öfters. Und darin drückt sich wohl am deutlichsten die unternehmerische Haltung aus, die ihm eigen war, die natürlich nicht nur seine eigene Erfindung war, die er aber doch auch durchdachte: die Überzeugung, daß auch die sozialen Probleme gelöst werden müßten auf der Basis des Zugeständnisses, welches durch das Beiwort »gesund« charakterisiert wird.

Es muß, so ist seine Überzeugung, eine Lösung dieser Probleme geben, die im Interesse beider Teile ist, die ja doch voneinander leben.

Die Einzelheiten zu schildern ist wiederum nicht meines Amts, ich bin darin auch nicht hinreichend informiert, aber die Menge dessen, was er getan hat, in der Richtung auf Gewinnbeteiligung, auf Alterspensionskasse und was es sonst gegeben hat, ist ja bekannt.

Die Beziehung zur Wissenschaft, seiner alten Liebe, spiegelt sich in den Erinnerungen, zum Beispiel in der Freude, mit der er von der Aufnahme in die Preußische Akademie spricht. Sie zeigt sich auch darin, daß er, abgesehen von solchen wissenschaftlichen Gedanken, die im wesentlichen in der Technik wurzeln oder in die Technik hineingehen, eine Fülle von wissenschaftlichen Einfällen hat, etwa ob nicht vielleicht die Erreger der Krankheiten, die Mikroben, in Wirklichkeit dadurch eingedämmt werden, daß es wiederum Erreger von Krankheiten gibt, an denen die Mikroben sterben, also noch kleinere, ein Vorgedanke dessen, was wir heute Bakteriophagen oder Virus nennen. Oder auf der anderen Seite kommt einmal der Gedanke in einem der Briefe, man möge doch das große Telegrafennetz, das jetzt die Welt umspannt, benützen, um eine Weltwetterüberwachung einzurichten, so daß auf der Basis davon die Wettervorhersage endlich wissenschaftlich möglich werden würde.

Wir sehen also, wie diese ständig rege Phantasie hineinträumt in eine Fülle wissenschaftlicher Möglichkeiten, die er nicht alle erschöpfen konnte, in denen wir aber immer wieder finden, daß er Gedanken angeregt hat, die weit über das hinausgehen, was er hat verwirklichen können. Wir finden auch in der Organisation der wissenschaftlichen Arbeit diesen entscheidenden Gedanken, der sich dann in der Schaffung der Physikalisch-Technischen Reichsanstalt unter seinem entschiedenen Anteil, ohne den sie nie zustande gekommen wäre, gespiegelt hat, wobei ja sein Plan noch über das hinausgeht, was verwirklicht worden ist. Sein Plan war im Grunde eine wissenschaftliche Forschungsstätte von einer Art, wie sie dann erst von der Kaiser-Wilhelm-Gesellschaft verwirklicht worden ist. Also eine Forschungsstätte, die der reinen und freien Forschung in einem Maße dienen sollte, das durch nichts eingeschränkt wäre. Er hat dann die praktischen Aufgaben, die der Physikalisch-Technischen Reichsanstalt gestellt waren, in den Vordergrund gestellt, damit dieses Institut überhaupt zustande kommen konnte, und es hat schließlich sehr große und wichtige Arbeit nicht nur in diesem Rahmen, sondern darüber hinaus geleistet. Sein Entwurf ging aber schon in Möglichkeiten wissenschaftlicher Forschung, wie sie zu jener Zeit noch nicht im Bewußtsein der Menschen waren. Es kommt einmal in den Briefen vor, Bismarck betrachtete ja die wissenschaftliche Betätigung als eine Art Sport. Dieses zeigt noch die Fremdheit gegenüber der von Siemens klar erkannten Verbindung zwischen Wissenschaft und Technik.

Ich gehe nicht ein auf die Entwicklung, die in seinen späteren Jahren eine so große Rolle spielte, die Starkstromtechnik; die Zusammenhänge mit der Gründung der AEG und alles was da hineingehört. 75jährig zieht er sich mit einem entschlossenen Schritt aus den Geschäften heraus, er zieht sich immer wieder für Monate zurück in sein Ferienhaus in Bad Harzburg, schreibt dort sein schönes Werk der Erinnerungen. 1892 ist er gestorben. Am Grabe zu den vielen Kränzen waren in den Vordergrund gestellt – und das ist vielleicht nicht ohne Symbolik – zwei Kränze, ein Kranz der Kaiserin, darin ist das Doppelte enthalten, einmal die Beziehung zum Kaiserhaus, also zu der damaligen großen Form der Nation, der er gern angehörte, und die Beziehung zu einem ganz besonderen Glied des Kaiserhauses, nämlich zu dem Ehepaar des Kaisers Friedrich. Und der andere Kranz war ein Kranz von Edison, seinem Freunde. Das ist nun die Verbindung nicht nur mit der Welt der Technik und der Erfindung, es ist auch die Verbindung mit dem großen Konkurrenten, der doch dann auch zum Freund wurde, drüben über dem Ozean in Amerika.

Ich möchte jetzt nur noch in ein paar Worten zurückkommen zu der Frage, mit der ich begonnen habe: Was repräsentiert er? Einmal schildert er sich selbst als den Mann, der im Grunde immer etwas in einer Traumwelt der Gedanken lebend, nur durch die Umstände daraus immer wieder herausgerissen wird und dem gegenüber seinem Hauptfehler einer zu großen Gutmütigkeit ein anderer Fehler zu Hilfe gekommen sei, nämlich die starke Erregbarkeit zum Zorn, so daß es dann doch den Leuten, mit denen er zu tun hatte, geglückt sei, ihn zu vernünftigen Handlungen zu zwingen, indem sie den Zorn in ihm erregten. Das ist wieder der Löwe. Aber ich spreche nun nicht weiter von der Person. Was repräsentierte er? Das Scherzwort von Schelling und Hegel zu Siemens & Halske, das drückt doch folgendes aus: Die deutsche Kultur um 1800 war vielleicht eine der großen Kulturen, die es in der Welt gegeben hat. Es ist wohl kein Zweifel, daß Deutschland im Übergang in die 2. Hälfte des 19. Jahrhunderts etwas von der Tiefe und dem Reichtum dieser Kultur verloren hat. Das sehen wir, wenn wir nur Baudokumente ansehen und vieles andere. Auf der anderen Seite, der dritte im Freundschaftsbunde von Schelling und Hegel, das war Hölderlin, hat einmal in einem seiner Gedichte über die Deutschen gesagt, »ihr seid tatenarm und gedankenvoll!« Es war für die Deutschen im 19. Jahrhundert eine dringende Notwendigkeit, diese von ihnen selbst so empfundene Tatenarmut zu überwinden. Damit hängt der große Jubel zusammen, der Bismarck schließlich begrüßte, als man die Tat, die er tat, gesehen hatte. Die schlichtere Form des Tuns, aber vielleicht doch dauerhaftere, war die große wirtschaftliche Umgestaltung der Welt, die nicht nur in Deutschland geschah, in die Deutschland aber damals als einer der Hauptpromotoren einrückte, nach England, zusammen mit Amerika auf zweitem und drittem Platze historisch zunächst, dann in manchen Punkten England schon überholend. Und in dieser Verwandlung der Welt durch die Technik, die ihrerseits nur in Verbindung mit der Wissenschaft möglich geworden ist, in dieser Verwandlung der Welt liegt eben das, worin sich das Deutschland jener Zeit bestätigen und selbst erkennen konnte. Das geringzuschätzen, was ja von Schelling und Hegel her eine gewisse Versuchung war, wäre doch offenbar ein großer Irrtum. Ich habe von Bismarck, Siemens und Marx gesprochen. Von Marx stammt die Formel, daß wir die Welt nicht nur auf verschiedene Weise zu beurteilen, sondern auch zu verändern haben. Und die Veränderung der Welt, die die bleibendste gewesen ist, und wohl noch sein wird, ist eben die Veränderung durch die Technik.

Wenn wir auf diese Weise also die Rolle, die Werner Siemens gespielt hat, in ihren Positiva sehen, so werden wir die Grenzen natürlich auch nicht übersehen. Gegen Ende des 19. Jahrhunderts konnte es einem Manne wie ihm noch nicht deutlich sein, in welchem Maß diese Technik in die Gefahr der Selbstzerstörung führen würde. Die Gefahren, die nun das 20. Jahrhundert, das ja durchaus auf den Schultern des 19. ruht, in vielerlei Gestalten bringt, nicht nur in der Form des Krieges, der Kriegswaffen, welche uns nötigt, das Problem zu durchdenken, wie der Krieg eliminiert werden kann; sondern auch etwa in der Form, daß die wissenschaftliche Medizin uns gelehrt hat, mit dem Tod, mit der Krankheit, mit dem frühen Tod so fertig zu werden, daß vielleicht das größte politische Problem der zweiten Hälfte unseres Jahrhunderts der Hunger sein wird, der durch die Explosion der Bevölkerung zustande gekommen ist. An dieser Stelle sind wir genötigt, nicht nur wie die Zeit von Schelling und Hegel die Wirklichkeit zu denken, ohne sie zu verändern, nicht nur, wie das die zweite Hälfte des 19. Jahrhunderts wollte, die Welt zu verändern, ohne diese Veränderung eigentlich voll denken zu können, sondern wir sind genötigt, die Veränderungen selbst zu denken, d. h. eine Verbindung zwischen den beiden Elementen zu schaffen, die im 19. Jahrhundert auseinandergetreten sind. Wobei ich sagen würde, daß die unmittelbare Direktheit, mit der Werner Siemens solche Probleme anging, wohl uns niemals verlorengehen darf, auch an Stellen, an denen wir gezwungen sind, Probleme zu durchdenken, die ihm noch unbekannt waren.

Vielleicht darf ich damit schließen.

Nietzsche *

Für die Gesprächsrunde über Nietzsche hatte ich zugesagt, einige seiner Nachlaß-Äußerungen über Natur und Physik mündlich zu kommentieren. Die Auswahl war noch nicht eingetroffen, als ich Zeit hatte, Nietzsche zu lesen, und der Verführung erlag, etwas über ihn zu schreiben. Diese Entstehung erklärt die Form der folgenden Notizen.

I. Einstimmung auf die Wiederbegegnung mit Nietzsche

1. Nietzsche: Gedichte

Nach neuen Meeren

Dorthin – *will* ich; und ich traue
Mir fortan und meinem Griff,
Offen liegt das Meer, ins Blaue
Treibt mein Genueser Schiff.

Alles glänzt mir neu und neuer,
Mittag schläft auf Raum und Zeit –:
Nur *dein* Auge – ungeheuer
Blickt mich's an, Unendlichkeit.

Dies ist der Herbst: der – bricht dir noch das Herz!
Fliege fort! Fliege fort! –
Die Sonne schleicht zum Berg
Und steigt und steigt
Und ruht bei jedem Schritt.
Was ward die Welt so welk!
Auf müd gespannten Fäden spielt
Der Wind sein Lied.

* Referat, geschrieben für eine Tagung über Nietzsche in der Forschungsstätte der Evangelischen Studiengemeinschaft, Heidelberg, 1981, unter dem Titel »Notizen eines Physikers zu Nietzsche«. Zuerst veröffentlicht: München, Hanser, 1983. Ich habe an dem für die Tagung geschriebenen Text nichts geändert.

Die Hoffnung floh –
Er klagt ihr nach.
...

Ecce Homo

Ja! Ich weiß, woher ich stamme!
Ungesättigt gleich der Flamme
Glühe und verzehr' ich mich.
Licht wird alles, was ich fasse,
Kohle alles, was ich lasse:
Flamme bin ich sicherlich.

Oh Lebens Mittag! Feierliche Zeit!
  Oh Sommergarten!
Unruhig Glück im Stehn und Spähn und Warten: –
Der Freunde harr' ich, Tag und Nacht bereit,
Wo bleibt ihr Freunde? Kommt! 's ist Zeit! 's ist Zeit!
  ...
Oh Jugend-Sehnen, das sich mißverstand!
  Die *ich* ersehnte,
Die ich mir selbst verwandt – verwandelt wähnte,
Daß *alt* sie wurden, hat sie weggebannt:
Nur wer sich wandelt, bleibt mit mir verwandt.

Venedig

An der Brücke stand
Jüngst ich in brauner Nacht.
Fernher kam Gesang:
Goldener Tropfen quoll's
Über die zitternde Fläche weg.
Gondeln, Lichter, Musik –
Trunken schwamm's in die Dämmrung hinaus...
Meine Seele, ein Saitenspiel,
Sang sich, unsichtbar berührt,
Heimlich ein Gondellied dazu,
Zitternd vor bunter Seligkeit.
– Hörte jemand ihr zu?...

Wir verdanken Nietzsche sieben oder zwölf der schönsten deutschen Gedichte. Ich kann meine Aufzeichnungen über ihn nur beginnen, indem ich einige – wenngleich jedem Leser bekannte – Zeilen aus ihnen wörtlich zitiere, Zeilen, die mich heute genauer treffen, tiefer bewegen als in meinen jungen Jahren.

2. Persönliche Reaktion auf Nietzsche

In meinen jungen Jahren las *man* Nietzsche.

Zur Philosophie im Sinne Nietzsches gehört, daß der Philosoph seine eigene Subjektivität schamhaft-schamlos selber darstellt. Sie ist ja das Organ seiner Wahrnehmung, das Medium »seiner Wahrheit«. Es ist objektiver, sie zu zeigen, als sie zu verheimlichen. Ich bin gebeten, »als Physiker« Anmerkungen zu Nietzsche zu machen, also im Namen des gemeinsamen Wissensstandes einer heutigen Wissenschaft. Ich will mich um die Vertretbarkeit meiner Anmerkungen vor der Zunft ernstlich bemühen. Aber was mir an Nietzsche und was mir an der Physik auffällt, ist durch meine Natur und Lebensgeschichte vermittelt. Deshalb erlaube ich mir zunächst eine schamhaft-schamlose Erinnerung an meine Reaktionen auf Nietzsche.

Für die Generation unserer Lehrer war Nietzsche die philosophische und artistische Erschütterung – soweit er wahrgenommen wurde. Zu mir kam die Erschütterung schon gebrochen, schon klassisch. Als sechzehnjähriger Primaner, 1928, kaufte ich mir antiquarisch auf einem Bücherwagen am Landwehrkanal in Berlin für 27 Mark die neunbändige Krönersche Nietzsche-Ausgabe – ein sauberes, unberührtes Exemplar; das Geld hatte ich durch Mathematik-Nachhilfestunden bei einem Mitschüler erworben.

Die Lektüre begann ich mit dem Zarathustra. Als Reaktion notierte ich mir: »Wenn Nietzsche Cäsar ist, möchte ich wohl Augustus sein.« Das war noch unbescheidener als es klang. Im Kreis um Stefan George, einem starken Bildungseinfluß für uns, war Cäsar einer der verehrten Großen: George ging zu einem der Schwabinger Faschingsfeste als Dante, zu einem anderen als Cäsar. Respektvoll revoltierte ich zugunsten des Augustus, der eine über Jahrhunderte stabile Ordnung geschaffen hatte.

Wenige Jahre später schrieb ich zweimal Verse, die ein Nietzsche-Wort variierten. Es sei meiner Naivität erlaubt, sie trotz des Qualitäts-Abstiegs nach den Versen Nietzsches hier zu zitieren:

Uns traf ein Hauch von neuen Meeren,
da konnten wir dich nicht mehr ehren,
da sprengten wir die enge Hürde,
nicht Schutz, nur Schimpf der eignen Würde.
Ein Jubelruf klang hell ins Morgenrot:
Der neuen Menschheit reines Feuer loht
Und Gott ist tot.

Das Licht des Tags ist längst verglommen
und graue Nacht heraufgekommen
...
Nun steigt ein Schrei empor aus tiefster Not,
doch ist kein Retter, wo Vernichtung droht,
denn Gott ist tot.

Und:

›Nur wer sich wandelt, bleibt mit mir verwandt.‹
Nur wer im Abgrund still ist wie das Meer,
darf stets sich wandeln. Ewig jung wie er
umbraust die Welle und der Wind das Land.

Die Strophen über »Gott ist tot« waren nicht originell. Sie spiegelten das um 1930 verbreitete Empfinden der fundamentalen Krise, subjektiv vielleicht von der instinktiven Erwartung des zweiten Weltkriegs gefärbt, der, so die Erwartung, nicht der letzte sein würde. Die Distanzierung des Vierzeilers über die Wandlung ist persönlicher. Hier unterscheidet sich ein Egozentriker von einem anderen, indem er nicht das verzehrende Feuer, sondern das lebendige Wasser als das Element seiner Seele in Anspruch nimmt; einer Seele, die von sich glaubte, daß sie nie in Versuchung gewesen sei, sich aus dem Gefolge Apollons wegzustehlen, um sich in den Zug der Bacchanten zu mischen.

Lese ich Nietzsche heute, nach fünf Jahrzehnten, wieder, so sehe ich, daß die Themen, die seine Philosophie der Moral und der Geschichte bewegten, für mich – nicht bewußt durch ihn angeregt – erst jetzt, im siebten Lebensjahrzehnt, aus der Phase instinktiver Reaktionen in die Phase systematischen Nachdenkens übergegangen sind. Ich habe dazu die Auseinandersetzung mit der Physik, mit der klassischen Philosophie und mit der politischen Verantwortung gebraucht, und ein lebenslanges Aufarbeiten religiöser Erfahrung. Jetzt, wenn Zeit dazu bliebe, könnte ich versuchen, Nietzsche kritisch zu verstehen und so von ihm zu lernen.

Ich fange das mit einer nochmals distanzierenden Bemerkung an, die nur aufnimmt, was viele beobachtet haben. Sie nimmt es auf, um es später, wenn es um die Sachen geht, nicht störend einmischen zu müssen. Nietzsche, der große Stilist, ist mir als Stilist heute, da ich seinem Stil, wie ich meine, in die Feinheiten folgen kann, unerträglicher als dem naiven Knaben vor fünfzig Jahren. Zarathustra, den ich damals unbefangen wie Prophetie las, erlebe ich heute als ein durch und durch artistisches Produkt, Produkt eines großen Philosophen, eines echten Dichters, mit der Wagnerschen Wehrlosigkeit gegen die Versuchung der falschen Töne eines überdimensionierten Pathos. Die Flucht ins Christlich-Religiöse, die Nietzsche dem Wagnerschen Parsifal vorwarf, geschieht hier noch abgründiger in der Usurpation des Sprachstils der Reden Jesu. Flucht eines tief Wissenden aus der Verzweiflung. Eine andere Variante ist, in den aphoristisch-systematischen Schriften, das Überspannt-Geistreiche eines Autors von Geist. Er schreit Scherze wie jemand, den keiner durch Antwort in den Dialog zurückführt. Der Freunde harr ich, kommt, 's ist Zeit, 's ist Zeit!

II. Nietzsches Philosophie

3. Nietzsche: Wissenschaft, Kunst, Macht

Nietzsches Philosophie deklariert den Sieg der Wissenschaft über Religion und Metaphysik. Sie deklariert zugleich, so scheint mir, als das Wesen der Wissenschaft die Kunst, als das Wesen der Kunst die Macht, als das Wesen der Macht das Leben selbst, die Welt. Eine Kette von Schritten ins Unbekannte.

»Ich lehre euch den Übermenschen. Der Mensch ist etwas, das überwunden werden soll... Alle Wesen bisher schufen Etwas über sich hinaus... Was ist der Affe für den Menschen? Ein Gelächter oder eine schmerzliche Scham. Und ebendas soll der Mensch für den Übermenschen sein: ein Gelächter oder eine schmerzliche Scham.«

Wer seine Prophetie mit diesen Sätzen beginnt, deklariert den geistigen Sieg der Evolutionslehre, also der Naturwissenschaft, des harten Kerns der Neuzeit. Alles andere in Nietzsches Philosophie ist ohne diese Prämisse undenkbar. Das Wort »deklarieren« gebrauche ich wie in »déclaration de guerre«. Der Krieg ist damit da, daß er erklärt ist.

Aber der Evolutionismus ist hier sofort nicht bloß eine theoretische Aussage, sondern eine Forderung. Theorie und Wertung sind für Nietzsche untrennbar. Diese Untrennbarkeit ist bei ihm spontan, das Zustandekommen ihrer Trennung ist für ihn das Erklärungsbedürftige. Georg Picht hat mich darauf hingewiesen, daß Nietzsche sehr früh Darwin gelesen und ihn alsbald lamarckistisch gedeutet hat. So, lamarckistisch gesehen, ist die Forderung des Übermenschen theoretisch konsistent; sie aufzustellen ist dann selbst eine historische Tat. So wie ihr generationenlang willensbestimmt leben werdet, so werden dereinst eure Urenkel naturbestimmt geboren werden. Der Übermensch ist das Bild, das euren künstlerischen Willen menschenprägend leiten soll.

Auch Zarathustras zweiter Gedanke, der der ewigen Wiederkehr, stützt sich argumentativ auf kausal-naturwissenschaftliches Denken. »Die Seelen sind so sterblich wie die Leiber. Aber der Knoten von Ursachen kehrt wieder, in den ich verschlungen bin, – der wird mich wieder schaffen! Ich selber gehöre zu den Ursachen der ewigen Wiederkunft.« (Zarathustra III, Der Genesende 2) Freilich kann der Gedanke nicht aus diesen schwachen Argumenten geboren sein. Auch er ist primär wertend. Nietzsche erfährt ihn zuerst als grauenvolle Offenbarung; das Ja zu ihm wird dann Ausdruck seines Ja zum Sein: denn alle Lust will Ewigkeit. Aber ich möchte bei Nietzsche wie so vielfach bei neuzeitlichem Denken die These von der Naturwissenschaft als *hartem* Kern aufrechterhalten. Die naturwissenschaftlichen Fakten oder Meinungen bleiben die pièce de résistance im Wirbel der Leidenschaften und Interpretationen.

Der Physiker muß aber sagen, daß beide Gedanken Zarathustras naturwissenschaftlich unbewiesen und, in ihrer Strenge gedacht, mit erdrückender Wahrscheinlichkeit falsch sind. Sie sind Dichterträume aus naturwissenschaftlichem Traummaterial. Die strengen Argumente konnte Nietzsche nicht beurteilen; aber selbst seine fähigsten naturwissenschaftlichen Zeitgenossen, etwa Darwin und Boltzmann, konnten sie nicht voll durchdringen. In den zwei folgenden Nummern gebe ich kurze fachliche Exkurse über beide Fragen. Vorerst sei bloß notiert, daß wir den Lamarckismus höchstens in einer Uminterpretation in Betracht ziehen können, und daß wir nur eine irreversible Geschichte des Kosmos kennen. Beides führt in Subtilitäten, die zur Beurteilung Nietzsches belanglos sein dürften. Bemerkt sei, daß die Lehre von der Wiederkehr einem grenzenlosen Evolutionismus widerspricht. Nietzsches Argumente beziehen sich fast nur auf die kosmisch sekundenkurze Geschichte der Menschheit; sie sind legitim historisch-evolutionistisch. Die Wiederkunftslehre bleibt strukturell für ihn folgenlos, nur ihr Ewigkeitspathos zählt.

Die siegreiche Wissenschaft aber ist nicht nur und nicht in erster Linie die Naturwissenschaft. Siegreich ist die kritisch verstehende Geisteswissenschaft: Philologie, Historie. Nietzsche hat sich gern und mit Recht als Philologen bezeichnet. Selbst die zwei Zarathustra-Gedanken belegen das: der Lamarckismus ist die naheliegende Reaktion des Bildungsgläubigen, des guten Griechischlehrers, auf Darwin; die ewige Wiederkunft ist ein antikes, stoisches, vielleicht schon pythagoräisches Philosophem. (Nietzsche weist es hypothetisch dem Heraklit zu: in Ecce homo, über Die Geburt der Tragödie, Nr. 3.)

Die Geisteswissenschaft des 19. Jahrhunderts hat uns Textkritik und Perspektive gelehrt. Die Textkritik zerstört für immer die Möglichkeit buchstabengebundener Orthodoxie (wo diese heute noch besteht, tritt sie eben darum mit der Wut des schlechten Gewissens auf). Wichtiger ist die Perspektive, das Sehenlernen vieler Menschen, vieler Zeiten, vieler Kulturen von ihren eigenen Prämissen her. Die Perspektive löst die subtileren moralischen, kulturellen, philosophischen Orthodoxien auf. Nietzsche nimmt in der Vorrede zu Jenseits von Gut und Böse »das *Perspektivische*« (von ihm gesperrt) als »Grundbedingung des Lebens« in Anspruch, gegen den Dogmatismus platonischer Metaphysik. Und in der Tat kommt er nicht im Pathos des Ja- oder Nein-Sagens, sondern im perspektivischen Sehen, der Geisteswissenschaftler-Tugend, in seine Meisterschaft.

Erst hier beginnt die Stärke von Nietzsches Philosophie, ihr rasender Gang ins Unbekannte. Nietzsche ist Philosoph genug, den der Wissenschaft verdankten Perspektivismus auf die Wissenschaft selbst anzuwenden. Der dogmatische Begriff der Wahrheit hält nicht stand: unsere Wahrheiten sind unsere Perspektiven. Was ist dann Wissenschaft, Herr Professor? Oben sagte ich, er deklariere als Wesen der Wissenschaft die Kunst. Wie kaum ein Philosoph seit Platon oder vielleicht Schelling bringt Nietzsche die Erfahrung des Künstlers in die Reflexion auf Wahrheit ein, aber nun mit perspektivischer Zielrichtung. Unsere philosophischen Dogmen, auch die der »positiven« Wissenschaft, sind Kunstwerke, Götterbilder, unserer Hände Werk.

Was aber will der Künstler? Oben sagte ich, Nietzsche deklariere als Wesen der Kunst die Macht. Und was ist Macht? Für den Schopenhauerianer Nietzsche ist Wille das Ding an sich. Die Verneinung des Willens hat er dann »überwunden«, die Willenslehre hat er beibehalten. »Die Welt von innen gesehen, die Welt auf ihren ›intelligiblen Charakter‹ hin bestimmt – sie wäre eben ›Wille zur Macht‹ und nichts außerdem. –« (Jenseits, 36). Im anderswo wiederholten »und nichts außerdem« liegt das Pathos dieser Lehre. Warum der fragwürdige Zusatz »zur Macht«? Er ist nicht nur Symbol der errungenen Bejahung des Willens. Macht hat einen spezifischen Sinn. Macht ist Möglichkeit. Möglichkeit ist Zukunft. Zukunft ist Zeit. In einer Reihe von Gesprächen über die Zeit sprechen wir zu Recht über Nietzsche.

4. Notiz zum Lamarckismus

Die Evolutionslehre seit Darwin glaubt nicht an die Vererbung erworbener Eigenschaften (kurz »Lamarckismus« genannt). Sie hat dafür zwei theoretische Gründe: 1. Ein physischer Hergang, der diese Vererbung garantieren würde, ist uns kaum vorstellbar. 2. Seit Darwins Gedanken von Variation und Selektion erscheint die Annahme lamarckistischer Vererbung überflüssig. Daß die Frage direkt empirisch entscheidbar oder gar entschieden sei, läßt sich bezweifeln.

Beide Gründe sind stark.

Zum ersten: Seit der Molekulargenetik wissen wir, wie ein Mechanismus der Vererbung aussehen kann. Gene, also Moleküle, müssen sich in einer ihre Bausteine enthaltenden Umgebung identisch reduplizieren. Die chemische Forderung ist klar, der Mechanismus ihrer Verwirklichung ist einsehbar. Der physische Einfluß geht nur vom Gen zur Entfaltung des Phänotypus; in der umgekehrten Richtung geschieht der Einfluß nur durch die Selektion derjenigen Gene, die überlebensfähige Phänotypen erzeugen. Wie sollten sich heterogene Einflüsse auf den Phänotyp physisch in Genstrukturen umsetzen?

Hier ist freilich ein Einwand möglich. Wir kennen eine Speicherung von Erworbenem: das Gedächtnis. Die Tradition der Kultur vermittelt Gedächtnisgehalte von Generation zu Generation. Deshalb erscheint allen kulturellen Traditionalisten die Vererbung des Erworbenen so plausibel. Der Darwinist sagt: Sie begreifen den Unterschied zwischen Erziehung und physischer Vererbung nicht; kann man erzogene Kinder gebären? Der Neolamarckist muß antworten: Das Gedächtnis des Individuums ist doch auch ohne Zweifel ein physischer Speicher. Also gibt es organische Mechanismen, die eigens so gemacht sind, daß sie von außen gekommene Information speichern. Im Computer können wir sie simulieren. Vielleicht steckt das Speichergut des Gedächtnisses nicht in Genen, sondern im Plasma; aber vielleicht kann auch solches Plasma an die Nachkommen weitergegeben werden. Die Denkunmöglichkeit des Lamarckismus verschwindet damit; die Frage wird empirisch.

Das Gedächtnis ist ohne Zweifel eine hohe, genetisch relativ späte Leistung. Aber warum sollte nicht die darwinistische Selektion die langsame Frühgeschichte der Evolution bestimmt haben, ein darwinistisch entstandener lamarckistischer Speichermechanismus aber in der späteren, rascheren Phase, also etwa in den letzten 500 Millionen Jahren, mitgewirkt haben?

Zum zweiten: Der Lamarckismus ist genau dann überflüssig, wenn die darwinistische Selektion nicht nur überhaupt, sondern auch schnell genug (in 4½ Milliarden Jahren) zum heutigen Zustand führen kann. Ich habe mehrfach (z. B. Tragweite der Wissenschaft, 8. Vorlesung) gegen die Meinung argumentiert, man könne nachweisen, daß diese Zeit zu kurz sei. Die wirkliche Entwicklungslinie ist, eben wegen der Selektion des »Tüchtigsten«, die schnellste mit hinreichender Wahrscheinlichkeit mögliche. Also wird jede Nachrechnung entlang einer anderen möglichen Entwicklungslinie eine (viel!) zu lange Zeitskala ergeben. Dieses Argument schließt aber natürlich den obigen Gedanken nicht aus, daß das wahre Tempo gerade durch die Entstehung eines lamarckistischen Mechanismus ermöglicht worden sei.

Ich ende mit non liquet, aber fortdauernder Skepsis gegen die angebotenen Formen eines Neolamarckismus. Auf den Lamarckismus des Übermenschen, in wenigen tausend Jahren zu realisieren, würde ich vorerst nicht wetten. Eher darauf, daß man bald wieder, wie einst in der Ehemoral von Aristokratien, mit gutem Gewissen Menschen züchten wird.

5. Notiz zur ewigen Wiederkehr

Man kann allenfalls sagen, daß die heutige Physik die ewige Wiederkehr nicht mit voller Gewißheit auszuschließen vermag. Irgendein positives Argument für die Wiederkehrhypothese gibt es nicht.

Die Astrophysik belehrt uns über eine kosmische Vergangenheit von rund 10 Milliarden Jahren. Alle, auf sehr verschiedene Weise gewonnenen Altersdaten einzelner Objekte fügen sich präzis in diesen Rahmen. Stets irreversible Entwicklung, und das Gesamtsystem gleichmäßig expandierend. Es gibt freilich kosmologische Modelle, welche nach endlicher Zeit wieder kontrahieren und den Gedanken einer periodischen Wiederholung zulassen. Diese tragen aber in zwiefacher Hinsicht wenig für die identische Wiederkehr individueller Ereignisse aus. Erstens vernachlässigen diese Modelle die irreversiblen thermodynamischen Prozesse; zu vermuten ist, daß sie, bei deren Einbeziehung, keine zur Expansion streng spiegelbildliche Kontraktion und deshalb schon kosmologisch keine strenge Periodizität ergeben würden. Zweitens ist nach der Quantentheorie zu vermuten, daß individuelle Prozesse wie die Zeugung eines Zarathustra, ja die Akkumulation einer Erde mit genau den jetzigen Eigenschaften, statistischen Gesetzen unterliegen und sich selbst in einem im großen streng periodischen Kosmos nicht identisch wiederholen würden.

Im Feld der abstrakten Theorie hat Zermelo um 1900 gegen die statistische Deutung des zweiten Hauptsatzes der Thermodynamik den sog. Wiederkehreinwand erhoben. Der momentane Zustand eines Systems von n Massenpunkten kann als »Punkt« in seinem 6n-dimensionalen »Phasenraum« dargestellt werden; die 6 n Koordinaten des Punkts bezeichnen die je 3 Ortskoordinaten und die je 3 Impulskomponenten von n Massenpunkten. Der einem gegen die Umwelt hinreichend isolierten System zugängliche Teil seines Phasenraums, die sog. »Energieschale« (die Gesamtheit aller Punkte einer konstant vorgegebenen Energie) ist kompakt; er hat ein großes, aber endliches »Volumen« im Phasenraum. In ihm bewegt sich der Phasenpunkt. Der Phasenpunkt muß wegen der Endlichkeit des Volumens in endlicher Zeit seiner anfänglichen Lage wieder beliebig nahekommen (»beliebig«: man kann willkürlich vorgeben, einen wie kleinen Abstand von der Anfangslage man fordern will; daraus berechnet sich, wie groß die endliche Zeitdauer ist, die man bis zu dieser Annäherung warten muß). Wegen des Determinismus und der Kontinuitätseigenschaften der vorausgesetzten klassischen Dynamik wird der Punkt von dieser »Wiederkehr« an eine von der ursprünglichen zunächst nur beliebig wenig abweichende Bahn durchlaufen.

Das Argument widerlegt die statistische Deutung des Zweiten Hauptsatzes nicht, da diese solche der Normalprognose entgegenlaufende Entwicklungen nicht als unmöglich, sondern nur als sehr unwahrscheinliche, d. h. aber nach sehr langer Zeit zu erwartende Ereignisse beschreibt. Die betr. Zeitskala ist, wie leicht auszurechnen, ein unermeßliches Vielfaches der uns bekannten kosmischen Altersskalen. Das Argument setzt ferner die Endlichkeit des Kosmos voraus. Schließlich wird es durch die Quantentheorie vermutlich »aufgeweicht«. Ein Ja zum Sein würde auf *diese* Wiederkehr schwer zu stützen sein.

In allen bisherigen Überlegungen habe ich die Beschreibung der Zeit durch eine reelle lineare Koordinate stillschweigend vorausgesetzt. Ich glaube, daß die wirkliche Erörterung des Sinns der Wiederkehrsymbolik viel eher mit der Kritik an dieser Prämisse beginnen müßte.

6. Nietzsche: Was ist Wahrheit?

Jenseits von Gut und Böse ist uns als Gesprächsunterlage vorgeschlagen. Das erste Hauptstück kritisiert die *Vorurteile der Philosophen.* Ich erinnere mich nicht, wann ich es zuerst gelesen habe. Also hat es mich vermutlich nicht sehr beunruhigt. Einen Physiker, der vor dem Ablauf seines zwanzigsten Lebensjahrs, als die lebensprägenden wissenschaftlich-philosophischen Begegnungen, Werner Heisenberg und Niels Bohr kennengelernt hat, der früh Ernst Mach gelesen und den Wiener Kreis nicht skeptisch genug gefunden hat, den konnte Nietzsches Metaphysik-Kritik nicht verblüffen. Mein Problem war nicht, ob es Substanz gibt, sei es die der Atome (die der Kroate Boscovich, so wenig ein Pole wie Nietzsche, nur als Punkte verstanden hat statt als raumerfüllend, für uns heutige Physiker ein bescheidener Schritt; vgl. Nr. 12), sei es die der Seele (vgl. die vortreffliche Kritik am »Ich denke«, Nr. 16, die zutreffende diesbezügliche Kant-Deutung Nr. 54). Mein Problem war vielmehr, zu verstehen, was wir *meinen,* wenn wir sagen, es gebe Substanz oder nicht, was wir meinen, wenn wir Erkenntnis a priori behaupten oder bestreiten. Ich mußte die Griechen lesen, um begreifen zu lernen, welche Phänomene hinter Vokabeln wie usia oder idea stehen. Kurz, ich war durchseucht, ehe mich Nietzsches Infekt erreichte, und durchseucht durch eine Schule, von der schon er gelernt hat.

Zwei Elemente enthält Nietzsches Kritik gleichwohl, die mich hätten zu weiterem Nachdenken veranlassen müssen: die Suche nach moralischen Motiven hinter der metaphysischen

Dogmatik und die Kritik am Wahrheitsbegriff selbst. Beides geht gegen seinen Großen Bruder, gegen Plato.

Die Ansicht, die Seinsmetaphysik habe den geheimen Sinn gehabt, die Herrschaft des Guten und der Guten zu stabilisieren, wirkt heute auf mich als originaler Beitrag Nietzsches zur Erkenntniskritik, und als einer der bedeutendsten. Ich kenne die Aufklärungsautoren des 18. und 19. Jahrhunderts nicht, die er gelesen hat, zumal die französischen. Doch scheint mir, daß die religionskritische Aufklärung gerade an der Moral festhielt und eben darum die Erkenntniskritik nie soweit trieb, die *Gültigkeit* der Moral zu bezweifeln. Ich gestehe, daß ich von einer anderen Seite her für Nietzsches Fragestellung nicht reif war. Wenn zwei mal zwei vier ist, fand ich es belanglos, welche Motive man hat, das glauben oder bezweifeln zu wollen. Mich mußten eigene Erfahrungen, Plato-Lektüre und Nietzsches Kritik am Wahrheitsbegriff aus dieser Sicherheit treiben.

Nietzsches Wahrheitskritik in Jenseits von Gut und Böse hat mich jetzt, bei erneuter Lektüre, eher durch die mangelnde Radikalität ihrer Präsentation enttäuscht. Nr. 1 setzt mit der moralisch-vitalen Kritik am »Willen zur Wahrheit« ein. »*Warum nicht lieber Unwahrheit?*« (von ihm gesperrt). Daß Wahrheit schädlich sein kann, und daß man dann eine lebensfördernde Unwahrheit wählen sollte, das ist moralisch vielleicht verblüffend, erkenntniskritisch aber nicht. Und dann wirft sich der »freie Geist« scheinbar bloß in das Pathos, mehr zu wissen, tiefer zu blicken als die andern. Als ich den Nachlaß-Satz »Wahrheit ist derjenige Irrtum, ohne den eine bestimmte Spezies nicht leben kann« im Anschluß an den Pragmatismus der amerikanischen Schule (deren Vater Emerson von Nietzsche verehrt wurde) zu interpretieren unternahm, las ich das Wort »Irrtum« als einen guten Witz (Einheit der Natur, Begriff des Gesunden und Kranken...). Ich las den Satz nicht als die Kritik an den traditionellen Vorurteilen der Philosophen (d. h. der anderen), sondern als selbstbezügliche Kritik am Sinn des Begriffs der Wahrheit. Die Radikalität wird am Ende von Nr. 34 partiell nachgeliefert: »Ja, was zwingt uns überhaupt zur Annahme, daß es einen wesenhaften Gegensatz von ›wahr‹ und ›falsch‹ gibt? Genügt es nicht, Stufen der Scheinbarkeit anzunehmen und gleichsam hellere und dunklere Schatten und Gesamttöne des Scheins, – verschiedene valeurs, um die Sprache der Maler zu reden? Warum dürfte die Welt, *die uns etwas angeht* –, nicht eine Fiktion sein?« Schein, Fiktion setzen in der Diktion immer noch das voraus, was hier bezweifelt werden soll, daß es nämlich eine, uns vielleicht nicht erreichbare, uns vielleicht nichts angehende Wahrheit an sich geben könnte. Nicht die Ersetzung des Wahr-Falsch-Gegensatzes durch Stufen der Scheinbarkeit ist das Interessante, sondern die Frage, ob wir wissen, was wir meinen, wenn wir so etwas wie Wahrheit voraussetzen?

Mir scheint, daß Nietzsche hier ein echtes Problem gesehen hat, das konsistent zu denken – wie die Konsistenz des Denkens überhaupt – seine Kraft überstieg und hinter seiner Aufgabe zurückgeblieben wäre. Er sah auch das Wahrheitsproblem in wechselnden Perspektiven. Das künstlerische Gleichnis, hier die valeurs des Malers, ist vielleicht das erhellendste. Deshalb sagte ich, das Wesen der Wissenschaft sei ihm Kunst.

Unmittelbar anschließend, Nr. 36, kommt dann Nietzsches eigene metaphysische Hypothese, daß es nur *eine* Realität gibt, die des Willens, nur *eine* Kausalität, daß nämlich »Wille auf Wille wirkt«. Hier bin ich als Physiker gefragt, und ich habe keinen Einwand zu erheben. Es ist jedem Monismus unmöglich, dem Einen, das er voraussetzt, einen einwandfreien Namen zu geben. Der Monismus liegt den Physikern nahe. Persönlich kann ich mich nicht an eine Phase meines Lebens erinnern, in welcher der Cartesische Dualismus auf mich anders als befremdend gewirkt hätte, eigentlich als total unverständlich. Physikalisch beweisen kann man hier bis heute nichts. Meine Analyse der Quantentheorie aber ist genau dann konsistent, wenn die Quantentheorie auch auf mein eigenes »Bewußtsein« (whatever that may be) anwendbar ist. Wille, zumal als Wille zur Macht interpretiert, ist elementares Verhalten in der Zeit. Ich habe einen Ansatz zum Aufbau der Quantentheorie gemacht (1974; unveröffentlicht), der nicht den Begriff des Objekts, sondern den des Stroms zugrundelegt. Daß Strom auf Strom wirkt, ist Physikersprache dafür, daß, wie Nietzsche sagt, Wille auf Wille wirkt.

7. Mein Entwurf: das Baugerüst

Soll ich Nietzsches kombinierte Kritik der Theorie und der Moral systematisch aufnehmen, so muß ich an dieser Stelle meinen eigenen Ansatz zu diesem Problem skizzieren. Er ist unvollendet, und sein Inhalt macht klar, warum er keine Chance hat, vollendet zu werden. Ich habe ihn, z. B. in dem Vortrag »Zeit und Wissen« (zu Georg Pichts 65. Geburtstag, 1978), als zum Wiederabriß bestimmtes *Baugerüst* dargestellt. Er ist zweifellos in der Denkweise, aber nicht bewußt im Inhalt von Nietzsche beeinflußt.

Die Ausgangsthese des Gerüstbaus ist, daß philosophische Grundbegriffe wie Theorie und Moral einer Erläuterung bedürftig und fähig sind, welche sie in den speziellen kulturgeschichtlichen Zusammenhang von drei Jahrtausenden einer besonderen unter den Weltkulturen, eben der abendländischen, einordnet. Das Gerüst ist, in seinem gegenwärtigen Aufbau, in vier Stockwerken errichtet.

Das *unterste* Stockwerk enthält ein paar scheinbar ganz allgemeine, scheinbar die »Natur des Menschen« beschreibende Grundbegriffe. Die *Einheit von Wahrnehmen und Bewegen* (ein Ausdruck von Viktor v. Weizsäcker) wird analysierend in vier Komponenten zerlegt: Sinneswahrnehmung, Urteil, Affekt, Handlung. Ich *sehe* eine entgegenkommende Gestalt, ich *urteile:* »Ein Auto auf der falschen Fahrbahn«, ich *fürchte:* »Zusammenstoß!«, ich *lenke* zur Seite. Der Zweck dieser Analyse ist nicht die in der traditionellen Denkweise naheliegende Unterscheidung der vier Komponenten, sondern der Hinweis auf ihre elementare Zusammengehörigkeit, eben auf die Einheit von Wahrnehmen, Urteil, Affekt und Bewegen. Die Wahrnehmung ist prädikativ: ich sehe ein Auto. Sie ist affektiv: ich sehe die Gefahr. Das Urteil ist affektiv: der rein assertorische Satz ist Produkt einer Erziehung; nach M. Granet gibt es ihn in der chinesischen Sprache nicht. Der Affekt geht unmittelbar in Handlung über: über die *als* Affekt auffallenden Affekte sagte V. v. W.*: »Affekte sind unterlassene Handlungen«. Ethologisch gesehen ist beim Tier die Einheit des Ablaufs normal und sinnvoll. Die Trennung der Komponenten ist menschliche Lei-

* Viktor von Weizsäcker

stung, und sie bleibt stets unvollständig. Sie ist ein Akt der Reflexion, die Leistung einer Askese. Wie wird sie möglich?

Hierauf fällt aus dem *zweiten* Stockwerk ein wenig Licht, aus der Schicht der *Zweckrationalität*. Das vom Handlungszwang entlastete Urteil, die Askese vom sofortigen Handeln, um urteilen zu können – dies macht, daß der Mensch überhaupt nicht bloß reagieren, sondern agieren kann. Diese Struktur liegt übrigens modernen Sprachtheorien (Austin, Searle) zugrunde, welche im Satz den propositionalen Gehalt von der illokutorischen Handlung unterscheiden. Hier fällt, wie man sieht, das Licht auf zwei der vier Komponenten: Urteil und Handlung. Dies, so scheint mir, ist die einer Willens- und Verstandeskultur wie der neuzeitlich-europäischen naheliegende Pointierung. Ein Verstand kann denken, was ein Wille wollen kann, und vice versa. Sinnesempfindung und Affekt sind Restkategorien, in welche diese Deutung menschlichen Verhaltens dasjenige packt, was im Schema Urteil-Handlung nicht aufgeht und unter fragwürdige Kategorien wie Fakten und Werte subsumiert wird. Was aber verbirgt sich in ihnen?

Hierauf fällt vielleicht aus dem *dritten* Stockwerk Licht, dem der abendländischen *kulturellen Pointierungen*. Ich unterscheide deren drei: Theorie, Moral, Kunst. Statt »Moral« sage ich sonst aristotelisch »Praxis«, aber Nietzsches Diktion legt die jetzige Formel nahe. Was ein Urteil ist, lehrt die Theorie. Was Handlung ist, legt die Moral fest. Kunst aber erscheint wie die Pointierung eines bei der Aufteilung der Welt in Theorie und Praxis verlorengehenden affektiven Restes. Die Pointierungen haben, wie die ganze Kultur des christlichen Abendlandes, eine doppelte Herkunft: eine griechische und eine jüdische. In den bisherigen Skizzen des Baugerüsts habe ich von der mir näherliegenden griechischen Herkunft aus argumentiert. Theorie ist eine in der Kulturgeschichte einmalige, eben griechische, Erfindung. In ihr begegnet sich die auch anderswo entwickelte Weisheit mit der in der deduktiven Mathematik – einer gleichzeitigen griechischen Erfindung – entdeckten Möglichkeit apodiktischer (d.h. beweisender) Gewißheit. Ich behaupte, Mathematik sei nicht das Wesen, aber der »harte« Kern der Theorie. Praxis ist schon eine Restkategorie: das, was nicht Theorie ist. Sie wird nach dem Bilde der Theorie umgeprägt: moralische *Urteile* sollen wahr sein. Kunst ist nochmals eine künstliche Pointierung. Künstlerische Produktivität ist wohl gleichursprünglich mit Menschlichkeit. Aber Gesang und Tanz, Architektur und Plastik, Poesie und Prosa *als* Kunst zusammenzufassen, ist der Gedanke von klugen Theoretikern.

Diese meine Betrachtungsweise entspringt offenkundig einer theoretischen Skepsis gegenüber der Theorie. Mag Moral, so wie Philosophen sie verstehen, praktische Vernunft, also Regulierung des Handelns nach Maßstäben des Urteils, somit der Theorie sein. Aber was ist Theorie? Was ist Wahrheit? Die Vorstellung einer Selbstbegründung oder Letztbegründung der Theorie habe ich erst, und mit Befremden, aus den Äußerungen philosophischer Kollegen kennengelernt. Es erscheint mir fast undenkbar, daß Theorie *sagen* kann, was Theorie ist; vielleicht kann sie es platonisch *sehen* (nus, nicht dianoia). Ein Versuch des Sagens ist die pragmatische Wahrheitstheorie: das Urteil ist die Vorstellung eines Inbegriffs möglicher Handlungen, seine Wahrheit die Zuverlässigkeit ihres Erfolgs. Hier liegt das Sehen in »Vorstellung«, denn gesagt wird die Vielfalt der implizierten Möglichkeiten nicht; und das fortdauernde Problem liegt im Wort »möglich«. Möglichkeit ist, traditionell gesagt, der Begriff, also platonisch die Gestalt, das Eidos. Möglichkeit ist auch, in Nietzsches Modernität gesagt, Macht. Bewege ich mich hilfesuchend im dritten Stockwerk des Baugerüsts, so stoße ich auf die Kunst. Was ist Kunst? Vielleicht ist sie das elementare, beglückende Sehen von Gestalt durch das Schaffen von Gestalt. Unter dieser Definition ist Mathematik eine Kunst, also Kunst der harte Kern von Theorie. Ich nähere mich meiner Auslegung von Nietzsche.

Nietzsche aber, der Grieche, hat auch ein Wahrnehmungsvermögen für die jüdische Gestalt unserer Kultur. Er sieht die unwiderstehliche Kraft der moralischen Forderung, der moralischen Selbstkritik, der moralischen Subtilität, die dem jüdischen Volk bis heute eingeprägt ist. Für den gläubigen Juden und, ihm folgend, den gläubigen Christen ist es absurd, Moral auf Vernunft oder auf einen Vernunftbegriff wie den der Natur gründen zu wollen. Das Gesetz ist von Gott gegeben. Hierin spiegelt sich, das sieht Nietzsche, ein historisches Faktum. Der Bundesschluß am Sinai, die Geschichte des jüdischen Volks von Mose bis Elia hat diese Gestalt der Moral geschaffen. Das Gesetz ist gegeben, der Bund ist geschlossen. Nietzsche sieht hierin, was dem Gläubigen stets verhüllt bleiben mußte, was die vernunftgläubige Aufklärung sah und zutiefst haßte: den Willen des Gesetzgebers, seinen Willen zur Macht. Nicht für die Affekte des Gehorchenden, aber für den Willen der Befehlenden schlägt Nietzsches Herz, auch wo er überzeugt ist, einen neuen, inhaltlich entgegengesetzten Befehl geben zu müssen.

Auf dem dritten Stockwerk geraten wir mit solchen Überlegungen in eine kreiselnde Bewegung. Ist vernünftige Moral der Sieg der Theorie über die Praxis? Oder ist *das* Gute erfunden, um die Herrschaft *der* Guten zu ermöglichen? Theorie und moralisches Gesetz sind Kunstwerke, was aber ist Kunst? Ist sie Schaffen von Gestalt, sagt uns dann nicht erst die Theorie, was Gestalt ist? Die Rede von kulturellen Pointierungen sollte aber vorweg klarmachen, daß Theorie, Moral, Kunst Produkte der Geschichte sind und nur im Lichte der Geschichte verstanden werden können. Als Pointierungen springen sie aus der Einheit eines Ganzen heraus, manchmal beanspruchend, aber unfähig, selbst die Einheit des Ganzen zu garantieren.

Auf dem *vierten* Stockwerk habe ich in den bisherigen Präsentationen des Baugerüsts die *Religion* angesiedelt und nur sie. Dies ist die lockerste Konstruktion in luftigster Höhe. Sie entstammt einem Vortrag über Bonhoeffer und einer anschließenden Reflexion über Luther, in welchen beiden ich mich mit der christlichen Theologie auseinandersetzte (Garten des Menschlichen, S. 472–487: dazu die drei letzten Aufsätze in Deutlichkeit). Die Frage des vierten Stockwerks ist die Frage nach der Einheit hinter den Pointierungen. Für Platon stand auf dem vierten Stockwerk des Linien- und Höhlengleichnisses die Philosophie selbst, die nicht hypothetische Theorie, die sehende Bewegung von Ideen durch Ideen zu Ideen, von Gestalt durch Gestalt zu Gestalt. Für uns ist die Zeit nicht, wie für den Platonismus, das im Kreis fortschreitende Abbild der im Einen verharrenden Ewigkeit. Die Zeit erscheint uns offen. Bestehende Gestalt ist entstanden, geschaffen, neue Gestalt wird sich zeigen. Pointierungen sind geschichtlich geschaffene Gestalten. Wollen wir eine Einheit für sie finden, so sind wir an die Geschichte verwiesen, an ihre Herkunft oder ein für sie mögliches Ziel.

Geschichtlich nun ist uns die Einheit in der Tat nur in der Gestalt der Religion erschienen. Im Bonhoeffer-Vortrag habe ich vier Gestalten der Religion »rhapsodistisch zusammengerafft«: Religion als Träger einer Kultur, als radikale Ethik, als innere Erfahrung, als Theologie. Nachträglich habe ich gesehen, daß dies eben die Pointierungen des Baugerüsts sind. Theologie ist Theorie, radikale Ethik ist Moral, innere Erfahrung ist hier wie so vielfach eine unklare Restkategorie, in der das vergessene Wesentliche steckt, wie der Affekt im ersten Stockwerk, die Werte im zweiten, welch beide sich im dritten allenfalls in der Kunst aussprechen können. Religion als Träger einer Kultur aber heißt eben als geschichtliche Gestalt einer Einheit. Ich habe aber auch gesagt, daß diese Einheit eigentlich erst der Reflexion zu Gesicht kommt, die sie von außen sehen kann, weil sie sie verloren hat.

Dies ist auch Nietzsches Situation. Seine Reaktion aber ist singulär. Er trauert der verlorenen Einheit nicht nach, schon gar nicht will er sie restaurieren. Er sieht aber das ungeheure Opfer, das ihr Verlust bedeutet, in vollem Gewicht; Jenseits Nr. 55, die drei Opfer: die Menschenopfer vorzeitlicher Religionen, das Ich-Opfer der asketischen Religion, das Gottes-Opfer unserer Zeit: Gott ist tot, wir haben ihn getötet. Er sieht sich und die von ihm angekündigten Philosophen als diejenigen, die eine neue Einheit schaffen müssen, indem sie sie wollen. Wahrheit wird nicht erkannt, sie wird gewollt.

Ich bin nie imstande gewesen, das, in dieser Diktion, zu glauben. Drücken nicht Nietzsches Inspirations-Erfahrungen aus, daß nicht *er* will, sondern daß er der Griffel einer anderen Hand ist? Die Geschichtlichkeit der Wahrheit wird dadurch nicht aufgehoben. Was lernen wir dazu von Nietzsche?

8. Theorie und Moral

Unter der Vielzahl von Schwingungen, die der Seismograph Nietzsche registriert, kann man nur eine Auswahl treffen, die selbst seismographisch, in Mit- oder Gegenschwingung, verursacht ist. Ich greife die These der Abhängigkeit der Theorie von der Moral heraus. »Der Grundglaube der Metaphysiker ist *der*

Glaube an die Gegensätze der Werte.« (Jenseits Nr. 2, von Nietzsche gesperrt.) Die These ist gehaltvoll, d. h. diskutierbar, weil sie die Inhalte der Metaphysik explizit durch die Inhalte der Moral bestimmt.

Ich beginne, um nachher leichter zustimmend folgen zu können, mit einer distanzierenden Bemerkung. Nietzsche gehört zu jenem Philosophentyp, dem das Licht nicht geleuchtet hat, das von der unglaublichen Härte mathematischer Wahrheit auf den Wahrheitsbegriff überhaupt fällt. Nur in diesem Lichte kann man Platon und auch noch Aristoteles, kann man Descartes, Leibniz und Kant oder gar die philosophischen Physiker unseres Jahrhunderts verstehen. Keiner dieser Philosophen hat mathematische Wahrheit mit Wahrheit überhaupt verwechselt; aber jeder hat sie in seiner Weise in sein Bild von Wahrheit eingeschlossen. Den Philosophen des anderen Typs hingegen ist die Härte der Mathematik meist ein Ärgernis, dem sie sich oft genug durch philosophisch halbwahre Distinktionen (etwa »Wahrheit« gegen »Richtigkeit«) zu entziehen suchen. Nietzsche macht mit der Deklaration des Siegs der Wissenschaft seine Verbeugung vor dem, was nur durch Mathematik möglich geworden ist. Aber was er kann und folglich erlebt hat, ist nicht mathematisches, sondern interpretierendes Denken. Doch wirft das Wetterleuchten seiner Blitze einen Schein selbst auf diese unbeleuchtete Rückseite seines Bergs.

Auch wenn die großen Metaphysiker Respekt vor der Mathematik hatten – der Anspruch, die Wahrheit der Metaphysik sei von mathematischer Härte, war offensichtlich falsch. Vielleicht ist die Wahrheit ein Weib? Vielleicht fügt sie sich dem starken Willen der Moralisten? Ich folge hier wiederum nur *einem* Gedanken. Nietzsche – of all authors! – empfiehlt uns (Jenseits, Nr. 186) »den *guten* Geschmack« (von ihm gesperrt): »welcher immer ein Vorgeschmack für die bescheideneren Worte zu sein pflegt«. Höchst überzeugend, und anregend für Prosa-Erzähler, empfiehlt er »Sammlung des Materials, begriffliche Fassung und Zusammenordnung eines ungeheuren Reichs zarter Wertgefühle und Wertunterschiede, welche leben, wachsen, zeugen und zugrunde gehen, – und, vielleicht, Versuche, die wiederkehrenden und häufigeren Gestalttypen dieser lebenden Kristallisation anschaulich zu machen, – als Vorbereitung zu einer *Typenlehre* der Moral«. Gleichwohl bleibt sein kritischer, auch kritisch-bewundernder Affekt an einen einzigen Typus von Moral fixiert, den man den *asketischen* Typus nennen kann. Das ist, höchst vornehm, Platonismus, das ist die Forderung des jüdischen Gottes, das ist Christentum, der »Platonismus für's Volk« (Jenseits, Vorrede). Ich gehe jetzt nicht auf die breite Kasuistik und Polemik Nietzsches zu dieser Moral ein. Ich frage, was für die philosophische Deutung des Phänomens der Theorie aus diesem moralischen Hintergrund folgt.

Der Glaube an die Gegensätze der Werte ist in der Tat Ausdruck einer asketischen Haltung. Eines mußt du meiden, damit du ein anderes gewinnen kannst. Nietzsche sieht sehr deutlich die aristokratische Herkunft der Askese: Selbstbeherrschung wird von den Herrschenden verlangt, Bescheidenheit von den Beherrschten; und die Entsagenden, die den strengen Verzicht vorleben, stammen sozial meist aus der vornehmen Klasse. (Ich habe versucht in »Gehen wir einer asketischen Weltkultur entgegen?«, Deutlichkeit, jetzt auch in »Der bedrohte Friede« abgedruckt, diesen Fragen nachzugehen: kann es eine demokratische Askese geben?). Was Nietzsche am meisten haßt, ist die Demokratisierung des asketischen Weltbilds, der Sieg der Schlechtweggekommenen, deren Bescheidenheit damit automatisch falsche Bescheidenheit wird: mäßiger Wohlstand ist erlaubt, denn heute können ihn alle erreichen, aber Vornehmheit, Anderssein, ist streng verboten. Hiermit geht nach Nietzsche gerade die kulturschöpferische Kraft der Askese verloren, welche ein freiwilliger Verzicht auf das ist, was alle haben, weil der Verzichtende nur so ein Gut gewinnt, das keiner der Konsumenten auch bloß ahnt.

Was lehrt uns dieser Blick auf die Askese über die Theorie? Bei der Schilderung der Zweckrationalität (oben Nr. 7) sprach ich von der Askese gegenüber dem sofortigen Handeln, die das Urteil ermöglicht, und damit an die Stelle tierischen Reagierens menschliches Agieren setzt. Theorie ist immer eine, oft sehr freudige, Askese. Denken ist (nach Platon) ein Selbstgespräch, Sprechen ist ein Handeln; der assertorische Satz aber ist ein Handeln, das dezidiert kein Handeln sein will, das konstatiert und nicht verändert. Wie vornehm! – in Nietzsches Sinne. Damit aber das ruhig assertorische Urteil den Strom des Empfindens, der Affekte und des Reagierens unterbrechen kann, muß es etwas geben, worauf das Urteil ausruht. In meiner Analyse zeitlicher Logik und der ihr zugrundeliegenden Physik ist dies das irreversible Faktum, ein Tatbestand der Thermodynamik. Fakten gibt es gewissermaßen nur für uns; unsere eigene Hypothese einer reversiblen Fundamentaltheorie macht die Irreversibilität der Fakten zu einem bloß statistischen Phänomen, einem Vordergrund.

Man kommt vielleicht in die Analyse solcher Zusammenhänge leichter, mit weniger emotionalen Hemmungen, hinein, wenn man sich mit Nietzsche den Willen zur Macht klarmacht, der uns das Weltbild der klassischen Physik mit seiner Ontologie nahegelegt hat. Ausführen freilich kann man die Analyse nicht bloß mit diesem affektiven Material. Hier hilft nur die Arbeit des Begriffs am Begriff. Für den heutigen Physiker ist weder die Wahrheit noch die Scheinbarkeit metaphysischer Positionen ein Ausgangspunkt. Er weiß sich – so empfinde ich wenigstens – auf einem geschichtlichen Weg, der durchlaufen sein muß, ehe zu so großen Fragen verantwortbar Stellung genommen werden kann. Um den Weg zu gehen, erscheint freilich die Kunde der Sterne, d.h. die Interpretation der den Weg andeutenden metaphysischen Traditionen und Motive unerläßlich.

Der metaphysische Dualismus von Sein und Schein ist allerdings ein Leitbild, eine Meditationsgrundlage der moralischen Askese. Dies ist seine psychagogische Bedeutung. Der lernende Jünger wird das Bild glauben, das ihm der Lehrer anbietet; er hat erst zu lernen, daß auch dieses Bild ein Schein ist. So bietet in Platons Aufstiegsphilosophie der Dualismus die Sprache, die das Pathos des Weitersteigens wachhält. In der Abstiegsphilosophie erweist sich dann, inwiefern auch der Schein Sein, auch das Werdende und Vergehende Idee ist. Nietzsches Platon-Kritik ist, soweit ich sehe, vorwiegend an der Aufstiegsphilosophie orientiert; wieweit er sich in die Probleme der Spätdialoge eingearbeitet hat, weiß ich nicht. Ich frage mich manchmal, ob der Platon des Spätwerks auf Nietzsche nicht ähnlich geschaut hätte wie der alte Parmenides des gleichnamigen Dialogs auf den jungen Sokrates: sieh an, wieviel er schon gemerkt hat! Er hat schon gemerkt, daß Ideen jenseits der Moral sind.

Die usurpierte Ruhe dieser Weisheit wird jedoch Nietzsches historischem Ort nicht gerecht.

III. Nietzsches Ort in der Geschichte

9. Ein Wort zu *Ecce homo* sei gewagt.

Es ist ein Interpretationsprinzip für solche Philosophie, welche überhaupt interpretiert zu werden verdient, daß der Autor recht hat. Nicht, daß wir ihm nicht widersprechen dürften, ja müßten. Aber der Widerspruch wird erst fruchtbar, wenn wir das verstanden haben, dem wir widersprechen. Und wie kann ich verstehen, ohne die führende Hand zu ergreifen und ihr zu folgen? Wiederum ist der Prozeß des Widersprechens und Verstehens lebenslang. Lesen wir einen philosophischen Text nach einem oder zehn oder fünfzig Jahren wieder, so löst sich sein bisheriges, nicht unzutreffendes Verständnis wie eine Zwiebelschale ab, um eine andere, und noch nicht die letzte Schale zu enthüllen.

Ecce homo, wie überhaupt die Schriften von 1888, des Finale in Presto, ist besonders irritierend durch die Extreme des Ausdrucks, hier der Selbstverherrlichung. Der Autor mag damit wahrhaftiger sein als wir Andern, die wir die Hüllen guten Benehmens sogar vor uns selbst nicht fallen lassen; aber inwiefern hat er recht? Die Schrift gipfelt in dem Kapitel »Warum ich ein Schicksal bin«. »Ich kenne mein Los. Es wird sich einmal an meinen Namen die Erinnerung an etwas Ungeheures anknüpfen, – an eine Krisis, wie es keine auf Erden gab, an die tiefste Gewissens-Collision, an eine Entscheidung heraufbeschworen *gegen* Alles, was bis dahin geglaubt, gefordert, geheiligt worden war. Ich bin kein Mensch, ich bin Dynamit.« ... »Denn wenn die Wahrheit mit der Lüge von Jahrtausenden in Kampf tritt, werden wir Erschütterungen haben, einen Krampf von Erdbeben, eine Versetzung von Berg und Tal, wie dergleichen nie geträumt worden ist. Der Begriff Politik ist dann gänzlich in einen Geisterkrieg aufgegangen, alle Machtgebilde der alten Gesellschaft sind in die Luft gesprengt – sie ruhen allesamt auf der Lüge: es wird Kriege geben, wie es noch keine auf Erden gegeben hat. Erst von mir an gibt es auf Erden *große Politik*.«

Ich habe Nietzsche einen Seismographen genannt. Erleichtern wir uns den Zugang, indem wir mit einer uns vielleicht nicht zustehenden Großmut dem Seismographen die Illusion gönnen, er mache das Erdbeben, das er anzeigt. Daß Nietzsche ein Erdbeben anzeigt, dürfte hundert Jahre nach dem Jahrzehnt seiner großen Schriften unzweifelhaft sein.

Erst jetzt gibt es große Politik. Es wird Kriege geben, wie nie zuvor. Alle Machtgebilde der alten Gesellschaft werden in die Luft gesprengt. Denn die Wahrheit tritt mit der Lüge von Jahrtausenden in den Kampf.

Die seismischen Prophezeiungen sind nach der Zeit 1914 bis 1945 nachfühlbar, aber sie sind noch nicht erfüllt. In der Luft ist, daß sie sich bald erfüllen könnten. Wenn Nietzsche recht hat, so ist das Erdbeben nicht eine Folge des Maschinengewehrs, der Panzerarmeen oder der Atombombe, sondern diese sind Produkte und Werkzeuge des Geisterkriegs. Daran liegt es, daß man ihnen durch Arms Control nicht entgeht.

Was ist der Inhalt des Geisterkriegs? Der Kampf der Wahrheit gegen die Lüge der zwei christlichen Jahrtausende. Man kann nicht in der Evangelischen Studiengemeinschaft Nietzsche interpretieren, ohne das auszusprechen. Was ist die Lüge? Es ist die Moral. Der Immoralist mußte kommen, um sie aufzulösen. Denn die Moral ist menschenfeindlich, sie ist es ebensowohl als die Demütigung wie als die Revolte der zur Freiheit Unfähigen. Der Blick des Immoralisten aber ist ein Blick der Güte. Wie so viele Kritiker der Kirche sieht Nietzsche Jesus als den Träger des Aufstands gegen die Kirche, so im »Antichrist« Nr. 27-35. Es gibt eine tiefe Identifikation Nietzsches mit Jesus, eben bis hin in die Usurpation seines Stils im »Zarathustra« und des Titels »Ecce homo«. Nietzsche sieht das Christentum als den Sieg dessen, was Jesus *nicht* wollte. Seine Kritik geht tiefer als die übliche, weil sie nicht das Versagen der Kirche gegenüber ihrem Ideal, sondern ihr Ideal kritisiert, nicht ihre Unmoral, sondern ihre Moral. Was Nietzsche mit Jesus verbindet, ist die Erwartung eines baldigen totalen geschichtlichen Wandels.

Die heutige Krise ist die Krise der Willens- und Verstandeswelt, also von Theorie und Moral. In gewissem Sinne ist sie der Sieg der Theorie, nämlich der Wissenschaft, über die Moral. Der Glaube an die sittliche Weltordnung war im Christentum stets ein Kompromiß. Die sittliche Weltordnung, als Naturordnung wie als Sozialordnung, bewahrt das, was doch nach christlicher Erwartung zu Ende gehen soll: diesen Äon. Die Wissenschaft lehrt uns die Natur kausal und nicht final, den Menschen psychologisch und soziologisch und Moral als Funktion der Gesellschaft zu sehen. Sie gibt uns Mittel, die Welt ohne Moral zu verwandeln, und wir verwandeln sie so. Die berechtigte Revolte der Moral hiergegen, z.B. im Sozialismus, erzeugt jedoch aufs neue sichtbar das moralische Problem der Moral. Die Pointierungen brechen ab. Theorie als bloße Theorie wird unwahr, Moral als selbstgerechte Moral ist abgründig böse, Kunst als ästhetischer Wert wird wesenlos, wird belanglos privat. Die Stabilität einer Kultur, die von diesen Pointierungen lebte, wird überlastet, sie stürzt.

Was an ihre Stelle treten wird, weiß Nietzsche nicht besser als wir, aber was nicht mehr haltbar ist, hat er früher gesehen als »wir«. Sein Pathos ist das der Wahrheit, sein Symbol Zarathustra nimmt er aus dem Bilderschatz der Religionsgeschichte. Der historisch so weit entfernte Perser, der Erfinder des moralisch-metaphysischen Dualismus, vermöchte, so meint er, wohl auch dessen erster Überwinder zu sein.

10. Das moralische Problem der Neuzeit

Nietzsches Kriegserklärung betrifft ein für uns diskutierbares und unausweichliches moralisches Problem. Der Kern der politisch-moralischen Geschichte der Neuzeit, zumal der Aufklärung, ist der schmerzhaft sich durchsetzende Übergang vom Ethos des Herrschens und Dienens zum Ethos der Freiheit und Gleichheit. Georg Brandes spricht von Nietzsches »aristokratischem Radikalismus«. Nietzsche quittiert: »Das ist mit Verlaub das gescheuteste Wort, das ich bisher über mich gelesen habe.« (Janz II, S. 567). Das Ethos der Gleichheit ist die Lüge, der Nietzsche den Krieg erklärt.

Das Ethos des Herrschens und Dienens ist der politische

Träger der Hochkulturen. In ihm wird das Prinzip der Rangordnung bewußt gemacht und bejaht, das, wie wir heute wissen, schon tierisches Verhaltenserbe ist. Der Bessere herrscht; um weiterhin zu herrschen, erweise er sich weiterhin als der Bessere. Dem tiefer unten stehenden Beherrschten begegnet der fraglos Herrschende gütig; nur der Gleichwertige, der Mitbewerber, der Thronprätendent ist ihm Feind. Dieser Wettbewerb hat die Guten, die καλοὶ κ'ἀγαθοὶ (kaloi k'agathoi) besser gemacht. Nietzsche sieht die antike Kultur auf dem Weg zum Übermenschlichen, zum Übermenschen.

In allen großen eurasischen Kulturen aber bricht dieser aristokratische Weg im ersten vorchristlichen Jahrtausend ab, durch eine neue Frage: was ist denn gut? Indem man so fragen kann, indem nicht mehr der Habitus des Adligen selbst die Frage nach dem Guten beantwortet, ist die Adelsherrschaft im Prinzip gebrochen, auch wenn sie politisch noch zweieinhalb Jahrtausende fortdauert. Tausend Jahre sind vor dir wie der Tag, der gestern vergangen ist, und wie eine Nachtwache. Spätestens seit der sokratischen Philosophie und den jüdischen Propheten muß sich, wer gut sein will, vor einem Kriterium rechtfertigen – nicht weil die Andern das fordern, sondern weil er es von sich selbst fordern muß. Im Christentum ist das Ethos des Herrschens und Dienens der notwendige Kompromiß mit der Welt. In diesem Äon noch muß geherrscht und gedient werden; möge die Herrschaft gut, der Dienst treu sein. Aber die Söhne Gottes, die Friedensmacher, sind vor Gott frei und darin gleich. In der Tradition des revolutionären Christentums säkularisiert die Aufklärung der Neuzeit dieses Pathos, bringt es ins Diesseits; sie meint, das radikale Ethos sei dazu da, getan zu werden. Dieses Ethos aber ist für die Aufklärung nicht mehr das Ethos der Bibel, also eines Befehls von oben, sondern das Ethos dessen, was alle Menschen von Natur gemeinsam haben, der Vernunft.

Die Fähigkeit, zur neuzeitlichen Geschichte als einem Weg menschlicher Selbstverwirklichung oder Selbstübersteigung ja zu sagen, bricht in Deutschland und seinem Strahlungsbereich bei den tiefblickenden Geistern um die Zeit von Hegels Tod zusammen; und wie skeptisch ist schon der alte Goethe, der späte Hegel! Marx bewahrt die Hoffnung um den Preis einer

Zuflucht zur Gewalt, die, wie wir heute sehen, Unfreiheit und Ungleichheit produziert; Kierkegaard, Schopenhauer kritisieren die Hoffnung aus dem Grunde. In die Reihe dieser Kritiker gehört Nietzsche. Heute ist Kulturkritik billig auf dem Markt. Aber sie kritisiert fast stets die unzureichende Realisierung der aufklärerischen Ideale selbst. Die meisten heutigen Kulturkritiker würden eine Nietzschesche Skepsis seelisch nicht ertragen, nicht überleben. Es war eine Zeitlang bequem, sich durch Hitler, der gewiß ein Produkt des von Nietzsche deklarierten Geisterkriegs war, freizuhalten von der Notwendigkeit, Nietzsches Gedanken zu durchdenken. Mit der erneuten Verschärfung der Kulturkrise wird das unmöglich. Nietzsches These also ist: nicht die schlechten Verwirklichungen der Ideale, sondern die Ideale selbst sind die Krankheit unserer Kultur. Können wir darüber ein Urteil gewinnen?

Der Vorwurf ist, daß die Ideale lügen. Die Menschen sind nicht gleich, und die Vielen sind zur Selbstbestimmung unfähig. In der Politik muß man den Mächtigen schmeicheln. Sind die Vielen Teilhaber der Macht geworden und erzählen wir ihnen die Lüge, so wie sie sind, seien sie der Macht würdig, so erzeugen wir ihren und unseren Untergang. Diese Schmeichelei ist allenfalls verzeihlich, wenn wir unsere eigene Lüge als Lüge durchschauen; unverzeihlich, weil tödlich, ist die Selbstbelügung. Ich pflege dies sonst freundlicher auszudrücken: Demokratie sei Entscheidung durch die Betroffenen, nicht durch die Wissenden oder die, die sich für wissend halten. In der Theorie des pluralistischen Markts kann man sinnvoll annehmen, die Betroffenen seien in den Dingen ihres Interesses auch Wissende (Transparenz-Postulat). In der Politik, zumal unserer Tage, kann man es nicht. Aber ich vertrete damit auch nicht die Technokratie und nicht die Selbsteinschätzung sozialistischer Avantgarden. Sie alle sind unwissend. Sie wissen nicht, wo das zu suchen ist, was zu wissen not täte.

Ich habe hier funktional argumentiert, vielleicht, um überhaupt argumentieren zu können. Nietzsche kritisiert aus einem unendlich reizbaren Gefühl für Wahrhaftigkeit heraus, seismographisch. Ich setze noch einmal vom Wahrheitssensorium aus an. Die einzige mögliche Rechtfertigung des Egalitarismus der Aufklärung ist, daß Freiheit Vorbedingung der gemeinsamen Wahrheitssuche ist, und Wahrheitssuche Vorbedingung menschlichen Lebens in der Geschichte. Toleranz ist nötig, nicht weil die Wahrheiten gleich-gültig wären, sondern weil Wahrheitssuche lebensnotwendig, befohlene Wahrheit aber fast immer keine verstandene Wahrheit ist. Der Wissende, der stets ein begrenzt Wissender ist, muß den weniger Wissenden als potentiell Wissenden, als vernünftig, behandeln und ihn das Vernünftige selbst finden lassen. Das ist die Toleranz der Wahrheit – wie schlägt Nietzsches Herz für diese Toleranz! Das Falsche aber darf gleichwohl nicht zugegeben werden. Das ist die Intoleranz der Wahrheit – wie sieht Nietzsche sich zu ihr aufgerufen! Dies ist aber, so sage ich nun, die Projektion der Nächstenliebe des Evangeliums in die Ebene der Vernunft. Was wirft Nietzsche der Kirche vor? Die Intoleranz einer usurpierten Wahrheit, ein Wertsystem, das die zur Wahrheit Unwilligen zur ewigen Herrschaft ermächtigt.

Dies führt zur Frage zurück: was ist Wahrheit? Auch wenn Nietzsche einzelne Dogmen als unwahr, als wissenschaftlich nicht mehr in Betracht kommend kritisiert (die Höllenangst Gottes vor der Wissenschaft: Antichrist Nr. 48, als Erklärung der Sündenfall-Erzählung), er läßt letztlich nicht andere Dogmen gegen sie auftreten. Theorie ist nicht die adäquate Form der Wahrheit. Wahrheit, wenn es sie gibt, ist im Menschen gegenwärtig; »im Erlösten ist die Erlösung« sagt Buddha. Deshalb muß Nietzsche einen Menschen erfinden, Zarathustra, einen Gott, Dionysos, wenn er ein Ja, eine Wahrheit zeigen will. Diskursiv kann er nur das Nein sagen (Ecce homo zu Jenseits von Gut und Böse: »Nachdem der jasagende Teil meiner Aufgabe gelöst war, kam die neinsagende, neintuende Hälfte derselben an die Reihe: die Umwertung der bisherigen Werte selbst, der große Krieg, – die Heraufbeschwörung eines Tags der Entscheidung.«)

Nicht die schlechten Verwirklichungen der Ideale sind die Krankheit der Neuzeit, sondern ihre Ideale selbst; nicht die falschen Ideale, müssen wir im Sinne Nietzsches hinzufügen, sondern daß sie Ideale hat. Ideale statt der Menschen.

11. Was heißt: »Gott ist tot«?

Georg Picht hat einen Aufsatz über diese Frage geschrieben, den ich, indem ich dies schreibe, nicht zur Hand habe. Ich zitiere also vage, aus dem Gedächtnis. Eine spätantike Erzählung berichtet von Seefahrern im Mittelmeer, die auf einer Insel die Weheklage hörten: »Der große Pan ist tot!« Götter können sterben, sie sind in der Geschichte. Der Gott, dessen Tod Nietzsche erfahren hat, ist nach Picht der Gott der Philosophen, dessen Epiphanie das Lehrgedicht des Parmenides war. Steige ich auf das Baugerüst, so kann ich diesem Gedanken folgen. Der Gott der Philosophen ist es, der die Theorie möglich macht, von dem der Gipfel der Theorie, die Metaphysik, handelt, der die Einheit des Seins und des Guten, der Theorie und der Moral garantiert. Dies ist insbesondere der Gott der europäischen Aufklärung. Wenn dieser Gott tot ist, so ist die Aufklärung tot. Man sehe die heutige Welt an!

Offensichtlich ist damit das Denken nicht tot. Die Wissenschaft ist nicht tot. Tot ist freilich ihr Anspruch, uns ausreichend in der Welt zu orientieren. Sie wird, was sie immer war, Forschung. Zwei Krankheiten gibt es jedoch, denen sie so nicht entgeht: die durch Finanzbedarf bedingte Ideologisierung ihres Betriebs als »Grundlagenforschung« und die Orientierungslosigkeit gegenüber dem moralischen Wert ihrer Folgen. Nicht daß wache Wissenschaftler dies nicht spürten. Aber »die Wissenschaft«, das Ideal, antwortet auf diese Fragen nicht.

Nietzsche aber hätte sich gegen die apologetische Mißdeutung verwahrt, da nur der Gott der Philosophen tot sei, sei der Gott der Christen, der Gott der Bibel nicht tot. Daß dies nicht seine persönliche Meinung war, lehrt jeder Blick in seine Schriften. Aber ich meine, man kann auch sein seismographisches Vermögen nicht auf den Gott der Philosophen einschränken. Theologie, so wie sie im geschichtlichen Christentum aufgetreten ist, ist Theorie; radikale christliche Ethik, wo es sie gab, war Moral. *So* war das Christentum Träger einer Kultur, die zu Ende geht.

Das, was überlebt, verbirgt sich auf dem Baugerüst in der dunklen Restkategorie der Religion als innerer Erfahrung. Interpreten haben auf das *mystische* Element in der Zarathustra-

Figur und in der Geschichte ihrer Entstehung (»Inspiration«, Ecce homo) hingewiesen. Zarathustras Einsamkeit ist vom Typ der mystischen retraite. Die Wiederkunftslehre ist nur als Version einer mystischen Ewigkeitserfahrung deutbar. Dionysos gehört ins Bild ekstatischer Mystik. Es ist eine religionsgeschichtliche Beobachtung, daß die Visionen, Auditionen, Gedankengehalte in mystischen Erfahrungen normalerweise dem kulturellen Umkreis, der religiösen Tradition des jeweiligen Mystikers entstammen, während das, was wir als die Substanz des Erlebnisses ahnen, bei den verschiedenen Mystikern fast ununterscheidbar ist. Mußte also ein Musiker, Dichter, Ethiker des wissenschaftsgläubigen 19. Jahrhunderts seine Erfahrungen im zarathustrisch-dionysischen Gewande machen?

Aber Nietzsche ist zugleich Geschichtsphilosoph und weist auf eine noch vor uns stehende geschichtliche Aufgabe hin. Nicht die Selbstbehauptung der überlieferten Religionen in ihrer jeweiligen Isoliertheit ist die künftige Aufgabe – alle scheitern sie daran. Ebensowenig ist ihre synkretistische Verschmelzung, die Verwässerung ihrer Unterschiede die Aufgabe. Die produktive Auseinandersetzung ihrer Inhalte wird zum Überleben notwendig sein.

12. Reflexion

Ich trete einen Schritt zurück. Die vorstehenden Aufzeichnungen sind, nach einiger Lektüre, spontan und fast ungeplant entstanden, in wenigen, jeweils durch einige Tage anderer Beschäftigung voneinander getrennten Arbeitstagen. Sie enthalten, so zeigt der Rückblick, eine Zäsur, einen Bruch. Die Nummern 1 und 2 dienten nur der Einstimmung auf die Wiederbegegnung mit dem Menschen Nietzsche. Die Abschnitte 3 bis 8 suchen in philosophisch-kritischer Haltung von ihm – einem großen Kollegen – zu lernen. Die Abschnitte 9 bis 11 aber nehmen seinen bitteren Ernst ernst. Sie versuchen, sich der Herausforderung direkt zu stellen, die zu sein er überzeugt war. Können wir, ja müssen wir nicht seinen Forderungen folgen? Haben wir diesen Ernst je aufgebracht?

Das Ergebnis ist für Nietzsches Forderungen enttäuschend. Ich habe sie auch hier hin- und hergedreht; weder habe ich mich ihnen gefügt, noch habe ich sie verworfen. Dieses Ergebnis aber ist bei der Begegnung mit Nietzsche normal. Wer versucht hat, seinen Forderungen zu folgen, hat fast stets etwas ganz anderes hervorgebracht als Nietzsche wollte: eine ästhetische Religion, eine flach-euphorische Weltsicht, oder einen brutalen Faschismus. Wer glaubte, seinen Forderungen engagiert Widerstand leisten zu sollen, hat fast stets die von Nietzsche schon durchschauten Schwächen, ja Lügen von neuem aufgewärmt: die frommen, die liberalen, die sozialistischen. »Ich bin ein Geländer am Strome: fasse mich, wer mich fassen kann! Eure Krücke aber bin ich nicht. –«

An dieser Stelle meiner Aufzeichnung tritt ein retardierendes Moment ein. Hier habe ich die Materialien zu Nietzsches Verhältnis zur Naturwissenschaft/Physik von F. F. Polster erhalten, auf die zu reagieren ich versprochen hatte. Ich habe jetzt nicht mehr die Zeit, die dort angegebenen Stellen im Original durchzulesen oder gar schriftlich zu kommentieren. Ich stelle einige Betrachtungen anhand des Textes von Polster und der dortigen wörtlichen Zitate aus Nietzsche an und werde versuchen, das Fehlende mündlich nachzuholen.

IV. Schluß

13. Nietzsche und die Naturwissenschaft

Die Materialien stellen Nietzsches Urteil über die Naturwissenschaft dar; was von mir erbeten wurde, war, so schien mir, das Urteil eines Naturwissenschaftlers über Nietzsche: ein Beispiel zum perspektivischen Philosophieren. Ich prüfe zunächst, ob meine nur auf die veröffentlichten Schriften seit »Zarathustra« (und diese nur in unvollständiger Lektüre) gestützte Schilderung der Ansicht Nietzsches die Konfrontation mit diesen Materialien aus dem Nachlaß aushält. Meine Ansicht von der Philosophie Nietzsches ist in den ersten Sätzen des Abschnitts 3 stenographisch zusammengefaßt.

Die These, daß Nietzsches Philosophie den Sieg der Wissenschaft deklariert, sehe ich in den Materialien bestätigt. Ebenso den Zusammenhang der Wissenschaft mit dem Willen zur

Macht. Schwerer belegbar erscheint das von mir eingeschobene Zwischenglied von der Kunst als Wesen der Wissenschaft. Den anti-sokratischen Affekt Nietzsches hatte ich zu wenig betont. Es mag sein, daß der frühe Nietzsche sich als Künstler von der plebejischen Nüchternheit der Wissenschaft, der mittlere Nietzsche sich als Bürger der Aufklärung von der Metaphysik absetzt, und daß meine Interpretation eine Richtung andeutet, in welcher die späte Philosophie Nietzsches konsequenterweise gehen mußte. Aber ich lasse mich gerne belehren, wenn ich hier meine eigenen Vorurteile Nietzsche untergeschoben haben sollte.

Zum Urteil des Naturwissenschaftlers über Nietzsche zunächst eine wissenschaftshistorische Bemerkung. Ich habe in den obigen Aufzeichnungen Nietzsches Deutung der komplexen griechischen Entwicklung kaum berührt. Nietzsches elementare Liebe gehört dem frühen Griechentum, in der Philosophie den Vorsokratikern. Wo Naturwissenschaft für ihn den positiven Akzent trägt, sieht er die Vorsokratiker als ihre Schöpfer. »Welches sind die Ursachen, welche eine gedeihliche Experimentalphysik im Altertum nach Demokrit unterbrochen haben?« (Polster S. 24; III 4, 23 [36]). »Bei den Moral-Werten kamen alle *antiwissenschaftlichen* Instinkte zusammen in Betracht, um hier die Wissenschaft *auszuschließen*... Wie der unglaubliche Skandal, den die Moral in der Geschichte der Wissenschaft darstellt, zu erklären...« (Polster S. 22; VIII 3, 14 [109]). Mir scheint, daß Nietzsche hier einen wissenschaftshistorischen Mythus nachredet, der in der in der Wissenschaftsgeschichte, zumal der englischsprachigen, bis heute wirksam ist, aber bei genauerer Kenntnis der griechischen Entwicklung verdampft. So wie Bertrand Russell alles in der griechischen Philosophie (einschließlich ihrer Logik!), was er nicht verstand, d. h. was einer anderen Perspektive als der seinen entsprang, als falsch erklärte, so hat man die Konsequenz der griechischen Wissenschaftsentwicklung dort nicht sehen können, wo man die Strenge ihrer Mathematik, die empirische Präzision ihrer Astronomie und die Neugier ihrer beschreibenden Wissenschaften nicht mitvollzog. Dazu gehört dann die Unfähigkeit, die Herkunft des Experiments in der frühen Neuzeit aus einem theoretischen (anti-deskriptiven) Entwurf zu würdigen. Woher Nietzsche sein Urteil hat, weiß ich nicht. Jedenfalls wird man wohl den Höhepunkt keiner der großen griechischen Kulturleistungen so spät legen müssen wie den der Naturwissenschaft. Nicht das moralische Interesse hat die antike Naturwissenschaft getötet; es blieb allenfalls übrig, als sie tot war.

Das war ein historisches Detail, vielleicht kein ganz belangloses. Wie aber wird ein heutiger Naturwissenschaftler auf Nietzsches Konzept von Natur und Wissenschaft reagieren?

Würde ein heutiger Naturwissenschaftler die Natur als Sphinx sehen? Ich vermute, im Blick auf die Mehrheit meiner Kollegen: nicht am Werktag, aber wenn am Samstagabend der Wein die Zunge löst. Im Werktag der biologischen Wissenschaften siegt heute der Physikalismus. Physik aber ist den Biologen und Medizinern das Medium der Rationalität, eben weil die Grundprobleme der Physik ihnen zu schwer sind. Den meisten Physikern geht es nicht anders. Man ahnt die Sphinx, aber auch bei gutem Willen reicht die Kraft nicht aus, sie zum Sprechen zu bringen.

Konfrontiere ich das Bild, das ich mir von der Physik gemacht habe, mit Nietzsches Gedanken, so stoße ich auf den Passus: »So wie Mathematik und Mechanik lange Zeiten als Wissenschaften mit absoluter Gültigkeit betrachtet wurden und erst jetzt sich der Verdacht zu entschleiern wagt, daß sie nichts mehr und nichts weniger sind als angewandte Logik auf die bestimmte und beweisliche Annahme hin, daß es ›identische Fälle‹ gibt – Logik selber aber eine konsequente Zeichenschrift auf Grund der durchgeführten Voraussetzung (daß es identische Fälle gibt)...«. Aber: »Noch jetzt ist die eigentliche Kritik der Begriffe oder (wie ich es einst bezeichnete) eine wirkliche Entstehungsgeschichte des Denkens von den meisten Philosophen nicht einmal *geahnt*. Man sollte die *Wertschätzungen* aufdecken und neu abschätzen, welche um die Logik herum liegen: z. B. ›das Gewisse ist mehr wert als das Ungewisse‹; ›das Denken ist unsere höchste Funktion‹; ebenso den Optimismus im Logischen, das Siegesbewußtsein in jedem Schlusse, das Imperativische im Urteil, die Unschuld im Glauben an die Begreifbarkeit im Begriff.« (Polster S. 21–23, VII 3, 40 [27]).

Die erste Hälfte dieses Zitats könnte ich als Motto über meinen Versuch einer Rekonstruktion der Quantentheorie setzen.

Nietzsche konnte den Grad der Durchführbarkeit seines Aperçus in diesem Punkte noch nicht kennen. Er bezeichnet aber genau den entscheidenden Punkt: die Möglichkeit, von identischen Fällen zu sprechen. Die zweite Hälfte deutet in kluger Ironie ein Pathos an, das heute tragische politische Zukunft hat (»nach dem dritten Weltkrieg wird man die Physiker hängen«, sagte mir ein Physiker 1944). Erkenntnistheoretisch ist mein subjektives Pathos das entgegengesetzte. Wissend, daß es identische Fälle nicht gibt, staune ich darüber, wie unglaublich gut ein Verfahren glückt, das diese Voraussetzung gleichwohl macht. Hierüber gibt mir Nietzsche keine Aufklärung.

Ich wüßte aber die Aufgabe eines Naturphilosophen nicht besser zu beschreiben als Nietzsche die seine beschreibt: »die Entmenschung der Natur und dann die Vernatürlichung des Menschen, nachdem er den reinen Begriff ›Natur‹ gewonnen hat« (Polster S. 20, V 2, II [211]). Hic Rhodus.

14. Schlußbemerkung

Die Sprache der Bergpredigt und der Gleichnisse Jesu ist wahrer als die Sprache des Zarathustra. Wen in der Geschichte diese Stimme erreicht hatte, der konnte sich mit seiner Umwelt nicht mehr identifizieren: nicht mit dem römischen Reich, nicht mit der anderthalb Jahrtausende dauernden Herrschaft der Kirche, nicht mit der Aufklärung der Neuzeit. Nietzsches Ernst spürt die Unwahrheit in diesen Lebensformen. Er kündigt ihre Krise an, weil er ihre Unwahrheit spürt.

15. Nachtrag

In der Tagung habe ich insbesondere zu zwei Fragen Wesentliches zugelernt.

Zur *Wahrheitsdefinition* (Nr. 6): Ich hatte dort Nietzsches Definition und meine pragmatische Auslegung (Modelle...) aus dem Gedächtnis zitiert. Nietzsche spricht an der betreffenden Stelle nicht von einer »bestimmten Spezies«, sondern von einer »bestimmten Art von lebendigen Wesen«, läßt also – natürlich – für verschiedene »Typen« von Menschen verschiedene Wahrheiten zu. Ich habe in jenem Aufsatz gar nicht mehr von einem »Witz« gesprochen, sondern das scheinbare Paradox alsbald ausgelegt. Das brauche ich hier nicht zu wiederholen. Georg Picht und Enno Rudolph wiesen auf Nietzsches Kant-Kenntnis hin und legten Nietzsches Philosophie als Radikalisierung der Kantschen Fragestellung aus. Wir träumen – das ist das Leben. Der Philosoph erwacht, aber nur soweit, zu wissen, daß er träumt. Durch dieses Wissen wird es möglich, weiterzuträumen, d. h. weiterzuleben. Traum ist hier die Metapher für Leben in der Zeit. Die Metapher entspringt also der platonischen Unterscheidung, mit der z. B. die Rede des Timaios beginnt: was immer ist und nie wird gegen das, was immer wird und nie ist. Kantisch ist der Traum *als* Traum der notwendige transzendentale Schein, den wir als Schein durchschauen, aber nicht ablegen können. Wie ich das zu sagen hätte, ist Thema einer anderen Arbeit. Jedenfalls ist »Irrtum« so als legitime Bezeichnung jeder logischen, d. h. an Identitäten orientierten Erkenntnis nachgewiesen.

In diesem Rahmen ist die *ewige Wiederkunft* anzusehen, »der schwerste Gedanke«. Georg Picht weist darauf hin, daß nicht nur im Gespräch mit dem Zwerg (E. Rudolph), sondern auch in der von mir zitierten Passage nicht Zarathustra die Lehre von der identischen Wiederkehr individueller Ereignisse ausspricht, sondern dort der Zwerg, da die Tiere. Dem Zwerg sagt Zarathustra: »Mach es dir nicht zu leicht«, beim »Leiern« der Tiere wendet sich Zarathustra dem Gespräch mit seiner Seele zu und hört am Ende gar nicht, daß sie schweigen. Ich insistiere, daß man nicht den Tiefsinn der Auslegung so weit treiben darf, wenn Nietzsche sagt »zwei mal zwei ist vier«, daraus zu folgern, er könne damit nichts anderes gemeint haben als »zwei mal zwei ist fünf«. Aber ich gebe zu, daß die absurd klingende Wiederkunftslehre nur so einen Sinn für mich bekommt. Der Zusammenstoß der zwei unendlichen Gassen im Torweg, der unauflösliche Widerspruch von Vergangenheit und Zukunft, ihre rätselhafte Versöhnung im Unendlichen kann im eschatologischen Bild der ewigen Wiederkunft der Gegensätze dem Denken als Rätsel, als Geheimnis vorgelegt werden. Denkt man dies in der linearen Zeit, so kann es nur als identische Wiederkehr des Gleichen erscheinen; deshalb dürfen Zwerg und Tiere unbeantwortet so reden. Das Paradox wird fühlbar, wenn man bedenkt, daß »Wiederkehr« ein Gedächtnis suggeriert, das den früheren Fall vom jetzigen unterscheidet, wodurch er eben nicht identisch wiederkehrt. Die Struktur der »nicht vergehenden Vergangenheit« ist mit einer identischen Wiederkehr unvereinbar.

Nietzsche hinterläßt uns philosophisch mit sinnvollen Rätseln.

Friedrich Nietzsche: Das Mittel zum wirklichen Frieden *

Keine Regierung giebt jetzt zu, daß sie das Heer unterhalte, um gelegentliche Eroberungsgelüste zu befriedigen; sondern der Vertheidigung soll es dienen. Jene Moral, welche die Nothwehr billigt, wird als ihre Fürsprecherin angerufen. Das heißt aber: sich die Moralität und dem Nachbar die Immoralität vorbehalten, weil er angriffs- und eroberungslustig gedacht werden muß, wenn unser Staat nothwendig an die Mittel der Nothwehr denken soll; überdies erklärt man ihn, der genau ebenso wie unser Staat die Angriffslust leugnet und auch seinerseits das Heer vorgeblich nur aus Nothwehrgründen unterhält, durch unsere Erklärung, weshalb wir ein Heer brauchen, für einen Heuchler und listigen Verbrecher, welcher gar zu gern ein harmloses und ungeschicktes Opfer ohne allen Kampf *überfallen* möchte. So stehen nun alle Staaten jetzt gegen einander: sie setzen die schlechte Gesinnung des Nachbars und die gute Gesinnung bei sich voraus. Diese Voraussetzung ist aber eine *Inhumanität,* so schlimm und schlimmer als der Krieg: ja, im Grunde ist sie schon die Aufforderung und Ursache zu Kriegen, weil sie, wie gesagt, dem Nachbar die Immoralität unterschiebt und dadurch die feindselige Gesinnung und That zu provociren scheint. Der Lehre von dem Heer als einem Mittel der Nothwehr muß man ebenso gründlich abschwören, als den Eroberungsgelüsten. Und es kommt vielleicht ein großer Tag, an welchem ein Volk, durch Kriege und Siege, durch die höchste Ausbildung der militärischen Ordnung und Intelligenz ausgezeichnet, und gewöhnt, diesen Dingen die schwersten Opfer zu bringen, freiwillig ausruft: *»wir zerbrechen das Schwert«* – und sein gesammtes Heerwesen bis in seine letzten Fundamente zertrümmert. *Sich wehrlos machen, während man der Wehrhafteste war,* aus einer *Höhe* der Empfindung heraus, – das ist das Mittel zum *wirklichen* Frieden, welcher immer auf einem Frieden der Gesinnung ruhen muß: während der soge-

* In »Menschliches, Allzumenschliches II, 2. Der Wanderer und sein Schatten« (1880), Nr. 284.

nannte bewaffnete Friede, wie er jetzt in allen Ländern einhergeht, der Unfriede der Gesinnung ist, der sich und dem Nachbar nicht traut und halb aus Haß, halb aus Furcht die Waffen nicht ablegt. Lieber zu Grunde gehen, als hassen und fürchten, und *zweimal lieber zu Grunde gehen, als sich hassen und fürchten machen*, – dies muß einmal auch die oberste Maxime jeder einzelnen staatlichen Gesellschaft werden! – Unsern liberalen Volksvertretern fehlt es, wie bekannt, an Zeit zum Nachdenken über die Natur des Menschen: sonst würden sie wissen, daß sie umsonst arbeiten, wenn sie für eine »allmähliche Herabminderung der Militärlast« arbeiten. Vielmehr: erst wenn diese Art Noth am größten ist, wird auch die Art Gott am nächsten sein, die hier allein helfen kann. Der Kriegsglorien-Baum kann nur mit Einem Male, durch einen Blitzschlag zerstört werden: der Blitz aber kommt, ihr wißt es ja, aus der Wolke – und von der Höhe. –

Thomas Mann »Doktor Faustus« *

Zur Vorbereitung des Vortrags über den deutschen Titanismus schien es mir nötig, die wohl berühmteste Auseinandersetzung mit diesem Thema, eben Thomas Manns Alterswerk »Doktor Faustus« zu lesen. Ich brauchte, wie stets bei einem Roman, einige Zeit, bis der Wille, ihn zu lesen, beim Lesen in den Wunsch, weiterzulesen, umgeschlagen war. Diese Schwierigkeit habe ich bei sehr guten Romanen, die ständiges Nachdenken herausfordern, wie die »Wahlverwandtschaften« oder »Effi Briest«, sogar fast bis zur Unüberwindlichkeit. Aber ich war doch von den ersten Kapiteln an interessiert, neugierig, bald gefesselt und im Gefühl gebunden bis zur naiven Identifikation mit dem Helden des Buchs. Ich bedurfte der instruktiven und ernüchternden Lektüre des Berichts »Die Entstehung des Doktor Faustus«, um mich von der Identifikation mit diesem Schicksal zu lösen. Wie hat Thomas Mann diese Wirkung auf mein im Grunde ja naives Gemüt erzielt? Er stand bisher als Autor meinem Herzen nicht nahe. Gewiß ist das Buch mit der überlegenen Kunst des alterfahrenen Romanciers geschrieben. Aber so etwas merke ich nun doch, und es beeindruckt mich nicht tief. Die Wirkung kommt daher, daß das Buch in einem Grade wie kein früheres von dem Autor selbst handelt. Hier schreibt ein Mensch von sich, und eben an der Stelle, an der ich selbst getroffen werde. Er schreibt vom menschlichen Problem des geistig Produktiven, und zwar des Deutschen, und dieses als moderner Europäer. Seine Reflexionen hierüber sind – das werde ich in diesen Notizen zu prüfen versuchen – inhaltlich unzureichend. Aber das Schicksal ist präsentiert. Was im Leben eine überschwere, also die eigentliche Aufgabe ist, ist künstlerisch, wie so oft, als Tragödie dargestellt.

Ich schreibe diese Notizen zur eigenen Klärung und fast ohne »Sachverstand«. Ich habe Thomas Mann selbst höchst unvollständig gelesen: in jungen Jahren nur »Buddenbrooks« und »Tonio Kröger«, später die Bände 1, 2 und 4 des Joseph-Romans, noch später den »Tod in Venedig« und ein paar klei-

* 1978 geschrieben. Zuerst veröffentlicht: München, Hanser, 1983.

ne Erzählungen. Nie gelesen und nicht zur Hand habe ich den an den Faustus anschließenden Nietzsche-Aufsatz. Ich habe so gut wie nichts an Sekundärliteratur zu Thomas Mann gelesen, außer Zeitungsfeuilletons.

Wer ist Adrian Leverkühn?

Er ist ein Musiker unseres Jahrhunderts, als intellektueller Komponist ein nicht zur Verwechslung einladender formaler Doppelgänger Schönbergs. Er ist Nietzsche, »dessen Name wohlweislich in dem ganzen Buch nicht erscheint, eben weil der euphorische Musiker an seine Stelle gesetzt ist, so daß es ihn nun nicht mehr geben darf«.* Er ist offensichtlich Doktor Faustus, der deutsche Teufelsbündler; als moderner intellektueller Gesprächspartner des Teufels zugleich ein Bruder Iwan Karamasows. Er ist zuletzt und vor allem Thomas Mann.

Die musikalische Bedeutung des Buchs entzieht sich meinem Urteil. Biographisch verständlich ist der Wunsch Thomas Manns, seine lebenslange Nähe zur Musik, seine Bindung an Wagner, seine Bewunderung Beethovens einmal in einer Musiker-Erzählung auszuleben. Die »Entstehung« schildert die für Thomas Manns Arbeitsweise typische Sorgfalt der fachlichen Vorbereitung. Unter den Offenherzigkeiten dieses ganzen »Romans eines Romans« wird das Bekenntnis der Angst, von Fachleuten als ungenauer Dilettant entlarvt zu werden, jedem Vielschreiber nachfühlbar sein. Ist der Anspruch einer adäquaten Auffassung der europäischen Musik, zumal ihres Wegs im 19. und frühen 20. Jahrhundert, eingelöst? Mir bleibt, bei aller Bewunderung des Geleisteten, ein Stück Skepsis. Das Kapitel, das sich am nächsten an historisch reale Musik heranwagt, das Beethoven Kapitel VIII, hat der Verfasser laut »Entstehung« immer wieder umgearbeitet: Ausdruck des Respekts vor der Wirklichkeit, von der sich ihm wohl noch viel entzieht. Die detaillierte literarische Schilderung fiktiver Kunstwerke, wie hier der Kompositionen Leverkühns, scheint mir, so phantastisch die Leistung anmutet, die leichtere Arbeit. Weder in Hesses »Glasperlenspiel« noch hier im »Faustus« hat sie mich allzu tief beeindruckt, außer insofern sie eine indirekte Be-

* »Entstehung IV«, S. 701. Ich zitiere den Roman und die »Entstehung« nach Kapiteln, die Seitenzahlen nach dem gemeinsamen Druck beider Werke. Frankfurt am Main, S. Fischer, 1976.

leuchtung auf die Romanfiguren selbst wirft, Teil ihrer humanen Biographie ist. Vermutlich zeigt sich hier die Unlösbarkeit der Aufgabe, einen produktiven Künstler zu erfinden: man müßte seine Werke erfinden, d. h. er sein.

Aber die Musik als Musik ist nicht das zentrale Thema des Romans, selbst soweit die Kunst dieses Thema ist. Die »Entstehung« spricht es aus: »... als die Musik, sofern der Roman von ihr *handelt*... nur Vordergrund und Repräsentation, nur Paradigma war für Allgemeines, nur Mittel, die Situation der Kunst überhaupt, der Kultur, ja des Menschen, des Geistes selbst in unserer durch und durch kritischen Epoche auszudrücken« (»Entstehung« V, S. 707). Beethoven, Wagner, Leverkühn sind »Titanen« (dies mein, nicht Th. Manns Ausdruck). Sie gehören zum deutschen, zum neuzeitlichen Titanismus, sie symbolisieren ein Herz-Problem unserer Kultur. Und der Verfasser, der sich am 23. Mai 1943, 68jährig, an das erste Kapitel setzt, in dem der fiktive Verfasser, am selben Tag beginnend, »immerfort bedrängt ins Spätere vorgreift« (V, S. 704), weiß, worum es geht. »Seine Erregung war die meine, ich parodierte die eigene Erfülltheit« (ebenda). Die Dimension seiner früheren Bücher hat er, als er sie zu schreiben begann, stets unterschätzt. »Diesmal zuerst, bei dem Werk meines Alters, war es anders. Dies eine Mal wußte ich, was ich wollte und was ich mir aufgab: nichts Geringeres als den Roman meiner Epoche, verkleidet in die Geschichte eines hoch-prekären und sündigen Künstlerlebens.« (S. 705)

Leverkühn ist Nietzsche. Nietzsche war für Manns Generation der Prophet ihrer Epoche; er ist, so scheint mir, ein Prophet der unseren. Die Identifikation geschieht, in für Manns Romanstil charakteristischer Weise, zunächst biographisch, hier medizinisch, durch die fast identisch übernommene Krankheitsgeschichte. Noch der Teufel selbst inspiriert sein Opfer, indem er ihm Passagen über Inspiration aus Nietzsches »Ecce homo« zitiert (S. 317, schon S. 307 oben). Es ist kennzeichnend für Manns Erfahrung seiner Kulturepoche, daß er zum Träger der in ihr möglichen Produktivität einen klinisch Wahnsinnigen in der Vorphase der manifesten Erkrankung macht. Auch im medizinischen Fach ist Mann sorgfältig. Der Teufel muß das medizinische Kolleg lesen. Der biographische und kulturhistorische Sinn ist der »Durchbruch«, die Befreiung des von Sterilität bedrohten überwachen kulturellen Intellekts zur Lebendigkeit, für den Künstler zur Produktion. Die empirische Nähe von Genie und Wahnsinn, von Lombroso thematisiert, wird hier einer Enthemmung zugeschrieben. Der Krankheitsprozeß des Genialen befreit ihn zu dem, was ohnehin in ihm angelegt ist; und doch klingt die Note des Kranken, zuerst leise und dann immer hörbarer, mit.

Ich lasse diese Analyse zunächst stehen und bemerke nur einen Unterschied zwischen der Darbietungsweise von Nietzsche und Leverkühn. Leverkühn ist nach außen immer kühl und beherrscht; »Kälte« ist ein leitmotivisches Wort. Es ist glaubhaft, daß sein anfängliches Problem Sterilität als Ausdruck allzu durchdringenden Wissens ist. Nietzsche wirkt, bei aller bohrenden Tiefe seiner Psychologie, bei aller Selbstanalyse, daneben fast naiv. Er war zwar Menschen gegenüber gehemmt, aber literarisch expansiv; daneben ist der Selbstverrat auch in Leverkühns extremsten Kompositionen als erstaunlich beherrscht, verdeckt, artistisch beschrieben. In tragischer Weise fehlt in Nietzsches medizinischer Selbstanalyse (soweit ich sie kenne) das zutreffende Krankheitsbewußtsein. Die entsprechenden Äußerungen hybrider Gesundheit legt Mann seinem Helden zwar in den Mund (XLVI, S. 641), aber sie bleiben eigentümlich gewichtslos. Die Aufzeichnung des Teufelsgesprächs und zumal der am Abgrund zum Wahnsinn gesprochene letzte Monolog (XLVII) zeigen ein nüchternes, sich kennendes Krankheitsbewußtsein, das zu seinem skrupulös-intelligenten Persönlichkeitstyp so sehr gehört, wie es demjenigen Nietzsches fremd ist. Ein Sarkasmus des realen Schicksals ist, daß Thomas Mann diesen Schlußteil seines Buchs in einer Seelenlage schrieb, deren Stabilität der geglückten Krebs-Operation zu danken war, deren Diagnose man ihm verschwieg. (Vgl. die »ungeschriebenen Erinnerungen« seiner Frau.)

Leverkühn ist Faustus. Er gehört dem Teufel. Hier muß ich fragen, was Thomas Mann sich denkt, wenn er seinen Roman des Künstlers, seinen Roman seiner Epoche ins Zeichen des Teufels stellt. Ich versuche, langsam vorzugehen, und unterscheide einen moralischen, einen medizinischen, einen mythologischen und einen kulturkritischen Aspekt.

Moralisch spiegelt sich im Teufelspakt des Künstlers die unlösbare Spannung zwischen der ästhetischen und der moralischen Existenz. Nicht umsonst ertappt der Teufel sein Opfer bei der Lektüre Kierkegaards. Das Liebesverbot ist Kaufpreis der Produktivität. An diesem existentiellen Konflikt, den der medizinische Vorgang höchstens ausmalt, geht Leverkühn zugrunde. Ich möchte Thomas Mann – wenn das nicht eine zu anspruchsvolle Geste ist – für diese Unerbittlichkeit danken. Würden wir unsere Lebensprobleme erkennen, wenn sie uns nicht als Tragödien vor Augen geführt würden?

Leverkühn ist Thomas Mann – das ist hier sofort anzufügen. Die Frage Leonhard Franks, ob ihm bei Adrian selbst irgendein Modell vorgeschwebt habe, verneint er und fügt hinzu: »Leverkühn sei sozusagen eine Idealgestalt, ein ›Held unserer Zeit‹, ein Mensch, der das Leid der Epoche trägt. Ich ging aber weiter und gestand ihm, daß ich nie eine Imagination, weder Thomas Buddenbrook, noch Hans Castorp, noch Aschenbach, noch Joseph, noch den Goethe von ›Lotte in Weimar‹ – ausgenommen vielleicht Hanno Buddenbrook – geliebt hätte wie ihn. Ich sprach die Wahrheit. Buchstäblich teilte ich die Empfindungen des guten Serenus für ihn, war sorgenvoll in ihn verliebt von seinen hochmütigen Schülertagen an, vernarrt in seine ›Kälte‹, seine Lebensferne, seinen Mangel an ›Seele‹, dieser Vermittlungs- und Versöhnungsinstanz zwischen Geist und Trieb, in sein ›Unmenschentum‹ und ›verzweifelt Herz‹, seine Überzeugung, verdammt zu sein.« (»Entstehung« VIII, S. 739 bis 740)

Daß Thomas Mann in all seinen Erzählungen von sich erzählt, ist ein Gemeinplatz. Am eindeutigsten geschieht dies wohl in den beiden »Ecksätzen«, den Buddenbrooks, die die Welt darstellen, zu der er gehört, und dem Faustus, der ihn so zeigt, wie er sich in der Tiefe kennengelernt hat. Vordergründiger autobiographisch sind Tonio Kröger und der Tod in Venedig, schon ein Tod durch das Liebesverbot des Künstlers.* Vom Faustus könnte man mit einer etwas zu naheliegenden Psychologie sagen, in ihm habe Thomas Mann sich in Zeit-

* Natürlich nicht weil Aschenbach Tadzio nicht lieben darf, sondern weil er des unerreichbaren Knaben bedarf, um lieben zu lernen.

blom und Leverkühn gespalten, und beides kaschiert, indem er den einen zu schwerelos, den anderen zu tragisch gemalt habe. So bekäme der der künstlerischen Produktivität wohl immer innewohnende Narzißmus die Legitimation, sich als Zeitbloms Liebe zu Leverkühn auszusprechen. Wer ist nun im narzißtischen Selbstbezug die wahre Person, der Liebende oder der Geliebte?

Zeitblom hat fast alle die Ansichten, zu denen der Bürger Thomas Mann sich als Bürger, als Zeitgenosse bekannt hat. Leverkühn hat nicht nur die Selbsterfahrung des Künstlers. Leverkühn hat immer, als Schüler, als Student, im Gespräch am 1. August 1914, und noch im Wahnsinn, noch im letzten »unsäglichen ernsten, bis zur Drohung forschenden Blick« des Erloschenen, das tiefere Wissen. Das Liebesverbot hat ihm das freilich für Menschen fast unakzeptable Geschenk gebracht, nicht harmonisieren, nicht schönfärben zu müssen.

Es ist ein in der letzten Tiefe legitimes Interesse, aber ein in der eingerissenen Praxis unerträglicher Gebrauch, die Künstler im Licht ihres Werks nach der Realität ihres Lebens zu fragen. Eine ältere, naiv-biographische Neugier wollte »die wirkliche Geschichte« hinter dem Werk zu sehen bekommen und wurde natürlich, wenn sie sensibel war, enttäuscht. Eine neuere, ideologiekritische Version sucht die Lebenslüge des Künstlers aktiv auf, und meist dispensiert sie sich dadurch auch noch vom Ernstnehmen des Werks; was dann an Kunst übrigbleibt, ist die abgrundtiefe Torheit einer »engagierten« Kunst, die mit der Unfähigkeit, Ideologiekritik auf sich selbst anzuwenden, die Moral und die Kunst gleichzeitig durch Verzerrung verliert. Die Legitimität der Frage nach der Lebensrealität des Künstlers beginnt erst dort, wo die Spannung von Moral und Ästhetik in ihrer Unausweichlichkeit gesehen ist, und, mehr noch, die Spannung zwischen Mitmenschlichkeit und Produktivität. Ein menschliches Sein, das diese Spannung löste, würde man Heiligkeit nennen. Ein älterer Freund, der mich über vieles belehrt hat, selbst ein Künstler, sagte: »Kunst ist eine Ersatzleistung. Hier handelt ein Wesen, weil es nicht zu sein vermag.«

Nur von solchen Gedanken geleitet kann ich die unvermeidliche Anfrage an die Realität von Thomas Manns eigenem Leben stellen. Ich muß sie stellen, denn wir wollen ja von dem

»Roman der Epoche« lernen, und Manns Urteil über seine Epoche ist das komplexe Produkt des »Zeitblom« und des »Leverkühn« in ihm selbst. Sein äußerer Lebenslauf bietet als Bild die Leistung des als Großbürger Geborenen, eine großbürgerliche Lebensweise durch das Künstlerdasein und die Emigration durchgehalten, und das heißt, der Lebensunmöglichkeit, die dem produktiven Künstlertum immanent ist, abgerungen zu haben. Als liberal-vertrauenswürdiger wissender Vater erscheint er in des Sohnes Klaus frühen Memoiren; als eine murrend-willig getragene Last zeigen sich im Tagebuch der späten Jahre die politischen und menschlichen Anforderungen der Umwelt. Ein soziales Stockwerk höher als der Studienrat Zeitblom verwirklicht er dessen Ideale; und selbst die Bescheidenheit, nicht eben seine spontane Tugend, sah er als Figur deutlich genug, um sie dem von ihm erdachten Sprecher seiner Ideale als Eigenschaft mitzugeben. Aber diese Lebensweise, vom äußeren Geschick ironisch begünstigt, steht nicht im Einklang mit dem, was der Leverkühn in ihm weiß. Dieses tiefere Wissen, das nicht sein kann, handelt im fortdauernden literarischen Produzieren. Im Schreiben darf dieses Wissen wenigstens zu einem wichtigen Teile leben. Nur so läßt sich die für jeden Leser der »Entstehung« enervierende Egozentrik des Schriftstellers verstehen, die z. B. bei den Nachrichten aus dem 1945 befreiten Deutschland als Symptom, ob es dort noch Geist und Menschlichkeit gibt, vor allem die Beachtung seiner eigenen Bücher bewertet. Dieser Narzißmus ist ein Symptom des dem Schriftsteller nicht durchbrechbaren Liebesverbots.

Wir kehren deshalb zur Frage zurück: Was weiß Leverkühn? Wer ist Leverkühn? Was weiß der, der ihn erdacht hat?

Leverkühn ist Faustus. Vom moralischen Problem, das sich hierin andeutet, haben wir geredet, freilich beschreibend, nicht eigentlich erklärend. Vom Teufel als Gestalt, als Person war in dieser Beschreibung nicht die Rede. Ist der Teufel nur ein medizinisches Phänomen, die Verdichtung menschlicher Probleme in einer Halluzination? Thomas Mann sucht dem modernen Bewußtsein nicht auszuweichen. Der Teufel, mit dem Adrian spricht, ist ohne Zweifel eine Halluzination. Aber was ist damit gesagt? Wie kann ein Kranker des 20. Jahrhunderts eine Figur des mittelalterlichen Glaubens halluzinieren? Auch das geht rational zu. Auf der hohen Schule in Halle (sie ist die Traditionsträgerin derer zu Wittenberg) hat er das von seinen Professoren gelernt. Der Teufel ist gewiß ein Theolog. »Und wer will eine theologische Existenz führen ohne mich? Das Religiöse ist so gewiß mein Fach, wie es kein Fach der bürgerlichen Kultur ist.« (XXV, S. 325) Daß das Gelernte zur Halluzination werden kann, ist wieder eben durch das Gelernthaben nicht erklärt, sondern, so würde Mann sich wohl ausdrücken, durch seine mythische Wirklichkeit in unserer Kultur. Der Verfasser stößt uns auf diese Zusammenhänge in der Thematik der Apokalypse. »Tatsächlich gibt es eine apokalyptische Kultur, die den Ekstatikern bis zu einem gewissen Grade feststehende Gesichte und Erlebnisse überliefert, – so sehr es als psychologische Merkwürdigkeit anmuten mag, daß einer nachfiebert, was andere vorgefiebert, und daß man unselbständig, anleiheweise und nach der Schablone verzückt ist.« (XXIV, S. 475)

Wie ernst ist es aber Thomas Mann selbst mit seiner Satanologie? Buchstabengläubige (und das sind viele, die sich nicht dafür halten) haben es leicht, nachzuweisen, daß er nicht an den Teufel glaubt; die mythologische Beurteilungsweise, wie im soeben gegebenen Zitat, genügt ihnen dafür. Diese Irrmeinung läßt sich leicht und scharf beantworten. Die Theologie, welche die erste Inkarnation des Teufels in diesem Buch, der Dozent Schleppfuß, vorträgt, wird eben damit satanisch, daß sie alle traditionellen christlichen Glaubensaussagen einem logisch strengen Gefüge einordnet. Diese Theologie ist offensichtlich klüger als alles, was die Fakultät sonst zu bieten hat; sie ist eben in ihrer Stringenz Theologie des Teufels, des Vernichters. Hingegen läßt gerade die Unmöglichkeit, die mythischen Bilder auf einen buchstäblichen Sinn festzulegen, Raum für ihre Wirklichkeit.

Aber Literatur ist nicht Mythos. Sie steht zum Mythos in einem ähnlich gebrochenen Verhältnis wie seine Umsetzung in den Hybrid der rationalen Theologie. Beide, Literatur und Theologie, sind erst möglich, wo eine Distanz zum Mythos schon eingetreten ist. Beide spiegeln die mythische Wahrheit in einem ihr fremden Medium. Wie das in der Literatur zugeht, wäre eine Frage an eine Philosophie der Sprache und der Kunst, an eine Ästhetik, die es meinem Empfinden nach im

Abendland nie in adäquater Form gegeben hat; unsere Ästhetik ist neben unserer theoretischen und praktischen Philosophie wie ein Baum ohne zureichende Wurzeln verkümmert. Zudem ist die reale Rolle der Kunst stets nur im Blick auf ihre jeweilige Geschichtsepoche zu verstehen; die Abfolge dieser Epochen aber ist uns in ihrem Sinn dunkel. Eben hierum geht es ja auch Thomas Mann, wenn er den Roman seiner Epoche schreiben will. Wir kommen alsbald darauf zurück.

So bleibt der Spiegelung des Mythos in der Literatur ein weiter Spielraum persönlichen Ermessens. Hier nun – scheint mir – muß man sagen: Thomas Mann weiß, daß er vom Teufel sprechen muß; er wendet seine äußerste Kunst daran; es wird tief eindrucksvoll – wenigstens war ich so beeindruckt –, und doch bleibt ein Rest Parodie auch des Teufels darin. Das Problem der Parodie, ein Grundproblem seiner Kunst, war ihm in diesem Punkte voll bewußt, als er zu schreiben begann. Parodie, verfremdender Nachgesang des schon von anderen Gesungenen, entspricht Manns Empfinden von dem, was heute stilistisch möglich ist; sie ist sein Talent und sein Problem. Sie ist sein Problem für das Verstandenwerden, weil sie kaschiert, wo es ihm bitter ernst ist, sie ist, scheinbar ein Übermut, letztlich eine Schüchternheit und ein bürgerlicher Selbstschutz. Die medizinischen Kenntnisse dieses Teufels sind mit seiner mythischen Wirklichkeit nicht voll amalgamiert, so wie Mann die Kenntnisse seiner Zeit, die er erwarb, wohl nie voll einzuschmelzen vermochte. Ich gestehe, daß ich drauf und dran war, ihm seine fürchterliche Höllenschilderung aufs Wort zu glauben. Da las ich in der »Entstehung«: »... schrieb ich die Seiten über die Hölle, die wohl die eindringlichste Episode des Kapitels sind, – nicht denkbar übrigens ohne die innere Erfahrung des Gestapokellers –, und die ich zur Vorlesung immer heranzog, wenn ich zum Zweck ermutigenden Selbstbetruges das Sicherste des Buches, die Rosinen, also das präsentierte, was den Zuhörern meine Sorgen um das Ganze möglichst unverständlich machte.« (IX, S. 753) Ich war ernüchtert, und in illegitimer Erleichterung schrieb ich an den Rand: »d. h. es ist nur Literatur«.

Was ich meine, mag ein Vergleich mit der Teufelsvision des Iwan Karamasow zeigen, die Mann »mit der distanzierten

Aufmerksamkeit nach(las), mit der ich ›Salammbô‹ wieder durchgegangen war, bevor ich den ›Joseph‹ zu schreiben begann«. (VII, S. 731) Dostojewskij höhnt einmal über die materialistischen Atheisten: »Von einer Tiefe des Atheismus wie der meines Iwan Karamasow haben sie keine Ahnung« (aus dem Gedächtnis zitiert). Dieser Atheismus nämlich leugnet nicht den Geist, sondern die Güte des Geists. Damit ruft er dem Teufel. Leverkühn weiß das in seiner Weise auch; darum »nimmt er die 9. Symphonie zurück«. (XLV, S. 634, XLVI, S. 645, 649) Bei Dostojewskij ist dies die unerläßliche Folie der Frömmigkeit des Starez Sossima, der liebenden und für den Augenschein absurden Übernahme der Mitschuld an *jedem* Verbrechen. Nur vor der Folie des Teufels erscheint Gott befreit von den beschönigenden Moralismen der »sittlichen Weltordnung«. Nur wer das sieht, versteht, daß Christus den Großinquisitor am Ende seiner schweigend angehörten Rede küßt. Nur als Folie dieses Gottes aber ist der Teufel, der Geist, der als solcher böse ist, glaubwürdig. Die »Säkularisierung des Teufels« (ich habe nur das Kahlersche Stichwort, XII, S. 786) aber läßt uns mit einem Teufel ohne Gott, einem nicht mehr ganz glaubwürdigen Teufel zurück. Besteht er doch nur aus den Spirochäten der Syphilis?

Seine tatsächliche Substanz besteht in der Krise unserer Kultur. Was nimmt Leverkühn, was nimmt Thomas Mann von ihr wahr? Hier ist die Krise Deutchlands von der Krise der europäischen Kultur, wenigstens im ersten Durchgang, zu unterscheiden.

Der Zeitpunkt der Abfassung macht das Buch zugleich zu einer Analyse der Gründe des Untergangs Deutschlands. Denn nicht anders konnte der Vorgang damals erlebt werden; wohl wir alle haben damals Gewissenserforschung zu dieser Frage getrieben. Und die Wiederentstehung zweier deutscher Staaten, der Wohlstand, die fortdauernde zivilisatorische Dynamik der Deutschen, die endlich nahezu geglückte Einfügung ihrer Gesellschaft in die Lebens- und Denkschemata ihrer größeren Nachbarn – all dies darf uns nicht darüber täuschen, daß es mit dem Deutschland, dessen Symbolfigur Faust sein konnte, zu Ende ist. Ich finde Manns Analyse, wie es dazu kam, soweit sein Blick reicht, bemerkenswert gerecht. Nobel und weise die

Zeitblom in den Mund gelegten Betrachtungen zum Kriegsausbruch 1914. Bemerkenswert die in der Emigration gelungene Einfühlung in die Empfindungsweise eines in Deutschland lebenden Augenzeugen der letzten beiden Jahre des Hitler-Kriegs. Nur *ein* uns so selbstverständlicher Gedanke ist Zeitblom offenbar nie gekommen: was, wenn die Gestapo mein Manuskript entdeckt?

Soweit sein Blick reicht – sagte ich. Es ist naturgemäß Zeitblom, der hier das Wort führt, und nicht Leverkühn. Für ihn ist es ausreichend, das ungelöste deutsche Problem des »Durchbruchs in eine Lebensform, in der Staat und Kultur eines sein würden« (XXX, S. 400) vor den Hintergrund der humanen Mitwelt zu stellen mit dem nachfolgenden Satz: »Hier waltete nun freilich, wie immer bei uns, eine eigentümliche Selbstbefangenheit, ein völlig naiver Egoismus, dem es nicht darauf ankommt, ja, der es für ganz selbstverständlich ansieht, daß für die deutschen Werdeprozesse (und wir werden ja immer) eine ganze, schon fertigere und keineswegs auf Katastrophendynamik versessene Welt mit uns ihr Blut zu vergießen hat.« So muß man es allerdings von der Schweiz, von Holland und Skandinavien, von Frankreich und England, von Amerika aus wahrnehmen, und als Urteil über die deutsche Egozentrik ist diese Wahrnehmung völlig gerecht. Was sie nicht sieht, ist die immanente Katastrophendynamik der gesamten europäischen Kultur (wenn es nur diese ist). Den führenden Köpfen der Deutschen, eben den Trägern des deutschen Titanismus, muß man aber dieses Bewußtsein zubilligen, und erst von hier aus wird der Untergang des geistigen Deutschland mehr als eine mißglückte Reifungsneurose, wird er ein Teil einer noch unvollendeten Tragödie.

Leverkühn weiß etwas davon. Im Kriegsbeginns-Gespräch nimmt er Zeitbloms Gedanken des notwendigen Durchbruchs auf. »Es gibt im Grunde nur *ein* Problem in der Welt, und es hat diesen Namen: Wie bricht man durch? Wie kommt man ins Freie? Wie sprengt man die Puppe und wird zum Schmetterling?« (XXX, S. 410) Offensichtlich spricht er alsbald nicht mehr vom politischen Problem Deutschlands, sondern vom Problem seiner eigenen künstlerischen Produktivität. Bei ihm aber ist es der Durchbruch durch die Barriere des alles schon durchschauenden skeptischen Wissens, und insofern ist es, in seiner Person, der Durchbruch unserer Kultur.

Mit der Frage nach diesem Durchbruch aber läßt uns Thomas Mann schließlich ratlos zurück. Die Antwort müßte im Roman in den fiktiven Werken Leverkühns liegen. Aber nicht bloß können Fiktionen eine solche Beweislast nicht tragen; die Schilderung der Werke zeigt, daß sie der Durchbruch, von dem die Rede ist, nicht sind.

Die musikalische Substanz dieses Durchbruchs ist nun eben doch etwa diejenige Schönbergs und seiner Weggenossen. Die strenge Mathematisierung der Musik als Vehikel neuer Direktheit des Ausdrucks wird Leverkühns Kompositionen zugeschrieben. Ohne Zweifel ein wichtiges Thema in der realen Musikentwicklung unseres Jahrhunderts. Hat der historisch anscheinend unvermeidliche Ausbruch aus dem tonalen Schema der europäischen Neuzeit ins Freie oder ins Weglose geführt? Höre ich avantgardistische Musiker darüber reden, so klingt mir die Weglosigkeit noch immer überzeugender als die Freiheit; aber ich bin nicht urteilskompetent. Wichtiger ist hier, daß Mann selbst diesen Durchbruch ins Zwielicht des Teufelspakts rückt. Das magische Quadrat ist sein frühes Leitmotiv in Leverkühns Biographie. Mit keinem Wink distanziert sich Mann von dem tiefen Mißtrauen des Humanisten Zeitblom gegen die mathematische Naturwissenschaft, gegen Natur überhaupt. Der ozeanographische und astronomische Hintergrund (XXVII) der kosmologischen Musik Leverkühns erregt Zeitbloms Grauen und ruft das Grauen vor den pseudoorganischen Kristallbildungen wach, die das Herz des Vaters Leverkühn erfreuten (III).

Ohne Zweifel ist hier Tieferes gesehen als in der Klage über das gegenseitige Unverständnis von C. P. Snows »zwei Kulturen«. Zeitblom, der seinen Aristoteles kennt, weiß, daß mit dem Kommen der mathematischen Naturwissenschaft ein tröstliches Weltbild unwiederherstellbar zerbricht. Aber Mann bleibt diesem Phänomen, einem Zentralphänomen der Neuzeit, gegenüber ratlos. Leverkühns Hauptwerke, die Apokalypse und die Weheklage Fausts, sind klar als Werke der Verzweiflung beschrieben. Thomas Mann nimmt von seiner Epoche, deren Roman er schreibt, das Ende der neuzeitlichen, man kann beschönigend sagen der bürgerlichen Kultur wahr, als Zeitblom human resignierend, als Leverkühn metaphysisch pessimistisch. Darüber hinaus haben wir von seiner Analyse nicht zu lernen.

Ich ende, indem ich noch einmal auf das Verhältnis Leverkühns zu Nietzsche zurückkomme. Unter dem jetzigen Aspekt ist die medizinisch scheinbar genaue Übernahme der Krankheitsgeschichte irreführend. Leverkühn ist im Entscheidenden, im Inhaltlichen, nicht Nietzsche, sondern Mann. Thomas Mann weiß und macht deutlich, daß die Krankheit den vom Künstler und Denker erkannten Inhalt nicht entwertet, ihn nur ins Licht der Ambivalenz rückt, für die der Teufel auch bei den angeblich Gesunden steht. Dann kann man aber nicht den Philosophen der Geschichte durch einen esoterischen Musiker ersetzen. Leverkühns verzweifelnde Selbsterkenntnis ist menschlich bewegend. Nietzsches Ekstasen der Positivität, die in der Schilderung Leverkühns ein fremdes Element bleiben, sind in ihrer Mischung von Prophetie und Verblendung ungleich wichtiger. Gewiß hat Mann recht mit der Meinung, »daß Nietzsches Kampf gegen die christliche Moral ein Ereignis *innerhalb* der Geschichte des Christentums bildet« (XIV, S. 808). Aber sieht er, was Nietzsche so deutlich sieht, die Kulturkrise als die notwendige, wenn auch tödlich gefährliche Stufe einer noch offenen geschichtlichen Verwandlung?

Einstein *

Stellen wir uns vor, es werde in einigen Jahrtausenden noch Menschen geben, die sich für die dann lange vergangenen Phasen menschlicher Geschichte interessieren, und fragen wir, welcher Name unseres Jahrhunderts die beste Chance habe, ihnen noch bekannt zu sein. Gewiß hat uns Zeitgenossen die Politik am meisten geschüttelt. Aber ihre Krisen und deren Träger werden dereinst überschattet sein von den Krisen und, wenn Gnade uns beisteht, Lösungen, die jetzt auf uns zukommen. Sollten Lösungen gefunden werden, so werden der Zukunft unsere radikalen Politiker zu inhuman, unsere humanen Politiker nicht radikal genug scheinen; vielleicht wird von den Großen unseres Jahrhunderts nur Gandhi vor ihrem Urteil bestehen. An die Kunst unserer Zeit wird man sich vielleicht als an einen Seismographen unserer Erdbeben erinnern. Die Erdbeben werden ausgelöst durch den technischen Fortschritt, und dieser ist ermöglicht durch die Wissenschaft. Die Wissenschaft ist jedoch am größten und auch letztlich am wirksamsten, wo sie nicht technische Weltveränderung, sondern Wahrheit sucht. Der berühmteste Wissenschaftler unseres Jahrhunderts aber ist Einstein.

Würden auch wir Wissenschaftler unter uns ihn so als unseren Repräsentanten anerkennen? Betrachten wir seinen außerordentlichen Ruhm als verdient? Als Physiker hat er eine Chance, denn die Naturwissenschaft ist unter den Wissenschaften der erste Träger des neuen Weltbildes, und die Physik ist die Grunddisziplin der Naturwissenschaft. Die Physik hat im Anfang unseres Jahrhunderts zwei revolutionäre Schritte getan: die Relativitätstheorie und die Quantentheorie. Die eine der beiden Theorien ist Einsteins Werk, an der anderen war er in ihrer ersten Phase neben Planck und Bohr gleichrangig beteiligt. Einstein ist vielleicht auch deshalb der würdige Repräsentant unserer Zunft, weil er im Grunde dieser Zunft nie ganz

* Erschienen in der Frankfurter Allgemeinen Zeitung, Nr. 59, 10. März 1979, unter dem Titel »Das Prinzip der höheren Einfachheit. Albert Einstein zum hundertsten Geburtstag«.

angehört hat. Auf seine Umwelt wirkte er als naives Genie. Dabei war eben seine Naivität, die Natürlichkeit seiner Fragen, der Kern seiner Genialität. Er stellte jede Frage direkt; gewiß nicht in Verachtung des Wissens der Vernunft, aber nie aus dem gängigen Schema der Fragen der Vernunft heraus. Antworten konnten auch andere; er war ein Meister des Fragens. Und ein gleichsam unbewußter Meister: er konnte nicht anders als direkt fragen.

Wir feiern nun Einsteins hundertsten Geburtstag. Wie sollen wir ihn den Zeitgenossen darstellen? Was hielt er selbst für darstellenswert? Die neueste und wohl beste Biographie (B. Hoffmann und H. Dukas: »Einstein, Schöpfer und Rebell«. Fischer Taschenbuch. 1978) erzählt: »Nachdem er bei einem gesellschaftlichen Ereignis zum Mittelpunkt der allgemeinen Aufmerksamkeit gemacht worden war, stellte er betrübt fest: ›Alles, was ich als junger Mensch vom Leben wünschte und erwartete, war, ruhig in einer Ecke zu sitzen und meine Arbeit zu tun, ohne von den Menschen beachtet zu werden. Und jetzt schaut bloß, was aus mir geworden ist.‹« Als Siebenundsechzigjähriger hatte er sich überreden lassen, eine kurze Autobiographie zu schreiben, die er – »mit Galgenhumor«, sagt der Biograph – seinen Nekrolog nannte. Die Sprache dieser Geschichte seines eigenen Lebens ist direkt, human, oft humorvoll, aber wovon berichtet sie?

Sie beginnt mit dem Eindruck, den dem Vier- oder Fünfjährigen ein magnetischer Kompaß gemacht hat – das Wunder einer unsichtbaren Kraft. Und indem er die Reihe der Fragen schildert, die sich ihm als Schüler, Student, Forscher eröffneten, beginnt der alte Mann gleichsam mit sich als dem jungen Entdekker der Fragen zu diskutieren; noch die Selbstbiographie wird ihm ein Stück Wahrheitssuche. Er unterbricht sich: »›Soll dies ein Nekrolog sein?‹ mag der erstaunte Leser fragen. Im wesentlichen ja, möchte ich antworten. Denn das Wesentliche im Leben eines Menschen von meiner Art liegt in dem, was er denkt und wie er denkt, nicht in dem, was er tut oder erleidet. Also kann der Nekrolog sich in der Hauptsache auf Mitteilung von Gedanken beschränken, die in meinem Streben eine erhebliche Rolle spielten.«

Uns freilich gehen nicht nur diese Gedanken an, sondern zugleich der Mensch, der solche Gedanken denken konnte. Daher sei zunächst an seine wichtigsten Lebensdaten erinnert.

Am 14. März 1879 wurde Albert Einstein in Ulm geboren, Sproß einer seit langem in Süddeutschland ansässigen jüdischen Familie. Der Vater, ein liberaler, nicht allzu erfolgreicher Geschäftsmann, übersiedelt nach München, später nach Mailand. Der Sohn besucht in München das Gymnasium ohne Abschluß; der hochbegabte Schüler wollte selber suchen und fand sich in dem Lern- und Autoritätssystem nicht zurecht. Freie Monate als Fünfzehnjähriger in Mailand, dann findet er gute Ratgeber in der Schweiz. Abitur an der Kantonsschule in Aarau, Studium an der Eidgenössischen Technischen Hochschule in Zürich. Der junge Diplomingenieur, der akademischen Autoritätswelt so unassimilierbar wie einst der schulischen, muß sich zwei Jahre mit Gelegenheitsarbeiten durchschlagen, dann finden verständige Freunde ihm eine Stelle am Eidgenössischen Amt für geistiges Eigentum (Patentamt), die ihn ernährt und ihm die Freizeit zur Arbeit läßt. Nun ist er auf seinem Weg. Heirat, ein philosophischer Freundeskreis. 1905 eine Explosion von Genie. Vier Publikationen über verschiedene Themen, deren jede, wie man heute sagt, nobelpreiswürdig ist: die spezielle Relativitätstheorie, die Lichtquantenhypothese, die Bestätigung des molekularen Aufbaus der Materie durch die »Brownsche Bewegung«, die quantentheoretische Erklärung der spezifischen Wärme fester Körper.

Die Lebensphase äußerer Mißerfolge geht zu Ende. Der junge Forscher wird in Fachkreisen bekannt, berühmt. Professur in Zürich 1909, in Prag 1911, Akademiemitgliedschaft in Berlin, eine Forschungssinekure, 1914. Die Jahre sind erfüllt von intensiver wissenschaftlicher Arbeit, an der Klärung des begrifflichen Gehalts der Quantentheorie und, mit wachsender Konzentration, an der Fortführung der Relativitätstheorie. 1915 der Durchbruch zur allgemeinen Relativitätstheorie. Die von dieser Theorie vorhergesagte Ablenkung des Lichtstrahls eines Sterns im Schwerefeld der Sonne wird 1919 von Eddington durch Beobachtung bei einer Sonnenfinsternis bestätigt. Dies bringt mit einem Schlag den Weltruhm, die rauschhaft-verständnislose Publikumserregung, die sein Leben seitdem bedrängt. Einstein lebt nun bis 1933 in Berlin, eine private Existenz im Lichte der Öffentlichkeit, nach Scheidung der ersten Ehe mit seiner Cousine Elsa Einstein verheiratet, in ständig lebendigem Kontakt mit den Physikern der ganzen Welt, geigend, auf dem Wannsee segelnd, ein fruchtbares, erfülltes, von den vorausgeworfenen Schatten einer schrecklichen Zukunft schon berührtes Leben.

Einsteins Herz schlug für die Schwachen, die Unbeliebten, die Unterdrückten. Krieg empfand er als absurd; er war ein elementarer Pazifist, ein Pazifist des Herzens und des unbeirrten Urteils, des gesunden Verstandes. An den nationalistischen Torheiten deutscher Professoren im Ersten Weltkrieg nahm er nicht den geringsten Anteil. Als Deutschland 1919 in der Welt verfemt war, erwarb er die einst aufgegebene deutsche Staatsbürgerschaft (neben der erworbenen schweizerischen) zurück, lehnte Rufe ins Ausland ab, hoffte auf die republikanische Entwicklung der Deutschen. In diesem Augenblick erkannte und übernahm er auch seine Schicksalsgemeinschaft mit den Juden. In der Krisenatmosphäre der zwanziger Jahre wurde die älteren Physikern und traditionellen Philosophen unverständliche Relativitätstheorie im Publikum mit dem Relativismus der Werte zusammengebracht (»Alles ist relativ«). Der angstvolle Protest hiergegen schloß eine unheilige, bald eine randalierende Allianz mit dem Antisemitismus. Einstein, der sich der jüdischen Glaubensgemeinschaft wie jedem Autoritätssystem ferngehalten hatte, bekannte sich nun willig als Jude, als sozialistischer Zionist; mit Weizmann reiste er für den Zionismus durch Amerika.

Von Hitlers Machtergreifung auf einer Auslandsreise überrascht, kehrte er nicht nach Deutschland zurück. Er trat aus der Preußischen Akademie aus, ehe diese Zeit fand, ihn auszustoßen. Die Heimat seiner letzten zwanzig Lebensjahre fand er im Institute for Advanced Study in Princeton, USA. Wissenschaftlich waren die letzten drei Lebensjahrzehnte für ihn schmerzlich; bei ungemindertem Ruhm eine Zeit scheinbar vergeblicher Arbeit, vergeblichen Widerstands gegen eine neue, ihm konträre Denkweise in der Physik. Menschlich war es ein glückliches Geborgensein in der Fremde – und wo wäre er kein Fremder gewesen?

Caritas und Politik forderten ihn immer wieder, man brauchte seinen Namen, und er folgte der Forderung, wo immer er es verantworten und leisten konnte. Auch den Pazifismus trieb er nicht dogmatisch. Den Krieg gegen Hitler sah er zum Schutz der Freiheit als notwendig an. Er unterschrieb 1939 den von Szilard formulierten Brief an Roosevelt, der zum Bau der Atombombe riet. Heimisch geworden in der vollendeten Liberalität des akademischen Amerika, kritisierte er in späteren Jahren schmerzlich und erfolglos das politische Amerika, als es den jeder Großmacht vorgeschriebenen Weg zum Imperialismus ging. Friedensbemühungen im kalten Krieg unterstützte er nach Kräften. Kurz vor seinem Tode unterschrieb er das von Bertrand Russell initiierte Manifest, das die Pugwash-Bewegung, eine der wichtigsten Formen inoffizieller Diplomatie der Wissenschaftler, einleitete. Die ihm nach Weizmanns Tod angetragene Staatspräsidentschaft von Israel lehnte er, bewegt und schmerzlos, ab. Sein Leben in den letzten Jahren charakterisiert er in einem Brief so: »Mit der Arbeit ist es nicht mehr viel, das heißt, ich bringe nicht mehr viel fertig und muß mich damit begnügen, die alte Exzellenz und den jüdischen Heiligen zu spielen (hauptsächlich letzteren)...« Dazu noch ein Satz aus derselben Zeit: »Es ist eine merkwürdige Sache mit dem Altwerden. Indem man die intime Verwachsenheit mit dem Hier und dem Jetzt allmählich verliert und sich mehr oder weniger allein in die Unendlichkeit hineingestellt empfindet, nicht mehr hoffend oder fürchtend, sondern nur mehr schauend...« Ein alter Mann, wird man sagen dürfen, ist kein anderer als er war, nur mehr er selbst. Am 18. April 1955 ist er gestorben.

Das war der Mann. Was waren die Gedanken, die das Wesentliche seines Lebens ausmachten?

Die theoretische Physik ist die Wissenschaft von den allgemeingültigen Naturgesetzen. Diese Gesetze sind einfach. Deshalb kann ihre Erkenntnis nicht in langsamer Wissensanhäufung zustande kommen, so nötig diese zur Vorbereitung und zur Bestätigung ist. Einfache Naturgesetze werden inmitten einer – oft nur von wenigen wahrgenommenen – Krise in einem revolutionären Schritt, einer plötzlichen Kristallisation gefunden. Der Weg, den uns diese Folge von Revolutionen führt, ist vorweg unbekannt und nur im Rückblick verständlich. Will man den bisherigen Weg der neuzeitlichen Physik durch zwei große Krisen kennzeichnen, so muß man zuerst die Entstehung der klassischen Mechanik im 17. Jahrhundert nennen, gipfelnd in Newton, und dann die Relativierung der klassischen Mechanik im ersten Drittel des 20. Jahrhunderts, eingeleitet durch Einstein. Für Einstein war in der Tat Newton der große Gesprächspartner.

Die aristotelische Physik beschrieb die Welt in der Vielgestalt, in der wir sie wirklich erfahren; ihr integrierendes Prinzip war der Gedanke eines sinnvollen Ganzen, eine immanente Teleologie (die Lehre vom Zweck und von der Zweckmäßigkeit). Die klassische Mechanik beruht auf der nicht wieder rückgängig zu machenden Entdeckung, daß es mathematisch formulierbare strenge Naturgesetze gibt. So analysierte sie die Phänomene mathematisch. Sie drang in die Einfachheit »hinter« den Phänomenen vor und machte eben dadurch die Phänomene vorhersagbar und manipulierbar. Ihr integrierendes Prinzip wurde nun der Vergleich einer Ereignisfolge mit dem Funktionieren einer Maschine, im »mechanischen Weltbild« der Vergleich der Welt selbst mit einer großen Maschine. Die Begriffe, die sie dazu brauchte, wurden in der Newtonschen Mechanik kodifiziert. Es sind im wesentlichen vier: Körper, Kraft, Raum, Zeit. Im absoluten Raum bewegen sich, das heißt ändern ihren Ort im Verlaufe der absoluten Zeit, die raumerfüllenden Körper unter dem Einfluß der auf sie einwirkenden Kräfte. Man hoffte, schließlich auch die Kräfte noch »mechanisch erklären«, das heißt auf Druck und Stoß, also auf die Raumerfüllung der Körper zurückführen zu können. Eine materialistische Metaphysik erschien jedoch nicht als notwendige Konsequenz der klassischen Mechanik. Descartes behauptete zwei Substanzen: die ausgedehnte Materie und den denkenden Geist; Gott konnte als der Ingenieur der Weltmaschine aufgefaßt werden.

Die Krise unseres Jahrhunderts hat die klassische Mechanik relativiert, das »mechanische Weltbild« zerstört. Die Entdekkung mathematisch einfacher Naturgesetze wurde festgehalten, ja sehr viel weiter in ein Feld größerer begrifflicher Einfachheit und darum höherer Abstraktion vorangetrieben. Dabei erwiesen sich Newtons Grundbegriffe Körper, Kraft, Raum, Zeit, jedenfalls so, wie er sie konzipiert hatte, als Vordergrundaspekte. Kritische Gedanken zu diesen Begriffen hatte es in der Philosophie längst gegeben, so bei Leibniz, Kant, Mach. Einstein war der erste Physiker, der mit empirischer Relevanz, durchs Experiment überprüfbar, bewußt und erfolgreich an diese Grundbegriffe rührte.

Der erste Schritt war die spezielle Relativitätstheorie. »Relativität« bedeutete in diesem Namen die Relativität der Bewegung. Schon Leibniz und Mach hatten gegen Newton auf den Gedanken des Aristoteles zurückgegriffen, daß der Ort eines Körpers nichts Absolutes, sondern eine Relation zu benachbarten Körpern sei, daß man also einen absoluten Raum (und entsprechend eine absolute Zeit) nicht zu postulieren brauche. Schon in der klassischen Mechanik galt de facto ein Relativitätsprinzip für die Geschwindigkeit, mit der sich ein Körper bewegt. Nach dem Trägheitsgesetz behält ein Körper seinen Zustand der Ruhe oder geradlinig gleichförmigen Bewegung ohne Einwirkung äußerer Kraft bei. Daraus folgt, daß es durch keine Messung von Kraftwirkungen zwischen Körpern möglich ist, festzustellen, welcher von ihnen ruht, welcher gleichförmig bewegt ist; nur die Relativgeschwindigkeit ist feststellbar. In der Elektrodynamik (die seit Maxwell die Optik mitumfaßte) hatte man gehofft, ein im Mittel absolut ruhendes Medium, den Äther, konstatieren zu können, dessen Schwingungen uns als Lichtwellen sichtbar werden. Michelson entdeckte 1887, daß die Bewegung eines Körpers relativ zum Äther empirisch nicht festgestellt werden kann. Einstein erkannte, daß demnach das Relativitätsprinzip universell, auch für die Elektrodynamik, postuliert werden konnte. Mathematisch war dies schon in den kurz vor der seinen veröffentlichten Arbeiten von Lorentz und Poincaré enthalten. Bei ihm aber erschien es nicht mehr wie ein kompliziertes Resultat, sondern wie ein Prinzip höherer Einfachheit. Er mußte dazu auch eine »Relativität der Gleichzeitigkeit« zulassen. Zwei voneinander entfernte Ereignisse, die von einem Körper (»Bezugssystem«) aus betrachtet gleichzeitig sind, werden für einen relativ dazu bewegten Körper ungleichzeitig sein. In Newtons absolutem

Raum und absoluter Zeit ist dergleichen nicht denkbar. Einstein entdeckt die Befreiung des Denkens durch den Verzicht auf diese erfundenen Absolutheiten.

»Lieber Leser« – so redete Einstein gern in seinen populären Schriften sein Publikum an. In seinem Tone also sei es gesagt: Lieber Leser, verzeih die Zumutung des ohne physikalische Vorbildung Unverständlichen! Willst du lieber nur die Dramatik der Biographie eines großen Mannes anschauen oder wenigstens eine Ahnung davon gewinnen, warum er groß war?

Die spezielle Relativitätstheorie hatte Einstein wie eine reife Frucht gepflückt. Die Weiterführung zur allgemeinen Relativitätstheorie ist seine eigenste Leistung. Unter allen bekannten großen Theorien der Physik ist sie die einzige, bei der man zweifeln kann, ob sie bis heute überhaupt gefunden worden wäre, wenn derjenige nicht gelebt hätte, der sie in der Tat gefunden hat. Formell intendierte Einstein sie als die Ausdehnung des Relativitätsprinzips über die geradlinig gleichförmigen Bewegungen hinaus auf alle Bewegungen. Tatsächlich führte sie ihn zu Gedanken, die weder seine Zeitgenossen vermutet hatten noch er selbst, als er den Weg einschlug. »Derjenige kommt am weitesten, der nicht weiß, wohin er geht«, sagte einst Oliver Cromwell. Einstein kritisierte Newtons Raum und Zeit als eine »Mietskaserne«, in welcher die Körper ein- und ausziehen; mit Leibniz und Mach wollte er den Raum auf Relationen zwischen Körpern reduzieren. Tatsächlich kam es umgekehrt. Einstein sah sich genötigt, den von dem Mathematiker Riemann schon 1854 konzipierten Gedanken eines gekrümmten Raumes, und zwar mit von Ort zu Ort veränderlicher Krümmung, zu übernehmen. Einstein verknüpfte, was nach klassischer Philosophie scharf zu trennen gewesen wäre, Raum und Gravitation, Geometrie und Erfahrung. Die von Newton zuerst postulierte universelle Schwerkraft wurde ihm zum Maß der lokalen Raumkrümmung, also zu einer geometrischen Größe. Der Raum wird aus einer starren Mietskaserne nicht zu einer bloßen Relation, sondern zu einer physischen Realität mit innerer Dynamik, mit variablen Eigenschaften. Und Einsteins Fernziel wurde es nun, umgekehrt die Körper nur noch als singuläre Stellen im Raum-Zeit-Kontinuum zu erklären. Die Einheit der Natur sollte sich als Einheit des metrischen Feldes des Raum-Zeit-Kontinuums erweisen.

Hier begann die Tragik der letzten Lebensjahre Einsteins. Er mußte eine einheitliche Feldtheorie suchen, welche alle damals bekannten Felder, also neben der Gravitation auch das elektromagnetische Feld, umfaßte. Er scheiterte, vordergründig betrachtet, an den mathematischen Schwierigkeiten des Problems einer sogenannten nichtlinearen Feldgleichung. Wir können heute sehen, daß der Grund des Scheiterns tiefer lag. Zunächst kennen wir heute empirisch sehr viel mehr Felder als die zwei, die Einstein zu vereinigen suchte. Insbesondere aber fassen wir die Felder quantentheoretisch auf, als Wahrscheinlichkeitsfelder für das Auftreten von Teilchen. Für uns ist die Quantentheorie die fundamentale Theorie, der auch der Feldbegriff entspringt. Heisenberg, der etwa dreißig Jahre nach Einsteins Ansatz, auch er als eine nicht zum sichtbaren Erfolg führende Altersarbeit, den Gedanken der allgemeinen Feldtheorie aufnahm, konzipierte diese mit Selbstverständlichkeit als eine Quantentheorie der Felder. Einstein aber wollte von einer so fundamentalen Rolle der Quantentheorie nichts wissen. Dies war eine philosophische Entscheidung.

Einstein hatte zur frühen Phase der Quantentheorie Wesentliches beigetragen. Ihren Siegeszug in der Gestalt, die sie um 1925 annahm, machte er nicht mehr mit. Als ich vor nun fünfzig Jahren, 1929, Physik zu studieren begann, war nicht mehr der fünfzigjährige Einstein, sondern der um sieben Jahre jüngere Bohr der geistige Führer der jungen Generation. Die beiden Männer waren persönliche Freunde geworden, als Wissenschaftler war es ihr Schicksal, sich zu Gegnern, zu Antipoden zu entwickeln. Einstein war genialer, vielseitiger, einfacher, Bohr aber war wohl der noch tiefere Denker.

Was war der Kern des Konflikts? Die Stelle, an der sich der Konflikt entzündete, war die Aufopferung des klassischen Determinismus, die grundsätzliche Reduktion der physikalischen Prognosen auf Wahrscheinlichkeiten. »Gott würfelt nicht«, sagte Einstein, worauf Bohr replizierte: »Es ist nicht die Frage, ob Gott würfelt, sondern was wir meinen, wenn wir sagen, Gott würfele nicht.« Eigentlich ging es um den Begriff der physikalischen Realität. Einstein verstand die Realität als etwas im

Sinne der klassischen Physik Objektives, das »unabhängig vom Wahrgenommenwerden gedacht wird«. Bohr hatte den kantischen Gedanken der Subjektivitätsphilosophie vollzogen, daß alle Wissenschaft unser Wissen, ein Wissen der Menschen ist. Bohrs Denken kreiste um die Frage, unter welchen Bedingungen wir das Wahrgenommene durch ein »objektives«, »unzweideutiges« Modell des Geschehens beschreiben können. Die Quantentheorie war ihm eine Bestätigung der Grenzen dieser Möglichkeiten. Eben darum schien sie ihm den Weg zur Überwindung des unverständlichen cartesischen Dualismus von Geist und Materie zu bahnen. Bohr dachte nicht in substantiellen Dualismen, sondern in komplementären Beschreibungsweisen. Einstein konnte diese Denkweise nur als »positivistisch« verstehen, und es war ihm unmöglich, ihr zu folgen. Einsteins bis an sein Lebensende festgehaltener Widerstand markierte wenigstens die ungelösten Probleme der philosophischen Deutung der Quantentheorie.

Einsteins Haltung in diesem Konflikt war metaphysisch bestimmt, und er wußte das. Er liebte es, wie im Beispiel des Würfelns, im Gespräch ein philosophisches Argument unter scheinbar spielerischer Verwendung des Namens Gottes vorzubringen. So, als von der Schwierigkeit der Erkenntnis der Naturgesetze die Rede war: »Raffiniert ist der Herrgott, aber boshaft ist er nicht.« Wenn man ihn stellte, antwortete er direkt: »Ich glaube an Spinozas Gott, der sich in der gesetzlichen Harmonie des Seienden offenbart, nicht an einen Gott, der sich mit den Schicksalen und Handlungen der Menschen abgibt.« Er stand damit freilich de facto, wie Spinoza selbst, außerhalb seiner jüdischen religiösen Tradition, aber innerhalb der von den Griechen herkommenden europäischen Metaphysik. Waren die Denkmittel griechisch, so war aber die besondere Art des moralischen Ernstes, in dem Spinoza wie Einstein diese Denkmittel gebrauchten, zutiefst jüdisch.

Diese kontemplative Metaphysik sprach, so können wir am Ende unserer Betrachtung sehen, wohl den Kern seines Wesens, seine Urerfahrung aus. Hierin wurzelt auch seine Distanz zu den Menschen. »Mit meinem leidenschaftlichen Sinn für soziale Gerechtigkeit und soziale Verpflichtung stand stets in einem eigentümlichen Gegensatz ein ausgesprochener Mangel an unmittelbarem Anschlußbedürfnis an Menschen und an menschliche Gemeinschaften. Ich bin ein richtiger ›Einspänner‹, der dem Staat, der Heimat, dem Freundeskreis, ja selbst der engeren Familie nie mit ganzem Herzen angehört hat, sondern all diesen Bindungen gegenüber ein nie sich legendes Gefühl der Fremdheit und des Bedürfnisses nach Einsamkeit empfunden hat, ein Gefühl, das sich mit dem Lebensalter noch steigert.« Und später an Hermann Broch als Dank für dessen »Vergil«: »Ich bin fasziniert von Ihrem Vergil und wehre mich beständig gegen ihn. Es zeigt mir das Buch deutlich, vor was ich geflohen bin, als ich mich mit Haut und Haar der Wissenschaft verschrieb: Flucht vom Ich und vom Wir in das Es.«

Es war wohl ebendiese Distanz zur Gesellschaft, welche Einstein ermöglicht hat, in seinem politischen Denken der naiven Direktheit seines Urteils treu zu bleiben. Eben damit ist er aber den großen politischen Aufgaben der Zukunft tiefer verbunden als viele von uns, welche den politischen Vorurteilen der Gegenwart die Konzession gemacht haben, scheinbar oder wirklich an sie zu glauben, um in ihrer Mitte konkret wirken zu können.

Er dachte zeitlos. Vier Wochen vor seinem eigenen Tode schrieb er den Hinterbliebenen seines Jugendfreundes Besso: »Nun ist er mir auch im Abschied von dieser sonderbaren Welt ein wenig vorausgegangen. Dies bedeutet nichts. Für uns gläubige Physiker hat die Scheidung zwischen Vergangenheit, Gegenwart und Zukunft nur die Bedeutung einer wenn auch hartnäckigen Illusion.«

Nachtrag

Ich drucke hier noch den Schluß eines anderen Artikels über Einstein ab, den ich ebenfalls anläßlich seines 100. Geburtstags geschrieben habe. * *Er variiert nur einige der politischen*

* In P.C. Aichelburg und R.U. Sexl (Hrsg.), »Albert Einstein. Sein Einfluß auf Physik, Philosophie und Politik«. Braunschweig, Vieweg, 1979.

Themen des obigen Aufsatzes, aber in einer – wie mir beim Wiederlesen scheint – pointierteren und um so viel aufrichtigeren Art.

Biographisch ist ein Blick auf seine vier nationalen Zugehörigkeiten notwendig, die deutsche, schweizerische, amerikanische, jüdische. Schon als Schüler ertrug er die in Deutschland traditionelle autoritäre Denk- und Handlungsweise nicht. Viel glücklicher war er, trotz vieler Not junger Jahre, in der währschaften Liberalität der Schweiz. Er war aber nach dem ersten Weltkrieg bereit, den ihm zugefallenen Ruhm in den Dienst der Verständigung seiner deutschen Heimat mit ihren Kriegsgegnern zu stellen. Es war stets das Miterleben mit den Leidenden, das seine Loyalitäten bestimmte. Er wurde den Deutschen solidarisch, als sie 1919 unter der Feindschaft der Welt litten. Er wurde den Juden solidarisch, als er den steigenden Antisemitismus erlebte. Nicht durch die persönlichen Angriffe auf ihn, so sehr ihn diese schmerzten, sondern durch die Unmenschlichkeit des Empfindens gegen die Juden, welche die spätere Unmenschlichkeit des Handelns zur Folge hatte, hat Deutschland ihn von sich gestoßen; und hier, Deutschland gegenüber, hat er nie verziehen. Das akademische Amerika bot ihm die letzte, stille Heimat, in vollendeter Liberalität. Das politische Amerika hat er, als es den jeder Großmacht vorgeschriebenen Weg zum Imperialismus ging, schmerzlich und erfolglos kritisiert; er war in ihm so fremd wie überall in der Welt der Mächte.

In seinen politischen Überzeugungen war er schon früh Pazifist – die einzige natürliche Haltung für einen Menschen seiner Unabhängigkeit von der Gesellschaft. Sein Pazifismus war aber keine fixierte Doktrin; er war naiv-direktes rationales Urteil über die Folgen der Machtkonkurrenz. So konnte er auch die Pazifisten schockieren, als er den bewaffneten Widerstand gegen Hitler als notwendig bezeichnete. Den von Szilard verfaßten Brief an Roosevelt, den er unterschrieb, und der die Entwicklung der Atombombe einleitete, haben ihm viele Menschen verübelt, und wie hätte er selbst über die Folgen glücklich sein können? Es war sein Schicksal, daß man ihn in vielen Dingen um Hilfe bat, die er nicht immer genau durchschauen konnte. Aber an den entscheidenden Stellen war er selbst es, der direkt reagierte und entschied, nicht die, die ihn in Anspruch nahmen. Er sah die engagierte Vernunft in Szilards Argument – soll Hitler allein diese Waffe haben? – und er fügte sich einem historischen Prozeß ein. Sein Leiden an der Politik war das, was eigentlich seine politische Stimme glaubwürdig machte. Kurz vor seinem Tode unterschrieb er das von Bertrand Russell initiierte Manifest, das die Pugwash-Bewegung einleitete. Politisch gesehen wurde diese Bewegung zu einem nicht ganz unwichtigen Instrument inoffizieller Diplomatie, einem Gesprächsforum, in dem Wissenschaftler, vom offiziellen politischen Auftrag entlastet, einiges vordiskutierten, was nachher die Politiker übernehmen konnten. Moralisch war die Bewegung wichtiger, wenn auch im direkten Zusammenhang wirkungsloser. Sie war eine der Stellen, an denen Wahrheiten hörbar wurden, die im Machtkonflikt unterdrückt werden müssen. Denn im Machtkampf kann man die Wahrheit nicht sagen, und doch wird in letzter Instanz der geschichtliche Machtkampf durch die Wahrheit entschieden – auch wo die Wahrheit und somit der Ausgang tragisch ist.

Bohr und Heisenberg. Eine Erinnerung aus dem Jahr 1932*

Um das Neujahr 1932 besuchte Werner Heisenberg für etwa zehn Tage unsere Familie in Oslo. Mein Vater war seit dem Frühsommer 1931 dort deutscher Gesandter. Ich studierte in Leipzig, besuchte aber meine Eltern schon im August 1931 und wieder in der Weihnachtszeit. Auf uns, die wir in der Zeit der Wirtschaftskrise, der Arbeitslosigkeit, der politischen Agonie der Weimarer Republik aus Deutschland nach Norwegen kamen, wirkte das Land wie eine Insel der Seligen, auch wenn seine Bewohner, eigenbrödlerische Urenkel der Wikinger und ihrer Skalden, Landsleute von Björnson, Ibsen und Hamsun, nicht immer wußten, daß sie im Paradies lebten. Als ich im strahlenden Sommer im Nachtzug von Göteborg an einem Werktag-Vormittag am Oslo-Fjord entlang nach Norden der Hauptstadt entgegenfuhr, sah ich alle Ufer voller badender Menschen, unter ihnen viele junge Männer. In Oslo angekommen bekam ich die Erklärung: seit einigen Wochen sei Streik, aber man brauche sich nicht zu beunruhigen, denn mit dem Ende der Badesaison werde auch der Streik sein natürliches Ende nehmen. In Berlin marschierten unterdessen SA und Rotfront abwechselnd durch die Straßen und lieferten sich Schlachten.

Im Winter war Norwegen so schön wie im Sommer. Heisenberg ging mit meinen Geschwistern und mir zu einem mehrtägigen Schi-Aufenthalt ins Mittelgebirge etwa zwei Bahnstunden nördlich von Oslo. Man wohnte bei den Bauern in einem einsamen Bauernhof – es gibt keine Dörfer, nur einzelne Höfe, weit auseinanderliegend, zu »Kirchspielen« zusammengefaßt. Etwa um 8 Uhr begann die Morgendämmerung, etwa um 10 überquerte die Sonne den Horizont und schlich über den Baumwipfeln im Süden entlang, um 2 Uhr ging sie unter, und um 4 Uhr erlosch die Dämmerung. In den hellen Stunden fuhr man auf endlosen Loipen durch den tiefen, kalten Pulver-

* Zuerst veröffentlicht: München, Hanser, 1983. Ruth Grosse zum 12. März 1982.

schnee im Wald, und immer wieder öffnete sich der Blick auf die bläulich schimmernden fernen Waldhöhen. An den Abenden saß man im Gespräch in der warmen Küche, die Bäuerin hatte kräftige Speisen und immer ein heißes Getränk für uns.

Etwa am 7. Januar fuhr Heisenberg mit mir nach Leipzig zurück. In Kopenhagen unterbrach er die Fahrt für einen halben Tag, um Niels Bohr zu besuchen. Er rief zuvor an, ob er einen Studenten mitbringen dürfe, was natürlich und freundlich genehmigt wurde. Es war meine erste Begegnung mit Bohr, fast so folgenreich wie die Begegnung mit Heisenberg fünf Jahre früher, auch in Kopenhagen. Wir saßen in Bohrs Dienstzimmer im Institut. Bohr hatte den Wunsch, mit Heisenberg über die philosophischen Probleme der Quantentheorie zu reden. Etwa drei Stunden sprachen sie miteinander; ich saß schweigend dabei. Nachher notierte ich in mein Tagebuch: »Ich habe zum erstenmal einen Physiker gesehen. Er leidet am Denken.«

Bohr war 45 Jahre alt, Heisenberg 30, ich 19. Für mich war Bohr ein alter Mann. Er war von mittlerer Größe, vielleicht zwei Zentimeter kleiner als ich, die Haltung leicht gebeugt; den zähen Sportsmann sah man ihm nicht an. Der Kopf, oft betrachtend und wie schüchtern ein wenig schief geneigt, schien aus zwei verschiedenen Hälften zu bestehen. Die schmale, hohe Stirn unter schon ergrauenden, etwas schütteren Haaren, die er beim Nachdenken raufte, durchfurcht: die ungeheure Intensität des Denkens. Die etwas füllige untere Hälfte des Gesichts, wulstige Lippen, etwas hängende Backen, ein freundlicher dänischer Bürger. Ein oft scheues Lächeln, das das Gesicht durchblitzte, einte beide Hälften. Wie waren die Augen? Dazu muß ich eine Geschichte erzählen. Ein Jahr später kehrte ich mit Bohr vom Schi-Aufenthalt bei Heisenberg zurück. Er und ich verabschiedeten uns voneinander auf dem Münchener Bahnhof, obwohl wir denselben Zug nach Berlin bestiegen: er im Schlafwagen, vorn im Zug, in der Absicht, in Berlin ein Taxi zum Stettiner Bahnhof zu nehmen, ich hinten in der dritten Klasse sitzend, in der zu schlafen ich gut gelernt hatte. In Berlin mußte ich den ganzen Bahnsteig entlanggehen und sah an der Sperre meine Mutter in vertrautem Gespräch mit Bohr stehen – zu meinem Staunen, denn sie kannten einander bis dahin nicht. Nachher erklärte sie mir: »Ich habe nur nach dir Ausschau gehalten. Aber da kam ein Mann, dessen Augen ich ansehen *mußte*. Mir fielen Bilder von Bohr ein, ich sprach ihn an, und er war es.« Die Augen, tief unter den buschigen Brauen, schienen gleichzeitig genau auf die Dinge zu blicken und durch die Dinge hindurch in eine uns Anderen unergründliche Ferne; den Mitmenschen blickten sie zugleich scheu und gütig an, wie ich es sonst nie gesehen habe. Ein Wort über die Hände. Heisenberg, der schmächtige blonde junge Mann, hatte die sehnigen künstlerischen Hände des Pianisten, fähig, Akkorde zu greifen. Bohr hatte die etwas fleischigen, breiten, starken, sicheren Hände eines Holzschnitzers.

»Ich habe zum erstenmal einen Physiker gesehen« – das war natürlich eine Aggression gegen Heisenberg. Ich lebte mit ihm in einer Spannung, wie sie nur in großer persönlicher Nähe entstehen kann. Als er mir in Berlin im April 1927 im Taxi die Unbestimmtheitsrelation erzählte – »ich glaub', ich hab' das Kausalgesetz widerlegt« – da war entschieden, daß ich Physik studieren würde, um das zu verstehen. Nun war er mein Lehrer und älterer Freund. In allem Technischen der theoretischen Physik war er mir hoffnungslos überlegen; fing er an, zu rechnen, so hörte ich auf und wartete das Resultat ab. Aber ich fand, er stelle sich den philosophischen Problemen der Physik nicht, um derentwillen er mich doch in dieses Fach verführt hatte, weder den erkenntnistheoretisch-ontologischen noch den ethischen der intellektuellen Spaltung des Lebens in – um seine Worte zu gebrauchen – »die Dinge, die etwas bedeuten, und die Dinge, über die man sich einigen kann«. Musik z. B. bedeutet etwas, über Mathematik z. B. kann man sich einigen; aber beide sind einander doch so nah. Ich bin sicher, daß er mich gern hatte, gerade weil ich diese Forderung an ihn stellte. Aber er verhielt sich zu ihr pädagogisch-defensiv. Pädagogisch: »Physik ist ein ehrliches Handwerk; erst wenn du das gelernt hast, darfst du darüber philosophieren.« Damit hatte er, pädagogisch gesehen, recht. Ihm verdanke ich, daß ein passabler Physiker aus mir geworden ist, und ohne das wäre mein philosophisches wie mein ethisch-politisches Engagement bodenlos geblieben. Defensiv konnte er aber auch sagen: »Laß mich machen, was ich kann. Das andere kannst du ja dann machen.« Ich empfand, daß er hier eine ihm natürliche Bescheidenheit benütze, um sich vor einer jeden angehenden Aufgabe zu drücken. Drängte ich sehr, so konnte er auch sagen: »Man kann einmal in den Abgrund schauen; im Abgrund leben kann man nicht.« Das war unwidersprechlich. Ich wußte damals nicht, daß ich ihn überforderte, und er wußte wohl nicht, wo er mich überforderte.

In dieser Lage war die Begegnung mit Bohr eine Erlösung für mich. Hier war ein anerkannter, ein großer Physiker, der sich nicht, wie alle anderen Physiker, die ich kennengelernt hatte, um das Leiden an der eigenen Erkenntnis drückte. Sie alle waren stolz, etwas beweisen zu können. Daß sie das, was sie bewiesen hatten, nicht verstanden, daß sie nicht wußten, was es bedeutete, das merkten sie entweder nicht, oder sie erfanden eine Erkenntnistheorie, deren psychologischer Zweck war, es nicht merken zu müssen, oder sie zerspalteten das eine Leben in zwei Hälften, und in der anderen Hälfte machten sie z. B. Musik. Bohr wußte es. Sein Begriff der Komplementarität war erfunden, um davon reden zu können. So wenn er von dem ausschließenden Verhältnis zwischen der Analyse eines Begriffs und seinem unmittelbaren Gebrauch sprach. Er verglich das Denken mit einer Riemannschen Fläche, die man dem Nichtmathematiker durch eine Wendeltreppe veranschaulichen kann: man geht um den singulären Punkt (die Achse der Wendeltreppe) herum und ist wieder über demselben Punkt der Fläche und doch auf einer anderen Stufe. Dies war ihm nicht eine leicht aussprechbare abstrakte Theorie; es war zugleich ein existenzielles Leiden. Sein so oft geschildertes, so oft freundlich ironisiertes stammelndes Reden, um so unverständlicher, je wichtiger es wurde, entsprang diesem Leiden. Er appellierte, fast aussichtslos und immer wieder unermüdet optimistisch an das Verständnis des Gesprächspartners. So leitete er später einmal ein philosophisches Gespräch mit mir dadurch ein, daß er an die Tafel ging und daran das eine Wort schrieb: »Denken«. Dann wendete er sich zu mir und sagte: »Ich wollte ja nur sagen, daß ich hier etwas ganz anderes hingeschrieben habe als wenn ich ein anderes Wort dahin geschrieben hätte.«

Was er an jenem Tag mit Heisenberg gesprochen hat, weiß ich nicht mehr; ich spüre noch den Geruch davon. Wir reisten dann ab. In mir ging in jenen ersten sechs Monaten des Jahres

1932, begreiflich bei einem Neunzehnjährigen, in anderen als den hier geschilderten Zusammenhängen, emotional alles drunter und drüber. Aber aus dem Auf und Ab der Wellen tauchte immer wieder wie eine Leuchtboje die eine Frage auf: »Was hat Bohr gemeint? Was hat Bohr gemeint? Was muß ich verstehen, um sagen zu können, was er gemeint hat und warum er recht hat?« Auf endlosen einsamen Spazierwegen plagte ich mich damit ab. Mit jugendlichem Allwissens-Ehrgeiz glaubte ich, jetzt, nachdem ich Bohr kennengelernt hatte, jetzt oder nie müsse ich den Durchbruch zu »meiner« Philosophie finden.

Wohl um den 12. März war ich mit Heisenberg auf seiner Schihütte am Südabhang des Großen Traithen. Man fuhr nachmittags mit der Bahn von München nach Bayrischzell und ging noch, mit Rucksack und Schiern beladen, anderthalb Stunden zur Übernachtung beim Zipflwirt (»wo Schneewind durch die Wipfel zirrt«).

Am nächsten Morgen stieg man dann durchs Nesseltal und über das Unterberger Joch auf zur Steilen-Alm. Dort hatte Heisenbergs Pfadfindergruppe eine verfallene Almhütte wiederhergerichtet und dafür vom Bauern das Recht erhandelt, sie im Winter als Schihütte zu benutzen. In diesem Jahr waren wir dort zu zweit. Im darauffolgenden Jahr waren Niels Bohr und sein Sohn Christian sowie Felix Bloch dabei. Heisenberg hat später in seinem Buch »Der Teil und das Ganze« im Kapitel 11 »Diskussionen über die Sprache (1933)« dieses Zusammensein unübertrefflich beschrieben. Es war für mich die erste Gelegenheit, Bohrs »Philosophie des Alltags« kennenzulernen. Die oft erzählte Geschichte vom Gläserwaschen habe ich so in Erinnerung: Bohr betrachtete voller Stolz sein Werk und sagte: »Daß man mit schmutzigem Wasser und einem schmutzigen Tuch schmutzige Gläser sauber machen kann – wenn man das einem Philosophen sagen würde, er würde es nicht glauben.« Unsere Abfahrtszeiten vom Traithengipfel habe ich, so meine ich, genau in Erinnerung: Heisenberg brauchte 8 Minuten, Bloch 12, ich 18 und Bohr 45 Minuten. Auf dänischem Laub lernt man eben das alpine Schifahren nicht. Aber er gab nie nach, er war zäh. Und das von ihm geschnitzte Windrad war das einzige, das in vollkommenem Gleichgewicht lief.

Aber 1933 war ich über Bohrs Philosophie schon beruhigt.

Ich sammelte gleichsam schon Anekdoten, um sie zu illustrieren. Jetzt, ein Jahr früher, trieb sie mich bis zur Verzweiflung um. Von Bayrischzell fuhr ich nach Freiburg zu Georg Picht. Er, künstlerisch geprägt, ein Jahr jünger als ich und umgetrieben wie ich, mutete mir die volle Philosophie zu, offen für alle Wirklichkeit wie Platon und Nietzsche. Ihm gegenüber verteidigte ich die Wahrheit des Satzes vom Widerspruch, während ich zugleich in tiefsten Zweifeln darüber steckte, *warum* er wahr sei.

Das Leipziger Semester begann. In den Pfingstferien pflegte Heisenberg vor dem Heuschnupfen in pollenarme Gegenden zu fliehen. Wohl fünfmal hat er mich dazu mitgenommen, 1930 nach Helgoland, 1933-35 (wenn ich mich an die Jahre recht erinnere) nach Sylt. Diesmal, 1932, gingen wir in den Thüringerwald, in das hochgelegene Dorf Brotterode über Gotha. Hier gab es junges Buchenlaub, dessen Grün in der Sonne zart leuchtete wie Aquarellfarben, die noch nicht getrocknet sind. Es gab lange Nachtwanderungen und am Morgen weite, etwas melancholische Blicke über die Höhenzüge des Rennwegs. Der Bayer Heisenberg zitierte aus Hugo Wolfs »Biterolf«:

Kampfmüd und sonnverbrannt
Fern an der Heiden Strand,
Waldgrünes Thüringland,
Denk' ich an dich.

»Waldgrünes Thüringland«, wiederholte er, »das ist schön gesagt, das ist wahr. So ist Deutschland.«

Außerdem waren wir beide in Brotterode sehr fleißig. Im Januar 1932 hatte Chadwick das Neutron entdeckt. Das brachte eine kleine Revolution in Heisenbergs Erwartungen an die Weiterentwicklung der physikalischen Theorie hervor. Bohrs fundamentale Erkenntnis 1912 war gewesen, daß die Erklärung der Stabilität der Atome nicht bloß ein neues Modell des Atoms erforderte, sondern neue Grundgesetze der Physik. Heisenberg hatte 1925, dreiundzwanzigjährig, diesen Gesetzen unter dem Namen Quantenmechanik ihre bis heute endgültige Gestalt gegeben. In der Ebene wissenschaftstheoretischer Reflexion war das für ihn das Modellbeispiel des Gedankens geworden, daß die fundamentale theoretische Physik nicht in gleichmäßiger Wissensakkumulation fortschreitet, sondern in einer Folge jeweils abgeschlossener Theorien. Weder Bohr noch er hielten damals die Quantenmechanik für die letzte Fundamentaltheorie; sie erwarteten baldige Fortschritte über diese Stufe hinaus. Heisenberg konnte nie den Gedanken ertragen, seine Jugendarbeit sei die letzte große Inspiration seines Lebens gewesen. Bohr und Heisenberg erwarteten damals, das Problem, wie Elektronen im Atomkern sein können, werde eine neue Fundamentaltheorie jenseits der Quantenmechanik zu seiner Lösung erfordern. Man kannte als mögliche Bausteine des Kerns nur Proton und Elektron; es schien aber quantenmechanisch unmöglich, die leichten Elektronen im Kern festzuhalten. Anhand der kontinuierlichen β-Spektren spekulierte Bohr über eine mögliche Verletzung des Energiesatzes bei der Elektronenemission aus dem Kern; dieses Problem wurde schließlich durch Paulis Gedanken eines weiteren Teilchens, des Neutrinos, konservativ gelöst. Chadwicks Entdeckung nun brachte Heisenberg auf den Gedanken, der Kern bestehe nur aus Protonen und Neutronen; die Elektronen würden gleichsam bei ihrer Emission erst erzeugt. Protonen und Neutronen im Kern konnten der Quantenmechanik genügen. So war die Stabilität des Atomkerns gerade andersherum erklärt als zwanzig Jahre zuvor durch Bohr die Stabilität der Atomhülle: nicht durch neue Fundamentalgesetze, sondern, bequemer, durch ein neues Modell. Eine kleine Enttäuschung einer voreiligen Hoffnung auf eine neue große Revolution. Aber mit seinem unermüdlichen handwerklichen Ehrgeiz arbeitete Heisenberg das Modell nun aus. Heute fällt mir zu, in der Ausgabe von Heisenbergs Werken den Kommentar zu seinen kernphysikalischen Arbeiten zu schreiben, deren erste in Brotterode entstanden ist.

Ich hatte zunächst ein sehr viel uninteressanteres Thema. Ich quälte mich mit einer etwas langweiligen, aber nicht ganz leichten Doktorarbeit ab, einer Kletterei, die ich ohne Heisenbergs bergführerhaftes Ziehen und Schieben nicht zur Zeit zu Ende gebracht hätte. Aber zugleich ging mir die Philosophie im Kopf herum. Eines Morgens schrieb ich einen Zettel voll mit einer Folge von Sätzen, die ich wie eine direkte Inspiration empfand. Der erste Satz, der das Tor aufschloß, lautete: »Bewußtsein ist ein unbewußter Akt.« Über die Natur dieser Inspiration wurde ich erst dreißig Jahre später belehrt. Klaus Meyer-Abich schrieb um 1962 bei mir in Hamburg seine Dissertation über Bohr. Als ich ihm diesen Satz erzählte, sagte er: »Der Satz steht bei William James. Und Bohr hat im Winter 1931/32 ständig William James gelesen.« Also hatte sich der Satz von Januar bis Mai durch mich hindurchgewühlt, bis er mir mein Tor aufschloß.

Jener Zettel scheint nicht mehr zu existieren. Etwa 1934 habe ich einen nicht veröffentlichten langen Aufsatz »Über den Begriff der Erkenntnis« geschrieben, in dessen Mitte ich den Inhalt des Zettels aufnahm, den Anfang wörtlich, die Fortsetzung geglättet und erweitert. Ich möchte hier einige Passagen daraus abschreiben.

»Bewußtsein ist ein unbewußter Akt. Das Kind wird sich der Dinge bewußt. Der Knabe wird sich seines Bewußtseins bewußt. Der Mann ist sich dessen bewußt, daß er sich seines Bewußtseins bewußt geworden ist. Aber stets ist das letzte Bewußtwerden wieder ein unbewußter Akt wie Gehen, Essen, ja Atmen. Will ich wissen, was ich eben jetzt denke, so kann ich es nicht mehr denken und stürze die Wendeltreppe des unendlichen Regresses hinab.

Ohne unmittelbar verständliche Sätze gäbe es keine Erkenntnis. Unmittelbar verständliche Sätze sind aber gleichsam unbewußte Akte. Ihre Worte gelten unreduziert, sie sind undefiniert. Man kann sie definieren, bewußtmachen, aber nur mit Hilfe anderer, undefinierter, unbewußter. Man kann den elementaren Akt des Bewußtmachens nicht anders bezeichnen als durch Worte wie: Fixieren, Aufweisen unbewußter Tatbestände. Auch die Aufgabe der Wissenschaft ist nicht das Beweisen, sondern das Aufweisen. Ein Beweis durch Deduktion ist die Aufweisung einer besonderen Art des Zusammenhangs zwischen bereits Fixiertem; ein Erfahrungsbeweis ist die Aufweisung schlechthin.

Bewußtmachen ist ein Akt der Fixierung. Vorstellbar nennen wir das, was fixiert ist; der Weg zu ihm durch das Chaos des Unbewußten ist durch die Fixierung gesichert und so können wir es wiederfinden und vor uns stellen, uns vor-stellen. ... Der Rest, das Unbewältigte, ist freilich Existenzgrund des Lebens und immanente Rechtfertigung der Erkenntnis.

Wir haben stets nur das Allgemeine; das Besondere ist nur das jeweils spezialisierteste Allgemeine. ... Bei allen Hypothesen über den Zielpunkt an Erkenntnis muß man bedenken, daß man über die Sprache doch wieder nur *sprechen* kann. ...

Der »genommene« Abschluß gehört freilich wesentlich zur Erkenntnis. Er garantiert ihren inneren Zusammenhang und damit erst die Möglichkeit, das einmal Aufgewiesene auch festzuhalten. Erst der Zusammenhang macht die Erkenntnis zur Erkenntnis.

Alles bewußtmachende Fixieren geschieht durch einen Akt der Symbolisierung. ... Die Gesamtheit der innerlich verbundenen Symbolisierungsakte, deren wir jeweils fähig sind, heißt Bewußtsein. ... Je mehr ein Symbol isoliert ist, desto mehr geht das Phänomen, dem es entspricht, aus dem Bewußten ins bloß Geahnte über. Man sieht hier, daß der Begriff »bewußt« relativ ist. ...

Erkenntnis ist Bewußtseinserweiterung. Es gibt zwei Arten der Erkenntnis: Fixieren mit Hilfe des vorliegenden Symbolmaterials (...sammelnde Erkenntnis, Wachstum), und Fixieren mit Hilfe neuer Symbole, die dem vorhandenen Komplex angegliedert werden können (schöpferische Erkenntnis, Geburt). –«

Es ist evident, wie diese Sätze James, Bohr und Heisenberg spiegeln, ohne mit einem von ihnen identifizierbar zu sein.

Ich sah Bohr zum erstenmal wieder im September 1932. Er hielt damals in jedem Herbst, unter dem seidenblauen Kopenhagener Septemberhimmel, eine wissenschaftliche Konferenz in seinem Institut ab; von 1932 bis 1938 habe ich an den Konferenzen teilgenommen. Sie waren die wissenschaftlich fruchtbarsten und im Verlauf humansten Tagungen, die ich je erlebt habe. Jedes Jahr lud Bohr vier oder sechs seiner vertrautesten Freunde und Schüler zur Konferenz ein und forderte jeden auf, einen oder zwei Mitarbeiter eigener Wahl mitzubringen. Jeweils am Abend vor Konferenzbeginn lud Bohr dann den kleinen Kreis der Vertrauten in seine Wohnung ein und fragte: »Worüber wollen wir nun in den nächsten Tagen reden?« Also gab es keine präparierten Manuskripte, es gab die höchste Stufe der jeweiligen Aktualität, und da die Konferenz in den guten frühen Jahren etwa doppelt so viele Stunden wie Teilnehmer zählte, gab es Zeit, jedes lohnende Problem auszudiskutieren.

In der Konferenz von 1932 hielt Bohr ein Grundsatzreferat über die aktuellen Schwierigkeiten der Atomtheorie. Ich erinnere mich des Inhalts nicht, wohl aber der Frustration der Teilnehmer über die nun doch schon lange bekannte Unverständlichkeit seines Redens. Mit leidendem Gesicht, schräggehaltenem Kopf stammelte er unvollständige Sätze – nicht einmal die Sprache, die er benutzte, blieb konstant; sie schwankte zwischen deutsch, englisch und dänisch – und wenn es ganz wichtig wurde, murmelte er, die Hände vors Gesicht gepreßt. Wir bösen Buben sagten, er kenne nur drei mathematische Symbole: $\gg$, $\ll$, $\approx$, in Worten: »viel größer als«, »viel kleiner als«, »ungefähr gleich«. An jenem Tag hatte er eine Weile in der rechten Hand die Kreide, in der linken den Schwamm. Er schrieb Formeln mit der Rechten und wischte sie mit der Linken alsbald wieder aus. Plötzlich ertönte aus dem Auditorium die energische Stimme seines alten Freundes Paul Ehrenfest: »Bohr!« Erschrocken wandte Bohr sich ihm zu. »Bohr! Gib den Schwamm her!« Mit gequältem Lächeln überreichte ihm Bohr den Schwamm, und Ehrenfest hielt ihn während des Rests des Vortrags fest auf seinen Knien.

Aber wenn dann ein anderer – Heisenberg, Dirac, Pauli etwa – ein Referat hielt, unterbrach ihn Bohr mit Fragen, eingehüllt in das Zuckerbrot seiner hilflos freundlichen Redensarten: »Das ist ja sehr sehr interessant!« »Ich meine, nicht um zu kritisieren, nur um zu lernen, muß* ich fragen: ...« »Wir sind ja viel mehr einig als Sie denken.« (Bei ganz dummen Menschen sagte er resigniert nur noch »Oh, sehr, sehr«. Und dann wurde im Lauf mehrerer Stunden erbarmungslos alles klar.

Ich möchte hier eine von mir oft mündlich erzählte etwas spätere Erinnerung noch einmal einflechten. Nach der Konferenz vom September 1933 blieb ich mehrere Monate in Kopenhagen. Ich wohnte bei Fróken Thalbitzer in Hellerup, einer reizenden und energischen alten Dame, die mir bald nachher, als

* Danizismus: »maa jeg spórge?« = »darf ich fragen?«

ich ihr schriftlich zum 81. Geburtstag gratuliert hatte, antwortete, sie fühle sich als seien in ihrem Alter die beiden Ziffern vertauscht. Auf der Konferenz hatte der Engländer Williams eine Methode zur genäherten Berechnung von Streuquerschnitten bei hohen Energien vorgetragen. Es gab eine lange Diskussion mit Verbesserung der Williamsschen Methode, an der mehrere Leute teilnahmen, darunter auch Landau aus Rußland und ich. Alle anderen reisten ab, und Bohr forderte mich auf, das Ergebnis der Diskussion in einer eigenen Arbeit zusammenzuschreiben. (Er schrieb deshalb auch an den im mündlichen Gespräch unerschöpflich aggressiven Landau, der nach sechs Wochen mit einem Brief von einem Satz antwortete; Bohr zeigte mir den Brief und sagte: »Landau scheint nicht soviel zu schreiben wie er spricht.«) Ich schrieb die Arbeit im Lauf einiger Wochen auf und gab sie in Bohrs Sekretariat ab, Bohr selbst war wenig zu sehen. Er war sehr angestrengt, oft außer Haus, wohl schon mit viel Regierungsberatung, und mit der unermüdlichen Fürsorge für deutsche Emigranten.

Nach vierzehn Tagen bekam ich einen Gesprächstermin bei ihm. Er kam verspätet, sah unendlich müde aus, zog die Arbeit heraus und sagte »Oh, sehr sehr... das ist ja eine sehr schöne Arbeit geworden...ja, nun * ist alles klar... Ich hoffe, daß Sie sie bald veröffentlichen...« Ich dachte: »Der arme Mann! Er hat sicher gar keine Zeit gehabt, die Arbeit zu lesen.« Er fuhr fort: »Nur um zu lernen: Was bedeutet eigentlich die Formel auf Seite 17?« Ich erklärte es. Er: »Ja, das verstehe ich. Dann muß aber doch die Fußnote auf Seite 14 folgendes bedeuten.« Ich: »Ja, das habe ich gemeint.« »Aber dann...« und so ging es weiter, und er hatte alles gelesen. Eine Stunde verfloß, er wurde immer frischer, und ich kam einmal in eine Schwierigkeit der Erklärung. Nach zwei Stunden war er strahlend frisch, ganz bei der Sache, in vollem, naivem Eifer, und ich spürte meine Müdigkeit und daß ich in die Enge getrieben wurde. In der dritten Stunde aber sagte er triumphierend und zugleich ohne jeden bösen Willen: »Nun verstehe ich! Nun verstehe ich die Pointe. Die Pointe ist, daß alles ganz genau umgekehrt ist, als Sie gesagt haben. Das ist die Pointe!« Und, mit gebührender

* Danizismus: »nu« heißt »jetzt«.

Einschränkung des »alles«, war es wohl so. Wenn man solche Erfahrungen mit seinem Lehrer ein paarmal gemacht hat, hat man etwas gelernt, was anders nicht zu lernen ist.

1932 war das hundertste Todesjahr Goethes. Die Konferenz endete mit einer im wesentlichen von Max Delbrück inszenierten Faust-Parodie, angewandt auf die aktuelle theoretische Physik. Es gab neben der klassischen eine quantentheoretische Walpurgisnacht und, da die Entdeckung des Neutrons zu feiern war, war es am Schluß das Ewig-Neutrale, das uns hinanzog. Der Beginn aber war der Prolog im Himmel. Die drei Erzengel traten auf in der Maske der drei streitbaren Astrophysiker Eddington, Jeans und Milne. Eddington begann:

> Die Sonne strahlt bekannterweise
> in polytroper Sphären Glanz,
> und ihre vorgeschrieb'ne Reise
> bestätigt meine Formeln ganz.

Nach Absolvierung ihrer Kontroverse aber sagten die Drei unisono:

> Ihr Anblick gibt uns allen Stärke,
> da keiner sie ergründen mag.
> Die unbegreiflich hohen Werke
> sind herrlich wie am ersten Tag.

Nun wurde das Tuch herabgezogen, das Gott den Herrn wie ein noch unenthülltes Denkmal verdeckt hatte. Oben auf dem Experimentiertisch des Hörsaals saß er auf einem hohen Schemel, einen Zylinder auf dem Kopf; der Schauspieler war Felix Bloch und die unverkennbare Maske war die von Niels Bohr. Mephisto aber, als Schauspieler Léon Rosenfeld, mit der nicht minder unverkennbaren Maske von Wolfgang Pauli, sprang auf den Experimentiertisch, setzte sich vor die Füße des Herrn und begann:

> Da du, o Herr, dich einmal wieder nahst
> und fragst, wie alles sich bei uns befinde,
> und du mich sonst gewöhnlich gerne sahst,
> siehst du mich

– (mit einer ausladenden Geste zum Auditorium) –

> auch unter dem Gesinde.

Ich wiederhole hier nicht den Text. Aber so war es. Unser Lachen über Bohr war der Ausweg daraus, daß wir ihn oft nicht verstanden, fast grenzenlos bewunderten, und grenzenlos liebten.

Heisenberg und Heidegger über das Schöne und die Kunst*

Werner Heisenberg starb im Februar 1976; im Mai desselben Jahres starb Martin Heidegger. Clemens Graf Podewils bat mich bald danach, einen gemeinsamen Nachruf auf diese beiden Mitglieder unserer Akademie zu halten. Der Wunsch nach sorgfältiger Vorbereitung verführte mich, den Termin dafür zwei Jahre lang hinauszuzögern. Heute bedauere ich das schmerzlich. Denn nun ist Clemens Podewils, der Mann, der den Philosophen Heidegger und den Physiker Heisenberg der Bayerischen Akademie der Schönen Künste als Mitglieder zugeführt hat, der Mann, für dessen Ohren ich eigentlich den heutigen Vortrag hatte halten wollen, nicht mehr unter uns; er ist im August 1978 gestorben. Die Welt ist ärmer, seit dieser dichterische, kluge, in der Bescheidenheit des Vornehmen sich verbergende, dieser unaufdringlich bedeutende Mann nicht mehr unter uns ist. Er verwendete die großen Worte fast nie, denn er kannte ihr Gewicht, und eben so bezeichnete er das Große deutlich; er brauchte nicht Glauben zu fordern, denn er war gläubig; seine Nähe tat wohl, und sie gab sein Geheimnis nicht preis. Ich kann nun nichts anderes tun, als gleichwohl zu ihm zu sprechen, als säße er unter uns; Sie, die Sie leiblich hier sind, erlauben Sie mir bitte diesen Dialog; haben Sie die Geduld, ihm zuzuhören.

Vor zwei Jahren habe ich Clemens Podewils gesagt, ich wolle nicht zu den vielen Nachrufen auf Heidegger und Heisenberg zwei weitere fügen. Es locke mich vielmehr, der Frage nachzugehen, warum beide mit Recht Mitglieder einer Akademie der Schönen Künste waren. Dieses Recht beruht nicht nur auf den künstlerischen Zügen in der Persönlichkeit beider. Es handelt sich nicht in erster Linie um das Schöne und die Kunst in der Biographie beider Männer. Es handelt sich um ein grundsätzliches, ein philosophisches Problem, das beiden voll

* Vortrag in der Bayerischen Akademie der Schönen Künste, Herbst 1978. Abgedruckt in »ensemble 10«. Internationales Jahrbuch für Literatur. München, Deutscher Taschenbuch Verlag, 1979.

bewußt war. Es handelt sich – um alte Worte zu gebrauchen – um die Wesensgemeinschaft des Schönen und des Wahren, um den gemeinsamen Ursprung der Erkenntnis, sowohl der philosophischen wie der physikalischen, und der Kunst.

Dieser Zusammenhang ist unserer philosophischen Tradition seit Platon als Thema mitgegeben. Aber ich wage die Behauptung, daß er nie voll verstanden worden ist, und daß die europäische Neuzeit ihn, trotz mancher Gegenbewegungen, progressiv ins Unverständliche abgedrängt hat. Die Kultur der okzidentalen Neuzeit ist, wenn ich eine so vereinfachende Formel einmal gebrauchen darf, eine Willens- und Verstandeskultur. Ihre Selbstauslegung geschieht ebendarum in dem Begriffspaar von Praxis und Theorie, von Handeln und Urteilen. Das Schöne und die Kunst aber ist dem Wesen nach weder Theorie noch Praxis, sondern ein Drittes. Es ist nichts als eine philosophische Verlegenheit, wenn man die so deutlichen Phänomene des Schönen und der Kunst in eine Restkategorie aufnimmt, die alles umfaßt, was nicht unter den Titeln Theorie und Praxis verrechnet werden kann, etwa unter den Titeln des Erlebnisses, des Ausdrucks, der kulturellen Werte. Heidegger sah das spekulative Problem, das sich hier stellt. Er sah, daß man weder Theorie noch Praxis angemessen beschreiben kann, wenn Phänomene, für welche das Schöne und die Kunst nur hervorragende Beispiele sind, unaufgeklärt bleiben. Heisenberg, philosophisch weniger geschult, konnte gelegentlich das Vokabular dieser unzureichenden Überlieferung gebrauchen, weil seine Bildungswelt ihm kein anderes anbot; aber daß man die Wahrheit der Physik nicht versteht, wenn man ihre Schönheit nicht gesehen hat, das gehört zu seinen tiefsten Erfahrungen.

Mein heutiger Vortrag ist aber auch nicht eine systematische Erörterung über das Schöne und die Kunst und ihren Zusammenhang mit dem Wahren und der Theorie, dem Guten und der Praxis. Ich weiß nicht, ob heute jemand lebt, der zu dieser Erörterung fähig wäre; vielleicht ein Jugendfreund von mir. Von dieser systematischen Frage her gesehen, ist mein Vortrag eine von vielen Vorstudien, ein In-den-Blick-Fassen von Phänomenen. Ich versuche, die Phänomene mit den Augen dieser beiden Männer zu sehen, die ich gut gekannt habe; von denen der Jüngere mein Freund und mein Lehrer war, von denen der

Ältere der philosophische Lehrer meiner Generation war und mir, wann immer ich zu ihm kam, ein gütiger Gesprächspartner. Suchen wir aber mit den Augen von Menschen zu sehen, die wirklich unter uns gelebt haben, so ist es angemessen, daß wir uns die Individualität dieser Menschen vergegenwärtigen. Die systematische Frage, in eine Frage des Verstehens der Sichtweise anderer Menschen transponiert, führt legitim zur biographischen Frage zurück. So spreche ich nun doch über Heisenberg und Martin Heidegger, und spezifischer würde mein Thema lauten:

»Heisenberg über das Schöne und Heidegger über die Kunst.«

Das Allbekannte ihrer Biographien übergehe ich. Ich beginne mit einem locker angesetzten Vergleich beider Männer im Blick auf unser Thema. Tief über Kunst nachgedacht, öffentlich über Kunst gesprochen hat Heidegger; Kunst ausgeübt hat Heisenberg. Heisenbergs Kunst war die Musik, sein Instrument das Klavier. Sein wissenschaftliches Genie war unterstützt von einem eisernen, zur Kapitulation unfähigen Willen. Dieser Wille begleitete auch sein Klavierspiel und ließ ihn Bachsche Fugen oder das große Pathos einer Beethoven-Sonate in einem Kontinuum durchhalten; aber sein Herz schlug wohl doch am wärmsten für die Empfindungswelt Schuberts und der Romantik bis hin zu Hugo Wolf. Einen Takt halten zu können, auch im kammermusikalischen Zusammenspiel, war ihm selbstverständlich; das aber steigerte nur die Intensität. In Heideggers Reden von der Kunst kommt die Musik kaum vor. Seine Beispiele stammen vielfach aus der bildenden Kunst, zumal wo sie ein stehendes Bild sehen läßt: van Goghs Bauernschuhe, der griechische Tempel. Sein eigenes, unablässig neu bedachtes Handwerkszeug war die Sprache. Seine Arbeit nannte er Denken, und unter den drei Gefahren, die dem Denken drohen, nennt er als erste: »Die gute und darum heilsame Gefahr ist die Nachbarschaft des singenden Dichters.« (»Aus der Erfahrung des Denkens«) Dichten ist nicht Denken, aber sein Nachbar. Der Dichter erscheint hier als der singende. So entstammen Heideggers Beispiele aus der Dichtung vorwiegend der Lyrik, zumal der philosophischen Lyrik, deren größter Vertreter in der deutschen Literatur Hölderlin ist. Nicht die epische Breite, nicht die dramatische Handlung war seinem Herzen nah, sondern die stärkste, die innigste Konzentration des Erfahrens und des Geahnten in wenigen Worten. Seine eigenen, von so vielen als mystifizierend empfundenen Sprachprägungen sind nur zu verstehen als der nicht rastende Versuch, das zu Denkende aus allen Verstellungen verständnisferner Glattheit zu befreien und ihm diese Dichte, diese Innigkeit des Ausdrucks zu geben.

Ich spreche nun von Heisenberg. Über ihn kann man wohl sagen, er habe von jeher in zwei getrennten geistigen Welten gelebt, in der Wissenschaft und der Kunst, genauer in der Physik und der Musik. In »Der Teil und das Ganze« schildert er, wie er als junger Mensch schwankte, welche der beiden er sich zum Beruf machen sollte. Ich glaube, daß er mit der Wahl der Wissenschaft dem Ruf der stärkeren seiner zwei Begabungen folgte. Es war ihm aber unentbehrlich, in beiden Welten zu leben. Wie bei so vielen Wissenschaftlern kompensierte ihm die Kunst die Einseitigkeit der intellektuellen Beanspruchung. In jungen Jahren beschrieb er das in einer Sprache, die ich damals als eine Stilisierung dieser Gespaltenheit empfand. Er sagte etwa: »Es gibt die Dinge, über die man sich einigen kann, und die Dinge, die uns etwas bedeuten. Von den Dingen, über die man sich einigen kann, handelt die Wissenschaft. Die Dinge, die uns etwas bedeuten, spricht die Kunst aus.« Das Wort »bedeuten« meinte hier natürlich gerade nicht, wie in manchen modernen semantischen Theorien, daß ein angebbares Ding (ein Zeichen, eine Handlung) ein anderes angebbares Ding (ein Phänomen, einen Gegenstand) in angebbarer Weise bezeichnet. Es hieß vielmehr, daß die Kunst etwas andeutet, was für uns wichtig, sinnerfüllt ist, und was sich der Einigung im Urteilsprozeß entzieht.

Dieser Dualismus gestattete ihm, sein im tiefsten Instinkt wurzelndes Mißtrauen gegen Dogmatiken und Ideologien auszusprechen. Er fand es eine Selbstbelügung, eine empörende Entstellung, wenn man versuchte, die Dinge, die uns etwas bedeuten, in Aussagesätze zu fassen, welche Wahrheit beanspruchten im Sinne der Dinge, über die man sich einigen kann. Als der friedfertige und bescheidene Mann, der er war, hielt er sich mit solcher Kritik zumal in der Öffentlichkeit zurück.

Aber ihm erschienen politische Ideologien elementar und immer als verlogen, und theologische Dogmatik empfand er als eine im Grunde blasphemische Hybris des Erkenntnisanspruchs. Ihm war es mit dem Namen »Gott« zu ernst, als daß er gewagt hätte, ihn anders als in der scheuen, selbstironisierenden Formel vom »lieben Gott« in den Mund zu nehmen.

Der Dualismus aber war von Anfang an nicht sein letztes Wort. Denn seine Erfahrung als schöpferischer Physiker lehrte ihn sehr früh, daß sich gerade in der Physik die Dinge zeigen, die uns etwas bedeuten, zumal in unserem Jahrhundert. Die Selbstinterpretation seiner Entscheidung für die Physik als Beruf enthält die Meinung, zu verschiedenen Zeiten geschähen die großen Schritte in verschiedenen Gebieten, und wenn in der Zeit Mozarts die Musik das damals mögliche Neue zum Ausdruck zu bringen vermochte, sei es heute die Physik. Wie für seine eigene Berufswahl wurde dieses sein Urteil über die heutige Physik durch seinen Rat auch für meine Berufswahl entscheidend; vielleicht darf ich das hier erzählen. Ich entdeckte als Schüler, vor meinem Abitur, daß das, was ich suchte, in unserer kulturellen Tradition Philosophie heißt, und erwog darum, Philosophie zu studieren. Ich schrieb ihm das – er war 26 Jahre alt und ich 16 – und in einem ersten Antwortbrief riet er mir, statt dessen Physik zu studieren, mit dem hübschen Argument: »Es gibt schon so viel schöne Philosophie, aber gute Physik können wir immer noch brauchen.« Das klang nun wie eine leicht ironisierende Abwertung der Philosophie, und eben deshalb imponierte es mir gar nicht. Ich insistierte und zwang ihn zum vollen Ernst. Nun meinte er, gute Philosophie in unserem Jahrhundert könne nur machen, wer den wichtigsten Schritt unseres Jahrhunderts, die Physik verstanden habe; Physik verstehen könne nur, wer sie selbst mache; also solle ich Physik studieren. Auch sei man in der Physik am besten unter dem Alter von dreißig Jahren, in der Philosophie über dem Alter von fünfzig Jahren. Ich habe den Rat befolgt, und habe das nie bereut.

Wie aber können sich in der Physik die Dinge zeigen, die uns etwas bedeuten, die »zentrale Ordnung«, wie er, vor religiöse Fragen gestellt, im Alter sagte? Daß die wissenschaftlichen Sätze solche Bedeutung spiegeln, läßt sich wissenschaftlich nicht mehr beweisen. Das Kriterium unserer Wahrnehmung dafür ist das Schöne. Die Gegenüberstellung »schöner« Philosophie gegen die »gute« Physik ist insofern doch nicht ironisch. Philosophie, die uns etwas bedeuten kann, ist eigentlich Kunst, sie ist darum schön. Gute Physik aber ist das, was ein junger Mann selber zu machen sich vornehmen kann, sie ist überprüfbares redliches Handwerk. So hatte die Ironie nicht die große Philosophie selbst gemeint, sondern meine jugendlich naive Erwartung, zu ihr fähig zu sein. Aber wie kann die handwerklich betriebene Physik selbst schön sein? Das ist die erkenntnistheoretische Schlüsselfrage an Heisenbergs Begriff von Wissenschaft. Ich beantworte sie zunächst mit der Erinnerung daran, wie Heisenberg faktisch Physik betrieb.

Als Lehrer konnte er, was jeder gute Lehrer können muß. Kam ich zu ihm mit einer Rechnung, die ich gemacht hatte, so blätterte er zuerst zur letzten Seite und sah das Resultat an. Oft sagte er dann, nach kurzem Nachdenken: »Das ist falsch.« Dann verfolgte er die Zeilen der Rechnung rückwärts vom falschen Resultat an, bis er den Rechenfehler (oder Denkfehler) entdeckt hatte. Was war das Kriterium? Gewiß viel akkumuliertes Wissen. Aber er reagierte ähnlich auf neue Entwürfe fundamentaler Theorie. »Das kann nicht stimmen. Das ist zu kompliziert. Das ist nicht schön.« In anderen Worten sprach Einstein dasselbe Kriterium aus mit seinem Diktum »Raffiniert ist der Herrgott, aber boshaft ist er nicht.«

Dieses Kriterium hat in die wissenschaftstheoretische Diskussion Eingang gefunden unter dem Titel der Einfachheit. Eine fundamentale Theorie muß einfach sein. In der historischen Folge »abgeschlossener Theorien« schließt jede Theorie sich selbst dadurch ab gegen Fortschritt durch kleine Verbesserungen, daß sie einfach ist. Die ihr folgende abgeschlossene Theorie ist umfassender und einfacher zugleich. Es erweist sich nun aber in der Wissenschaftstheorie als eminent schwierig, den hier benutzten Begriff von Einfachheit scharf zu definieren, so sehr, daß vielfach empfohlen wird, ganz auf ihn zu verzichten. Diese Schwierigkeit hat Heisenberg weder überrascht noch gestört. Als produktiver Physiker hatte er zur Wissenschaftstheorie etwa das Verhältnis, das Schiller in seinem Gedicht »Die Weltweisen« ausspricht:

Doch hat Genie und Herz vollbracht,
Was Lock' und Descartes nie gedacht,
Sogleich wird auch von diesen
Die Möglichkeit bewiesen.

Genie und Herz, das ist für ihn der Blick für die Schönheit einer Theorie. Insofern ist, forschungspsychologisch gesehen, Schönheit vermutlich ein aufschlußreicherer Begriff als Einfachheit. Sie ist in der Praxis der Forschung in der Tat ein Kriterium wissenschaftlicher Wahrheit im »context of discovery«.

Als alter Mann hat Heisenberg versucht, von diesem Begriff des Schönen philosophisch Rechenschaft zu geben in dem Vortrag in unserer Akademie über »die Bedeutung des Schönen in der exakten Naturwissenschaft« *. Er leitet diesen Vortrag mit der Bemerkung ein, der Bereich des Schönen reiche weit über das Wirkungsfeld der Künste hinaus; »die Schönheit der Natur spiegelt sich auch in der Schönheit der Naturwissenschaft« (S. 288). Wer nach diesem Satz Betrachtungen über die traditionell verstandene Naturschönheit erwartet, über die von Heisenberg so geliebte und anderwärts so lebendig geschilderte Schönheit der Landschaft, über schöne Farben, schöne Leiber, der wird überrascht. Heisenberg beginnt mit dem persönlichen Erlebnis einer mathematischen Abhandlung über Zahlentheorie, die er als Schüler las. Die Sache selbst faszinierte ihn; er hat mir später gesagt: »Zahlentheorie ist wie eine Fuge von Bach.« Die philosophischen Fragen, wie solches möglich sei, »glitten ganz in der Ferne vorbei«. »Nur der Eindruck von etwas sehr Schönem war ganz direkt, er bedurfte keiner Begründung oder Erklärung.« (S. 289)

»Aber was war hier schön?« (S. 289) Heisenberg geht nun antiken Definitionen der Schönheit nach, zunächst derjenigen, die »die Schönheit als die richtige Übereinstimmung der Teile miteinander und mit dem Ganzen« bezeichnet. Er zitiert die pythagoreische Entdeckung, »daß gleichgespannte schwingende Saiten dann harmonisch zusammenklingen, wenn ihre Längen in einem einfachen rationalen Zahlenverhältnis stehen. Die mathematische Struktur, nämlich das rationale Zahlenver-

* In W. Heisenberg, »Schritte über Grenzen«. München, Piper, 1971.

hältnis als Quelle der Harmonie – das war sicher eine der folgenschwersten Entdeckungen, die in der Geschichte der Menschheit überhaupt gemacht worden sind.« (S. 291) Heisenberg fügt, wie selbstverständlich, den physikalischen Erklärungsansatz hinzu: »Das menschliche Ohr empfindet die Dissonanz durch die aus den Schwebungen entstehende Unruhe als störend, aber die Ruhe der Harmonie, die Konsonanz, als schön.« Aber nicht auf dem vermittelnden kausalen Moment der Störung durch die Unruhe der Schwebungen liegt für ihn hier das Gewicht, sondern auf dem Ergebnis: »Die mathematische Beziehung war damit auch die Quelle des Schönen.« (S. 291) Und nun steigt Heisenberg zur platonischen Ideenlehre auf, und aus dem Erlebnis dieses Aufstiegs heraus formuliert er: »Das Erfassen der Ideen durch den menschlichen Geist ist, wie schon ihr Name sagt, mehr ein künstlerisches Schauen, ein halbbewußtes Ahnen als ein verstandesmäßiges Erkennen.« Er zitiert den Phaidros: »Die Seele erschrickt, sie erschauert beim Anblick des Schönen, da sie spürt, daß etwas in ihr aufgerufen wird, das ihr nicht von außen durch die Sinne zugetragen worden ist, sondern das in ihr in einem tief unbewußten Bereich schon immer angelegt war.« (S. 293)

Mit solchen platonischen Worten vermag Heisenberg das ihm zutiefst vertraute Erlebnis der großen physikalischen Entdeckung auszusprechen. Für uns, die wir nachträglich über solche Entdeckungen nachdenken, ist es entscheidend, daß hier ein Augenzeuge spricht. Heisenberg spricht nicht Vermutungen aus, die er sich ausgedacht hätte, sondern er hat eine Sprache – eben die platonische – kennengelernt, in der er sagen kann, was ihm geschehen ist. So spricht er von der Entstehung der Relativitätstheorie und der Quantentheorie. »In beiden Fällen ist eine verwirrende Fülle von Einzelheiten nach jahrelangen vergeblichen Bemühungen um Verständnis fast plötzlich geordnet worden, als ein zwar reichlich unanschaulicher, aber doch in seiner Substanz letzthin einfacher Zusammenhang auftauchte, der durch seine Geschlossenheit und abstrakte Schönheit unmittelbar überzeugte – alle jene überzeugte, die eine solche abstrakte Sprache verstehen und sprechen können.« (S. 297)

Zur Erklärung dieser Erfahrung der Physiker knüpft er,

schon anläßlich der klassischen Mechanik, wieder an die antike Definition an: »Die Schönheit ist die richtige Übereinstimmung der Teile untereinander und mit dem Ganzen.« Er fährt fort: »Daß dieses Kriterium auf ein Gebilde wie die Newtonsche Mechanik in höchstem Maße zutrifft, braucht kaum erklärt zu werden. Die Teile, das sind die einzelnen mechanischen Vorgänge; jene, die wir durch Apparate sorgfältig isolieren, ebenso wie jene, die im bunten Spiel der Erscheinungen unentwirrbar vor uns ablaufen. Und das Ganze ist eben das einheitliche Formprinzip, dem sich alle diese Vorgänge fügen und das von Newton in einem einfachen System von Axiomen mathematisch festgelegt worden ist. Einheitlichkeit und Einfachheit sind zwar nicht genau dasselbe. Aber die Tatsache, daß in einer solchen Theorie dem Vielen das Eine gegenübergestellt wird, daß in ihm das Viele vereinigt wird, hat doch wohl von selbst zur Folge, daß sie auch von uns zugleich als einfach und schön empfunden wird.« (S. 296) Heisenberg zitiert hier die lateinischen Sätze »simplex sigillum veri« und »pulchritudo splendor veritatis«: das Einfache ist das Siegel des Wahren und die Schönheit ist der Glanz der Wahrheit.

Wie aber können wir diesen Glanz wahrnehmen? Heisenberg zitiert eine Darlegung seines Freundes, des Physikers Wolfgang Pauli, über den Begriff der Archetypen von C. G. Jung. Jungs Psychologie hat, so Pauli, »die Aufmerksamkeit wieder auf die vorbewußte archaische Stufe der Erkenntnis gelenkt. Auf dieser Stufe sind an Stelle von klaren Begriffen Bilder mit starkem emotionalem Gehalt vorhanden, die nicht gedacht, sondern gleichsam malend geschaut werden. ... Als anordnende Operatoren und Bildner in dieser Welt der symbolischen Bilder funktionieren die Archetypen eben als die gesuchte Brücke zwischen den Sinneswahrnehmungen und den Ideen und sind demnach auch eine notwendige Voraussetzung für die Entstehung einer naturwissenschaftlichen Theorie.« (S. 302) Heisenberg selbst fährt fort: »In dem Moment aber, in dem die richtigen Ideen auftauchen, spielt sich in der Seele dessen, der sie sieht, ein ganz unbeschreiblicher Vorgang von höchster Intensität ab. Es ist das staunende Erschrecken, von dem Plato im ›Phaidros‹ spricht, mit dem die Seele sich gleichsam an etwas zurückerinnert, was sie unbewußt doch immer schon besessen hat. Kepler sagt: ›Geometria est archetypus pulchritudinis mundi‹. ›Die Mathematik‹, so dürfen wir wohl verallgemeinernd übersetzen, ›ist das Urbild der Schönheit der Welt‹.« (S. 304) Unvermittelt endet Heisenberg danach mit der Erinnerung an eine zweite antike Definition der Schönheit, »die von Plotin stammt und in der von den Teilen und vom Ganzen nicht mehr die Rede ist: ›Die Schönheit ist das Durchleuchten des ewigen Glanzes des Einen durch die materielle Erscheinung‹«. (S. 305)

Heisenberg bricht hier nach wenigen Sätzen ab, seiner Scheu folgend, von der letzten Erfahrung zu sprechen.

Wir sind in die sachliche Mitte unserer Betrachtung eingetreten. Der Übergang von Heisenberg zu Heidegger macht sich hier fast selbstverständlich. Der mystische Satz Plotins ist, spekulativ gesehen, erst der eigentliche Platonismus; denn was die Übereinstimmung der Teile und des Ganzen zu einer »richtigen« macht, das ist eben ihre Teilhabe am Schönen selbst. Heisenberg kehrte zu Platon zurück, Heidegger ging von Aristoteles aus. Heidegger schildert, wie ihn als Schüler in Konstanz die Schrift Franz Brentanos »Von der mannigfachen Bedeutung des Seienden nach Aristoteles« zu der Frage nach dem einen Sinn von Sein erweckt hat. Diese Frage aber ist die Angel, in der sich die beiden großen Flügeltüren der attischen Philosophie gegeneinander drehen. Die Frage, die Heidegger wiederentdeckt hat, ist die Frage Platos. Die Antwort, der er nachgeht, ist nicht die platonische.

Blicken wir, um uns zu orientieren, durch Platon noch einmal auf Heisenberg. Die Dialoge Platons sind, wie in unserer Zeit Egil Wyller hervorgehoben hat, literarisch nach dem Schema von Aufstieg und Abstieg gebaut, das im Höhlengleichnis erläutert wird.* Sie bestehen, so Wyller, aus einem Aufstieg, einem Weg auf der Höhe, einem Abstieg. Der Aufstieg ist das, was die Breite der europäischen Kultur von Platon weiß: der zum Himmel weisende Zeigefinger des Lehrers in Raffaels

* Egil A. Wyller, »Platons Parmenides in seinem Zusammenhang mit Symposion und Politeia. Interpretationen zur Platonischen Henologie«. Oslo, H. Aschehoug, 1960; dus.

»Schule von Athen«. In den Dialogen ist der Beginn des Aufstiegs der dramatische, erregende Teil. In immer neuer Einkleidung entdecken die Gesprächspartner in der Fülle der Erscheinungen die wiedererinnerte Idee, und auf den hohen Stufen in der Fülle der Ideen das Eine. Das Eine kann nur exaiphnēs, plötzlich, in einem zeitlosen Augenblick, gesehen werden. Der zeitlose Augenblick ist nicht ein Moment ohne Dauer, er ist ein Blick jenseits der Zeit. In diesem Lichte zu wandern, ist für den Denkenden die höchste Arbeit, die Platon Dialektik nennt. Das Eine ist jenseits der Substanz; es unterliegt nicht der Logik. Die Auslegung des Einen in der Sprache entfaltet es in das Viele, sie vollzieht seinen Abstieg, und hier entsteht die eigentliche Philosophie, die später in Logik und Ontologie, in Physik und Ethik, in Theorie und Praxis gespalten sein wird. In diese Arbeit des Begriffs des späten Platon ist Aristoteles eingetreten, mit einer einzigen, entscheidenden Differenz. Für ihn müssen auch das Eine und das Sein der Logik unterliegen. Hieraus ergibt sich seine Abwendung von der klassischen Ideenlehre, hieraus die Notwendigkeit, das Sein in mannigfacher Bedeutung zu denken, hieraus die systematische Trennung von Theorie und Praxis, hieraus der seiende Gott. Damit aber kann seine Philosophie nicht mehr Abstieg sein; sie ist ein erneuter Aufstieg zur analogen Vielfalt der Prinzipien im Medium des Begriffs.

Heisenberg nun verharrt mit seinem Bild Platons in der Phase des Aufstiegs. Platons Philosophie ist für ihn schließlich *die* Philosophie, weil sie schön ist, weil sie uns als ein Werk der Kunst zum Unsagbaren hinführt. Das Erfassen der Idee ist für ihn »mehr ein künstlerisches Schauen, ein halbbewußtes Ahnen«. »In den Abgrund kann man einmal schauen«, sagte Heisenberg mir einmal, »in ihm leben kann man nicht.« Heisenberg nahm die Sprache des platonischen Aufstiegs an, weil sie das Geheimnis der Einheit der zwei Welten, in denen er lebte, der wissenschaftlichen und der musikalischen, wenigstens anzudeuten erlaubte. Platons Dialektik blieb ihm immer fremd. Über Platons »Phaidros«, aus dem er in der Rede über das Schöne zitiert hat, sagte er mir einmal: »Ich verstehe gar nicht, warum Plato nach der herrlichen Rede des Sokrates über die unsterbliche Seele und den flügeltreibenden Gott der Liebe nicht aufgehört, sondern eine schulmeisterliche zweite Hälfte über Reden und Schreiben an den Dialog angehängt hat.«

Kommen wir zu Heidegger, so begegnet uns ein ganz anderer, ein größerer Anspruch. Der Zufall will, daß auch Heidegger mir im Gespräch einmal eine Bemerkung über die zwei Hälften des »Phaidros« gemacht hat. Ich habe sie nicht wörtlich, aber der Substanz nach, so in Erinnerung: »Die Reden der ersten Hälfte sind eben rhetorische Prunkstücke, Darstellungen fürs Volk. Aber die zweite Hälfte, das ist die höchste Stufe der Selbsterkenntnis, die die griechische Philosophie erreicht hat.« In dieser zweiten Hälfte ist die Rede davon, wie man das Wahre sagen und ob man es durch Schrift vermitteln kann. Hier wird ein Kernproblem von Heideggers eigenem Denken berührt. Heidegger hat erkannt, daß die Sprache aller europäischen Wissenschaft und Philosophie die Sprache ist, die von der griechischen Philosophie gefunden wurde. Er übernimmt aber diese Sprache nicht einfach, sondern er weiß sich gefordert, sie von innen her aufzuarbeiten; er übernimmt die Aufgabe der Schöpfer jener Sprache als seine eigene Aufgabe von neuen.

Heidegger denkt, wie Hegel, Marx und Nietzsche vor ihm, die Weltgeschichte. Er weiß, daß die Weise, wie die Menschen in der Geschichte handeln, von dem bestimmt ist, was sie wahrzunehmen vermögen. Was ist Wahrnehmung, wie nimmt sie das Wahre? Heidegger weiß, daß die Geschichte der abendländischen Kultur von der Weise bestimmt ist, wie sich ihr Wahrheit gezeigt und verborgen hat, und er versteht diese Weise als die Entfaltung der Art, in der sich den frühen griechischen Denkern das Seiende gelichtet, das Sein gezeigt und entzogen hat. Bewußt übernimmt er noch einmal, in einer neuen Weltlage, die volle Aufgabe, vor der einst die griechischen Philosophen standen. Er findet sich wieder an dem Ort, an dem einst Aristoteles dem Lehrer Platon in der Auffassung des Einen, des Seins die Gefolgschaft aufgekündigt hat. Er fragt hinter das zurück, was beide gesehen haben. Er fragt nach dem, was die griechische Philosophie in ihrem ersten Fischzug eben ans Licht zu bringen begann, und was ihr, unvermeidlich infolge der Art, in der sie allein zu fragen vermochte, wieder in die Tiefe entsank. Das nennt er die Seinsfrage, und nur im Zusammenhang mit dieser Frage können wir verstehen, wovon er redet, wenn er über Kunst spricht.

Man kann als Referent einen solchen Anspruch eines Denkers nicht darstellen, ohne verborgen oder ausdrücklich dazu Stellung zu beziehen. Ich wähle die Ausdrücklichkeit. Wie ich mich zu meiner Liebe zu Heisenberg und zu seiner Erfahrung der Schönheit des Wahren in der Physik bekenne, so bekenne ich mich zur vollen Legitimität der Fragestellung Heideggers. Wäre es nicht so, ich würde heute nicht hier sprechen. Mit einem Bekenntnis ist da aber wenig geleistet. Ich muß wenigstens andeuten, wie ich für diese Legitimität argumentiere, freilich auch nur andeuten, denn unser heutiges Thema ist nicht Heideggers Philosophie überhaupt, sondern seine Aussage über die Kunst.

Es gibt einen billigeren und einen teuren Weg, Heideggers Anspruch zu rechtfertigen. Der billigere Weg zeigt uns, daß Philosophie nie etwas anderes getan hat, als die Grundfragen stets von neuem zu stellen. Die positive Wissenschaft, normal science in der heute vielbenutzten Sprache Kuhns, kennt den gleichmäßigen Fortschritt, der gerade dadurch ermöglicht wird, daß sie die irritierend ungelösten Grundfragen nicht stellt. Das ist es, worauf Heidegger hinwies, wenn er sagte: »Die Wissenschaft denkt nicht.« Heidegger weiß genau, daß es nicht eine Torheit, sondern eine Erfolgsbedingung für die Wissenschaft ist, daß sie, in diesem seinem Sinne, nicht denkt. Bei den ihres Verfahrens bewußteren, bedeutenden Vertretern der Wissenschaft ist dies ein Verzicht, zu dem Kraft gehört, der Verzicht auf das fruchtlose Grübeln und Herumreden jener, die zum philosophischen Denken nicht die Stärke, zum positiven Forschen nicht die Geduld haben. Diese Verzichtenden wissen, daß die Grenzscheide zwischen Wissenschaft und Philosophie eben die Grenzscheide zwischen dem ist, was der Mensch in kollektiver Anstrengung planmäßig hervorbringen kann, und dem, was für den Menschen eigentlich zu schwer ist. Philosophie ist für uns Menschen eigentlich zu schwer, und als Anstrengung um das durch unsere Kraft nicht mehr zu Leistende, gerade als die für den denkenden Menschen konstitutive Überforderung, ist sie unerläßlich. Das zeigt sich schon in den sogenannten wissenschaftlichen Revolutionen, den Paradigmenwechseln der Wissenschaft. Sie werden nur möglich, indem man die Grundfragen stellt. Die Wissenschaft gerät hier periodisch in Kontakt mit der ewigen Präsenz der Grundfragen in der Philosophie.

Der teure Weg läßt sich inhaltlich auf Heideggers Gedanken ein. Man könnte ja gegen Heidegger einwenden: »So wie es raschen Fortschritt in der positiven Wissenschaft gibt, gibt es doch gewiß auch, wenngleich langsameren, Fortschritt in der Philosophie. Warum nicht moderne Wissenschaftstheorie, moderne politische Philosophie, moderne Ästhetik? Wozu der traditionalistische Rückgang auf die Griechen?« In diesem Einwand verbirgt sich, so glaube ich, der Grund der Belanglosigkeit so vielen zeitgenössischen Philosophierens; er ist die Selbsttröstung einer Blindheit. Was sagt Heidegger dazu? Die fortschreitende Entbergung des Seienden in der realen abendländischen Geschichte, das Bekanntwerden der Realität und ihrer Strukturen, in Wissenschaft, Technik, Wirtschaft, Politik, wird von Heidegger nicht bestritten, sondern gerade hervorgehoben. Aber dieser Fortschritt ist nach seiner Sichtweise wesentlich verbunden mit einer ständig zunehmenden Seinsvergessenheit. Er ist ein Sehendwerden für bestimmtes Seiendes, das einer Blindheit fürs Sein, einer Selbstblendung bedarf.

Natürlich sind die meisten unserer Zeitgenossen, wenn sie so etwas hören, über diese ihnen angedichtete Blindheit so verblüfft und ungehalten, wie es schon im selben Fall die aristokratischen und demokratischen Zeitgenossen von Sokrates und Platon waren. Das Höhlengleichnis, auf uns selbst angewandt, ist unbeliebt. Ich erlaube mir daher eine erste Erläuterung in einer noch oberflächlichen Schicht. Als ich soeben von den Funktionsbedingungen akkumulativer gemeinsamer Forschung sprach, habe ich schon ein Beispiel für diese gegenseitige Bedingtheit des Sehenlernens im Detail und des Verzichts, ja der Blindheit in den Grundfragen gegeben. Wer selbst Paradigmenwechsel in der Wissenschaft miterlebt hat, kennt die progressive Verdummung einer Zunft durch den Erfolg, ihre Erweckung zur Wachheit durch eine Krise. Heideggers Frage aber dringt tiefer. Für ihn ist – um weiterhin das schon platonische und nun wieder nach-heideggersche Wort »Paradigma« zu verwenden – die ganze Wissenschaft, die durch Logik, Substanz und Funktion charakterisierte Denkweise, ein Paradigma. Er hat diesem Paradigma, seiner griechischen Herkunft gemäß, den Namen »Metaphysik« gegeben, und in ihm sieht er das Schicksal unserer bisherigen abendländischen Kultur. Er fragt hinter die Metaphysik zurück.

Der Gegner, den Heidegger hiermit herausfordert, ist der Fortschrittsglaube der europäischen Aufklärung. Hier sei mir ein persönliches Wort erlaubt. Die »Dialektik der Aufklärung« hat sich mir als »Ambivalenz des Fortschritts« dargestellt. »Ambivalenz« ist eine moralische Kategorie, und einen tiefen Grund der Ambivalenz des Fortschritts sehe ich in der Ambivalenz der Moral. Um dies zu erläutern, sei an das neuzeitliche Begriffspaar der Objektivität und der Subjektivität erinnert. Objektivität ist der Leitbegriff unserer Wissenschaft, methodologisch heute vielleicht am pointiertesten gefaßt in Poppers Begriff der Falsifizierbarkeit. Wer eine Behauptung aufstellt und nicht fähig ist, anzugeben, was der Fall sein müßte, damit er seine Behauptung als widerlegt anerkennen würde, der hat, unter Kriterien wissenschaftlicher Objektivität beurteilt, nichts behauptet. Dieser Begriff der Objektivität ist ermöglicht durch den zweiwertigen Wahrheitsbegriff der Urteilslogik. Ein Urteil ist, was wahr oder falsch sein kann, was also im Idealfall Bedingungen seiner Falsifikation zu definieren gestattet. Diese Objektivität ist eine Leistung kommunizierender Subjekte. Insofern formuliert der Begriff der Subjektivität, des Subjektseins, philosophisch eine Vorbedingung der Objektivität. Subjekt ist, spätestens seit Kant, der philosophische Grundbegriff der Neuzeit. Menschliche Subjekte sind aber nie nur erkennende, sondern auch handelnde Wesen. Sie stehen in der Dualität von Theorie und Praxis. Moral nun ist ein Regelsystem für das Handeln, ein Regelsystem, das Wahrheit im Sinne der Geltung beansprucht. Moralische Prinzipien gelten faktisch unerklärt. Hieran hat sich die fortschreitende Verständigkeit der Kultur immer gestoßen. Seit der griechischen Sophistik bis zu unserer Gegenwart hat man versucht, den Wahrheitsanspruch der Moral auf weichere Begriffe wie Nützlichkeit, Werte und dergleichen zurückzuführen. Die historisch nur zeitweilig erfolgreiche Gegenbewegung der Religion war die Berufung auf einen unerklärten göttlichen Befehl. Die große Aufklärungsphilosophie, am vollkommensten Kant, statuierte die einsichtige Vernünftigkeit der Moral selbst. Für Kant ist der Subjektbegriff letztlich durch die praktische Vernunft konstituiert.

Ich kann im heutigen Vortrag nicht das philosophische Problem der Moral erörtern. Ich verweise nur darauf, daß die Strittigkeit der Erklärungen der Moral ihr eine faktische Ambivalenz geben, die sich überall in der politischen, wirtschaftlichen, sozialen Geschichte der Neuzeit fühlbar macht. Ich bin überzeugt, daß hinter dieser faktischen Ambivalenz eine grundsätzliche Ambivalenz steht, ein Ungenügen der Charakterisierung des Menschen als wollendes und wissendes Subjekt. Hier kehren wir zu Heidegger zurück. Das Ungenügen der Charakterisierung des Menschen durch Theorie und Praxis konnte man, neben vielem anderen, aus »Sein und Zeit« lernen. Das Dasein, also der Mensch, als dasjenige Seiende, dem es in seinem Sein um die Möglichkeit dieses Seins selbst geht, verdankt diese Möglichkeit nicht seinen Urteilen und Handlungsnormen. Heidegger hat die Herkunft der Selbstinterpretation des Menschen als Subjekt und des Seienden als Gegenstand bis in die griechische Philosophie zurückverfolgt. Ich folge diesem Weg nun nicht mehr, sondern wende mich, endlich, zu seiner Auffassung der Kunst.

Wir folgen, in sehr verkürzter Weise, einem einzigen Text, Heideggers großem Aufsatz »Der Ursprung des Kunstwerkes«, den er zuerst in den »Holzwegen« 1950 veröffentlicht hat. Der Aufsatz stammt aber im wesentlichen aus den Jahren 1935/36. Er ist also nur ein knappes Jahrzehnt jünger als »Sein und Zeit« und gehört in ein Lebensalter nahe dem platonischen philosophischen Alter der fünfzig Jahre. Er enthält in Ansätzen, z. T. bis ins sprachliche Detail hinein, wohl alle Charakteristika dessen, was Heidegger in den ihm danach verbliebenen vier weiteren Lebensjahrzehnten zu Papier gebracht hat. Es scheint nicht zufällig, daß Heidegger ihn an die Spitze seines ersten großen philosophischen Buchs nach dem Kriege gestellt hat. Der Neudruck in der Gesamtausgabe der Schriften Heideggers, 1977 erschienen, enthält späte, sehr aufschlußreiche Randnotizen von Heideggers Hand.

»Die Frage nach dem Ursprung des Kunstwerkes wird zur

Frage nach dem Wesen der Kunst.« (S. 7 der Erstausgabe) »Was die Kunst sei, soll sich aus dem Werk entnehmen lassen. Was das Werk sei, können wir nur aus dem Wesen der Kunst erfahren. ... So müssen wir den Kreisgang vollziehen.« (S. 8) Wir halten für einen Augenblick methodischer Besinnung den Atem an. Wir befinden uns bereits in der Kreisbewegung des Heideggerschen Denkens. Mit dem bewußten Kreisgang ist Heidegger, jedenfalls der Intention nach, aus dem Paradigma der Theorie herausgetreten, welche dem Aufstieg zu den Prinzipien die logische Deduktion aus den Prinzipien folgen läßt. Dieses Paradigma ist seinerseits eine an der Mathematik orientierte Verengung der Bewegung des platonischen Denkens. Heideggers Denken ist der Intention nach nicht deduktiv und ebensowenig analytisch oder reflexiv, sondern eher meditativ; es zielt auf eine Vergegenwärtigung der Phänomene – wenn man es noch in der Sprache seiner philosophischen Herkunft sagen kann.

Heidegger sucht uns nun zu vergegenwärtigen, was ein Kunstwerk ist. Es ist ein Werk, und als solches ein Ding. Obwohl das auch vom sprachlichen und vom musikalischen Werk gesagt werden kann, gibt dieser Weg der Fragestellung den Werken der bildenden Kunst einen paradigmatischen Charakter, den sie durch den Text hindurch behalten. Was aber ist ein Ding?

Heidegger destruiert zunächst – um diesen Terminus seiner frühen Marburger Jahre zu benützen – drei klassische philosophische Auffassungen des Dingbegriffs. Er führt damit den Leser unmerklich rasch durch seine Revision der Geschichte der Ontologie. Die erste Auffassung ist die des Dings als Träger seiner Merkmale, als Substanz zu den Akzidentien. Heidegger verweist darauf, wie der abstrakte Formalismus dieser Auffassung einer Übersetzung griechischer Wörter in lateinische mit in Wahrheit anderem Sinn entspringt. »...vor allen Bedenken sagt uns schon der wahre Aufenthalt im Umkreis von Dingen, daß dieser Dingbegriff das Dinghafte der Dinge, jenes Eigenwüchsige und Insichruhende nicht trifft.« (S. 14) Die zweite Auffassung ist die sensualistische, das Ding als Inbegriff sinnlicher Empfindungen. Zur Widerlegung genügt Heidegger der phänomenologische Hinweis, daß wir nicht Empfindungen wahrnehmen und sie dinglich interpretieren, sondern daß die Empfindung uns eben das Ding gibt: »wir hören den Sturm im Schornstein pfeifen, wir hören das dreimotorige Flugzeug, wir hören den Mercedes im unmittelbaren Unterschied zum Adler-Wagen.« (S. 15)

Wir wenden uns mit Heidegger zur dritten, historisch folgenreichsten Auffassung, der Deutung des Dings als geformter Stoff. (S. 16) »Die Unterscheidung von Stoff und Form ist, und zwar in den verschiedensten Spielarten, *das Begriffsschema schlechthin für alle Kunsttheorie und Ästhetik* *.« (S. 16) Die Herkunft der Unterscheidung von Stoff und Form aber findet Heidegger im Gesichtskreis der Dienlichkeit. »Darnach sind Stoff und Form als Bestimmungen des Seienden im Wesen des Zeuges beheimatet.« (S. 18) Der Schuh dient zum Gehen, er ist aus Leder, Leder ist sein Stoff, Schuh seine dienliche Form. Derart Dienliches bezeichnet Heidegger seit »Sein und Zeit« terminologisch als Zeug, so wie wenn wir von Werk-zeug, Flug-zeug etc. reden. Die Herrschaft des Denkschemas von Stoff und Form in der abendländischen Philosophie führt Heidegger auf zwei Ursprünge zurück. Der erste ist die Orientierung des Dingverständnisses der griechischen, zumal attischen Philosophie, am zielstrebigen Machen. Sokrates erläutert das Wissen als handwerkliches Wissen; Kallikles sagt zu ihm in Platons »Gorgias«: »Bei den Göttern, du hörst auch gar nicht auf, immer von Schustern und Gerbern und Köchen und Ärzten zu reden, als wenn davon die Rede wäre unter uns.« (Gorgias 491 a) Auch was nicht durch Menschenwerk, sondern von Natur (physei) ist, wird nach Heidegger in der attischen Philosophie negativ durch das Herstellen erklärt, nämlich als das Nicht-Hergestellte. Hierzu kommt als zweiter Ursprung die christliche Schöpfungslehre, in deren scholastischer Interpretation »das Ganze des Seienden als Geschaffenes, und d. h. hier Angefertigtes, vorgestellt wird« (S. 19).

Alle diese Deutungen des Dings bringen zum Ding etwas ihm Fremdes hinzu. Sie lassen das Ding nicht »in seinem Dingsein auf sich beruhen« (S. 20). Wir aber »sollen uns dem Seienden zukehren, an ihm selbst auf dessen Sein denken, aber es da-

* Von Heidegger kursiv gesetzt.

durch zugleich in seinem Wesen auf sich beruhen lassen« (S. 20). Das ist »das Schwerste« (S. 20). Hier zeigt sich das so: »Das unscheinbare Ding entzieht sich dem Denken am hartnäckigsten. ... Muß dann jenes Befremdende und Verschlossene im Wesen des Dinges nicht für ein Denken, das versucht, das Ding zu denken, das Vertraute werden?« (S. 21)

Heidegger folgt nun positiv dem Wink der Geschichte des abendländischen Denkens, in dem Stoff und Form, als dem Wesen des Zeuges entstammende Begriffe, leitend wurden. »Wir folgen diesem Wink und suchen zunächst das Zeughafte des Zeuges. Vielleicht geht uns von da etwas über das Dinghafte des Dinges und das Werkhafte des Werkes auf.« (S. 21) »Wir wählen als Beispiel ein gewöhnliches Zeug: ein Paar Bauernschuhe.« Zur »Veranschaulichung... genügt eine bildhafte Darstellung. Wir wählen dazu ein bekanntes Gemälde von van Gogh, der solches Schuhzeug mehrmals gemalt hat.« (S. 22) Der Leser merkt natürlich, daß der Philosoph damit das Kunstwerk einführt, zuerst nicht als Thema, sondern um uns zu zeigen, was Zeug ist. Was sehen wir auf dem Gemälde? Hier muß ich einen etwas längeren Passus zitieren, der kennzeichnend, ja zentral ist für Heideggers Phänomenologie der Kunst.

»Nach dem Gemälde von van Gogh können wir nicht einmal feststellen, wo diese Schuhe stehen. Um dieses Paar Bauernschuhe herum ist nichts, wozu und wohin sie gehören könnten, nur ein unbestimmter Raum. Nicht einmal Erdklumpen von der Ackerscholle oder vom Feldweg kleben daran, was doch wenigstens auf ihre Verwendung hinweisen könnte. Ein Paar Bauernschuhe und nichts weiter. Und dennoch.

Aus der dunklen Öffnung des ausgetretenen Inwendigen des Schuhzeuges starrt die Mühsal der Arbeitsschritte. In der derbgediegenen Schwere des Schuhzeuges ist aufgestaut die Zähigkeit des langsamen Ganges durch die weithin gestreckten und immer gleichen Furchen des Ackers, über dem ein rauher Wind steht. Auf dem Leder liegt das Feuchte und Satte des Bodens. Unter den Sohlen schiebt sich hin die Einsamkeit des Feldweges durch den sinkenden Abend. In dem Schuhzeug schwingt der verschwiegene Zuruf der Erde, ihr stilles Verschenken des reifenden Korns und ihr unerklärtes Sichversagen in der öden Brache des winterlichen Feldes. Durch dieses

Zeug zieht das klaglose Bangen um die Sicherheit des Brotes, die wortlose Freude des Wiederüberstehens der Not, das Beben in der Ankunft der Geburt und das Zittern in der Umdrohung des Todes. Zur *Erde* * gehört dieses Zeug und in der *Welt* * der Bäuerin ist es behütet.« (S. 22/23)

Bis hierher habe ich so ausführlich zitiert, um Heideggers Gedankengang und Wortwahl selbst sprechen zu lassen. Die begrenzte Zeit, die wir heute abend miteinander haben, verbietet mir, in diesem langsamen Schritt, der der beste wäre, weiterzugehen. Auch ist Heideggers Werk gedruckt, Sie können es nachlesen. Ich kehre in einem Schlußabschnitt zum Zweitbesten zurück, zu dem knappen Versuch, den philosophischen Ort von Heideggers Auslegung der Kunst in den Schranken zu bezeichnen, in denen er mir zu Gesicht gekommen ist.

Ich wähle den billigsten Einstieg, den polemischen, metakritischen. Manche Kritiker finden in Texten Heideggers wie dem eben verlesenen eine konservative Blut- und Boden-Lyrik. Diese Kennzeichnung trifft allenfalls etwas von dem Lebensgefühl des kleinen, dunklen oberschwäbischen Ackerbürgersohns Martin Heidegger, der hätte Priester werden sollen und ein großer Philosoph wurde. Gedanklich aber ist er radikaler als alle seine Kritiker und als alle, die sich auf ihn berufen. Konservativ im eigentlichen Sinne, nämlich bewahrend, ist die meditative Methode seiner Betrachtung, das Seiende sein zu lassen, was es ist. Diese Bauernschuhe stehen in der Tat auf *der* Erde, in *der* Welt, von denen er spricht; was ihm zu den Bauernschuhen einfällt, ist dem Betrachter, der das Kunstwerk versteht, in der Tat mitgezeigt. Dieses Bewahren, dieses Retten der Phänomene, aber ist ein radikaler Verzicht auf die in unserer Tradition gängigen Begriffe, wenigstens in ihrem Anspruch, Grundbegriffe zu sein. Der Verzicht wird auch nicht nach einem Durchgang durchs Ungewohnte wieder aufgegeben; wenigstens der Intention nach ist er für die Dauer. Er soll freilich die Geschichte des abendländischen Denkens nicht verleugnen, er soll sie verständlich machen, und er soll unser Denken für ein Kommendes, unserer Anstrengung Unerreichbares öffnen.

* Von Heidegger kursiv gesetzt.

»Zur *Erde* gehört dieses Zeug und in der *Welt* der Bäuerin ist es behütet.« Erde und Welt sind in diesem Satz als neue Grundwörter eingeführt. Entfaltet wird ihre Bedeutung am zweiten Beispiel eines Kunstwerks, dem in einem Felsental stehenden griechischen Tempel. Die Erde, auf der die Bäuerin geht, auf der der Tempel ruht, ist »jenes, worauf und worin der Mensch sein Wohnen gründet« (S. 31). »Wohnen« ist eines der Leitwörter des späten Heidegger, es ist eine Weise, vom Ganzen des menschlichen Hierseins zu reden. Dies teilt der Mensch mit allem, was aus der Erde aufgeht, dem Baum und dem Gras, dem Adler und dem Stier, der Schlange und der Grille. (S. 31) »Dieses Herauskommen und Aufgehen selbst und im Ganzen nannten die Griechen frühzeitig die φύσις (physis).« (S. 31) Im Aufgehen west die Erde als das Bergende. Die Welt hingegen ist die Welt des Menschen, die bäuerliche Welt der Bäuerin, die »Welt dieses geschichtlichen Volkes« (S. 31), die der Tempel ins Licht stellt. »Welt ist das immer Ungegenständliche, dem wir unterstehen, solange die Bahnen von Geburt und Tod, Segen und Fluch uns in das Sein entrückt halten.« (S. 33) Erde und Welt bezeichnen für Heidegger jenes Ganze, worin es erst so etwas wie Ding, wie Zeug, wie Kunstwerk geben kann.

Ich wende mich wieder zu Kritik und Metakritik. Erde und Welt sind hier vom Menschen her gesehen. Der Mensch gründet sein Wohnen auf der Erde, er sieht das Aufgehende, mit dem er das Aufgehen teilt; der Mensch weiß seine Welt als das, dem er untersteht. Gegen die Naivität der objektiven Naturwissenschaft ist hier zunächst die Erkenntnis der neuzeitlichen Subjektivitätsphilosophie festgehalten, daß alles, was wir wissen, eben das ist, was *wir* wissen. Aber löst Heidegger seinen Anspruch ein, die Subjektivitätsphilosophie selbst noch zu überwinden? Malt er in seinen Bildern etwas anderes als das Selbstverständnis einer, der abendländischen Kultur, und dies noch in subjektivem, heideggerischem Lichte?

Die Intention Heideggers wird von dieser Kritik sicher nicht getroffen. Ich zitiere eine Anekdote, in der die Fronten von Naturforscher und Philosoph vertauscht erscheinen. Heidegger zitierte mir gegenüber einmal eine bekannte Äußerung Heisenbergs, der Mensch begegne in der modernen Welt letztlich auch in der Natur nur noch sich selbst. Die technische Weltverwandlung war damit ebenso gemeint wie die quantentheoretische Definition der Begriffe durch ihre Meßbarkeit, der begriffliche Operationalismus. Heidegger sah mich listig an, und ich sagte: »Das stimmt aber nicht.« Heidegger antwortete: »Nein, das stimmt nicht. Das ist falsch.« Nun ist Heidegger damit Heisenbergs Intention nicht voll gerecht geworden. Heisenberg wollte von ebenjenem Phänomen reden, das Heidegger als das Ge-Stell bezeichnet hat. Aber für Heideggers Denkweise bleibt Heisenbergs Formel eine irreführende Metapher. Denn auch das Ge-Stell ist für Heidegger eine Weise der Wahrheit, gerade auch noch in seiner Weise der Un-Wahrheit, denn Lichten und Verbergen gehören für Heidegger wesentlich zusammen. Und die Wahrheit weist dem Menschen seinen Ort an.

Das Schlüsselwort »Wahrheit« ist gefallen, und Wahrheit ist gemäß Heideggers Aufsatz der Ursprung des Kunstwerks. Wir sollten dies heute in Kenntnis einer späten Randnotiz Heideggers zu diesem Aufsatz lesen: »Der Versuch (1935/37) unzureichend zufolge des ungemäßen Gebrauchs des Namens ›Wahrheit‹ für die noch zurückgehaltene Lichtung und das Gelichtete.« (Gesamtausgabe I 5, S. 1) D. h. »Lichtung« als Grundwort hat Heidegger damals schon besessen, aber im veröffentlichten Werk noch zurückgehalten. Unser Text ist aber durchzogen vom unerklärten Gebrauch der Wörter »lichten« und »Lichtung«, so z. B. wenn er beim Tempel vom Glanz des in ihm anwesenden Gottes spricht und fortfährt: »Im Abglanz dieses Glanzes glänzt, d. h. lichtet sich jenes, was wir die Welt nannten.« (S. 33)

Diese Rede von der Wahrheit ist nur vor dem Hintergrund der jahrzehntelangen Arbeit Heideggers am Wahrheitsbegriff zu verstehen, und ich resigniere gegenüber dem Versuch, sie heute noch darzustellen. Nur wenige Anmerkungen. »Wahrheit« ist historisch der Zentralbegriff des Paradigmas der Theorie. Urteile sind das, was wahr oder falsch sein kann. In unserer Kultur zeigt sich die historische Herrschaft der Theorie über das Selbstverständnis der Praxis und beider über das Selbstverständnis der Religion und der Kunst in der Orientierung aller Wertungen am binären Wahrheitsbegriff des Urteils, dem Ja-Nein-Schema. Diesen binären Wahrheitsbegriff versuchte Heidegger in seiner Frühzeit zu überwinden durch die Erklärung der Wahrheit als Unverborgenheit, in der Spätzeit durch ihre Einfügung in das, was er dann die Lichtung und das Ereignis nannte. In unserem Aufsatz nun steht schon der Satz: »Was ist die Wahrheit selbst, daß sie sich zuzeiten als Kunst ereignet?« (S. 28) Und in ihm klingt die platonische Erklärung des Schönen wieder an: »Dergestalt ist das sichverbergende Sein gelichtet. Das so geartete Licht fügt sein Scheinen ins Werk. Das ins Werk gefügte Scheinen ist das Schöne. *Schönheit ist eine Weise, wie Wahrheit als Unverborgenheit west**.« (S. 44) Wir erinnern uns hier an seine Auslegung des Satzes von Mörike: »Was aber schön ist, selig *scheint* es in ihm selbst.«**

Das Gegenüber von Erde und Welt, des Bergenden und des Sichöffnenden, nun dient in diesem Aufsatz dazu, dieses Sich-Ereignen der Wahrheit als Kunst sehen zu lassen. »Das Gegeneinander von Welt und Erde ist ein Streit. ... Im wesenhaften Streit... heben die Streitenden, das eine je das andere, in die Selbstbehauptung ihres Wesens.« (S. 37/38) Dieser Streit ereignet sich im Kunstwerk. »Indem das Werk eine Welt aufstellt und die Erde herstellt, ist es eine Anstiftung dieses Streites. ... In der Innigkeit des Streites hat daher die Ruhe des in sich ruhenden Werkes ihr Wesen.« (S. 38) Dieser Streit gehört zum Wesen der Wahrheit, zum Unverborgenen gehört das Verbergen. Heidegger wagt den Satz: »Die Wahrheit ist in ihrem Wesen Un-Wahrheit.« (S. 43) »Das Wesen der Wahrheit ist in sich selbst der Urstreit, in dem jene offene Mitte erstritten wird, in die das Seiende hereinsteht und aus der es sich in sich selbst zurückstellt.« (S. 43)

Diese letzten Sätze, noch aus der Mitte des Aufsatzes, mögen für viele von uns Rätselsprüche geblieben sein. Es ist sinnvoll, einen Anlauf zum Philosophieren mit Rätselsprüchen zu schließen, denn sie sagen, daß es weitergeht. Ich mache zu ihnen nur eine einordnende Bemerkung. Heidegger spielt in diesen Sätzen ständig mit den Wörtern des Stehens und Stellens. Die Bauernschuhe und der Tempel stehen. Das Werk steht, und so stellt es »als Werk eine Welt auf. Das Werk hält das

* Von Heidegger kursiv gesetzt.
** Vgl. »Der Garten des Menschlichen« (1977), S. 143.

Offene der Welt offen« (S. 34). Und das Werk stellt die Erde her. Es macht sie nicht, es stellt sie her zu uns, indem es sich in sie zurückstellt. »Das Werk läßt die Erde eine Erde sein.« (S. 35) In diesem Text tritt schon das Wort Gestell auf. Es weist darauf voraus, daß Heideggers spätere Auslegung der wissenschaftlich-technischen Welt als »Ge-Stell« in dieser Welt eben eine schicksalhafte Gestalt des Urstreits, d. h. der Wahrheit sieht. Seine Kritik dieser Welt ist nicht rückwärtsschauende Romantik, sie will den ihr innewohnenden Streit ins Licht stellen.

Hier brechen wir ab. Wir sind mitten in der Bewegung des Heideggerschen Denkens. Aber auch wenn wir sie bis zu Ende verfolgten, wären wir noch nicht an dem Ort, an dem wir das deuten könnten, was Heisenberg gesehen hat. Der Dialog zwischen beiden Denkern, im Leben bei gegenseitigem Respekt doch nie wirklich geführt, dieser Dialog, zu dem Clemens Podewils mich durch seine Bitte verlockt hat, ist eigentlich noch nicht eröffnet. Vollendet ist er sowenig wie der Dialog zwischen Platon und Aristoteles, oder wie das Schicksal unserer Menschheit, um das es in ihm ja geht. Es sei erlaubt, nicht mit dem Pathos der Schwere zu schließen, sondern mit dem der Leichtigkeit, mit dem Sokrates in den platonischen Dialogen das Gespräch zu beenden pflegte: »Ihr seht, Freunde, wir haben die gesuchte Wahrheit nicht gefunden. Morgen reden wir weiter.«

Friederike von Griechenland *

»Dies ist die Zeit der Könige nicht mehr« (Hölderlin, Empedokles). Friederike von Griechenland gehörte zu den letzten Inhabern eines königlichen Amts, die dieses Amt nicht als bloße Repräsentation eines wesentlich republikanischen Staats und ganz gewiß nicht als privaten Anspruch verstanden, sondern, im alten Sinne, als die Verpflichtung zu politischem Gestalten. Heute ist eine solche Gesinnung noch in dem spanischen Königspaar lebendig, dem eine historische Stunde diese Pflicht aufgenötigt hat. Friederike von Griechenland ist nach langer Arbeit gescheitert. Wie jeder politische Mensch, der etwas Entschiedenes will, hat sie sich Feinde gemacht. Sie hat, so sagen ihre Kritiker, Fehler begangen, die tief in unabänderlichen Zügen ihres Wesens wurzelten. Aber sie ist letztlich wohl nicht an diesen Fehlern gescheitert, sondern am Geist einer Zeit, die an die Pflicht der Könige nicht mehr glaubt, in einem Lande, das die ihm von den europäischen Mächten im 19. Jahrhundert aufgenötigten Dynastien nördlicher Herkunft stets nur mit halbem Herzen anerkannt hat. Diese Erinnerungen gelten nicht der Monarchin, sondern der außerordentlichen Frau.

Werner Heisenberg sagte mir im Oktober 1960, den ich an seinem Institut in München verbrachte, eines Tages: »Nächstens kommt die Königin von Griechenland ins Institut. Sie möchte mit einem kleinen Kreis von Mitarbeitern über die Philosophie der modernen Physik reden. Magst du dazu kommen?« Es bedurfte einer kleinen Überredung, denn ich habe instinktiv den Kontakt mit Fürstlichkeiten immer eher vermieden; zu meinem Glück überredete er mich. Eine charakteristische absurde Arabeske umrankte den Besuch. Sie war mit ihrem Mann, dem König Paul, und ihren Kindern in München. Der König wollte mit ihr das Institut besuchen. Am Tag vorher kam aus Griechenland die Meldung, ein Sohn Heisenbergs sei bei der Ausreise nach einem Ferienaufenthalt an der Grenze

* Nachruf in der Frankfurter Allgemeinen Zeitung, Februar 1981, unter dem Titel »Eine außerordentliche Frau«.

verhaftet worden, da er Kunstwerke habe hinausschmuggeln wollen. Seine völlige Unschuld erwies sich sehr rasch. Aber die Sache war in Griechenland in die Zeitungen gekommen, und der König sagte den Besuch im Institut mit Bedauern ab: er könne ihn sich in dieser Situation politisch nicht leisten. Die Königin aber wollte auf diese Gelegenheit nicht verzichten. Sie kam allein, und ein wenig inkognito.

Das philosophische Gespräch war von ihren intensiven, um nicht zu sagen obstinaten Fragen bestimmt. Zwischen ihr und mir entspann sich ein Dialog, zu dessen Fortsetzung sie mich für den nächsten Tag in ihr Hotel einlud. Dort dehnte sie das Gespräch aufs Doppelte der verabredeten Stunde aus und wies die Aufforderungen ihrer Töchter ab, die hereinschauten, weil sie mit ihr zu einem Einkaufsgang verabredet waren. Es zeigte sich, daß sie die wichtigsten theoretischen Physiker unserer Zeit persönlich kannte. Sie machte treffende Bemerkungen über mehrere von ihnen, so über Bohr und Oppenheimer; ihre Liebe galt Heisenberg. Sie hatte verstanden, was für eine gedankliche Revolution die Quantentheorie bedeutet: die Auflösung des materialistischen Objektbegriffs, die Einführung des wissenden Subjekts in die Begrifflichkeit der Physik. Sie wußte auch vom Technischen der Physik recht viel; später zeigte sie mir in Athen ein Zimmer mit einer Kurzwellen-Sende- und -Empfangsanlage, mit der sie selbst sich unter einem Pseudonym an der internationalen Kommunikation der Kurzwellen-Amateure beteiligte. Aber ihr zentrales Interesse war philosophisch. Sie sah in der theoretischen Physik das philosophische Ereignis unseres Jahrhunderts. Sie drängte mich von diesem Tag an, diese philosophischen Konsequenzen bis zum Ende auszuziehen. Sie war ständig ungeduldig mit der handwerklichen Langsamkeit, mit der ich diese Arbeit betrieb. Sie ließ sich gerne meine kühneren Hypothesen erzählen. Und in der Tat habe ich wenige so einfühlende Gesprächspartner in diesen Fragen gefunden wie sie.

Ein knappes Jahr später lud Carl J. Burckhardt, der Schweizer Historiker und Diplomat, mich zu einem Abend mit dem griechischen Königspaar in sein Haus am Genfer See ein. Sie waren damals in Lausanne anläßlich der Verlobung ihrer Tochter Sophia mit dem spanischen Thronfolger. (Sophia und

Irene, die Namen der beiden Töchter, entstammen byzantinischer Tradition und bedeuten Weisheit und Frieden.) An diesem Abend war auch viel von griechischer Politik die Rede. Als das Königspaar gegangen war, sagte Burckhardt: »Welch ein Schicksal, heute König zu sein! Früher hieß es: the King can do no wrong. Jetzt heißt es: wie er's macht, ist's falsch. Handelt er politisch, so sagt man: er soll sich nicht einmischen. Handelt er nicht, so fragt man: wozu haben wir die teure Repräsentationsfigur?«

Zum Frühjahr 1962 lud die Königin mich zu zwei Vorträgen nach Athen ein. Meine Frau und ich waren einige Tage private Gäste der königlichen Familie in ihrem bevorzugten Sommersitz Tatoi, dort, wo die Königin jetzt ihr Grab findet. Alsbald am ersten Abend befanden wir uns allein mit unseren Gastgebern, in einem munteren, unbefangenen, völlig unpompösen Familienkreis. König Paul, großgewachsen, ruhig, freundlich, erweckte das Gefühl, man sei bei einem holsteinischen Grundbesitzer zu Gast. Die Sprache in der Familie war englisch; mit uns aber sprachen sie das müheloseste Deutsch. Bei einem öffentlichen Vortrag, den ich frei auf englisch hielt, fiel mir ein englisches Wort nicht ein, und ich sagte es deutsch; der König half mir mit einem Zuruf aus dem Auditorium zum englischen Ausdruck. Die Königin fuhr einmal meine Frau und mich allein und eigenhändig in ihrem Wagen nach Kap Sunion, jener köstlichsten Verbindung der Natur mit antikem Tempelbau; ein Polizeiwagen folgte uns in diskreter Ferne. So, ohne Repräsentationspflicht, fühlten sie sich glücklich. Ringsum aber lauerte die politische Realität. Ich empfand: nun sind wir ihre Gäste; werden wir noch erleben, daß wir sie in ihrem Exil bewirten?

Das religiöse Interesse der Königin war offenkundig. Eine tiefe, wohl früh gewonnene Überzeugtheit strahlte, durch ihre Willenskraft vermittelt, auf Familie und Freunde aus. Intellektuell war dieses Interesse suchend; und es war nicht kirchlich bestimmt, so klar sie die politische Unentbehrlichkeit der Kirche erkannte. Die orthodoxe Kirche hat ja in Griechenland schon im teils lateinisch beherrschten byzantinischen Spätmittelalter und erst recht in der Türkenzeit ähnlich die nationale Identität aufrechterhalten wie im neuzeitlichen Polen und Irland die katholische Kirche. Aber die Königin fand die Kirche nicht fromm genug und nicht wissend genug; Hierarchie und Theologie erregten oft genug ihre Irritation und ihren Spott. Einmal fragte sie mich, ob ihre geliebten Pekineser Hündchen auch in den Himmel kommen würden. Ich sagte: »Warum nicht?« Sie: »Herr v. Weizsäcker, Sie haben den Test bestanden. Neulich war Ihr Kollege, der bekannte protestantische Theologe X., hier. Ich stellte ihm dieselbe Frage und er verneinte sie entschieden. So war seine ganze Theologie; ich konnte ihn nicht mehr ernstnehmen.«

Wir kamen in Kontakt mit der von der deutschen Universität geprägten älteren intellektuellen Führungsschicht des Landes, so dem Philosophen und bedeutenden konservativen Politiker Kanellopoulos und dem Philosophen Theodorakopoulos, einem der besten Kenner des Neuplatonismus. Bei einem Abendempfang in Tatoi erzählte ich Theodorakopoulos die Geschichte mit den Pekineser Hündchen und sagte: »Die Lehre von der Unsterblichkeit der Seele bezieht sich bei Platon nur auf den rationalen Seelenteil, den nur der Mensch hat; die rationale Seele ist unsterblich, weil sie Teil des ewigen göttlichen Geistes ist. Insofern war Kollege X. nicht so unphilosophisch. Aber die Königin hat doch ein berechtigtes Anliegen; wie können wir ihr helfen?« Theodorakopoulos, langjähriger philosophischer Mentor der Königin und guter Plotiniker, sagte lächelnd: »Wollen wir es mit der Teilhabe an der Weltseele versuchen?« Im selben leichten Ton sagte er später: »Wir sollen uns nicht verhehlen, daß unsere verehrte Königin eine Pantheistin ist.« »Pantheist« ist ja, so füge ich hinzu, nur der Name für einen Fragenden nach der göttlichen Allgegenwart.

Ihr Verhältnis zu ihrem Mann war, soviel ich wahrnehmen konnte, das einer tiefen, liebe- und respektvollen Bindung. Wie manche intelligente und willensstarke Frauen stilisierte sie ihren Mann, wohl auch vor sich selbst, zu einer Führungsrolle, auch dort, wo ihr Einfluß auf diesen verantwortungsvollen und redlichen Mann groß war. Sie erzählte uns, wie das griechische Königshaus beim Ende des zweiten Weltkriegs im englischen Exil seine Rückkehr nach Griechenland gegen den Wunsch der englischen Regierung durchgesetzt hatte. Sie war glücklich, im Bürgerkrieg 1947–49 aktiv und sichtbar an der Seite ihres Mannes zu stehen. Sie zeigte uns ihre Bemühungen um die Wiederbelebung griechisch-nationalen Kunsthandwerks und schenkte uns einen schönen Teppich aus ihrer Werkstatt.

Bei Tisch im Familienkreise fragte sie mich einmal: »Was hat unser lieber Freund Heisenberg eigentlich neulich für prokommunistische Äußerungen getan?« Meine erstaunte Rückfrage führte mich zu der Einsicht, daß es sich um das »Tübinger Memorandum« von 1961 handelte, dessen acht protestantische Autoren, an der Spitze Ludwig Raiser, einen ersten Vorstoß für Entspannungspolitik machten und u. a. die Einsicht forderten, daß die Anerkennung der Oder-Neiße-Grenze unvermeidlich sei. Ich sagte: »Majestät, diesen Text habe ich auch unterschrieben.« Als nunmehr sie eine verblüffte Rückfrage stellte, erläuterte ich den Sinn des Memorandums und sagte: »Wir hielten es für nötig, Wahrheiten auszusprechen, welche die aktiven Politiker öffentlich zu sagen sich noch nicht leisten können.« Scherzhaft fügte ich hinzu: »Wir können uns das leisten, denn keiner von uns will Bundeskanzler werden.« König Paul erwiderte im selben Ton: »Ja, das ist der Unterschied. In Griechenland gibt es niemanden, der nicht Premierminister werden möchte.« In der ironischen Überzogenheit hatte er ein Grundproblem der griechischen Politik von den antiken Stadtstaaten bis heute bezeichnet.

Aber in diesen Äußerungen spiegelte sich doch auch die beginnende Spannung zwischen dem Königshaus und dem Premierminister Karamanlis. Für zwei herrscherliche Willenszentren war kein Platz im Lande. Karamanlis' Sturz und freiwilliges Exil 1963 aber beraubte die konservative Regierung des Rückhalts. Georgios Papandreou fand eine große linksbürgerliche Wahlmehrheit. 1964 starb König Paul. Sein Sohn und Nachfolger Konstantin vermochte Papandreou zu stürzen, aber keine stabile Regierung nach ihm zu errichten.

In dieser Lage lud mich Friederike, nun Königin-Mutter, 1966 zum zweitenmal nach Athen ein. Griechenland war so herrlich wie eh und je (ein archäologischer Freund hatte mir ein paar Jahre zuvor gesagt: »Du kommst gerade rechtzeitig, um dieses Land vor seiner Zerstörung durch die Touristik kennenzulernen«). Die Einladung, formell eine Einladung des Königs, war anspruchsvoll.

Eine Woche lang hielt je ein Redner, jeweils aus einer anderen Nation, einen öffentlichen Vortrag über ein grundsätzliches Thema. Die Veranstaltung fand im Freien statt, auf dem Hügel der Pnyx, gegenüber der Akropolis, zur Stunde der untergehenden Sonne im frühen Juni. Zu den Rednern gehörten aus Italien der entschlossen demokratische Rechtsphilosoph Calogero, aus Amerika der Admiral Rickover, nicht nur als Schöpfer des Atom-U-Boots, sondern auch als Vorkämpfer eines sachbezogenen Bildungssystems hervorgetreten, aus Indien der Philosoph Mahadevan von der Universität Madras. Ich denke, daß Rickover noch eine Wahl des Königs Paul gewesen war, Mahadevan eine Wahl von Friederike. Mahadevan trug in reiner Advaita-Gestalt die überlieferte indische Vedanta-Philosophie vor, nach der für den Wissenden alle Vielheit nur eine Erscheinung der göttlichen Einheit ist.

In Griechenland gibt es viele winzige Klöster, mit Raum für acht oder zwölf Mönche, von denen heute wohl die meisten leerstehen. Die Königin hatte sich ein solches, hoch mit dem Blick über Athen gelegen, als meditative Klause ausbauen lassen und führte auch mich dorthin. König Konstantin lud mich ein, ihn auf einer Fahrt in die Klöster des Athos zu begleiten; seine Mutter hätte uns nur auf dem Schiff Gesellschaft leisten können, da sie, ohne Zweifel die Initiatorin des Besuchs, als Frau die Klosterrepublik nicht betreten durfte. Mir war ihre wachsende Zuwendung zum Meditativen völlig verständlich. Die altindische Tradition kennt vier Phasen im Leben eines Brahmanen: als Kind, als Lernender, als Hausvater, als Einsiedler. Wer pflichtgemäß gewirkt hat, hat das Recht und die Pflicht, anzuschauen. Die Philosophie des Geistes erfüllt sich im ursprünglichen Sinn von Spekulation, der eben Anschauung bedeutet. Die Reise zum Athos aber mußte, eine Stunde, ehe sie beginnen sollte, abgesagt werden, weil eine Kabinettskrise ausgebrochen war. Ein Jahr später war Konstantin durch die Obristen entmachtet, zwei Jahre später war er nicht mehr König.

Wir haben die Königin Friederike in ihrem Exil noch mehrfach gesehen. Meine Frau und ich besuchten sie, als sie in der Nähe von Rom lebte. Und es kam dazu, daß sie ein paarmal in Starnberg, in unserem Hause, unser Gast war. Die Gespräche waren nun vorwiegend philosophisch, soweit nicht rein Menschliches, das Schicksal von Personen, das Thema war. Sie versicherte, daß sie für sich alle politischen Absichten aufgegeben habe; »Griechenland weiß ich in Gottes Hand.« Sie wohnte dann jahrelang in Madras, im Umkreis Mahadevans, dem Studium und einem meditativen Leben hingegeben. Aber sie kam öfters nach Europa, rief mich verschiedentlich am Telefon an, doch haben wir uns in den letzten fünf Jahren nicht mehr gesehen. Schließlich kehrte sie nach Europa zurück. Sie ist in der Familie gestorben.

Fridolin Stier*

Februar 1937, Dozentenlager auf dem Tännich bei Rudolstadt. In einem sechswöchigen Kurs sollten die von ihren Fakultäten habilitierten jungen Wissenschaftler bewähren, daß sie auch würdig seien, Dozenten, also Lehrer der deutschen Jugend zu werden. Der Dienst am ersten Tag begann mit Wehrsport, Handgranatenweitwurf. Einer, wie es nicht anders sein konnte, warf am weitesten. »Was sind Sie von Fach?« fragte ihn der Lagerleiter. »Theolog.« – »Schade, Mensch!« – »Ich werde meinen Mann stehen«, antwortete Fridolin Stier, katholischer Gelehrter des von den Nazis verpönten Alten Testaments und der orientalischen Sprachen. Ich, der Berichterstatter, war dabei.

April 1945. Er erlebte den Einzug französischer Truppen in seiner Heimat, im Allgäu, wohin er gegangen war, um seiner Mutter beizustehen. Eine marokkanische Einheit besetzte das Dorf und schickte sich an, das Vieh der Bauern zu schlachten und auf offenem Platz im Feuer zu braten, und mehr zu tun als das. Fridolin Stier zog sein schönstes Meßgewand an, trat auf die Marokkaner zu und rezitierte ihnen auf arabisch die erste Sure des Koran. Dann lehrte er sie, was Gott durch den Mund des Propheten geboten hat, ihre Mitmenschen zu schonen, und sie ließen vom Schadentun ab.

Um 1950. Ich besuchte ihn in seiner Dachwohnung mitten in Tübingen. Unter anderem erzählte er, er öffne gern am Sonntag in aller Frühe sein Fenster und singe, sich am Klavier begleitend, der protestantischen Umwelt einen Choral, »Wachet auf, ruft uns die Stimme« oder »Ein feste Burg ist unser Gott«. »Ich denk' mir«, sagte er, »wachet nur auf und lobet Gott, ihr lutherische Böck'!«

In den nachfolgenden drei Jahrzehnten bin ich ihm nicht mehr oft begegnet, aber wenn ich ihn sah, wurde mir das Herz warm. Von den Tagebuch-Aufzeichnungen, die nun, kurz vor seinem Tod, erschienen sind, habe ich nichts gewußt. Aber ich meinte, zu sehen, was ihn bewegte.

* Begleittext zur Verlagsanzeige von: Fridolin Stier, »Vielleicht ist irgendwo Tag«. Freiburg, Kerle, 1981. Zuerst veröffentlicht: München, Hanser, 1983.

Kraft und Zartheit waren ihm angeboren. Menschen liebend, dichterischen Gemüts, wahrhaftig und fromm führte er das Leben, das er als recht erkannte. Nicht nur Nazis und Muslimen, Lutheranern und katholischen Glaubensbrüdern gegenüber stand er seinen Mann. Wie Reinhold Schneider in seinem letzten Lebensjahr öffnete er sich dem harten Kern des neuzeitlichen Bewußtseins, dem befreienden und entsetzenerregenden Blick der Naturwissenschaft auf die Wirklichkeit. Gott ist nicht der Gärtner eines wohlbehüteten Gartens. Fridolin Stier mußte auch Gott gegenüber seinen Mann stehen. Er erfuhr, was die Bibel von Jakob erzählt, daß er die ganze Nacht hindurch mit Gott rang. Ohne die Erfahrung dieses Ringens wird es keine Zukunft des Glaubens geben.

Gershom Scholem und die Kabbala *

Gershom Scholem wurde am 2. Juni 1981 in unseren Orden aufgenommen. In der heutigen Sitzung hätte der Ordenskanzler ihm das Ordenszeichen feierlich überreichen sollen. Mir sollte es zufallen, die begrüßende Laudatio zu halten, und ich habe mich sehr darauf gefreut. Im Februar dieses Jahres ist er in Jerusalem gestorben. Die Laudatio wird zugleich zum Nachruf.

Gerhard Scholem wurde 1897 in Berlin geboren. Er wurde früh Zionist. Seit 1923 lebte er in Jerusalem. Er erwarb Weltruhm als erster lebender Kenner der Kabbala. Wir, der nach dem Ende von Hitlers Herrschaft durch Theodor Heuss wieder ins Leben gerufene Orden Pour le Mérite für Wissenschaften und Künste, können Gershom Scholem nur dankbar dafür sein, daß er bereit war, einer der Unseren zu werden.

Die Zeit für den Nachruf ist kurz. Über Scholems faszinierende Persönlichkeit ist in den letzten Monaten in manchen öffentlichen Äußerungen Überzeugendes geschrieben worden. Ich widerstehe der Versuchung, meine eigenen, begrenzten Erinnerungen dem Bild seiner Menschlichkeit hinzuzufügen. Ich versuche statt dessen, eine Skizze seiner gedanklichen Leistung zu geben. Was haben wir, die Leser seiner Schriften, von ihm gelernt?

Scholem war Jude, er war Philologe, und sein wissenschaftliches Thema war die Kabbala. Jede der drei Kennzeichnungen nennt eine persönliche Entscheidung.

Scholem war gewiß Jude von Geburt. Aber die Weise, wie er Jude war, war seine Entscheidung. In seinen jungen Jahren wandte er sich von der Anpassung an die europäische, die christlich-aufgeklärte, die national-deutsche Kultur ab, in der er aufgewachsen war. Er zog die Konsequenz für sein Leben.

Gelehrter zu sein, war ihm durch Naturanlage mitgegeben. Seine erste Wahl war die Mathematik, die er bis zum Abschluß

* Gedenkworte, gesprochen in der öffentlichen Sitzung des Ordens Pour le Mérite für Wissenschaften und Künste, Mai 1982.

studierte. Präzision des Denkens war ihm selbstverständliche Lebensluft. Die Wendung zum Judentum hatte in ihrem Gefolge die Wendung zur Geschichte des Judentums. So tief ihn der religiöse, der symbolische Gehalt seines Themas anging, so streng verharrte er in einer Forschung absoluter Akribie, unwiederholbarer Breite der Detailkenntnis, unermüdlicher, quasi kriminalistischer Neugier.

Die Entscheidung zur Kabbala war die persönlichste der drei Entscheidungen. Kabbala ist jüdische Mystik. Die Wissenschaft vom Judentum, im 19. Jahrhundert von Juden entwikkelt, suchte sie aus dem Bilde des Judentums als einer großen moralischen und rationalen Religion eher zu eliminieren. Im 20. Jahrhundert hat, wenigstens für uns Nichtjuden, zuerst Martin Buber den Blick auf die Lebenstiefe jüdischer Mystik eröffnet in seinen Schriften über den polnischen Chassidismus, Schriften, denen so viele Menschen meiner Generation tiefe religiöse Belehrung und Lebenshilfe verdanken. Aber ich gestehe, daß es mir wie Schuppen von den Augen fiel, als ich später in Scholems Schriften lernte, wieviel tiefer, bedeutender, großartiger die Kabbala sich zeigt, wenn man ihr Bild nicht den Lebensproblemen moderner Menschen annähert, sondern es in seiner grandiosen Fremdheit zu den Vorurteilen unserer Zeit stehenläßt.

Wie verträgt sich aber geschichtlich gebundenes Judentum mit kritischer Wissenschaft, wie vertragen sich beide mit überzeitlicher Mystik? Um das zu verstehen, muß man zunächst die klassischen Klischees gesprengt haben, die sich mit Judentum als »Religion«, Wissenschaft als »Wertfreiheit«, Mystik als »Weltflucht« verbinden. Jenseits der Klischees geraten wir freilich in ein Feld viel tieferer, geheimnisvollerer Spannungen.

Ist das Judentum eine Religion? »Religion« als Allgemeinbegriff, unter den mancherlei verschiedene geschichtliche Beispiele fallen, ist eine Erfindung der Aufklärung. Der Begriff der Religion ist nicht sinnlos, aber doch ein Klischee. Die Juden sind zunächst ein Volk. Dieses Volk hat zuerst ein Jahrtausend Geschichte in einem Bundesverhältnis zu einem Gott gelebt, der es zu Anfang aus dem ägyptischen Exil in sein Land führte, in der Mitte ins babylonische Exil und zurück ins Land. Er hat es schließlich ins nun schon zwei Jahrtausende dauernde römische, später christliche und islamische Exil geführt und hat es im Exil als Volk bewahrt. Dieser Gott hat seinem Volk und durch es den anderen Völkern die eine der großen Grundentscheidungen der Menschheit auferlegt, die Entscheidung zwischen Gut und Böse. Dieser Gott erweist sich damit als der Gott der Wahrheit, der wahre Gott, der Gott nicht nur der Juden, sondern der Welt; der Religionsgeschichte stellt sich das Judentum als erste der monotheistischen Religionen dar.

Religionsgeschichte ist Wissenschaft. Ist Wissenschaft wertfrei? Die Wissenschaft steht unter dem Befehl eines Wertes: der Wahrhaftigkeit. Man mag genötigt werden, eine Wahrheit zu verschweigen, ja zu lügen. Aber man soll sich nicht selbst belügen, denn das ist die eigentliche Lüge. Diese Wahrhaftigkeit nun nötigt uns zur kritischen Wahrnehmung unserer eigenen Wertsetzungen. Sie nötigt den Historiker, den Philologen, zu sehen, daß andere anders sind als wir, grandios fremd, auch wo unsere Tradition sie für uns in Anspruch nimmt. Scholems Schriften sind voll von solchen erleuchtenden Distanzierungen. Und im Spiegel des Fremden lernen wir uns selbst neu sehen.

Ist Mystik Weltflucht? Mystik ist meditative Erfahrung, sie ist Erleuchtung, und wenn sie rational redet, ist sie eine notwendigerweise in symbolischen Formeln von ihrer Erfahrung Rechenschaft gebende Philosophie. Man mag sie Mythus nennen. Scholem erzählte einmal, wie er als junger Student der Philosophie im Seminar von Hermann Cohen saß und Cohen die traditionelle Lehre abendländischer Philosophie als seine eigene Meinung aussprach: »Das Böse ist nur der Mangel des Guten. Existenz hat das Böse nur im Mythus.« Scholem war tief betroffen in seinem jüdischen Wissen von der Wirklichkeit des Bösen und, so erzählte er nun als alter Mann: »Da beschloß ich: wenn das so ist, werde ich in meinem Leben nicht Philosophie, sondern Mythus studieren.«

Die Anekdote zeigt zugleich die einer jüdischen Mystik eingeborene Spannung. Mystische Erfahrung ist letztlich Erfahrung der Einheit. Die jüdische Unterscheidung von Gut und Böse aber ist eine tiefe Erfahrung der Zweiheit, der Gespaltenheit. Der jüdische Gott ist zwar einziger Gott, aber er ist von der Welt, der Wirklichkeit des Bösen, präzise geschieden. Für das jüdische Volk in der Diaspora ist diese Scheidung das Leiden des Exils. Die Hoffnung auf die Wiederherstellung der Einheit ist die Hoffnung auf den Messias. Indem der Gott des Volks Israel zugleich als Schöpfer der Welt verstanden wird, verschmilzt im jüdischen Messianismus die politische Hoffnung auf die Wiederherstellung des Königreichs Davids mit der metaphysischen Hoffnung auf die Herstellung der paradiesischen Einheit der Schöpfung. Aber auch diese wird streng als geschichtlicher Vorgang gedacht: dann werden alle Völker auf Zion anbeten, wie die Propheten sagen (Micha 4, Jesaja 60).

Wenn Scholem uns an der Hand nimmt und durch die Geschichte der Kabbala führt, so erleben wir das Drama oder besser das tausendjährige Heldenepos dieser Auseinandersetzung von Einheit und Entzweiung. Wir erleben es in einer Mystik, die durch die Erfahrungen ihres Volks immer wieder gezwungen ist, Kosmologie, Seelenlehre und politische Geschichte in eins zu denken. Scholem stellt eindrucksvoll den jüdischen Messianismus, der den Messias noch erwartet, dem christlichen Messianismus gegenüber, der den Messias als schon gekommen ansieht und der darum oft genug der Versuchung erliegt, die Wirkung des Erlösers in der manifest unerlösten Welt in die bloße Innerlichkeit zu verschieben. Das Judentum, so Scholem, faßte stets die Erlösung als einen Vorgang auf, »welcher sich in der Öffentlichkeit vollzieht, auf dem Schauplatz der Geschichte und im Medium der Gemeinschaft, kurz, der sich entscheidend in der Welt des Sichtbaren vollzieht und ohne solche Erscheinung im Sichtbaren nicht gedacht werden kann« (Judaica 1, S. 7). Wie die tragische Peripetie des Dramas erscheint das von Scholem in einem tausendseitigen Buch geschilderte Auftreten des Kabbalisten Sabbatai Zwi als Messias 1665, der zuletzt, als Gefangener des türkischen Sultans, zum Islam übertrat. Eine manisch-depressive Anlage mag seine Handlungen mitbestimmt haben; seine unentwegten Anhänger aber sahen unter den Leiden der Welt, die der Messias auf sich zu nehmen habe, nun die Apostasie als die tiefste Selbstaufopferung an.

Hinter diesen Bewegungen stand die tiefsinnige Schöpfungsmetaphysik des Isaak Luria. Wie kann Gott überhaupt von der Welt geschieden sein? Nur indem er sich selbst aus ihr zurückzog. Eine innergöttliche, kosmische Katastrophe, das »Zerbrechen der Gefäße«, zerstreute unzählige göttliche Lichtfunken in die Dunkelheit – das sind wir. Diese Funken einzeln wiederzusammeln, ist die Aufgabe der Güte, die Aufgabe der menschlichen Geschichte, zumal der Geschichte des Volks Israel im Exil. Solche Gedanken klangen freilich auch in der christlichen Tradition an, die ja ohne den Gedanken der Wiederkunft Christi sinnlos würde; als mystische Schöpfungslehre bei Jakob Böhme und bei Schelling, und noch in der Darstellung des philosophischen Wegs zum Marxismus bei Habermas.

Ich muß hier enden. Scholems Gedanken nachzudenken, verführt zu der Endlosigkeit, in der sich die unvollendete Geschichte der Menschheit und zumal des jüdischen Volkes selbst auslegt. Wir erkennen, daß wir die ganze Zeit von uns selbst geredet haben, von den ungelösten Problemen des heutigen Tags – die unerlöste Welt. Der geschichtliche Sinn des Messianismus ist uns noch nicht enthüllt.

Georg Picht*

»Er singt wie ein Adorant«, sagte meine Mutter über den elfjährigen Georg Picht. Später sagte mir einmal seine Frau, die Pianistin Edith Axenfeld: »Ich würde weit reisen, um Beethoven so spielen zu hören, wie Georg ihn spielt.« Kultur war die Lebensluft seiner Familie; sein Urgroßvater Ernst Curtius hat Olympia ausgegraben, der große Romanist Ernst Robert Curtius war der Bruder seiner Mutter. Die eigene Ausübung der Musik freilich wurde im Laufe seines Lebens von der Anstrengung der Philosophie verzehrt.

In Hinterzarten, wo zuerst die elterliche, dann die selbstgegründete Familie von früher Kindheit bis heute ihren Wohnsitz hatte, lernte ich ihn kennen, als er elf Jahre alt war und ich zwölf. Es war ein Blitzschlag. Das Ereignis war in eine Wolke unbändiger Heiterkeit gehüllt, die sich zeitlebens nicht verloren hat. Wir stiegen durch die Schwarzwaldhöhen. Ich hatte eine Phantasiewelt, in der ich Familie und Freunde an intrigenvoller Außenpolitik beteiligte. Ich gab ihm ein Land in dieser Welt, aber ein kleines. Ich ahnte, was mir geschehen wäre, wenn er ein großes Land gehabt hätte. Von Anbeginn hat er das Spiel meines Machtinstinkts durchschaut und ich wohl das des seinen. Vielleicht kann auf der Basis solch kritischen Durchschauens eine Freundschaft ein Leben überdauern.

Durchschauen war seine besondere Gabe. Hier lagen seine wichtigsten Freundschaftsdienste und seine noch unverstandenen objektiven Leistungen. Es konnte ihm geschehen, daß er sich sehr irrte; den entscheidenden Punkt nicht zu sehen, das konnte ihm, so schien mir immer, nicht geschehen. Bei ihm war ein Geheimnis sicher aufbewahrt, und bei ihm gab es Rat, wenn man danach fragte. Mit erbarmungsloser Güte sagte er die Wahrheit und schwieg er ein Leben lang über das Unsagbare.

Auf dem Heranwachsenden, dem jungen Mann lag die Zentnerlast des zur Erkenntnis seiner Aufgabe reifenden Philosophen. Was sollte er tun? Wie? Es war nicht nur das persönliche

* Erschienen im Allgemeinen Deutschen Sonntagsblatt vom 22. 8. 1982.

Problem vieler bedeutender Menschen, daß eine vulkanische Natur sich in einer Welt der Sedimente ihren Weg bahnen mußte. Rings um uns zitterte die Welt von dem Erdbeben, das schon begonnen hatte. Stefan George, dessen dichterisches Werk ich durch Picht kennenlernte, schrieb um 1908 in einem seiner vernichtend zeitkritischen Gedichte: »Zehntausend muß der heilige Wahnsinn schlagen, zehntausend muß die heilige Seuche raffen, Zehntausende der heilige Krieg.« Uns war instinktiv klar, daß der Weltkrieg, unsere erste Kindheitserfahrung, der Erste Weltkrieg gewesen war. Der Nationalsozialismus kam zur Macht, als Picht im zwanzigsten Lebensjahr stand. Seiner, den Heutigen unverständlichen, Verführung für solche, die das Erdbeben spürten, ist Picht nie erlegen. Wie hat er Hitler überlebt?

Pichts Hauslehrer Joseph Liegle führte ihn in die klassische Philologie. Picht schenkte als Student seiner späteren Frau Platons Werke auf griechisch; darauf lernte sie Griechisch, um sie mit ihm zu lesen. Heidegger, an dessen Seminaren er teilnahm, bahnte den Weg zur griechischen Philosophie, den Picht unabhängig betreten hatte und weiter als Heidegger gegangen ist. Heidegger hat ihm für immer den lebendigen Begriff davon vermittelt, was Philosophie sein kann. Pichts philologische Arbeiten sind ungedruckt: seine Doktorarbeit über den Stoiker Panaitios, sein Kommentar zum platonischen »Laches«, den ich später in meinen Seminaren mehrfach zugrunde gelegt habe.

Als ich 1946 aus englischer Internierung zurückkehrte, erfuhr ich, daß Picht das Landschulheim Birklehof in Hinterzarten, an dem er im Krieg ein paar Jahre unterrichtet hatte, als altsprachliches Gymnasium wiedereröffnet hatte. Das war die Entscheidung zum öffentlichen Wirken; die Glasglocke, unter der er überlebt hatte, war zerbrochen. Wir schauten mit Hoffnung in die umwölkte Zukunft. Erziehung der Jugend erschien als das Wichtigste; dem opferte er die Chance der akademischen Laufbahn als Gräzist oder Philosoph. Die Verantwortung für *eine* Schule wuchs sich zur Verantwortung für das Schulwesen aus. Unversehens war Picht ein führender Bildungspolitiker.

»Der Ruhm eines Menschen ist die Summe der öffentlichen

Mißverständnisse über ihn.« Dieses Wort Rilkes hat Picht, über einen Anderen schreibend, unlängst noch zitiert. Seit den späteren Fünfzigerjahren hatte er sich aus der Schulleitung und, soweit möglich, aus der Bildungspolitik herausgezogen, um der Philosophie zu leben. Eines Tages sagte er mir: »Ich habe einen Paukenschlag vorbereitet, von dem ich dir nicht erzählt habe, denn du hättest mir davon abgeraten.« Es war die Artikelserie über die deutsche Bildungskatastrophe. Seitdem bedeutet der Name Picht für die deutsche Öffentlichkeit »Bildungskatastrophe«, mit der zumal von seinen Gegnern liebevoll gepflegten Mehrdeutigkeit dieses Worts. Picht, dem die Qualität der Bildung Lebensluft war, wies auf ein ungelöstes und vitales quantitatives Problem hin. Unsere Gesellschaft kann die Modernisierung der Welt nicht überleben, wenn sie sie nicht versteht; zu wenige aber hatten damals noch den Zugang zu den Instrumenten dieses Verstehens, zur Bildung. Was Picht nicht wollte, war, daß in der unerläßlichen Expansion der Bildungsanstalten die Strukturen des Berechtigungswesens bewahrt blieben, ja verschärft wurden, die nur im alten Elitesystem funktionsfähig waren. Der heutige Kampf ums Dasein durch das Medium der Schulnoten vom zehnten Lebensjahr an ist eine Form der Nichtbewältigung der Modernität durch eine Gesellschaft, die sie nicht versteht.

Günther Howe, der unvergessene Theologe der Physik, erkannte in Picht den geeigneten Leiter der Forschungsstätte der Evangelischen Studiengemeinschaft, die 1958 als Fusion älterer Gründungen in Heidelberg eingerichtet wurde. Picht hat sie bis zu seiner Erkrankung im Februar 1982 geleitet, ein Vierteljahrhundert. Daneben hatte er seit 1964 den neugeschaffenen Lehrstuhl für Religionsphilosophie an der Evangelisch-Theologischen Fakultät in Heidelberg inne. So war er am Ende noch für vierzehn Jahre akademischer Lehrer der Philosophie (denn was ist wahre Philosophie anderes als Religionsphilosophie, oder Religionsphilosophie anderes als eben Philosophie?). Seine Vorlesungsmanuskripte liegen ausgearbeitet vor. Was für ein Philosoph er war, was für ein durchblickender Interpret, was für ein großer Denker, wird die Welt wissen, wenn die Vorlesungen gedruckt sein werden. Was er veröffentlicht hat, sind Aufsatzsammlungen, zuletzt, die Ernte der letzten zwölf

Jahre, »Hier und Jetzt« (Klett-Cotta 1981), mit dem herausfordernden Untertitel »Philosophieren nach Auschwitz und Hiroshima«. Die Aufsätze deuten alles Entscheidende an, aber sie breiten es nicht aus. Er bedurfte der konkret übernommenen Verpflichtung zum Schreiben: der politischen Anlässe, der Vorträge, und zumal der Vorlesungspflicht. Er sagte mir einmal: »Wenn ich mit mir allein die Wahrheit meditiere, erscheinen mir hinter dem ersten Bild zehn Perspektiven, dahinter hundert weitere, und so ins Grenzenlose. Das kann man sehen, man kann es nicht schreiben.« Aber Verantwortung drängte ihn zum Schreiben. Das Leiden war die unbewegbare Zentnerlast der Philosophie, auf die es heute allein ankommt. Als er den Anfang des Buchs über diese Philosophie zu diktieren begonnen hatte, traf ihn der Schlaganfall.

Was ist diese Philosophie? Der Buchtitel einer früheren Aufsatzsammlung deutet es an: »Wahrheit – Vernunft – Verantwortung« (Klett 1969). Die Abfolge der drei Begriffe ist geschichtlich gemeint. Es handelt sich um die Philosophie der Zeit, wie sie sich in der Zeit, nämlich der Geschichte, entfaltet.

»Wahrheit«, heideggersch gesagt die Unverborgenheit dessen, was sich von sich aus zeigt, ist das Schlüsselwort der griechischen Philosophie. Pichts zentraler Aufsatz hierzu ist die Interpretation des Gedichts des Parmenides von Elea als »Epiphanie der ewigen Gegenwart«. Die ewige Gegenwart ist eine Gestalt der Zeit, das Wahre, das nicht war und nicht sein wird, sondern immer ist, die Präsenz des Einen Gottes.

Geschichtlich schiebt sich hiernach das Thema der christlichen Theologie ein. Picht veranstaltete einmal eine Vorlesungsreihe von 15 theologischen Spezialisten, von der alt- und neutestamentlichen bis zur ökumenischen Theologie unserer Tage. Auf jeden Vortrag antwortete er eine Woche später, kritisch weiterführend. Für mich ist das Ergebnis (»Theologie, was ist das?«, Kreuz-Verlag, Stuttgart 1977) das aufregendste theologische Buch seit wenigstens zehn Jahren. Picht zeichnet – neben vielen einzelnen Beobachtungen – die unbemerkte Übermacht des griechischen Gottes in der christlichen Theologie bis heute. Er erliegt weder der Illusion, dies sei der Gott der Bibel, noch der Illusion, er sei ein falscher Gott, der eliminiert werden müsse; aber auf ihn bezieht er (in »Wahrheit – Vernunft – Verantwortung«) Nietzsches Wort »Gott ist tot«.

»Vernunft« ist das Schlüsselwort der neuzeitlichen Metaphysik, der Subjektivitätsphilosophie, welche die subjektiven Bedingungen der Wahrheit studiert, der Aufklärung. Picht besteht auf der Notwendigkeit einer Aufklärung über die verborgenen Motive der Aufklärung, über den Machtwillen der Vernunft. Die Aufklärung über Aufklärung ist ein Akt geschichtlicher Einsicht. Picht folgt ihr durch Kant, Hegel, Nietzsche; wie es sich gehört, wird bei jedem Philosophen (zumal in den unveröffentlichten Vorlesungen) der Kosmos der ihm eigenen Begriffe entfaltet.

»Verantwortung« ist das Leitwort von Pichts eigener Aufklärung, der Vorstufe seiner unvollendeten Philosophie der Zeit. Pragmatisch entfaltet sich hier die Fülle der Themen, die seine Forschungsstätte bearbeitet hat: Soziologie der Bundeswehr (60er Jahre), Friedensforschung, Energiepolitik, Humanökologie. Leistung durch Überanstrengung ist das Merkmal solcher Untersuchungen; man verlangt von sich zugleich Verstand, d. h. Präzision im Detail, Vernunft, d. h. Wahrnehmung eines Ganzen, und den liebenden Glauben, ohne den diese Anstrengung nie gemacht würde. »Mut zur Utopie« (piper paperback 1969, abgedruckt in »Hier und Jetzt« II) ist einer seiner herausfordernden Titel. Der Zeitbegriff der Verantwortung wurzelt nicht in der ewigen Gegenwart, sondern in der Zukunft. Eschatologie ist die ihm entsprechende Theologie.

Pichts letzte Forschungsinitiative war ein Projekt über Naturphilosophie. Unsere Lebensfreundschaft war daran nicht unbeteiligt, aber der Anstoß kam nur von ihm. Was in der Zeit ist, ist in der Natur. Das ist der Theologie der »letzten Dinge« nicht fremd: die Apokalypse, d. h. Enthüllung, enthüllt nicht nur das Gericht, sondern als seinen Sinn die Herstellung der Schöpfung.

George F. Kennan und die Politik der Weltmächte *

Der Zweck dieser privaten Aufzeichnungen ist, mir selbst über mein Verhältnis zu George F. Kennan klarzuwerden. Ich habe es übernommen, ihm bei der Überreichung des Friedenspreises des Deutschen Buchhandels die Laudatio zu halten. In den vergangenen Jahrzehnten habe ich ihn nicht nahe gekannt; erst seit den Siebzigerjahren bin ich ihm im Pour le Mérite öfter begegnet. Ich habe seit langem hohen Respekt und Sympathie für ihn empfunden. Vielleicht hat eine beiderseitige Schüchternheit uns gehindert, noch intensiver aufeinander zuzugehen. Respekt und Sympathie könnten mich aber heute, da ich fast jedes öffentliche Auftreten vermeide, um meine physikalisch-philosophische Arbeit abzuschließen, nicht veranlassen, öffentlich über ihn zu reden. Ich empfinde ihn heute als Bundesgenossen gegenüber der akuten Gefahr der Achtzigerjahre; oder, bescheidener gesagt, ich möchte ihm heute ein Bundesgenosse sein. Das verlangt aber ein tiefes Eingehen auf die Sachfragen, und insbesondere auch auf die persönlichen Gründe, die ihn und mich veranlassen, vieles ähnlich, manches aber auch verschieden zu sehen. Man kann nicht zuverlässig kooperieren, wenn man die Motive des andern nicht versteht. Ich versuche, ihn und mich besser zu verstehen, indem ich meinen Reaktionen auf ihn nachgehe.

Es gibt in unserem politischen Verhalten manche Parallelen. Die Prägung seiner Denkweise durch die sich für das außenpolitische Schicksal des eigenen Landes verantwortlich fühlende Berufsdiplomatie ist mir von meinem Vater her vertraut. Äußerlich sind wir mehrfach, ohne irgendeine gegenseitige Einwirkung, in paralleler Weise aufgetreten. 1957 sprach er in den Reith Lectures *für disengagement,* ich in der Göttinger Erklärung gegen nationale Atomwaffen, was nicht dasselbe, aber

* Mit einigen Kürzungen erschienen in der ZEIT, Oktober 1982, unter dem Titel »Wege zu unser aller Rettung«. Eine sehr viel kürzere Fassung in: »George F. Kennan. Ansprachen aus Anlaß der Verleihung des Friedenspreises des Deutschen Buchhandels«. Frankfurt, Börsenverein des Deutschen Buchhandels, 1982.

aus verwandter Sorge geboren war. 1977 veröffentlichten wir beide Bücher, die die Gefahr im Titel trugen: er »The Cloud of Danger«, ich »Wege in der Gefahr«. 1982 stehen wir bezüglich der nuklearen Waffen an derselben Front.

Ich habe aber immer empfunden, daß unsere Urteile nicht ganz aus derselben Fragestellung hervorgingen und daher auch inhaltlich nie ganz übereinstimmten. Ich bekenne, daß ich erst auf Grund der jetzt übernommenen Lobespflicht begonnen habe, seine Schriften extensiv und sorgfältig zu lesen. Sein wohl erstes historisches Buch »Russia leaves the war« habe ich mit historischem Interesse durchgelesen, als es neu erschienen war. Jetzt stütze ich mich auf folgende vier Bücher (in deutscher Übersetzung):

B : Bismarcks europäisches System in der Auflösung. Die französisch-russische Annäherung 1875 bis 1890. Princeton 1979, deutsch Propyläen 1981.

MI : Memoiren eines Diplomaten. Boston 1967, deutsch Goverts 1968.

MII : Memoiren 1950–1963. Boston 1973, deutsch Goverts 1973.

W : Wolken der Gefahr. Aktuelle Probleme der amerikanischen Außenpolitik. Boston 1977, deutsch tuduv, München 1978.

Dazu eine Reihe von Aufsätzen aus jüngster Zeit.

Es scheint mir nützlich, meiner eigenen Auseinandersetzung mit diesen Büchern zu folgen.

Zuerst, in Erinnerung an die belehrende Lektüre von »Russia leaves the war«, das etwa 8 Monate 1917–18 behandelt, las ich das Buch über die französisch-russische Annäherung während des langen Endes der Bismarck-Ära. Auch hier fand ich die außerordentlichen Qualitäten, die Kennan als Historiker hat. Sie berühren sich aufs engste mit seinen ebenso außerordentlichen Qualitäten als diplomatischer Analytiker. Etwas vom Wichtigsten, das er weiß, ist, daß nicht zwei Völker, nicht zwei Personen, nicht zwei politische Situationen einander gleich sind. Man findet seine Kraft, das Individuelle zu sehen, dann auch in den beiden Memoirenbänden, z. B. in den knappen Personen-Charakteristiken; um hier nur zwei zu nennen, Stalin (M I, 282–3) und Eisenhower (M II, 192–4). Liest man solche Charakteristiken, so gewinnt man gewissermaßen eine grenzenlose Bewunderung für die Phantasie des lieben Gottes; keinem von uns wäre eingefallen, daß es genau einen jeweils solchen Menschen hätte geben können. In Kennans Art, Personen und Nationen zu charakterisieren, ist eine überwache Sensibilität, eine nicht rastende intellektuelle Neugier und eine christliche Liebe zu jedem Geschöpf, so wie es wirklich ist, nicht wie er es haben möchte. Dies erläutert seine Qualität als Historiker und politischer Analytiker, es erläutert freilich auch einen Grund seiner politischen Mißerfolge: instinktiv mutet er den Menschen seine Gerechtigkeit des Urteils zu, und wenige Dinge fürchten sie so sehr wie die Enthüllung der eigenen Fragwürdigkeit durch die Anstrengung, Anderen gerecht zu werden.

Dieser Qualität gemäß treibt er als Historiker, was er selbst »Mikrogeschichte« nennt: »Statt eines größeren wähle ich einen kleineren Ausschnitt der Ereignisse aus und betrachte diesen bis ins kleinste Detail, gleichsam wie durch ein historisches Mikroskop; dabei versuche ich nicht, die betreffenden Ereignisse in ihrer Gesamtheit zu schildern, sondern nur die Struktur ihres Ablaufs, nicht alle bedeutenden Geschehnisse aufzuzeichnen, sondern zu zeigen, wie solche Geschehnisse abzulaufen pflegen, und vor allem, von welchen Motiven und Vorstellungen Menschen geleitet werden, wenn sie reden und handeln, wie es die Unterlagen enthüllen.« (B 13–14) Diese Art der Geschichtsschreibung entspringt der Überlegenheit eines Menschen, der Menschen versteht, über alle Geschichtstheoretiker, die allgemeine Gesetze suchen oder leidenschaftliche Thesen begründen wollen oder den Reichtum des Individuellen im Brei soziologischer »Begriffe« untergehen lassen.

Dabei ist Kennans Fragestellung so allgemein und so engagiert wie irgendeine. Er ist essentiell engagierter Außenpolitiker; die Geschichte ist seine zweite Wahl wie bei Thukydides und Machiavelli. Wenn ich hier schon mich selbst einmischen darf: politische Theorie hat mich stets nur um der Politik und nicht um der Theorie willen interessiert, und ich folge ihm, dem Historiker, mühelos, weil ich fühle, daß es ihm ähnlich geht.

Die Frage jenes Buchs ist die nach den Ursachen des Ersten Weltkriegs. Sie ist eine ganz und gar engagierte Frage. Als junger Mann in den Zwanzigerjahren »ziemlich allein in Deutschland und im Baltikum« lebend und Kriegsliteratur lesend, »sah ich mich gezwungen, mir über die enorme Ungerechtigkeit jenes Krieges Gedanken zu machen. Warum, so mußte ich mich fragen, hatten fast acht Millionen zumeist junger und an der Schwelle der Erfüllung ihres Lebens stehender Menschen ihr Leben nicht vollenden dürfen..., während es mir vergönnt sein sollte, in Ruhe und Geborgenheit zu leben..., nur weil ich vier oder fünf Jahre später als sie zur Welt gekommen war. Die Frage hatte religiöse wie auch soziale Aspekte. Und das war nur der Anfang. Viel später... wurde mir klar, in welch überwältigendem Maß die entscheidenden Zeiterscheinungen der Spanne zwischen den beiden Kriegen – der russische Kommunismus und der deutsche Nationalsozialismus – wie auch der Zweite Weltkrieg selbst das Resultat jener ersten großen Vernichtungskatastrophe von 1914/1918 waren.... So kam ich dazu, den Ersten Weltkrieg so zu betrachten, wie ihn viele denkende Menschen zu sehen gelernt haben: als *die* Ur-Katastrophe dieses Jahrhunderts, das Ereignis, in dem... Versagen und Niedergang unserer westlichen Zivilisation begründet liegen.« (B 11–12)

Kennan verfolgt *einen* Strang der Ereignisse, die zum Ersten Weltkrieg führten: die Vorgeschichte des französisch-russischen Militärbündnisses. In seinem hauptsächlichen Inhalt ist das Buch ein Stück russischer Geschichte unter den Zaren Alexander II. und Alexander III. Kennan ist, bei aller Weite seines Horizonts, als Diplomat wie als Historiker in erster Linie ein Rußland-Spezialist vom höchsten Rang. Mir sprang beim Lesen nichts mit solcher Evidenz in die Augen wie die strukturelle Gleichartigkeit der zaristischen und der sowjetischen Politik: ebensowohl die Außenpolitik, die, wie Bismarck gesagt hat, gleich einer Flüssigkeit jeden Hohlraum füllt, bis sie an eine feste Wand stößt, die Militärpolitik der ängstlichen Überrüstung, der gefühllosen Brutalität gegen Schwächere und nachtragenden Nachgiebigkeit gegen Starke, wie die Innenpolitik des mißtrauischen Absolutismus. In wie vielen Details erinnert die Behandlung des bulgarischen Vasallen in der Ära Battenberg an die Behandlung der Vasallen des stalinistischen Imperiums!

Was aber haben die Ereignisse jener anderthalb Jahrzehnte mit der Entstehung des Weltkriegs zu tun? Die tragischen Helden des Buchs sind Bismarck und der russische Außenminister Giers. Sie suchten das bestehende außenpolitische System zu bewahren, weil es zugleich den Frieden bewahrte und den Interessen ihrer eigenen Nation, wie sie diese sahen, diente. Die französischen und russischen Politiker (wie der große Panslawist Katkow), die das französisch-russische Bündnis anstrebten, wollten das außenpolitische System ändern; den Krieg, der dazu faktisch nötig war, nahmen sie als vermutlich unvermeidlich in Kauf. Dieses Urteil, das ich aus dem Buch folgere, ist summarisch, denn die Personen sind verschieden und ihre Urteile schwanken; aber dies ist der resultierende Eindruck. Kennan selbst sagt, »wie weitverbreitet die Idee von der Unvermeidbarkeit von Kriegen unter den europäischen Großmächten war, und mit welcher Leichtfertigkeit man die Möglichkeit Krieg kalkulierte. ...man verstand nicht, daß ein Krieg unter industrialisierten Großmächten in moderner Zeit ein sinnloses, selbstzerstörerisches Unternehmen geworden ist...« (B 461)

Kennan geht in spezieller Weise auf die Strukturfehler zumal der russischen Politik ein. »Das Streben nach äußerer Macht und Ruhm hinderte das Gelingen des ungeheuren Wandlungs- und Anpassungsprozesses der russischen Gesellschaft, ohne den das Zarentum geringe Überlebenschancen hatte. Die außenpolitischen Abenteuer waren von Nachteil, selbst wenn sie erfolgreich gewesen wären. ... Worauf gehen solche katastrophalen Fehler zurück? ... In erster Linie auf den Geist des Nationalismus, der so große Teile der gebildeten russischen Gesellschaftsschicht in den Nachwehen des Krimkriegs erfaßt hatte.« (B 454–5) Wir müssen »den aufstrebenden Nationalismus, der die Auslandsbeziehungen des russischen Reichs so verfälschte, in erster Linie dem allzuschnellen Fortschritt des sozialen Umschwungs im Rußland des neunzehnten Jahrhunderts zuschreiben. Denn eine Gesellschaft, die sich wegen tiefgreifender Veränderung ihrer Lebensbedingungen erfolgreich wandeln will, darf die natürliche Anpassungsfähigkeit des einzelnen Menschen nicht überfordern.« (B 457)

»Bismarck wurde oft vorgeworfen, er habe ein zu kompliziertes und verwickeltes Bündnissystem aufgebaut, das nur er selbst verstehen und handhaben konnte. Der Verfasser kann sich dieser Ansicht nicht ganz anschließen. Bismarcks Bündnissystem der achtziger Jahre sollte den Frieden zwischen den Österreichern und den Russen wahren... Die Schwäche dieses Konzepts (und das war Bismarcks Tragik) lag darin, daß der Status quo, den es zu erhalten suchte, von Anfang an brüchig und auf die Dauer unhaltbar war, gleichgültig, wieviel geniales staatsmännisches Können man immer darauf verwendet hätte. Es setzte eine fortdauernde Isolierung Frankreichs unter quasi erniedrigenden Bedingungen und die Unterdrückung jeder Spur der Unabhängigkeit Polens voraus... Es setzte ebenso die Stabilität des vielsprachigen, österreichisch-ungarischen Kaiserreichs voraus. Es beruhte auf der Annahme, daß in Rußland auch in Zukunft die Autorität des Zarentums genügen würde, alle nationalistischen und revolutionären Strömungen der Zeit zu unterdrücken.« (B 459)

Ich trete einen Schritt zurück, um das Bild als Ganzes zu betrachten. Was beweist diese Analyse anderes, als daß, für den Rückblick offenkundiger als für die Zeitgenossen, der Erste Weltkrieg fast unvermeidlich war? Liest man das Buch, wie ich es getan habe, Seite für Seite durch, so entsteht dieser Eindruck zunächst nicht. Wie in einem gut geschriebenen Roman wird die Spannung aufrechterhalten durch die Hoffnung, in dem tausendfältigen Geflecht menschlicher Entscheidungen werde ein Weg der Vernunft gefunden werden. Man meint zu spüren, daß der Autor selbst sich in dieser Suggestion hält, obwohl er den Ausgang weiß. Er muß in der Tat so schreiben. Als professioneller Diplomat sieht er die verpaßten Möglichkeiten, die offenen Türen, durch die niemand gegangen ist. Erst der »Epilog«, aus dem ich vorhin ausführlich zitiert habe, stellt die Frage, warum dies der Ausgang war, in ihrer schlichten Allgemeinheit. Und nun ist das Faktenmaterial gesammelt, das die zitierten generalisierenden Schlüsse rechtfertigt und damit im Grunde die Selbstsuggestion des Autors Lügen straft: der Historiker belehrt den professionellen Diplomaten über die Grenzen der vernünftigen Politik.

Hier sollte man nun Kennans Memoiren zur Hand nehmen; sie zeigen, wie er genau dieselbe Erfahrung, die er als Historiker an anderen schildert, als Diplomat an sich selbst gemacht hat.

Zunächst wird in den Memoiren die Prägung durch die Herkunft aus der Familie deutlich: selbständige, puritanische schottisch-englische Siedler, pioneers, wie es sie in Amerika gab, als es in Europa kaum mehr möglich war, so zu leben. »Die Familie war weder reich noch arm... Es gab nicht einen Angehörigen, der nicht lange und hart mit seinen Händen gearbeitet hätte... Sie akzeptierten ihre Lage als logische Folge ihres leidenschaftlichen Unabhängigkeitsdranges... Waren die Zeiten schlecht, und sie waren es oft, dann sandte man Seufzer und Wehklagen nach oben zu Gott, aber nie hinüber nach Washington.... Nicht einer meiner amerikanischen Vorfahren hatte je in größerem Maße Untergebene beschäftigt; nicht einer hatte je seine eigene Arbeitskraft einem Unternehmer verkauft, der Gewinn aus ihr schlug. Die klassische soziale Zwangslage, auf die vor allem Marx aufmerksam gemacht hatte und der seine Anhänger eine so überwältigende Bedeutung zuschrieben, traf auf diese Familie nicht zu.« (M I 14–15)

Der 1904 in Milwaukee geborene schüchterne und begabte Junge kommt an die Universität Princeton, tritt nach dem College-Studium in den diplomatischen Dienst ein, findet eine Chance zu akademischer Weiterbildung innerhalb des Auswärtigen Dienstes, wenn er sich zum Spezialisten einer der »vier seltenen Sprachen: Chinesisch, Japanisch, Arabisch oder Russisch« (M I 31) ausbilden lassen würde, er wählt Russisch und damit, wie sich zeigen sollte, sein politisches Schicksal. Er kommt, da die Vereinigten Staaten noch keine diplomatischen Beziehungen zur Sowjetunion unterhalten, zum Studium nach Deutschland, zur dienstlichen osteuropäischen Schulung ins Baltikum. Hier, im Europa der Zwanzigerjahre, wird ihm die Katastrophe des Ersten Weltkriegs klar. Er kommt aus einer Welt, in welcher der Krieg nicht das unvermeidliche Schicksal jeder oder jeder zweiten Generation ist. Für die Amerikaner unseres Jahrhunderts waren die Große Depression um 1930 und der Vietnamkrieg um 1970 tiefere Erschütterungen als beide Weltkriege; und beide Erschütterungen lagen damals noch in der Zukunft.

Mit der Anerkennung der Sowjetunion 1933 kommt Kennan an die neuerrichtete amerikanische Botschaft nach Moskau. In Prag und dann in Berlin erlebt er den Kriegsbeginn. Nach einem Lissaboner und einem Londoner Zwischenspiel kommt er 1944 wieder nach Moskau. Ich übergehe seine höchst lehrreichen Erlebnisberichte und Urteile aus diesen Zeiten, da ich dem zentralen Thema seiner diplomatischen Tätigkeit, der amerikanischen Rußlandpolitik nach gewonnenem Zweiten Weltkrieg zusteuere. Ich bemerke nur, daß ihn auch der Zweite Weltkrieg, den er handelnd miterlebte, nicht mit dem Erlebnis der Unvermeidlichkeit, sondern eher wie ein zwar begreifliches, aber eigentlich wahnsinniges Schicksal traf. Mit der ihm eigenen Gerechtigkeit, vertieft durch langjährige Vertrautheit mit Deutschland, sah er nicht, wie so viele, in Hitler oder gar in der deutschen Tradition einfach das böse Prinzip, sondern machte sich die Ursachen des Geschehens klar. Er verstand, daß die Politik der Alliierten in und nach Versailles das Unheil heraufbeschwor; ich würde sagen, sie war zu hart, um die Deutschen zu versöhnen, zu weich, um sie definitiv zu schwächen. Auch hier war ein reiches Feld für die Analyse versäumter außenpolitischer Möglichkeiten.

All dies kann ich von den Urteilen und verzweifelten Anstrengungen meines Vaters her, die ich aus nächster Nähe miterlebt habe, nur zu gut verstehen. Es ist erstaunlich, wie tief der gemeinsame diplomatische Beruf gemeinsame Reaktionsweisen ausprägt. Auch mein Vater wollte seinem Lande dienen; auch mein Vater hatte, in der Weimarer Republik, die bis zur Verzweiflung reichende Irritation über die Unmöglichkeit, rationale Außenpolitik mit Politikern durchzuführen, deren dominantes Interesse der innenpolitische Machtkampf war, so wie Kennan es in Amerika vor 1945 und nach 1948 erlebte; auch mein Vater hielt Kriege für vermeidbar und ihre Vermeidung für lebensnotwendig. Freilich steckte uns die Kriegserfahrung ursprünglicher in den Gliedern als den amerikanischen Pionieren. Keine unserer Familien sähe so aus, wie sie ist, wenn Napoleon nicht gelebt hätte, pflegte mein Vater zu sagen. Ich kannte noch die nahen Verwandten, die 1866 als Württemberger gegen die Preußen, 1870 als Deutsche gegen die Franzosen in den Krieg gezogen waren. Im Ersten Weltkrieg fiel einer der zwei Brüder meines Vaters, mein Pate, und zwei der drei Brüder meiner Mutter, der dritte wurde schwer verwundet. Für mich als kleines Kind war die Front das unsichtbare Unheimliche, wo die Männer waren, und Verwundete an Krücken oder mit Kopfverbänden ein täglicher Anblick. Aber eben die Erfahrung des Ersten Weltkriegs hatte genügt, um uns zu belehren, daß Krieg in unserem Zeitalter nicht mehr sein dürfe. Nur die unendliche Schwierigkeit dieser Aufgabe lastete auf unserem Bewußtsein.

Da ich mich dem Punkt nähere, in dem meine Urteile, zumal in der Vergangenheit, von denen Kennans abwichen, erlaube ich mir ein Wort über meinen eigenen widerspruchsvollen Weg zu diesen Problemen. Als elf- bis zwölfjähriger Schüler, etwa 1924, hatte ich zwei unvereinbare Verhaltensweisen zum abstrakten Problem »Krieg«. Einerseits beteiligte ich Familie und Freunde am Spiel einer Phantasiewelt, in der vor allem Außenpolitik getrieben wurde, mit Notenwechseln und Abrüstungskonferenzen, und in der es natürlich zum Krieg kam, den ich ebenso natürlich gewinnen wollte. In diesem intellektuellen Spiel eignete ich mir die uralte Logik des Machtkampfs an. Andererseits las ich die Bergpredigt, war zutiefst von ihr beeindruckt, und meinte, Kriegsdienstverweigerung sei religiöses Gebot. Die Unvereinbarkeit beider Haltungen verdrängte ich, indem ich mir meine Zukunft als die eines Naturwissenschaftlers, eines Astronomen ausmalte. Ich gebe diese persönliche Schilderung, wie auch Kennan seine persönlichen Prämissen nicht verbirgt, weil man die eigenen Meinungen wohl kritischer beurteilen kann, wenn man ihre naive Herkunft kennt.

Abstrakt würde ich heute mein Dilemma als die unbewältigte welthistorische Aufgabe der vernünftigen Bändigung der Macht bezeichnen. Das konkrete Schlüsselerlebnis der Mannesjahre hierzu war für Kennan die Erfahrung des sowjetrussischen Machtsystems, für mich die Erfindung der Atombombe. Beide sind wir unserem Schlüsselerlebnis mit dem Versuch vernünftiger Mäßigung begegnet. Hier aber beginnt der Unterschied. Kennan war in seinem Problem legitimerweise konsistenter als ich in meinem. Man kann sich vorstellen, daß vernünftige Mäßigung gegenüber dem Sowjetsystem ausreicht. Daß sie der Atombombe gegenüber ausreiche, habe ich, obwohl ich sie zu praktizieren versucht habe, in der Tiefe nie glauben können. Ehe ich hierauf komme, als auf eben das Problem, in dem heute unsere Bundesgenossenschaft notwendig scheint, sollte ich aber seinen diplomatischen Weg weiter verfolgen.

Kennans Schilderung der stabilen Machtbesessenheit der Sowjetführer, ihrer totalen Immoralität, ihrer perfekten Taktik verbunden mit grotesker Fehleinschätzung der Menschen anderer Mentalität, ihres durch Jahrzehnte durchgehaltenen Doppelspiels von Lüge und im stillen gewußter Wahrheit, ihrer im präzisen Marxschen Sinne ideologischen Rechtfertigung dieses Verhaltens – diese Schilderung ist unübertrefflich; man muß sie lesen, man kann sie nicht adäquat referieren. Kennans Leiden aber ist letztlich wohl nicht das Leiden gegenüber diesem System, das eine von ihm geliebte Nation unbefreibar beherrscht, sondern das Leiden an der Unfähigkeit der Politik seiner eigenen Nation gegenüber diesem System. Noch etwas vordergründig, aber wohl nicht falsch, mag man sein Verhältnis zu den sowjetischen Machthabern als das des Professionellen zum gegnerischen, aber kraft seiner Professionalität berechenbaren Professionellen bezeichnen, sein Verhältnis zur amerikanischen Politik aber als das des Professionellen zur unberechenbaren Torheit hoffnungsloser Dilettanten. Vordergründig bleibt diese Kritik insofern, als ein Dilettantismus, dessen wahres Motiv die Prestige-Bedürfnisse der Innenpolitik sind, in Lebensfragen der Nation ein moralisch unverzeihliches Verbrechen ist.

Dem Inhalt nach gliedert sich seine Kritk am amerikanischen Dilettantismus in zwei entgegengesetzte Phasen, zwischen denen die kurze Epoche seines eigenen Erfolgs, seines prägenden Einflusses auf die amerikanische Außenpolitik liegt, also die Zeit von 1946 bis 1948. Vorher, in der Ära Roosevelt, war die amerikanische Rußlandpolitik beherrscht von absurden Vorstellungen, man werde mit den Sowjetführern schon zurechtkommen, wenn man ihnen nur von Mensch zu Mensch begegne und die gemeinsamen Probleme gemeinsam regle. Daß die russische Tradition des Mißtrauens, die marxistische Doktrin der unvermeidlichen Todfeindschaft von Sozialismus und Kapitalismus und, mehr als alles, die längst eingefahrene Machtpraxis einer herrschenden Gruppe diese amerikanischen Träume lediglich als Torheiten des welthistorischen Gegners benützen würden, legte Kennan in wiederholten Memoranden dar, und endlich, 1946, hattte er den Erfolg, seine Landsleute zu überzeugen. Er wurde Chef des Planungsstabs im State Department, gab dem Marshall-Plan seine konkrete Gestalt und leitete damit die Politik der wirtschaftlichen und politischen Wiederherstellung Europas und somit der politischen Eindämmung (containment) der Sowjetmacht ein. Aber mit Entsetzen sah er, daß Eindämmung alsbald militärisch verstanden wurde, und daß man damit die russische Gefahr gerade dort sah, wo sie seiner Überzeugung nach nicht lag. So begann die Phase seines zweiten Dissenses mit der amerikanischen Außenpolitik, der bis heute anhält.

Während ich aber bis hierher seine Analysen und sein Verhalten nur zustimmend und bewundernd referieren konnte, muß ich nun ins Detail gehen. Denn wenigstens damals war ich über mehrere der Kernfragen nicht seiner Meinung. Ja, ich gestehe, daß ich diese seine damalige Meinung erst heute, durch Lektüre seiner Bücher, verstehe – so unplausibel waren mir einige ihrer Elemente. Dabei gebe ich, seit ich ihn verstehe, zu, daß er in gewissem Sinne recht hatte; aber eben in welchem Sinne, das muß geklärt werden.

Kennans Konzept in der Zeit, in der sich sein zweiter Dissens mit der Politik der amerikanischen Regierungen entwickelte, läßt sich an drei Problemkreisen darstellen, am Verhältnis zu Rußland, zu Deutschland und zur Atombombe – und zwar genau in dieser Reihenfolge der Themen.

Ein in Moskau im Mai 1945 geschriebenes Memorandum über das Verhältnis zu *Rußland* resümiert er in seinen Memoiren in den drei Thesen:

»1. daß die Russen aus Gründen ihrer inneren Machtstruktur die Hegemonie wahrscheinlich nicht über das gesamte von ihnen zunächst kontrollierte osteuropäische Gebiet würden aufrechterhalten können, es sei denn mit Zustimmung und Unterstützung des Westens; daß ohne solche Unterstützung gewisse politische Positionen zurückgenommen werden müßten,

2. daß das übertrieben enge Hand-in-Hand-Arbeiten mit Rußland, das man unser Volk zu erhoffen gelehrt hatte, für die Erhaltung des Weltfriedens nicht wirklich entscheidend war –

daß ein vernünftiges Ausbalancieren der Macht und das Respektieren der gegenseitigen Interessensphären dasselbe erreichen würden. Und

3. daß Moskau keinen Anlaß habe, ein weiteres militärisches Vordringen in Europa zu erwägen; daß dem Westen nicht von einer russischen Invasion Gefahr drohe, sondern von den im Westen selbst bestehenden kommunistischen Parteien und von den irrealen Hoffnungen und Befürchtungen, mit denen man die Völker im Westen gefüttert hatte.« (M I, S. 255)

Aus dieser Analyse der Politik, die der Sowjetführung möglich sein würde, folgte der Entwurf für eine amerikanische Politik gegenüber Rußland. Es ist eine Politik der Mäßigung, des Verzichts sowohl auf Verbrüderung wie auf Todfeindschaft. Als Kennan dann 1946, zurück in USA, viele Vortragsreisen in seinem Heimatland machte, fand er am fähigsten zum Verständnis dieser Mäßigung »die Geschäftsleute: nicht leicht zu überzeugen, kritisch, nüchtern, vertraut mit der dialektischen Art der Auseinandersetzung, die es gestattet, einen Konkurrenten zu bekämpfen, ohne daß darum gleich sein Ruin notwendig oder auch nur wünschenswert würde, und deshalb fähig zu begreifen, daß der sowjetisch-amerikanische Gegensatz zwar ernster Natur sei, aber dennoch nicht durch Krieg aus der Welt geschafft werden müsse« (M I, S. 302).

Am wichtigsten für diese Politik der Mäßigung war die psychologisch präzise und eben darum (wie jede echte Präzision) maßvolle Beurteilung der russischen Ziele. Kennan vermied zunächst – ich möchte sagen, selbstverständlich für einen solchen Kenner Rußlands und des Marxismus – die im Westen bis heute so verbreitete Verwechslung der für den Marxismus unentbehrlichen Hoffnung auf soziale Weltrevolution mit dem Plan einer militärischen Welteroberung durch Rußland. Er führte die russische Machtpolitik auf das tödliche Mißtrauen eines in grenzenlosen Ebenen stets bedrohten Volks und einer wegen ihrer unheilbaren Rückständigkeit stets bedrohten Regierung zurück. Über den Zusammenhang traditionell-russischer Politik mit dem Marxismus machte er einmal die höchst interessante Bemerkung: »Es war kein Zufall, daß der Marxismus, der in Westeuropa ein halbes Jahrhundert wirkungslos geschwelt hatte, zuerst in Rußland aufloderte. Nur in diesem

Land, das niemals einen freundlichen Nachbarn gekannt hatte oder überhaupt irgendein Gleichgewicht verschiedener einander tolerierender nationaler oder internationaler Kräfte, konnte eine Doktrin gedeihen, die ökonomische Probleme der Gesellschaft als auf friedliche Weise unlösbar bezeichnete.« (M I, S. 557)

Man kann die damals von Kennan empfohlene Rußlandpolitik auch eine Politik der Distanzierung nennen, gleich weit entfernt von der Umarmung des Freundes wie vom Clinch des Boxers. Er war gegen jede Einmischung in innerrussische Angelegenheiten. »Volk und Regime waren durch eine dialektische Beziehung aneinander gebunden, so daß man dem Volk nicht helfen konnte, ohne dem Regime zu helfen, und dem Regime nicht schaden, ohne dem Volk zu schaden. Unter diesen Umständen war es sicherlich besser, gar nicht den Versuch zu machen, zu helfen oder zu schaden, sondern das Volk in Ruhe zu lassen.« (M I, S. 279) Noch wichtiger ist die europa-politische Konsequenz. »Während der ganzen ersten Nachkriegszeit befürwortete ich – wohl als einziger in den oberen Rängen der Regierungsbeamten – die sofortige und klare Anerkennung der Aufteilung Europas in Einflußsphären, und eine darauf aufbauende Politik.« (M I, S. 258) »Der erste Grund... war die Überzeugung, daß wir in dem sowjetisch kontrollierten Gebiet doch keinen wirklichen Einfluß würden geltend machen können, und daß es würdelos und sogar irreführend wäre, so zu tun als glaubten wir das. Der zweite Grund war, daß ich den Eindruck hatte, wir würden... eigene Wiederaufbaumaßnahmen in dem Teil von Europa verschleppen, der unserem Einfluß wirklich offenstand.« (M I, S. 261)

Diese »Politik der Interessensphären« (S. 261) war aber gerade nicht gemeint als Anerkennung einer permanenten Teilung Europas, sondern, wie die obige These I zeigt, als unerläßlicher erster taktischer Schritt, um die Russen zu einem begrenzten Rückzug aus wenigstens einigen wichtigen Gebieten Osteuropas zu veranlassen. Kennan war überzeugt, daß die Herrschaft über diese Gebiete die Russen stets überfordert hat. »Die westlichen Gebiete hatten sich... für das Zarentum als unverdaulich erwiesen. ... Unter Krämpfen wurden sie (1917) ausgespien. Und sogleich nach diesem Ereignis begann Sowjetrußland sich robuster politischer Gesundheit zu erfreuen. ... Der Verlust der Westprovinzen war also für den russischen Staat eigentlich eine Wohltat und einer der Umstände, die es dem Kreml ermöglichten, sich mit Erfolg eines in Wahrheit antiquierten Regierungssystems und eines Dogmas voll unrealistischen Wunschdenkens zu bedienen.« (M I, S. 538)

Im Blick auf die Möglichkeit eines erneuten russischen Rückzugs aus einigen der »unverdaulichen« Gebiete war Kennans Europa-Konzept entworfen; es hing wohl nicht an dieser Möglichkeit, aber sie offenzuhalten war eines seiner Ziele. Das läßt sich am besten am härtesten der zu lösenden Probleme erläutern, am Problem *Deutschlands*.

Es gibt wenige so gute Kenner der fundamentalen Probleme der neueren deutschen Geschichte wie Kennan; den meisten Ausländern fehlt dazu die Nähe, den meisten Deutschen die Distanz. Er erwog nun »die Rolle des Nationalismus im Leben und Handeln der Deutschen. Im großen und ganzen schien es mir, als ob nur diejenigen Völker mit dem emotionellen Druck nationaler Instinkte fertig geworden wären, die schon in der dynastischen Ära nationale Einheit gekannt hatten, also vor den napoleonischen Kriegen... . Auf die anderen, denen der Sinn für nationale Einheit erst später aufgegangen war, hatte das Nationalgefühl berauschend gewirkt wie junger Wein.« (S. 416) Was sollte man nun, 1945, tun, um die Versailler Fehler von 1919 nicht zu wiederholen? »Die Idee einer Teilung – der Wiederaufsplitterung des Landes in eine Vielzahl kleiner souveräner Staaten, erschien mir inzwischen wirklichkeitsfremd. ... dann mußte man sich in Deutschland und in Europa der Mittel der Zukunft bedienen... Nur im festen Gefüge eines geeinten Europas würde ein geeintes Deutschland erträglich sein.« (S. 416–417)

Dieses Konzept hatte eine Reihe notwendiger Implikationen. »Aus all diesen Überlegungen zog ich den Schluß, daß wir für Europa eine Union der Kontinentalstaaten ansteuern sollten: scharf genug abgegrenzt gegen Großbritannien, um das Aufgehen Deutschlands in einer größeren Gemeinschaft zu ermöglichen; scharf genug abgegrenzt gegen uns selbst und die Kanadier, um wirklich kontinental zu sein – völlig getrennt vom Atlantikpakt und somit geeignet als Auffangstellung für die kleineren mittel- und osteuropäischen Länder. ... Zwei weitere Voraussetzungen... Die erste war, daß die Deutschen zwar vielleicht in irgendeiner angemessenen Form an den Verteidigungsanstrengungen des Westens beteiligt, aber nicht Mitglied der NATO würden und auch keine eigenen Streitkräfte bekämen. Die zweite war, daß die treibende Kraft jeder politischen Einigungsbewegung des Kontinents... selbstverständlich Frankreich sein würde.« (S. 453–454) Ein gaullistisches Konzept, zehn Jahre ehe de Gaulle erneut zur Macht kam.

Als einen entscheidenden Fehler, der alle Chancen verdarb, mußte Kennan die Gründung der NATO, zumal unter Einbeziehung Westdeutschlands, ansehen. In einer hochinteressanten Denkschrift von 1952 setzt er auseinander, wie verwirrend diese Gründung auf die sowjetische Führung wirken mußte. Die russische Führung, die keinen militärischen Angriff auf Westeuropa plante und nichts von ihm profitieren konnte, die aber nicht ahnte, daß man dies in USA und Westeuropa nicht wußte oder nicht glaubte, mußte die Gründung der NATO als die Vorbereitung eines militärischen Angriffs des Westens auf die Sowjetunion interpretieren. In ihrer eigenen Optik blieb ihr nun keine Wahl als der Rüstungswettlauf.

Ich bekenne noch einmal, zu meiner Schande, daß ich dieses Konzept Kennans erst 1982, durch verspätete Lektüre seiner Memoiren, kennengelernt habe. Natürlich liefen Gedanken solcher Art in den zehn Jahren nach Kriegsende bei uns um. Die durch Adenauer vertretene Außenpolitik, die zur NATO und zur deutschen Wiederbewaffnung führte, fand bei uns damals viele Kritiker. Aber weder in den neutralistischen Gedanken von Schumacher oder Heinemann, noch in den privaten scharfsinnigen Analysen meines Freundes Georg Picht habe ich jemals den Grad von Konsistenz gefunden, den ich jetzt in Kennans Konzept wahrnehme. Jedenfalls gestehe ich, daß ich damals alle diese Tendenzen für aussichtslos und Adenauers Außenpolitik, jedenfalls in ihren Grundzügen, für unvermeidlich gehalten habe. Mit Adenauer kam ich erst über das Problem der Atomwaffen in Konflikt; über dieses Problem unten. Erst in den Frühwehen der Brandtschen Ostpolitik habe ich, unter dem suggestiven Einfluß von Gesprächen mit Horst Afheldt und mit tschechischen Besuchern, 1965 einen Aufsatz »Wiedervereinigung Deutschlands und Europas« mit oberflächlich ähnlichen Gedanken geschrieben, einen Probeballon, den ich damals nicht zu veröffentlichen wagte (jetzt in »Der bedrohte Friede« 1981).

Wie hätte ich auf Kennans Konzept reagiert, wenn ich es zur Zeit seiner Entstehung oder wenigstens in der früheren Adenauer-Ära kennengelernt hätte? Es hätte mich gewiß fasziniert, aber ich vermute, daß ich ihm gegenüber am Ende doch in drei Ebenen skeptisch geblieben wäre: schlicht skeptisch gegenüber seiner pragmatischen Realisierbarkeit, freundlich skeptisch gegenüber seiner Wünschbarkeit, tief skeptisch gegenüber der Lösbarkeit dessen, was ich für die eigentlichen Probleme unserer Zeit hielt, in der Ebene solcher außenpolitischen Konzepte.

Schlicht skeptisch gegenüber der Realisierbarkeit. Kennan selbst berichtet, wie unmöglich es ihm war, die amerikanische, die britische und die französische Regierung 1948 von seinen Gedanken zu überzeugen. Mit Adenauer wäre es ihm wahrscheinlich noch schlechter ergangen. Diese Leute hatten freilich wohl alle schlicht kein Organ für die Subtilität des von ihm vorgeschlagenen Schachspiels. Aber sie hatten vielleicht pragmatisch nicht unrecht in ihrer Reaktion; selbst wenn ein Einzelner Kennan verstanden hätte, hatte er eine Chance, das Spiel in einer verständnislosen Welt durchzusetzen?

Eine tiefere Skepsis gegenüber der Realisierbarkeit hätte wohl das Verhalten der Russen betroffen. Würden sie sich jemals sicher genug fühlen, um einen Rückzug aus einem wichtigen besetzten Land, sagen wir Ostdeutschland oder Polen zu riskieren? Ich erinnere mich sehr wohl an meine Reaktionen auf das Tauwetter 1953, auf Ungarn 1956, die Tschechoslowakei 1968, Polen 1980. Immer wieder sagten die Beteiligten: »Diesmal wird es so gemacht, daß es nicht scheitern wird.« Immer wieder flammte meine Hoffnung auf, ich möchte Rußland falsch beurteilt haben. Und immer wieder geschah die Bestätigung: Rußland ist zu schwach, um eine seiner Positionen räumen zu können; es muß Gewalt üben. Kennan mag plausibel machen, daß eben sein Konzept den Russen die Bedrohungsangst soweit genommen hätte, daß sie den Rückzug ertragen hätten. Die welthistorische Probe hierauf ist nicht gemacht, und er kennt Rußland besser als irgendeiner von uns; und doch bleibe ich skeptisch.

Hiermit hängt etwas zusammen, was ich schlicht als eine Lücke in Kennans Argumentation empfinde. Gerade wenn die russische Politik von Mißtrauen und Sicherheitsbedürfnis bestimmt und ungläubig gegenüber den freundlichen Absichten irgendeines Nachbarn ist, so ist für sie eine der wichtigsten Rollen des Militärs nicht die faktische Eroberung jener Nachbarstaaten, sondern ihre Einschüchterung durch die Drohung mit solcher Eroberung. Diese Einschüchterung ist leichter gegenüber einem gespaltenen als einem geeinten Westen. Kennan berichtet, daß die russische Führung anfangs glaubte, Westeuropa werde sich aus seiner Krise nicht erholen und werde ihr, der Sowjetunion, politisch in wenigen Jahren zum Opfer fallen; es mag sein, daß in der Tat nur der von Kennan ausgearbeitete Marshall-Plan das verhindert hat. Aber konnte man den westeuropäischen Regierungen verübeln, wenn sie sich gegen die Drohpolitik der Russen erst sicher fühlten, wenn sie glauben konnten, daß die Drohung eines militärischen Einmarschs wirklich auch militärisch aussichtslos war? De Gaulles Europa-Konzept stand und fiel mit dem Erwerb der Atomwaffe durch Frankreich; nur dadurch fühlte er sich den Russen gegenüber in einer hinreichend starken Verhandlungsposition. Ich sage hier nicht, daß die NATO-Politik richtig gewesen sei; ich sage nur, warum Kennans Alternative mich vermutlich nicht überzeugt hätte. Es kommt vor, daß von zwei Alternativen keine die Lösung ist.

Freundlich skeptisch gegenüber der Wünschbarkeit. Das betrifft die deutsche Wiedervereinigung. Aus Familientradition habe ich das deutsche Nationalempfinden maßvoller süddeutscher Verehrer von Bismarck mitbekommen. Ich reise seit über zwanzig Jahren durchschnittlich einmal im Jahr in die DDR; als ich zum erstenmal dorthin kam, in den späten Fünfzigerjahren, war mein spontanes, erstauntes Empfinden: »Ich bin wieder in Deutschland.« Skepsis gegenüber der Wünschbarkeit der Wiedervereinigung hat also bei mir, wenn ich mich richtig verstehe, keinen persönlich affektiven Grund. Aber erstens glaube ich nicht, daß der selbst von so einsichtigen Amerikanern wie Kennan oder Kissinger gefürchtete nationalistische

Affekt in der Bundesrepublik jemals seit dem Wirtschaftswunder eine politische Chance gehabt hat. Selbst die von Kennan zitierte zeitweilige Besoffenheit des deutschen Nationalismus, etwa von 1870 bis 1945, war ein Symptom seiner Wurzellosigkeit; die Deutschen wurden nationalistisch, roh gesagt, durch Napoleon, und wurden davon kuriert durch Hitler. Ich lobe hier die Deutschen nicht, ich tadle sie; ihre Gehorsamsbereitschaft akzeptiert die Teilung des Landes wie sie Hitler akzeptiert hat. Aber ich sage damit unseren westlichen Freunden, daß nicht der deutsche Nationalismus unsere Hauptsorge sein muß.

Tiefer geht die zweite Frage, ob und wie man als Deutscher die Wiedervereinigung Deutschlands wollen sollte. Hier teile ich spontan und aus vollem Herzen Kennans Meinung: *nur* im Rahmen einer Wiedervereinigung Europas. Aber ebenso aus vollem Herzen – vielleicht entgegen manchen vernünftigen Argumenten – kommt mir seit meinem ersten – langen – Besuch in Amerika 1949/50 der Wunsch, daß wir mit jenem Land in einer möglichst nahen politischen Verbindung leben sollten. Die dortige Erfahrung von Freiheit (in Kennans Schilderung seiner Familie so eindrucksvoll präsentiert) und die skeptische Weisheit des alten Europa hätten einander so viel zu bieten, was zur Meisterung der wahren Probleme unserer Zeit unerläßlich sein könnte. Deshalb habe ich Adenauers Westorientierung spontan begrüßt und den gaullistischen antiamerikanischen Affekt unausstehlich gefunden. Das sind bloß Gefühle, aber wenn von Wünschbarkeiten die Rede ist, darf man sie vielleicht äußern.

Tief skeptisch gegenüber der Lösbarkeit unserer wahren Probleme durch noch so gute konservative außenpolitische Konzepte. Das hat viele Facetten, und ich wähle als Ausgangspunkt den Problemkreis der *Atombombe*. Hier liegt, wie ich weiter oben sagte, meine eigene prägende Erfahrung. Natürlich fällt mir bei der Lektüre von Kennans Memoiren auf, wie spät ihm dieses Problem in seiner Tragweite zu Bewußtsein gekommen ist. Erst ein Bericht von Ende 1949 nimmt es voll auf, ein Text, den er dann freilich charakterisiert als »eines der wichtigsten, wenn nicht das wichtigste aller Dokumente, die ich je im Regierungsdienst verfaßte« (S. 470). Dort fordert er schon dasselbe, was heute wieder sein öffentliches Thema ist: den ausdrücklichen Verzicht auf einen Ersteinsatz der Atomwaffen. Die gedanklichen Voraussetzungen dafür hatte er sich freilich schon in seinen Vorträgen in der Kriegsakademie (National War College) 1946 erarbeitet. Dort sagte er: »Der Lehrsatz vom totalen Krieg war ein Lehrsatz des neunzehnten und zwanzigsten Jahrhunderts gewesen. Wir würden nun wieder auf die Idee des begrenzten Kriegs zurückgreifen müssen, die im achtzehnten Jahrhundert modern gewesen war. ... Kurz gesagt: Die Menschheit würde sich damit abfinden müssen, daß Anwendung militärischer Gewalt in Zukunft für die Verfolgung politischer Ziele nur noch relativen, nie mehr absoluten Wert haben könne.« (M I, S. 313) Ich schiebe hier ein, daß einer der urteilsfähigsten Militärs, die ich je kennengelernt habe, mein Schwiegervater, der Schweizer Oberstkorpskommandant Ulrich Wille, mir 1947 sagte: »Als Folge der Atombombe kommt jetzt eine Ära begrenzter Kriege.« Ich wußte damals noch nicht, wie recht er hatte. Kennan jedenfalls schlug damals »kleine kompakte, stets einsatzbereite Einheiten« vor, »die fähig sein müßten, auf abgelegenen, räumlich begrenzten Kriegsschauplätzen kurzfristig wirksame Schläge auszuteilen«. Er forderte konkret »Verstärkung des Marinekorps, Intensivierung der Zusammenarbeit zwischen den einzelnen Wehrmachtteilen und Erhaltung der ständigen Einsatzbereitschaft der Kampfgruppen. Ich erhob diese Forderungen reichlich drei Jahre vor dem kommunistischen Angriff auf die Koreanische Halbinsel.« (S. 314–315)

Diese Zitate zeigen, daß Kennan, der im Krieg wohl noch nichts von den laufenden Arbeiten an der Atombombe wußte, in der Tat sehr schnell vernünftige pragmatische Folgerungen aus ihrem Erscheinen gezogen hat. Gleichwohl erlaube ich mir, zu sagen, daß ich spontan an den Rand seiner Darlegungen zum begrenzten Krieg geschrieben habe: »Reicht wohl nicht aus«, und an den Schluß: »Er hat, jedenfalls damals, die Weltveränderung durch die Atomwaffe nicht erkannt.«

Ich muß versuchen zu sagen, wie ich auf die Atomwaffe reagiert habe. Ich war an den deutschen Arbeiten hierüber beteiligt, und schon im März 1939, ein halbes Jahr vor Beginn dieser Arbeiten, hatte ich ein langes, erschütterndes Gespräch mit

Georg Picht über die mutmaßlichen politischen Folgen der Hahnschen Entdeckung. Die moralische Last fiel vorübergehend von uns ab, als wir erkannten, daß wir in den wenigen Jahren des Zweiten Weltkriegs keine Bombe machen konnten, und vermuteten, niemand in der Welt könne es. Als sich der Krieg seinem Ende näherte, schien mir zweierlei klar. Erstens war Deutschland, wie auch England und Frankreich, für immer aus dem europäischen Hegemoniekampf ausgeschieden; es gab nur noch zwei Hegemoniekandidaten: Amerika und Rußland. Zweitens war die Welt technisch so zur Einheit geschrumpft, daß der Kampf nun im eigentlichen Sinn um die Welthegemonie gehen würde. Ich erwartete noch mehrere Weltkriege, zwischen Amerika und Rußland, und, vielleicht, am Ende auch China. Um so tiefer war der Schock von Hiroshima: also würden diese Kriege mit Atomwaffen ausgetragen werden.

Dieser kurze Bericht genügt, um zu zeigen, wie radikal verschieden meine originäre Denkweise von der des Pionierssohnes und Berufsdiplomaten Kennan war. Für den amerikanischen Pionier ist der Hegemoniekrieg nicht das welthistorische Schicksal, sondern ein unbegreifliches Übel, eine Geisteskrankheit der Europäer. Für den gewissenhaften Diplomaten, jedenfalls unseres Jahrhunderts, ist die Vermeidung des nächsten Kriegs immer die höchste Berufspflicht; das habe ich von meinem Vater gelernt. Das puritanische und aufklärerische Selbstverständnis der amerikanischen Revolution schließlich war, daß die Übel der Machtpolitik europäischer Fürsten in diesem Lande nicht Platz greifen dürften; in diesem Sinne sollte es »God's own country« sein und später weltweit den »American way of life« propagieren.

Heute freilich fürchte ich, daß meine Denkweise der welthistorischen Realität näher war. Der Pionier in der Weite des nordamerikanischen Kontinentes lebte für zwei Jahrhunderte in einer historischen Ausnahmesituation, wie sie oft bei ungehinderter Expansion eintritt. Man hatte einen Erdteil zu kolonisieren ohne gleichwertige Gegner; die Ausrottung der Indianer war nicht als Krieg deklariert. In unserem Jahrhundert sind die Vereinigten Staaten wider Willen aber unausweichlich eine imperialistische Macht geworden, in dem Augenblick, in dem ihnen weltpolitische Verantwortung zufiel. Der Diplomat Kennan war 1949 in derselben Lage wie Bismarck und Giers siebzig Jahre früher. Um den Frieden zu bewahren, mußte er eine errungene Machtposition stabilisieren. Die Frage war und ist, ob sie stabilisierungsfähiger ist als es diejenige Bismarcks war.

Manche von uns Physikern haben damals alsbald eine viel radikalere Konsequenz gezogen: die Institution des Krieges müsse nunmehr eliminiert werden. Das war einigermaßen leicht zu denken, solange man naiv im amerikanischen Idyll lebte oder in das ideologische Idyll marxistischer Zukunftshoffnungen floh. Wie aber, wenn man sieht, daß Amerika seine Unschuld längst verloren hat, und daß jeder Versuch, den Marxismus zu realisieren, zu schrecklicheren Machtsystemen geführt hat als zuvor?

Mich hat dieser Gedanke zutiefst verunsichert. Vielleicht ist eben diese Verunsicherung der Ursprung alles dessen, was ich über Politik und Gesellschaft möglicherweise verstanden habe. Ich versuche das in vier Schritten anzudeuten: die Notwendigkeit der Abschaffung des Kriegs, die Unmöglichkeit der Abschaffung des Kriegs, der moralische Wandel und die pragmatische Politik.

Der Notwendigkeit der Abschaffung des Kriegs kann ich auf keine Weise ausweichen. Die Breite der Argumentation, die immer wieder zu diesem Schluß führt, kann ich hier nicht darstellen; ich behaupte nur, daß alle, die sie bestreiten, einem begreiflichen Wunschdenken erliegen. In der Friedenspreisrede in der Paulskirche 1963 habe ich gesagt: der Weltfriede ist Lebensbedingung des technischen Zeitalters. Er muß gewollt und politisch gesichert werden; er stabilisiert sich nicht technisch von selbst. Die Ära begrenzter Kriege, in der wir heute noch leben, ist der Verzicht auf den Einsatz der Atomwaffe, um die Institution des Kriegs zu retten. Aber die technische Entwicklung geht unablässig weiter. Man entwickelt Atomwaffen zu begrenztem Einsatz. Die Hoffnung, zu garantieren, daß sie nie eingesetzt werden, ist Träumerei. Auch werden andere, biologische, chemische Waffen von vergleichbarer Potenz entwickelt. Dem radikalen Wandel der Lebensweise und des Bewußtseins, den die Naturwissenschaft gebracht hat, muß ein ebenso radikaler Wandel der politischen Institutionen und des politischen Bewußtseins folgen; anders können wir nicht überleben.

Die Unmöglichkeit der Abschaffung des Kriegs ist unsere tägliche Erfahrung. Es ist notwendig, darüber nachzudenken, warum das so ist. Wieder lasse ich die Breite der Argumentation beiseite; vgl. z. B. das Kapitel über Macht in »Wege in der Gefahr«. Unsere sämtlichen politischen Institutionen sind der Existenz der ultima ratio des Kriegs angepaßt; das ändert sich nicht durch Appelle an den guten Willen oder an die Vernunft. Macht als Motiv ist unausweichlich, gerade weil sie sich selbst fast immer defensiv begründet. Man hat freilich in der Vergangenheit lokale bewaffnete Konflikte (von Burg zu Burg, von Stadt zu Stadt) überwinden gelernt, durch die doppelte Erfindung der Artillerie und des Territorialstaats. Aber diese Analogie würde besagen, daß die Institution des Kriegs erst durch einen letzten Weltkrieg eliminiert würde. Dies ist in der Tat heute das Wahrscheinliche.

Der moralische Wandel ist darum unerläßlich. Selbst wenn der Weltfriede durch politische Macht stabilisiert würde, hätte er alle Wahrscheinlichkeit, eine unerträgliche Tyrannei zu werden. Es ist unmöglich, den intellektuellen und technischen Bewußtseinswandel der Neuzeit ohne einen ebenso radikalen moralischen Bewußtseinswandel zu überleben. Der Weg, auf dem wir heute dahin geführt werden, ist das Leiden. Wer die Gefahren voraussieht wie Kennan, dem geschieht das Leiden durch die Erkenntnis.

Die pragmatische Politik, die man machen soll, wenn man all dies erkannt hat, ist das heutige Thema. Zunächst skizziere ich, sehr verkürzt, Kennans eigenen politischen Weg, seit seine Regierung sein Konzept verworfen hatte.

Er schied, zuerst nur beurlaubt, aus dem Auswärtigen Dienst aus, wurde aber von Truman 1952 zurückgerufen und als Botschafter nach Moskau geschickt. Dieses Zwischenspiel erscheint in seinen Memoiren (M II) als zweiseitig unglücklich. Er war einerseits seinem eigenen Lande gegenüber tief bedrückt, eine Politik vertreten zu müssen, die er für falsch und hochgefährlich hielt. Die russische Führung andererseits (in Stalins letztem Lebensjahr!) begegnete ihm mit tiefstem Mißtrauen, man wird sagen dürfen, weil sie sich von ihm durchschaut fühlte; daß gerade er intern eine Politik empfohlen hatte, mit der sie hätte leben können, wußte sie wohl nicht. Einen falschen Zungenschlag bei einem Interview, das er gab, nahm sie zum Anlaß, ihn als »persona non grata« abzuschieben. Dem psychoanalytisch verseuchten Leser drängt sich die Frage auf, ob sein Unbewußtes nicht hier nur die Fehlleistung produziert hatte, die ihn aus einer unmöglichen Situation rettete.

Er wurde Historiker, einer der besten lebenden. 1957 machte er noch einmal politische Schlagzeilen mit den Reith-Lectures im englischen Rundfunk, die seine Situationsanalyse und seine Lösungsvorschläge – zeitgemäß angepaßt – wohl zum erstenmal dem breiten europäischen Publikum bekannt machten. Mich beeindruckte damals sein Ansatz; aber da ich sah, daß er bei den europäischen Regierungen, zumal der deutschen, die ich eben damals von meiner Auffassung überzeugen wollte, keine Chance hatte, bezog ich mich öffentlich nicht auf ihn.

Ich überspringe zwanzig Jahre. 1977 publizierte er das Buch »The Cloud of Danger« (hier als W bezeichnet). Das Buch »war ursprünglich gedacht als Kommentar zu den Problemen, mit denen die neue US-Regierung unter Präsident Carter voraussichtlich bald zu tun haben sollte. Es war insbesondere mit Blick auf den neuen Präsidenten und seine jungen, teils unerfahrenen Ratgeber verfaßt.« (W VII) Man gewinnt nicht den Eindruck, daß Carter oder gar Brzezinski es zu Rat gezogen hätten. Ich übergehe die vielen sorgfältigen Analysen und zitiere nur kurz aus dem Schlußkapitel »Ein Globalkonzept amerikanischer Politik«.

Das entscheidende Merkmal der von ihm 1977 vorgeschlagenen Außenpolitik ist Zurückhaltung. »... realistische Erkenntnis der vielerlei Beschränkungen, denen sich die Regierung der Vereinigten Staaten mit Blick auf die Außenpolitik unterworfen sieht.« (W, S. 238) »Wir würden die Probleme der Außenpolitik vergleichsweise bescheiden angehen.« (S. 239) »Verringerung auswärtiger Verpflichtungen auf das unerläßliche Mindestmaß. Und ich würde dieses Mindestmaß in der Erhaltung der politischen Unabhängigkeit und militärischen Sicherheit von Westeuropa, Japan und – mit dem einzigen Vorbehalt, daß es nicht zur Entsendung und zum Einsatz amerikanischer Streitkräfte kommen darf – von Israel sehen.« (S. 239) Aber Verzicht auf die Positionen in Panama, den Philippinen und Korea (S. 240). Abbau der »übermäßigen Abhängigkeit von ausländischem Öl« (S. 238). Nichteinmischung in die Konflikte der Dritten Welt (S. 240–242). Gegenüber der Sowjetunion Förderung der Rüstungskontrolle. Vom Handel mit ihr »nicht abraten... doch würden wir nicht versuchen, ihn mit großangelegten Regierungskrediten zu beleben... die Kräfte des Markts, nicht die Maßnahmen der Regierung« sollen über ihn entscheiden. (S. 242) Im Blick auf die Dissidenten in der Sowjetunion deutlich machen, wie das westliche Empfinden auf die gegen sie geübten Maßnahmen reagiert. »Aber wir würden darauf achten, den Sowjetführern nicht den Eindruck zu vermitteln, daß die Regierung der Vereinigten Staaten... ihren Sturz herbeiführen wolle.« (S. 243) Der letzte Satz kennzeichnet den entscheidenden Fehler, den Carter dann (wohl nur aus moralisch-doktrinärer Unwissenheit) gegenüber der Sowjetunion gemacht hat.

Dies ist ein kluger Entwurf, aber Kennan ist seitdem über ihn hinausgegangen. Seit 1981 hat er eine neue, großangelegte Initiative öffentlicher Äußerungen zum Problem der Atomwaffen ergriffen. Am meisten öffentliche Wirkung hatte die Erklärung der »Viererbande« Bundy, Kennan, McNamara, Smith, die einen feierlichen westlichen Verzicht auf Ersteinsatz von Kernwaffen forderte. Von den Vieren hatte nur Kennan hier das ausgesprochen, was er immer gedacht und gesagt hatte. Die anderen Drei haben ihre Meinungen unter dem Eindruck der neueren Rüstungsentwicklungen geändert. Das Dokument enthält vor allem zwei ihrer Argumente. In der Phase amerikanischer nuklearer Überlegenheit konnte man hoffen, den Gegner durch Androhung nuklearen Ersteinsatzes von einem offensiven Einsatz seiner konventionellen Überlegenheit abzuschrecken; das ist heute vorbei. Ferner sind mehr und mehr Atomwaffen für speziellen, begrenzten Einsatz entwickelt worden; die vier Verfasser sind aber überzeugt, daß es keine Garantie gibt, daß nuklearer Waffeneinsatz, hat er einmal begonnen, begrenzt bleiben werde. Beides erfordert einen Aufbau einer konventionellen Schlagkraft des Westens, die der russischen gewachsen wäre; und eben dies würde dann den Verzicht auf nuklearen Ersteinsatz möglich machen.

Ehe ich auf die für Kennan spezifischen Argumente komme (die ich für die stärkeren halte), erlaube ich mir eine Reaktion auf den bisher zitierten Gedankengang. Ich bemerke dazu, daß ich in einer Rede vom November 1980 anläßlich des Papstbesuches in Deutschland der Kirche das Eintreten für sieben Maßnahmen vorgeschlagen habe, von denen der ausdrückliche Verzicht auf nuklearen Ersteinsatz eine war (abgedruckt in »Der bedrohte Friede«, Hanser 1981, S. 539–558). Ich sagte dort u. a.: »Die Sowjetunion fordert immer wieder... einen feierlichen Verzicht auf jeden Einsatz oder wenigstens auf den Ersteinsatz von Kernwaffen. Sie ist damit in einer moralisch bequemen Lage, denn dieser Verzicht würde ihre konventionelle Überlegenheit voll zum Tragen bringen. Aber der Westen soll sich nicht einbilden, durch den Hinweis auf sowjetische Hypokrisie entgehe er seinem eigenen moralischen Problem... Es stünde der Kirche... wohl an, in dieser Frage schlicht moralisch zu reagieren und von den westlichen Regierungen eine Rüstungsentwicklung zu fordern, die sie schrittweise von der Nötigung zur Drohung mit dem nuklearen Ersteinsatz befreit.« (S. 554–555)

Ich zitiere dies, um zu sagen, daß ich gewiß kein Gegner dieser Forderung bin. Aber ich habe bewußt moralisch argumentiert. Denn die zwei Argumente der vier Autoren, die ich oben angeführt habe, sind m. E. im rein strategisch-politischen Kalkül nicht zwingend. Es wäre einfach, wenn das moralische Bessere zugleich die Garantie besseren politischen Erfolgs enthielte.

Das erste Argument, aus dem Verlust der amerikanischen nuklearen Überlegenheit – ist nichts als die Reaktion auf die Ernüchterung über eine jahrzehntelange amerikanische Illusion. Die europäischen NATO-Partner haben sich schon lange nicht durch amerikanische Überlegenheit gesichert gefühlt (einerlei, ob man glaubte, daß sie bestand oder nicht), sondern durch die für beide Seiten unerträgliche und unkalkulierbare Drohung unbegrenzter nuklearer Eskalation. »Die Russen würden nicht angreifen, wenn nach ihrem Urteil auch nur 5 % Chance bestünde, daß der Krieg dann unbegrenzt eskaliert«, sagte mir ein kluger Stratege. Zur Eskalationsgefahr aber gehört, daß jemand entschlossen ist, mit der Eskalation anzufangen, und das sind nicht die Russen.

Diese Auffassung, der harte Kern der Doktrin der Abschreckung durch flexible Reaktion und damit durch inkalkulables Risiko, führt alsbald weiter zu dem zweiten Argument, dessen Umkehrung sie ist. Wir geraten hier in den seit Jahren dauernden, m. E. inkonklusiven Expertenstreit über Ankopplung oder Abkopplung. Das zweite Argument hat wohl seine Stärke in der Ablehnung leichtfertiger Hoffnungen, man werde Sondereinheiten zu speziellen Einsätzen (wie sie Kennan selbst schon 1946, freilich mit konventioneller Bewaffnung, gefordert hatte) erfolgreich und ungestraft mit Nuklearwaffen zu wirklichem militärischen Gebrauch ausstatten können. Freilich kann ich auch hier die massive Ausdrucksweise der vier Autoren zwar gefühlsmäßig, aber nicht rational verteidigen. Wer meint, solcher begrenzt beginnende Einsatz werde mit Sicherheit begrenzt bleiben, behauptet wohl zuviel, aber wer behauptet, er werde mit Sicherheit eskalieren, behauptet auch zuviel. Gerade die berechtigte Eskalationsangst könnte dazu führen, daß ein begrenzter Einsatz mehrmals unternommen werden kann und begrenzt bleibt. Die wahre Gefahr liegt vermutlich, wie stets bei zu hohen Risiken, in der Gewöhnung an den Erfolg. Ich wäre also entschieden gegen diese »Remilitarisierung der Kernwaffen«, aber mit behutsamer Argumentation.

Noch problematischer ist die Anwendung des zweiten Arguments gegen die Rolle der begrenzten Kernwaffen in der großen Abschreckung. Ich sehe keinen Ausweg aus dem Schluß, daß, bei der heute entstandenen Rüstung, jede Verminderung der Wahrscheinlichkeit der Eskalation zugleich eine Erhöhung der Wahrscheinlichkeit des Krieges bedeutet. Wenn ich den Autoren gleichwohl im Endergebnis zustimme, dann nur, weil ich heute die Kriegswahrscheinlichkeit ohnehin für unerträglich groß halte und jeden Schritt begrüße, der wenigstens die Zerstörungen des Kriegs vielleicht vermindert. Aus diesem Grunde liegt mir z. B. an der Verhinderung der Postierung von Pershing II auf europäischem Boden und an dem hochinteressanten Vorschlag von Egon Bahr, den sich die Palme-Kommission zu eigen gemacht hat, Kernwaffen (außer auf See) nur auf dem Boden derjenigen Länder zu stationieren, denen sie gehören.

Ich komme damit zu dem positiven Vorschlag der vier Autoren, der entscheidenden Stärkung der konventionellen Rüstung. Ich halte ihn für eine höchst zweischneidige Idee. Er ist gut, wenn er ganz speziellen Bedingungen genügt, die H. Afheldt unübertrefflich formuliert hat. Die konventionellen Waffen müßten so sein, daß sie *nur* zur Verteidigung gebraucht werden können und eben darum keinen Anlaß zu einem Rüstungswettlauf in der konventionellen Ebene geben. Infanteriegetragene Präzisions-Antitankwaffen sind Afheldts wichtigstes Beispiel. Andernfalls erzeugen sie nur einen neuen, noch teureren Rüstungswettlauf, der, bei Verminderung der Angst vor nuklearer Eskalation, m. E. praktisch mit Sicherheit zum europäischen Krieg führt.

Nach einem viel zu raschen Durchgang durch ein paar aktuelle Rüstungsprobleme komme ich damit zurück zu meinem grundsätzlichen Zweifel, ob alle vorgeschlagenen Schritte, so gut sie sein mögen, unser eigentliches Problem lösen. Ich komme, weil ich nichts beweisen kann, auf die Entwicklung meiner Besorgnisse seit dem Ende des Zweiten Weltkriegs zurück. Fast zehn Jahre lang nach der deutschen Kapitulation hielt ich einen baldigen Krieg zwischen Rußland und Amerika für möglich. Nur um zu belegen, daß es mir damit Ernst war, berichte ich, daß ich 1952 drei Wochen in Brasilien zubrachte, um zu prüfen, ob ich meine Mitarbeiter und meine Familie dorthin in größere Sicherheit bringen könne; freilich war das Ergebnis: dann noch lieber in Europa bleiben. Nordamerika aber hielt ich nicht für sicherer, seit der Atombombe. Eigentlich erst aus Kennans Memoiren habe ich gelernt, daß meine Sorge damals wohl unbegründet war. Aber auch aus ihnen lerne ich nur, daß der Krieg nicht unmittelbar bevorstand; und ich lerne zudem, daß weder die russische noch die amerikanische Regierung sich jederzeit darüber im klaren war, daß ich also bedeutende Teilhaber meiner Sorge hatte. Der Grund meiner Sorge war nicht einfach formale historische Analogie. Ich empfand, daß keiner der strukturellen Gründe, die zum Ersten Weltkrieg geführt hatten, überwunden war. Ich hatte, wenn ich so sagen darf, ein starkes moralisches Sensorium für die kriegsschwangere Atmosphäre. In einem vorwiegend selbstkritischen Gedicht über Schuld, im September 1945, nach Hiroshima und nach der Ankündigung der Nürnberger Prozesse, schrieb ich die zwei Zeilen: »Wo Unrecht fiel, seh ich sich Unrecht ballen, und Schuldige von Schuldigen bestraft.«

Die Erwartung des baldigen Kriegs löste sich 1954 auf, nach der Erprobung der Wasserstoffbombe. Gerade die Größe des Schocks hatte diese Wirkung auf mich. Ich hatte das Gefühl, jetzt dürfe man vielleicht die fast wahnsinnige Hoffnung hegen, die Völker würden, um dieses Entsetzen von sich zu wenden, zu realen, den Frieden politisch sichernden Schritten bereit sein. Es war mir klar, daß wir nicht mehr als eine Atempause von wenigen Jahrzehnten hatten; sie müßte genützt werden. Erst in dieser Phase begann ich, politisch aktiv zu werden, und in diesem Sinne. Um 1968 verlor ich die Hoffnung auf eine rechtzeitige, hinreichend radikale Änderung der Weltstruktur, eine Hoffnung, der ich nie mehr als 50 % Chance gegeben hatte. Der Hauptgrund des Verlusts der Hoffnung war wohl die Erkenntnis, daß fast alle Menschen die Atempause für den eingetretenen Weltfrieden hielten und folglich zu der entscheidenden Anstrengung weniger als in den Jahren nach dem Kriege bereit waren. Politics as usual – war as usual. Ein Beitrag zur Verzweiflung war, daß selbst die Neomarxisten von 1968, die so vieles in unserer Welt vernichtend kritisierten, einiges zu Unrecht, aber vieles zu Recht – daß selbst diese an die Gefahr des großen Kriegs überhaupt nicht ernsthaft dachten; als hätten Marx, Engels und Lenin ihre Analysen vergeblich gemacht. So bürgerlich verschlafen waren in unseren Ländern sogar die militanten Sozialisten. Nicht verschlafen waren noch am ehesten die guten und sorgenvollen Militärs; aber ihre Lösungsvorschläge bewegten sich selbst im Feld der Ursachen der Gefahr und konnten es strukturell nicht verlassen.

Unter diesen Aspekten sind mir Kennans schlicht moralische Argumente am überzeugendsten. Wenn er sagt, daß die Atombombe nicht die Benennung als Waffe verdient, so spricht er aus der überlieferten Kriegsethik heraus, und niemand darf wagen, ihm zu widersprechen. Er wird in Frankfurt, so lerne ich aus einem Vorentwurf seiner Rede, daraus die einzig mögliche Konsequenz ziehen, daß nicht diese Waffe abgeschafft und alles übrige beim alten gelassen werden kann, sondern daß mehr getan werden muß. Es ergibt sich »eine unerbittliche Konsequenz: nämlich die Unerläßlichkeit eines neuen Versuchs, weit ernster, realistischer, folgerichtiger und entschlossener als alles, was bisher unternommen worden ist, den Krieg schlechthin als vorstellbare Möglichkeit der unmittelbaren europäischen Zukunft auszuschließen«. (S. 8 des Ms.) Er schränkt dies auf Europa, oder genauer auf die Konfrontation der atomwaffenbesitzenden Mächte ein, denn er bleibt realistischer Politiker genug, um die weltweite Abschaffung des Kriegs für unsere Tage gar nicht in Betracht zu ziehen.

Kennans Forderung ist berechtigt. Ihr Zweck ist nicht, das politische Programm zu entwickeln, wie sie durchgeführt werden könnte. Ihr Zweck ist, vor dem Hintergrund einer politischen Lebenserfahrung zu sagen, daß wir unser aller Rettung billiger nicht bekommen werden. Ein solcher Aufruf muß kraft der Qualifikation des Redners die Ohren derer erreichen, bei denen die Entscheidungen liegen; und er muß kraft seiner Unausweichlichkeit die Zufriedenheit mit den bisherigen Lösungen austreiben. Man könnte auch heute noch den Frieden bewahren, wenn hinreichend viele Menschen in ihrem Herzen wüßten, worauf es dabei ankommt.

II Reflexion des Verfassers

1. Der Verfasser als Augenzeuge. Drei Aufsätze aus dem Umkreis des zweiten Weltkriegs

Vorbemerkung. Diese drei Aufsätze lege ich heute nicht als Ausdruck meiner jetzigen Meinung vor, sondern als Wahrnehmungen eines Augenzeugen des zweiten Weltkriegs. Die Erörterung ihres Inhalts vom heutigen Standpunkt aus folgt unter *Begriffe* in den Abschnitten »Natur, Christentum, Realität« und »Deutschland«. Es ist wohl charakteristisch für die Betroffenheit des beteiligten Augenzeugen, daß ich 1945, also in den ersten beiden Aufsätzen, außerstande war, über das Selbsterlebte schriftlich zu berichten oder zu reflektieren. Der Versuch, das Erlebte zu verstehen, wandte sich fast von selbst der Vorgeschichte zu, der europäischen im ersten Aufsatz, der deutschen im zweiten – um vielleicht zu begreifen, wie das vollzogene und das noch kommende Schicksal möglich geworden war. Erst sieben Jahre später, 1952, machte ich einen ersten Versuch, über den Nationalsozialismus schriftlich ins klare zu kommen; der Versuch blieb damals unvollendet. Alle drei Texte sind bisher unveröffentlicht.

Versuch einer Geschichtskonstruktion *

Vielleicht wird die Zukunft Menschen brauchen, welche die Geschichte verstehen. Diese Not treibt mich, eine Geschichtskonstruktion zu versuchen.

Die Geschichte ist das Feld der Möglichkeiten. Für den Historiker, der sie nacherlebend noch einmal vollzieht, ist sie in der Fülle der Möglichkeiten der Deutung noch einmal das Feld

* Erstmals geschrieben im März 1945, aus dem Gedächtnis nochmals niedergeschrieben in englischer Internierung Mai-Juni 1945. Dieser zweite Text ist hier abgedruckt; der erste scheint verloren.

der Möglichkeiten. Ich weiß, daß meine Geschichtsdeutung bestimmt ist durch die Möglichkeiten meines eigenen Daseins, zu denen ich mich entschieden habe, oder um die es mir geht.

Zwar ist in jeder Einzelheit die ganze Geschichte gegenwärtig, aber diese Fülle erschließt sich dem Verständnis nicht beim Blick auf die bloße Einzelheit. Verständnis gewährt nur der größte Zusammenhang. Dieser aber ist zugleich wieder am schwersten zu fassen. Nicht nur wegen der Menge der erforderlichen Kenntnisse, sondern weil der Wechsel der den einzelnen Gestalten und Epochen angemessenen Begriffe die allgemeinsten Begriffe, also die Philosophie voraussetzt. Ich will hier aber nicht mit Philosophie anfangen, sondern mich aus der Geschichtsbetrachtung zu den philosophischen Fragen führen lassen. Im Konflikt zwischen Ausweitung und Beschränkung des Gegenstandes wähle ich unser Jahrtausend in Europa.

Am Anfang unseres Jahrtausends steht das Kaiserreich der Ottonen. Es ist eine der harmonischsten Schöpfungen der abendländischen Geschichte. Diese Harmonie beruhte auf einem Kompromiß, der ihm erlaubte, zugleich stabil und umfassend zu sein. Es ist der Kompromiß zwischen Adel und Christentum.

Die politische Macht lag damals fast in ganz Europa in den Händen des germanischen Adels. Er ist wesentlich Blutsadel. Das Blut der königlichen Sippe gewährt Anrecht auf den Thron. Entsprechendes gilt für den niedrigeren Adel. Außer der Bindung des Bluts existiert in dieser Welt die ebenfalls persönliche Bindung der Treue zwischen Führer und Gefolgsmann, nicht hingegen das, was wir heute eine unpersönliche, objektive Bindung nennen würden. Die Gestalt der öffentlichen Ordnung ist demgemäß das Lehnssystem.

Der Adel ist heidnisches Erbe. Verglichen mit dem Christentum ist er Natur. Das Christentum ist Geist. Christus ist in die Welt gekommen, ein Feuer zu entzünden. Es ist das Feuer des Geistes, das die Natur verzehrt. Christus ist nicht gekommen, den Frieden zu bringen, sondern das Schwert. Christentum und natürliche Adelswelt sind letzten Endes unvereinbar. Das Drama des Mittelalters ist die Enthüllung dieser Unvereinbarkeit. Die Neuzeit ist das Abrollen ihrer Konsequenzen.

Zunächst freilich half das Christentum, die ewig mit sich

selbst im Kampf liegende Natur zu einigen. Die christliche Liebe ist die neue menschliche Bindung. Neben den Helden stellt sie den Heiligen. Zwischen beiden gibt es den frommen Helden, den Ordensritter späterer Zeiten.

In der politischen Sphäre ist es die Kirche, die den sächsischen Kaisern gegen die divergierenden natürlichen Einheiten der Stämme und gegen die ständigen Adelsfehden das Reich zu einigen half. Das Kaisertum selbst empfängt seine Weihe aus seiner Mission, die christliche Ordnung der Welt zu schaffen und festzuhalten. Darum setzt der Kaiser mit Recht Bischöfe und selbst Päpste ein.

Um aber in der Natur wirken zu können, kompromittiert sich das Christentum mit der Natur. Kirchenfürsten werden Lehensträger. Bischöfe und Mönche hervorragender Klöster sind Adlige und empfinden und handeln wie Adlige. Politisch und seelisch hängt die Kirche von Mächten ab, deren Motive nicht aus dem Christsein allein stammen.

In Cluny erkannte man wohl zuerst diese Kompromißsituation. Die Ideale des Mönchs und die des Adligen schließen sich aus. Was der Christ an Willen und an Wert hat, stammt nicht von ihm und nicht von seinen Vätern, sondern von Gott. Der Christ ist im Angriff gegen die Natur oder er verrät Christus. In seinem persönlichen Leben ist er kompromißlos, soweit nicht die eigene Sündhaftigkeit ihn hindert. Soweit er in der Welt um ihn die Natur bestehen läßt, tut er es in schmerzlicher Resignation und in der Erwartung des nahen jüngsten Gerichts.

Aus diesem Geist geht die Kirchenreform, geht das Papsttum Gregors VII. hervor. Die Priesterehe, die Investitur der Bischöfe durch den Kaiser sind nun unerträgliche Bindungen der Kirche an die Natur.

Die Adelswelt war zu primitive Natur, um durch die Kirchenreform umgeworfen zu werden; sie richtete sich ein. Das Kaisertum war geistiger und eben darum verletzlicher. Heinrich III. ist der großartige Versuch, noch an die Vereinbarkeit des nun Unvereinbaren zu glauben. Der Investiturstreit trifft das Kaisertum ins Herz; denn nun ist es geistig eine überholte Möglichkeit.

Indem aber die Reform aus den Herzen einiger Mönche in die Weite der politischen Wirkung trat, enthüllte sie die Zweideutigkeit im Verhältnis alles historischen Christentums zur Welt. Das konservative Christentum hatte sich mit den Göttern und Dämonen der vorchristlichen Natur kompromittiert; das revolutionäre Christentum aber kompromittiert sich mit dem Teufel. Gottlos ist erst, wer die Götter verloren hat, ohne Gott zu finden; wer die Ordnung des Blutes verlassen hat, ohne in die Ordnung der Liebe einzutreten. Nun erst tritt die Möglichkeit der Lüge als der eigentlichen Sünde hervor, welche nicht die Natur gegen den Geist, sondern den Geist selbst gegen seinen Sinn, die Liebe, stellt. Christis ermöglicht den Antichrist.

Diese Möglichkeit ist freilich vom ersten Tag der christlichen Geschichte an gegeben und besteht bis zu ihrem letzten Tag. Trotzdem ist sie nicht in allen Augenblicken dieser Geschichte gleich sichtbar. Auch das Christentum selbst ist ja von seinem Anfang an jeden Augenblick als Möglichkeit jedem Menschen angeboten; der Weg seiner Verwirklichung aber wurde stets nur von wenigen und nur ein Stück weit beschritten. Seine Geschichte ist die allmähliche Verwirklichung der in ihm liegenden Möglichkeiten. Dabei ist das Ganze dieser Möglichkeiten dem Blick verhüllt; sichtbar ist stets nur die jeweilige Phase. Am meisten von dem Ganzen ist wohl am Anfang, als die reine, von Christus einmal gelebte Möglichkeit zu sehen, und dann wieder am Ende, wenn alles geschehen und so an den Tag gekommen ist.

In der Zeit, von der ich soeben sprach, tritt mit der christlichen Radikalisierung der Politik auch die antichristliche Möglichkeit des politischen Christentums deutlicher hervor. Im Zusammenhang damit beginnt sich neben der Natur und dem Christentum eine dritte Macht zu entfalten, die ich die Realität nennen möchte. Die Realität ist die entgötterte Natur. Der Mensch, der noch Natur ist, steht weder sich noch der Welt gegenüber. Erst das Christentum hat dem Mittelalter die Distanz zu sich und der Welt gegeben. Diese Möglichkeit der Distanzierung vermag sich nun aber aus dem Konflikt, dem sie entstammt, zu lösen. Die Natur besteht weiter; sie ist nun aber weder das göttlich-dämonische einfache Dasein, noch die böse, erlösungsbedürftige Welt, sondern die nüchtern konstatierbare Wirklichkeit – eben die Realität und weiter nichts. Natur ist man, Realität hat man. Auch die Realität ist als Möglichkeit immer dieselbe, hat aber eine historische Entfaltung. Wir verfolgen diese in ihrem Zusammenspiel mit den Mächten der Natur und des Christentums.

Wie oft ein zu Tode getroffenes Wesen entfaltete das Kaisertum eine letzte, vielleicht glänzendste Blüte im staufischen Jahrhundert. Schon vom Schatten der heraufkommenden Realität getroffen, wurden damals alle Mächte des Mittelalters in ihrem Endkampf in ihre vielleicht nicht reinste, aber äußerste Gestalt getrieben. Die Kaiser, die einst in der Kraft ihrer Natur und der Selbstverständlichkeit ihres Glaubens wurzelten, mußte sich nun tiefer mit der Realität einlassen, um den sie überholenden neuen geistigen Möglichkeiten standzuhalten. Eben dieses Bündnis mit der Realität aber war verderblich. Denn soweit das Kaisertum mehr als Königtum, d. h. als die christlich geweihte heidnische Herrschaft war, war es durchaus nicht von dieser Welt und mußte unterliegen, wenn es sich ihrer bediente. Die unentfalteten Nationen ertrugen nur eben den christlichen Kaiser, die zur Realität erwachsenden ertragen den schwäbischen Kaiser nicht. Aber noch ist der Kaiser das Zentrum des Konflikts und darum der modernste Mensch. Heinrich VI. hat die reine Machtpolitik erfunden. Wenn vor ihm Geringere amoralische Politik machten, so war das die Bosheit des menschlichen Herzens; als der erste politische Kopf des Jahrhunderts auf dem höchsten Thron des Abendlandes aus ihr ein System machte, war sie eine neue geistige Möglichkeit. Und Friedrich II. hat vielleicht als erster etwas von jenem Mythos der Realität, jener Vergötterung des Entgöttlichten, die für die Neuzeit kennzeichnend ist. Mit gutem Grund sahen seine Gegner in ihm den Antichrist.

In jedem derartigen Urteil, über die Gestalten der Geschichte, die doch lebende Menschen waren, ist Überhebung. Die Festlegung auf Begriffe tut der Geschichte Gewalt an. Sie kann nur ein Mittel sein, Fragen zu formulieren. In dieser Absicht fahre ich fort.

Der faktische und logische Überwinder der Kaisers ist der Papst. Es geht nicht an, daß eine weltliche Gewalt über die Hierarchie gebietet. Der einzige, der die Verantwortung für den Weltkreis tragen kann, in diesem Äon, der auf die Wiederkunft Christi wartet, ist der Stellvertreter Christi. Gegenüber den letzten Staufern ist Innozenz III. der Vertreter des höheren Rechts.

Aber wie der priesterliche Kaiser wurde auch der kaiserliche Priester von der Entwicklung überholt. Das Bündnis von Christentum und Macht, bei den sächsischen Kaisern noch von naiver Größe, wird bei den Päpsten des späteren Mittelalters unerträglich. In keiner Religion ist ein Priesterkönigtum unmöglicher als in der christlichen. Denn das Priesterkönigtum gibt der Macht mythische Weihe. Das Christentum aber, wenn es sich selbst versteht, zerstört den Mythos und enthüllt die dämonische Natur der Macht. Wenn diese Enthüllung vollendet ist, ist freilich das jüngste Gericht gekommen. Deshalb lebten auch die Christen jener Zeit, welche die Radikalisierung über das politische Papsttum hinaustrieben, in der unmittelbaren eschatologischen Erwartung.

Daß dieser Weg noch nicht ins Nichts, sondern in eine der höchsten menschlichen Möglichkeiten führte, zeigt die Gestalt des Franziskus von Assisi. Es ist als hätte jene große Zeit der Enthüllung neben die glänzendsten Kaiser und die gewaltigsten Päpste auch die reinsten Heiligen stellen sollen. Aber sein Weg war der Weg von wenigen. Für die Vielen war die Vollendung des Gerichtes noch nicht gekommen; sie begann soeben erst. Gegenüber den radikalen Nachfolgern des Franziskus in seinem eigenen Orden machte sich gerade der Papst zum Anwalt der Realität. Er verbot ihnen die Forderung und Befolgung der ursprünglichen, unerträglich strengen Ordensregel. Schließlich sahen diese »Spiritualen« im Papst den Antichrist und gingen den Weg des Ketzermartyriums.

Äußerlich blieb das politische Papsttum Sieger. Geistig war es nun auch eine überholte Möglichkeit. Als Bundesgenosse der Realität war es der Macht ausgeliefert, die es überwinden mußte. Der Papst war stärker als der Kaiser, aber der französische König war stärker als der Papst.

Damit ist das mittelalterliche Drama entschieden. Der Versuch, die Welt in einem Anlauf zu christianisieren, ist mißlungen. Was folgt, ist der Gehalt der Neuzeit: die Entfaltung der Realität.

Die Realität ist die Natur. Die nach Raum, Blut, Sprache,

Geschichte »natürlichen« Einheiten beginnen sich durchzusetzen. Die Könige formen die späteren Nationalstaaten. Nur in den Ländern, die den mittelalterlichen Universalismus getragen hatten, Deutschland und Italien, gelang dies nicht. Daher stammt wohl die bis in unser Jahrhundert fortdauernde Analogie im Schicksal dieser doch so verschiedenen Völker. Freilich hatte das Nichtentstehen des Nationalstaates in beiden Ländern im einzelnen fast entgegengesetzte Wirkungen. Das von Ständen umgebene Königtum war deshalb eine so glückliche politische Form, weil es Fortschritt und Beharrung immer wieder gegeneinander auszugleichen gestattete. Italien, schon im Mittelalter das modernste Land, wurde ohne dieses Regulativ für Jahrhunderte der Experimentierboden der Realität. Die Medici und Borgia waren nur in Italien möglich; Boccaccio, Machiavelli, Galilei waren Italiener. In Deutschland hingegen, das unbeackerterer Boden war und das Kaisertum erbte, hatten die wahren Machthaber, die Landesfürsten, ein Interesse an der unschlagkräftigen Altertümlichkeit des Reichs. Aber dieser äußere Gesichtspunkt genügt nicht; eine Unverträglichkeit der Prinzipien lag vor. Die Deutschen, die Gestalter der christlich-universalen Epoche Europas, haben nie wirklich in die Realität hineingefunden, vielleicht am wenigsten, als sie sie schließlich übertrieben. Sie waren altertümlich, solange sie ruhten; wenn sie sich bewegten, waren sie die Unruhestifter und schließlich die Zerstörer der auf rationalen Kompromissen aufgebauten Ordnung Europas.

Die Realität ist aber nicht die Natur schlechthin. Sie ist nicht die Natur, die wir ursprünglich sind, sondern diejenige, die uns als Objekt gegenübersteht. Soweit man Realität haben will, muß man aufgehört haben, Natur zu sein. So ist die Realität der Erbe des christlichen Angriffs auf die Natur. Auch die Waffen der Realisten in ihrem Angriff auf die überlieferte Natürlichkeit entstammen dem christlichen Arsenal; sie sind Säkularisationsgut. Die Theologie war die erste Wissenschaft; in der Auseinandersetzung mit ihr haben alle anderen Wissenschaften denken gelernt. Die Kirche war die erste Institution, die ein universales, »objektives« Recht brauchte. Die absolute Disziplin haben die Mönche erfunden; das Wort »Kadavergehorsam« stammt von Franziskus. Ritterorden, als internationale, unabhängige, präzise Organisationen, waren die ersten Bankiers Europa.

Auch die Antike, der wichtigste nichtchristliche Geistesbesitz Europas, wurde lange genug von der Kirche überliefert. Doch bedarf sie einer genaueren Betrachtung. Das antike Bildungsgut ist die Kristallisation der großen vorchristlichen Auseinandersetzung des Geistes mit der Natur. Doch bedeutet Geist hier etwas anderes als im Christentum. Νους (Nus) und πνευμα (pneuma) sind nicht zu verwechseln, λογος (logos) partizipiert vieldeutig an beiden. Diesen Gegensatz fühlte man in den allerersten Zeiten des Christentums aufs schärfste. Später wurde er zwar nicht geleugnet, aber verwischt. Vor die Aufgabe gestellt, das Christentum zu denken, dachte man es mit den Mitteln der griechischen Philosophie. Mit der Macht des römischen Staates erbte man die Mittel seiner Herrschaft. So ging der antike Geist nun als Bundesgenosse des Christentums durch die Jahrhunderte. Dies dauerte, solange die Menschen des Mittelalters ihrer geistigen Natur nach naiv antik waren. Wegen dieser Kontinuität ist Antike im Mittelalter wesentlich Spätantike. Der Humanismus deklariert mit dem Ruf »Zurück zur Antike«, daß man nicht mehr antik ist. Erst aus dieser Distanz heraus konnte die wissenschaftliche Erschließung der Antike beginnen, die nun, bis in unsere Tage rückschreitend, nacheinander die hellenistische, die klassische und die archaische Antike sichtbar machte. Für die eigenen Konflikte der Neuzeit enthüllte die Antike nun wieder ihre nicht-christliche Seite. Sie lieferte die Mittel, mit denen das moderne Bewußtsein sein Verhältnis zur Realität ausdrückte. Auf ihr wurde der geistige Bereich der Neuzeit aufgebaut, den man »Kultur« nennt, und der mit den hier benutzten Begriffen Natur, Christentum und Realität nicht ausreichend beschrieben werden kann. An dieser Stelle bleibt eine wesentliche Lücke in meiner Betrachtung.

Die Renaissance schuf den Mythos der Realität. Nach der Definition der Realität als der entgötterten Natur könnte dieser Begriff widerspruchsvoll erscheinen. Doch bezeichnen solche Definitionen nur die äußerste Möglichkeit einer Sache und nicht den Prozeß ihrer Entfaltung. Noch war die Natur ursprünglich genug, um dem Blick, der nun auf sie fiel, ihre Göttlichkeit zu enthüllen. Diese Göttlichkeit aber brauchte das entstehende moderne Bewußtsein, um einen Gegenmythos gegen den christlichen Mythos stellen zu können. Denn auch das Christentum, obwohl sein Wesen dem Mythos entgegengesetzt ist, hatte mythische Gestalt, solange seine Bekenner noch mythisch denkende Menschen waren; und das war zumal im Mittelalter der Fall. So ist der Eintritt in die Neuzeit bezeichnet durch den Konflikt der Mythen der beiden unmythischen Mächte.

Der Mythos der Realität ist aber noch um einen Grad gebrochener als der christliche Mythos. Objektiv ist er in der Situation des Antichrist. Subjektiv hat er, soweit er nicht in die nackte Bosheit umschlägt, meist einen ästhetischen Zug. Mit dem Fortschreiten der Realität ist es dann mehr und mehr nicht ihre Göttlichkeit, sondern gerade ihr Realitätscharakter, an den man »mythisch« glaubt. Man glaubt an die Tatsächlichkeit der Tatsachen, an die Vernünftigkeit der Vernunft. Mit sicherem Takt bekämpfte die Kirche diesen Glauben in Galilei. Er war der Fanatiker in diesem Konflikt. Er sollte die Kopernikanische Lehre nicht als falsch abschwören, sondern als bloße mathematische Hypothese bezeichnen. Er behauptete mehr als er beweisen konnte, und er behielt recht.

Im Christentum führte das Fortschreiten der Realität zu einer anderen Entwicklung. Im Rückzugskampf gegen die äußere Realität wurde das Christentum selbst realer; es kam tiefer in seine eigentliche Situation hinein. Im Spätmittelalter lag die Spitze der christlichen Bewegung in der Mystik. Der Mystiker hat darauf verzichtet, positiv wie der Hierarch oder negativ wie der militante Bettelmönch die Welt zu ändern. Das Gesetz der Welt ist es, bis zum Tage des Gerichts immer schlechter zu werden. Die Vollendung kann nur im einzelnen Menschen erreicht werden. In der Seele ist das Himmelreich.

Der gewaltigste Einbruch der Realität im Christentum ist wohl Luther. In unserer eigenen Seele ist die unüberwindbare Welt. Der Christ bleibt Sünder, auch wenn er glaubt. Aber er ist gerechtfertigt, auch wenn er Sünder ist, sofern er glaubt. Rechtfertigung durch Gutsein (durch »Werke«) ist Illusion, von unio mystica ist nicht die Rede. Schutzlos stehen wir vor Gott, der uns sieht, als die, die wir sind, und der uns aus freier

Gnade erlöst. Gibt es einen größeren, schrecklicheren religiösen Realismus? Freilich stand auch diese Erkenntnis jedem Christen vom ersten Tage an offen, und immer haben einige sie ergriffen. Aber es war kein Zufall, daß sie gerade in diesem Augenblick welthistorische Bedeutung gewann.

Nach außen war ihre Wirkung nun freilich, daß das Christentum in größere Abhängigkeit von der ihm fremden Realität, in den noch verhüllten Anfang seiner eigentlichen, leidenden Situation kam. Nun war die Kirchenspaltung unvermeidlich, denn Luther war Häretiker. Luther mußte angreifen, die Kirche mußte bewahren. Was Luther um der Wahrheit willen angriff, war der katholische Mythos. Er zerriß aber den Leib Christi, den in dieser Welt der Sichtbarkeit der katholische Mythos wie ein Gewand deckte. Es ist mir bewußt, daß ich auch von diesem Ereignis ungenügend rede, aber ich fahre fort; meine Aussagen sind Fragen. Indem Luther, um die mittelbare Abhängigkeit des Christentums von der Welt aufzuheben, den in diese Welt gestellten Bau der Kirche zerschlug, brachte er das Christentum in unmittelbare Abhängigkeit von der Welt. Der Landesherr als Kirchenoberhaupt und auch die autonome calvinistische Gemeinde haben sich gegenüber der Realität anfälliger erwiesen als die katholische Kirche. Diese selbst, die der Erschütterung durch Luther das Tiefste verdankte, ließ sich aber nun in den Mitteln auch bewußter als zuvor auf die Realität ein. Im Handeln der Jesuiten, im Denken des Tridentinums zeigt sie noch einmal die höhere Präzision der christlichen Waffen gegenüber der naturhaften Ungeschlachtheit der Gegner. Der Triumph des Barock, die Erhaltung bis heute waren zu gewinnen, der Sieg über die Realität nicht.

In der Politik setzte sich die Realität schrittweise durch. In einer Phase zerstörte sie selbst die Formen, die ihr in der vorangegangenen Phase noch zum Angriff gegen die Natur gedient hatten. Im werdenden Absolutismus war ihre Angriffsspitze der König. Die uralte, freie Adelswelt konnte nicht vernichtet, aber einem einheitlichen Ziel untergeordnet werden. Aus dem Vasallen wurde der Offizier, neben ihn trat der bürgerliche Beamte. Politik wurde ein methodisches Problem. Theoretisch durchdachte dies Machiavelli, praktisch übte es im europäischen Maßstab vielleicht zuerst Richelieu, der Zeitgenosse von Descartes und Galilei.

Noch war die Spitze des rationalen Systems mythisch: die geheiligte Gestalt des Königs. In der Aufklärung löst sich von ihr der abstrakte Begriff des Staats. Es kann der Ehrentitel eines Königs werden, der erste Diener des Staats zu sein. Wozu dann noch Könige? In England kam es nicht zum Absolutismus. Der moderne Staat wurde hier getragen von der dem Bürgertum sich nähernden Schicht des niederen Adels. Hier löste sich von dem Geburtsadel der abstrakte Begriff der Gesellschaft. Auf dem Kontinent, wo er mehr eine Abstraktion ausdrückte, wirkte dieser Begriff umstürzender als in England, wo er nur eine gewordene Tatsache beschrieb. Wozu noch Adel? Staat und Gesellschaft lösen mit der französischen Revolution König und Adel ab.

Die scheinbar allgemeinen Merkmale der Gesellschaft sind in Wahrheit die Lebensformen eines Standes, des Bürgertums. Der Bürger ist der Mensch der aufsteigenden Realität. Seine Heimat, die Stadt, wurde bedeutend mit dem Beginn der Welt der Realität, im späteren Mittelalter. Die Sicherheit des Bürgers entstammt seiner Herrschaft über die Realität, seine Unsicherheit seinem Mangel an Natur. Bürger haben die Romantik der Rückkehr zur Natur erfunden. Sie vermochten es freilich auch, die Natur zu zähmen. Die schönste Tugend des Bürgers, die Humanität, ist zwar nicht die christliche Liebe, sie ist aber soviel, als von der Liebe in der noch mit Natur durchzogenen Realität verwirklicht werden kann. Sie macht das Leben, zumal in mehr äußeren Dingen, in der bürgerlichen Welt so viel angenehmer als in anderen, vielleicht tiefer blickenden, aber selbstwidersprechenderen Zeiten.

Das Bürgertum bleibt kein Stand, es tendiert, eine Art des Menschseins überhaupt zu werden. Der Adlige ist Natur und herrscht über den Bauern, der auch Natur ist. Die Gesellschaft aber hat die Tendenz, jeden zum Bürger zu machen. Dieser Zug zum Absoluten aber führt schon in die nächste Phase hinüber. Denn der Bürger ist der Mensch der werdenden, aber nicht der vollendeten Realität.

Im Arbeiter tritt dem Bürger ein Stand gegenüber, der nicht mit der Realität gewachsen, sondern von ihr künstlich hervorgebracht ist. Ihm ist Gesellschaft nichts, denn er hat nicht die Möglichkeit, das eigenständige Individuum zu werden, welches das Element der Gesellschaft ist. Hingegen ist der Staat der natürliche Rahmen seiner Existenz. Er erobert den Staat und wendet ihn als schärfste Waffe gegen die Gesellschaft. Er hat nun erst recht keinen Raum für eine Mehrheit von Ständen. Die technischen Bedingungen seiner Existenz ebenso wie das Staatsinteresse zwingen jedem Menschen den Lebensstil des Arbeiters auf. Nicht mehr was einer ist, sondern was einer leistet, wird gefragt. In genauer Umkehrung der Natur meint man, Arbeit adle. An die Stelle der Vornehmen, der Reichen oder der Intellektuellen tritt nun die Führerschicht; über den Arbeiter stellt sich als seinesgleichen in anderer Funktion der Funktionär. Der letzte natürliche Stand, der des Bauern, wird unweigerlich in die Kategorie des Landarbeiters verwandelt. All dies ist kein Alptraum, sondern die angemessene und gebilligte Lebensform eines neuen Menschen. An die Stelle der konkreten Vielfalt des Lebendigen tritt die abstrakte Monotonie des Tatsächlichen.

Diese Entwicklung hat sich nicht ohne Widerstand vollzogen. Auf Zeiten nur verhüllter Weiterbildung folgen Augenblicke des Durchbruchs: die großen Revolutionen. Die Revolution ist das typische politische Elementarereignis des neuzeitlichen Europa. In ihrer Maßlosigkeit wird etwas von den sonst verborgenen Hintergründen der Entwicklung sichtbar. Sie führt das Erbe jener christlichen Radikalisierung des Mittelalters fort. Keine Revolution wäre möglich, wenn nicht religiöse Kräfte in ihr eingefangen wären. Und es sind nicht allgemein religiöse Tendenzen, sondern spezifisch christliche Inhalte. Die englische Revolution des 17. Jahrhunderts hat das noch klar ausgesprochen. Aber was sind Freiheit, Gleichheit, Brüderlichkeit oder die modernen Gemeinschaftspostulate anderes als was dem Christen in der Liebe gegeben ist, und was die vorgeblich christliche Welt doch so furchtbar vermissen läßt? Jetzt, endlich, soll es Ernst damit werden. In jeder Revolution ist die Möglichkeit des Himmelreichs. Aber sie ist nur der eine Pol der äußersten Polarisierung. Unweigerlich geht von ihr der Weg über die Zweideutigkeit des Chiliasmus zur eindeutigen Position des Antichrist. Ist diese aber erreicht, so ist die Revolution zu Ende. Diese Enthüllung erträgt die Welt noch nicht. Das Pathos der Revolution muß unterliegen. Sieger bleibt aber auch nicht die gleichwohl ins Herz getroffene Reaktion, sondern der unaufhaltsame Fortschritt der Realität.

Wie stehen wir zur siegreichen Realität? Wie sollen wir zu ihr stehen?

Viele unter uns sind vor ihr erschrocken und haben versucht, in die historischen Formen der Natur oder des Christentums zurückzukehren. Dieser Weg scheint mir ungangbar zu sein.

Es ist verständlich, wenn Menschen oder Völker versuchen, sich so viel an Natur zu retten, als sie noch besitzen. Wir dürfen sogar hoffen, daß unsere Natur wieder Natur wird, wenn unser Leben eine neue Grundlage gewinnt. Nur kann die Natur selbst nicht diese Grundlage sein. Denn überall, wo die Natur mit der Realität zusammenstößt, bleibt die Realität Sieger. Mit jeder der periodisch wiederkehrenden Verschärfungen des Kampfes ums Dasein, wie es Kriege, Wirtschaftskrisen, Revolutionen sind, werden die noch vorhandenen Zufluchtsstätten der Natürlichkeit weiter dezimiert. Auch ein Bündnis zwischen Realität und Natur ist unmöglich. Gegenüber mechanistischen Ideologien bedeuten biologische, denen in absehbarer Zeit psychologische folgen dürften, zwar einen Fortschritt der Einsicht. Aber eben deshalb bedeuten sie nicht den Schutz, sondern die Eroberung der Natur durch die Realität. So führen sie z. B., gerade wenn sie gut verwirklicht werden, nicht zur Reinerhaltung des Blutes, sondern zur Menschenzüchtung. Alles, was nicht Realität ist, wird gerade dadurch vernichtet, daß die Realität es auf den Schild erhebt.

Auch das Christentum befindet sich in einem aussichtslosen Verteidigungskampf gegen die Realität. Und während die Natur blind an der Realität scheitert, muß der Christ seine Lage kennen. Es gibt kein größeres Mißverständnis des Christentums, als wenn man sich ihm zuwendet, weil es die Kulturgüter der Menschheit bewahrt, selbst wenn ihm diese Aufgabe heute faktisch zufallen mag. Denn das Christentum ist seinem Wesen nach kein Zustand, in dem man sich einrichten kann. Dem Christen ist diese Welt nicht als der Ort seiner Siege bestimmt. Die Imitatio Christi vollendet sich in der Niederlage gegen die Realität. Dem Christen ist nur prophezeit, daß, nach der Vollendung dieser Niederlage im Reich des Antichrist, diese Welt vergehen und ein neuer Himmel und eine neue Erde sein soll.

Unsere Zeit ist geeignet, uns darauf hinzuweisen, daß damit nicht eine astronomisch unglaubwürdige kosmische Katastrophe gemeint ist, sondern ein wirklicher geschichtlicher Vorgang. Die symbolische Ausdrucksweise ist keine willkürliche Verhüllung oder gar verstiegene Phantastik, sondern die einzige Form, in der das Christentum zu Beginn, also vor seiner Entfaltung, das Gesetz dieser Entfaltung aussprechen konnte. Heute wird es darauf ankommen, diese Symbole nicht mehr mythisch zu glauben, sondern ihren Sinn nüchtern begreifen zu lernen. Es ist mir bewußt, daß dieser Weg mitten durch die Gefahren gnostischer und chiliastischer Häresien hindurchführt. Trotzdem scheint mir, daß wir ihn nicht vermeiden können. Und wenn wir darum bereit sind, ihn zu gehen, so werden wir schließlich wie die Christen aller Zeiten nicht auf eigene Faust handeln, sondern geführt sein. Denn wenn Christus wiederkommt, so kommt er in den Seelen der Menschen wieder. Dabei werden wir nur glauben dürfen, recht zu haben, wenn wir mit der realistischsten Deutung der Realität nicht in Widerspruch kommen. Widerspruch wird es nur geben gegen vorläufige, beschönigende Deutungen der Realität.

Was ist das Ziel des ungeheuren Prozesses, den wir die Entfaltung der Realität genannt haben? Ist es etwas oder nichts? Wenn es etwas ist, liegt es selber noch innerhalb der Realität oder jenseits ihres Bereiches? Wenn es nichts ist, ist dieses Nichts das letzte Wort der Geschichte oder gibt es ein weiteres?

Vor einiger Zeit glaubten die meisten Menschen naiv an die Selbststabilisierung der Realität. Heute werden wir in Versuchung geführt, nur die Selbstvernichtung von ihr zu erwarten. Und doch ist nicht einzusehen, warum dieses gewaltige Instrument, in die richtigen Hände gelegt, nicht, wo nicht Segen, so doch Nutzen stiften sollte. Sie ist an sich selbst ein wertfreier Machtapparat; eben die Realität und sonst nichts. Nach dem Menschen, der dieses Instrument bedient, haben wir deshalb zu fragen. Die Realität, ihrem Begriff nach Objekt, verweist die Frage zurück auf das Subjekt. Wo steht der Mensch der Realität?

Fragen wir noch einmal nach seiner Herkunft. Die reine Natur fragt nicht nach den Gegensätzen von Subjekt und Objekt, von Tatsache und Wert. Sie ist, weil sie ist. Natur ist Seinswille.

Dieser Seinswille aber steht ständig der Vernichtung gegenüber. Das Individuum muß töten, um zu leben, und gleichwohl muß es schließlich sterben. Sein ist Schuld und Leiden. Dies ist freilich nicht das Bild, das die Natur von sich selbst hat – obwohl die Welt den ursprünglichen Stadien der Menschheit, soweit wir noch etwas von ihnen wissen, düster genug erschienen sein mag –, denn der Seinswille zieht einen Schleier vor diesen Blick, der ihn selbst als sinnlos aufheben würde. Kein Mensch vermag den Schleier zu lüften und gleichwohl weiterzuleben, es sei denn, er habe einen Blick in eine höhere Weise des Seins getan. Dies ist im Christentum geschehen. Das Opfer des Seinswillens, das zur christlichen Umkehr gehört, erlaubt, dem anderen Wesen nicht vernichtend und auch nicht in der blinden Bindung des Bluts, sondern sehend gegenüberzutreten. Dieses Erkennen des Anderen ist ein Teil dessen, was im Christentum Liebe heißt. Die Liebe aber öffnet den Zugang zu einer neuen Art zu sein, die man das ewige Leben genannt hat.

Für den Menschen der Realität nun gibt es kein ewiges Leben. Er gibt die Liebe preis, behält aber die Erkenntnis bei. Erkenntnis ohne Liebe aber schafft unüberbrückbare Distanz. Deshalb gehört zur Realität die Spaltung von Subjekt und Objekt. Das Objekt ist die reine Tatsächlichkeit, eben die Realität, auf die das Licht des Bewußtseins fällt. Was aber ist das Subjekt? Wie steht der Mensch der Realität zu sich selbst?

In den anfänglichen Stadien kann es ihm gelingen, reine Natur zu bleiben. Einmal aber wird er sich selbst zum Objekt. Was kann er dann finden? Nichts anderes als Realität: wertfreie psychische Tatsachen. Der Blick, der erkennend, aber ohne Liebe auf das Ich fällt, hebt das Ich auf. Die Natur liebt sich nicht, aber sie erkennt sich auch nicht; sie ist. Vom Christentum ist zwar im Kampf gegen die Natur die Selbstentäußerung hervorgehoben worden, aber in Wahrheit besteht in ihm die Möglichkeit und Aufgabe, sich selbst zu lieben, nicht mit der blinden Liebe des Blutes, sondern mit der sehenden des Geistes. Auch in dieser Umkehrung gilt der Satz, daß wir unseren Nächsten lieben sollen wie uns selbst. Mache ich mir aber meinen Willen, meine Liebe, meine Schuld zum Objekt, so sind sie nicht mehr mein Wille, meine Liebe, meine Schuld, sondern auswechselbare psychische Tatsachen.

Dieser Weg wird nur unter den größten Widerständen beschritten. Denn der Seinswille fühlt die furchtbare Gefahr, die ihm hier droht. Aber er ist Natur, und so ist ihm bestimmt, schließlich gegen die Realität zu unterliegen. Was er erreichen kann, sind Kompromißstationen. In den frühen Stadien haben manche von diesen etwas von dem Glanz, den die Realität oft auf die Natur wirft, ehe sie sie zerstört. Eine moderne Kompromißlösung ist der Typus des Massenmenschen. Er ist eigentlich ichlos, ohne doch den Seinswillen geopfert zu haben. Seine Erlebnisse sind einfache, anerkannte, auswechselbare psychische Fakten. Gerade weil sie schon bekannt sind, fällt auf sie nie das Licht der Reflexion. So wird die Frage nach dem Sinn nie gestellt und der Seinswille bleibt unbedroht. Dieser Mensch ist trefflich als Objekt zubereitet, aber nicht für sich selbst, sondern für diejenigen, die ihm das Denken abgenommen haben. Darum darf seine Stabilität auch nicht an seiner Selbstzufriedenheit gemessen werden, sondern man muß nach den Menschen fragen, deren Objekt er ist.

Diese mögen denselben inneren Weg gehen, sie können aber nicht ganz vermeiden, ihn wissend zu gehen. Gehen sie ihn gleichwohl, so ist ihre Haltung der Zynismus, der für die Machthaber der vollendeten Realität kennzeichnend ist. Zynismus ist im Grunde Verzweiflung, die nur darauf verzichtet hat, dem eigenen Seinswillen in den Arm zu fallen. Woran verzweifelt diese Verzweiflung? An der Nichtigkeit des Seins. Vollständiger als die Natur durch Schuld und Leiden wird die reine Realität durch ihre Sinnlosigkeit entwertet. Das Nichts ist der Gott der vollendeten Realität, der eingestandene Nihilismus ihre einzige überzeugende Weltanschauung. Er setzt wenigstens Mut voraus. Es ist der Mut zur Verzweiflung. Verzweiflung ist eine Frage, auf die manchmal Gott selbst antwortet.

Einige Menschen gehen diesen Weg schneller als die Gesamtheit. Ihnen fällt es zu, das vorzubereiten, was nach dem Reich der Realität kommen wird. Ich kann nicht versuchen, hier etwas von der Antwort anzudeuten, die ihnen auf ihre letzte Frage wird; ich bin dazu selbst zu sehr nur Fragender. Über ihr Verhältnis zur Realität darf man vielleicht so viel sagen: Auch für sie wird es die Realität geben, aber nicht als Prinzip und eben darum auch nicht mehr als Gegenstand der Angst. Sie wird nichts als eben die Realität sein. Diese innere Unabhängigkeit von der Realität wird freilich nicht hindern, daß diese Menschen mit allen ihren Mitmenschen noch unter dem äußeren Gesetz der Realität stehen; daß sie noch an der Realität scheitern. Vielleicht ist das Wissen um dieses Scheitern der Zoll, den sie zahlen, um sich über die anderen nicht zu überheben. Ihre Arbeit wird, auch wenn sie scheitern, nicht vergeblich gewesen sein. *

* Im ersten Text lautete dieser Satz: »An dem Tag, der wie der Blitz leuchtet vom Aufgang bis zum Niedergang, wird ihre Arbeit nicht vergeblich gewesen sein.« Dies ist ein Zitat aus Matthäus, Kapitel 24.

Zur Beurteilung des deutschen Geistes *

Deutschland ist bald der Spott, bald der Schrecken, und stets das Rätsel Europas. Es wird nicht zu erlösen und nicht zu überwinden sein, solange es nicht verstanden ist. Es kann von den Anderen nicht verstanden werden, solange es sich selbst nicht versteht. Ich möchte versuchen, an der Bemühung um dieses Selbstverständnis mitzuarbeiten.

Beginnen wir mit den realen Voraussetzungen, die den deutschen Geist geprägt haben, mit dem politischen Schicksal Deutschlands in den vergangenen Jahrhunderten.

Die Deutschen haben als letzte der großen europäischen Nationen die politische Form des einheitlichen Nationalstaats angenommen. Die Ursache liegt im Mittelalter. Mit Ausnahme von Italien, in dem die Stadtrepubliken, der Kirchenstaat und die ständige Einmischung auswärtiger Mächte besondere Verhältnisse schufen, waren in allen Ländern die großen Feudalherren das stärkste Hindernis der nationalen Einigung. Ihre Macht in jahrhundertelangem Kampfe zu brechen reichte die Macht der Krone – in England in Verbindung mit dem im Unterhaus vertretenen niederen Adel – in allen Ländern aus; nur in Deutschland war der König dadurch, daß er zugleich Kaiser war, mit Aufgaben belastet und in Kämpfe verwickelt, die ihn zwangen, in der Frage der Einheit Schritt für Schritt zurückzuweichen, bis aus den Vasallen Landesherren geworden waren.

Es lohnt, mehr im einzelnen die Ursachen dieses Faktums zu betrachten. Kurz nach seiner Gründung, zur Zeit der sächsischen Kaiser, war das deutsche Reich der politischen Einheit näher als die anderen europäischen Königreiche. Durch diese »zufällige« Tatsache fiel ihm der Vorrang und damit die Kaiserwürde zu. Damit ließen sich die Deutschen nun aber auf eine spezifische mittelalterliche Aufgabe ein, die nicht nur ihre Kräfte schließlich überanstrengte, sondern ihnen auch in der Mentalität wie in der politischen Form den Eintritt in die Neuzeit erschwerte. Zu allen Zeiten seit ihrer Christianisierung haben sich die europäischen Nationen trotz aller Gegensätze als

* Unabgeschlossene Aufzeichnungen, Sommer 1945.

eine höhere Einheit gefühlt. Verschieden war aber die Form, in der diese Einheit gesucht wurde. Das leibhaft denkende Mittelalter meinte sie konkret realisieren zu müssen: als die eine Kirche, das eine Imperium. In der Neuzeit traten Abstrakta an diese Stelle: die gemeinsame Kultur, das Gleichgewicht der Mächte. Auf der anderen Seite fehlte dem Mittelalter, wenn man es mit dem neuzeitlichen Blick für »Realität« prüft, die Kraft, seine großen Gedanken adäquat zu verwirklichen. Kein mittelalterliches Königreich, geschweige denn das fast nur theoretisch vorhandene Imperium, hatte die Straffheit der Organisation, die heute selbst den auf ihre Freiheit stolzen Demokratien selbstverständlich ist, und auch die Kirche ist heute, im Zustand relativer äußerer Bedeutungslosigkeit, sehr viel fester in der Hand des Papstes als jemals in den Zeiten ihrer größten Macht.

Man kann nun sagen, daß die Deutschen länger als ihre westlichen und südlichen Nachbarn mittelalterlich geblieben sind. Das Reich zeigte bis zu seinem Untergang in der napoleonischen Zeit das mittelalterliche Gepräge einer immer unglaubwürdiger werdenden Weihe übernationaler Einmaligkeit in Verbindung mit immer totalerer Selbständigkeit der Teile. Sehr reale Interessen waren am Werk, diesen Zustand aufrechtzuerhalten. Auf der einen Seite waren es die Landesfürsten selbst, die großen Spalter des Reichs von Heinrich dem Löwen bis zu Friedrich dem Großen ebenso wie die Schar der Kleinen, deren Scheinsouveränität nur durch die Scheinbarkeit der eigentlichen Souveränität ermöglicht wurde. Auf der anderen Seite verhinderten die Nachbarn, vor allem Frankreich, jeden Ansatz zur Bildung einer überlegenen deutschen Macht; vielleicht war der napoleonische Raubbau mit den Kräften Frankreichs eine notwendige Bedingung für die Entstehung des deutschen Nationalstaats.

Diesen politischen Tatsachen entsprach die Geisteshaltung. So bitter sich oft einzelne Deutsche über die Jämmerlichkeit ihrer nationalen Zustände beklagten, so wenig wünschten vor dem 19. Jahrhundert die Deutschen in ihrer Gesamtheit diese Zustände zu ändern. Die negativen Motive und Folgen dieser Haltung sind deutlich. Kleine Herrschaften verlangen nur kleine Opfer und geben nur einen kleinen Gesichtskreis. Fleiß wird zur Pedanterie, Selbständigkeit zur Eigenbrötelei, und unklare Vorstellungen von der Weihe des Reichs ersetzten den Mut zur Übernahme wirklicher politischer Verantwortung. Die erstaunliche deutsche Verbindung großer Tapferkeit vor dem Feind mit völligem Mangel an Zivilcourage mag hiermit zusammenhängen.

Aber dieselbe Haltung hatte auch positive Folgen. Vieles, was in der Rationalisierung des Lebens, in dem wachsenden Totalitätsanspruch der »Realität« zerstört werden mußte, blieb in Deutschland länger bewahrt und zeitigte Früchte besonderer Art. So bewahrte die »Deutsche Libertät« etwas von der ursprünglichen germanischen Freiheit selbst durch den Absolutismus hindurch, weniger in der politischen als in der geistigen Ebene. In England hat sich auf derselben Basis der Freiheit das schlagkräftige politische System entwickelt, das sich heute Demokratie nennt. Es gewährt dem Individuum, das sich in seinen Rahmen fügt, ein Höchstmaß persönlicher Bewegungsfreiheit; es ist aber zugleich von einer großen, ihm selbst unbewußten Intoleranz gegen alles, was sich nicht in seinen Rahmen fügt. Ich möchte es nicht für einen Zufall halten, daß der größte englische Dichter vor der eigentlichen Parlamentsherrschaft gelebt hat, und daß England zwar große Meister der Realität: Politiker, Naturforscher, Techniker hervorgebracht hat, aber keine Komponisten, Maler, Philosophen, die sich mit den Größten des Kontinents vergleichen ließen. Dem deutschen System fehlte die politische Kraft des Ganzen und die Freizügigkeit des Einzelnen; aber landschaftliche, ständische und vor allem rein geistige Eigenarten durften sich entwickeln wie nirgends sonst. Die Vielzahl geistiger Zentren konnte der deutschen Kultur nicht das einheitliche Gepräge der französischen oder englischen geben, gab ihr aber einen unvergleichlichen Reichtum.

Wir haben aber nicht nur auf formale Begriffe wie Freiheit oder Reichtum, sondern auf die bestimmten Inhalte des deutschen Geistes zu achten. Die Irrealität, die in der Fortdauer mittelalterlicher Begriffe in einer nicht mehr mittelalterlichen Welt lag, hängt zwar sicher – sei es als Ursache oder als Wirkung – mit der Neigung der Deutschen zusammen, faktische Tatenlosigkeit mit unwirklich romantischen Idealen zu verhüllen; sie prädestinierte aber gleichzeitig die Deutschen zu den Kritikern der höchst fragwürdigen neuzeitlichen »Realität«. Der absolute Monarch, die autonome Nation sind Realitäten; ihr Egoismus gegeneinander ist aber um nichts besser und um nichts weniger verderblich als der Egoismus der Individuen. Das Reich mochte demgegenüber als Traumgebilde erscheinen – es erinnerte doch daran, daß einmal der Gedanke einer als Gestalt gegenwärtigen versöhnenden Einheit der Mächte gedacht worden war. Es war das Schicksal der Deutschen, gegenüber der Wirklichkeit der Andern die nichtrealisierte höhere Möglichkeit zu wissen, und gerade weil sie, wenn sie überhaupt handelten, das Unbedingte versuchten, mißlang ihnen das Bedingte. Die Andern verwirklichten einen Teil des Ideals und verzichteten auf den Rest, die Deutschen erfuhren im Leiden an der Gespaltenheit das Ganze. Weder in der Kirche noch im Staat hatten sie ein festgefügtes Haus, aber durch die Risse im Gemäuer blieb der Himmel sichtbar.

Es war von den Andern aus eine berechtigte Frage, ob man überhaupt so sein dürfe wie die Deutschen. Solange sie politisch ungefährlich waren, verachtete man sie ein wenig und nahm von ihren kulturellen Produkten das, was Form gefunden hatte, dankbar an, ohne viel von dem Grund zu wissen, auf dem es gewachsen war. Kaum begannen sie politisch aufzusteigen, so haßte man sie, und mit Grund. Sie bedeuteten die Gefahr der totalen Vernichtung des Kunstprodukts der europäischen Realität. Wir wissen heute, daß man diese Gefahr mit Recht fürchtete. Ob man einsehen wird, daß sich hier nicht nur ein Unglück, sondern etwas wie ein Gottesgericht vollzog, ist eine Frage an die Zukunft Europas. Wir haben hier diesen Ablauf vorerst nicht von außen, sondern von innen, als Schicksal Deutschlands zu betrachten. Wir stellen die geistige Seite zunächst noch zurück und verfolgen die politische Entwicklung.

Die nationale Einigung Deutschlands geschah durch Preußen. Die Preußen gehören wie einst die Spanier, wie heute die Japaner und wie immer wieder die Juden, zu den meist gehaßten, mindest verstandenen Nationen. Wie sind sie, und warum sind sie, wie sie sind?

Preußen ist deutsches Kolonialland im slavischen Bereich. Es ist kein Zufall, daß östliche Kolonien zur ersten Macht in

Deutschland wurden. Seit die Kaiser sich auf eine Hausmacht stützen mußten, um sich im Reich durchzusetzen, liegt der Schwerpunkt des Reichs im Osten. Von den letzten drei deutschen Kaisergeschlechtern residierten die Luxemburger in Prag, die Habsburger in Wien, die Hohenzollern in Berlin, alle auf ehemals oder noch slavischem Boden. Denn in den festgefahrenen Verhältnissen des alten Reichs konnte sich keine überragende Macht mehr entwickeln; zu allen Zeiten bilden sich neue Mächte an den Rändern des alten Machtbereichs, dort wo noch Expansion möglich ist. So wurde Griechenland von Mazedonien aus geeinigt, und so sind heute Rußland und England die einzigen übriggebliebenen Großmächte Europas; sie konnten von keiner europäischen Macht mehr geschlagen werden, weil sie über die Grenzen Europas hinaus ausweichen konnten. Gerade weil in Deutschland ein Kulturgefälle von Westen nach Osten da war, bildeten sich die Machtzentren im Osten.

Die beiden großen Gegenspieler, Österreich und Preußen, haben aber aus ihrer kolonialen Situation heraus völlig verschiedene Entwicklungen durchgemacht. Österreich, zwar im Osten, aber auch im Süden gelegen, auf einem Boden, den schon die römische Kultur einst erreicht hatte, klimatisch zu großen Teilen ein reiches, gesegnetes Land, unter einem Herrscherhaus, das seit Jahrhunderten europäische Verantwortung trug und europäische Heiraten schloß, in stetem Austausch mit Italien, Spanien, Frankreich und dem noch von byzantinischen Resten durchwobenen Balkan, war bald ein Zentrum deutscher Kultur, nicht mehr ein Vorposten, sondern eher das äußerste der Kernländer Europas. Mochte seine Kultur nicht rein deutsch sein, so entfaltete sie dafür eine der besten Eigenschaften des deutschen Geistes, die Fähigkeit der produktiven Assimilation des guten Fremden, zu hoher Blüte. Es ist unbestreitbar, daß seine Politik oft von seinen außerdeutschen Interessen bestimmt war. Aber den Kleindeutschen, die ihm das vorwarfen, mußte man erwidern, daß der Konzentration der österreichischen Kräfte auf außerdeutsche Gebiete Jahrhunderte vergeblicher Bemühungen der Habsburger um die Einheit des Reichs vorausgingen. Soll man es ihnen zur Last legen, daß sie am dynastischen Egoismus der Hohenzollern, Wittelsbacher,

Wettiner und wie sie alle hießen und am politischen Unglück der Religionsspaltung scheiterten? Und außerdem war eben die Art, in der Österreich das europäische Gleichgewicht zu wahren half, und seine Kunst, die verschiedenartigsten Völkerschaften zu regieren, die Weisheit war und noch als »durch Schlamperei gemilderte Bürokratie« Charme behielt, vielleicht damals die dem deutschen, stets ins Übernationale strebenden Wesen gemäßeste politische Form. Vielleicht ist Österreich in seinen besten Zeiten, wie unter dem Prinzen Eugen oder unter Maria Theresia, der glücklichste Kompromiß zwischen Deutschtum und Realität, der je existiert hat. Aber es war als Kompromiß nicht zur Dauer befähigt, und Preußen fiel es zu, es zu zerstören.

Preußen, geographisch der Europa abgewandteste Teil Deutschlands, kulturell jungfräulicher Boden, ein karges Land, das nicht leicht einer freiwillig aufsuchte, mußte hart sein, um zu existieren. Von seinen beiden Kernländern war Brandenburg jahrhundertelang die Grenzmark gegen kriegerische Slavenstämme und Ostpreußen die Gründung eines Ritterordens, der dort die letzten Heiden Europas gewaltsam zu christianisieren unternahm. So wie Rußland nicht Asien ist, sondern immer Europa war und sein wollte – da es christlich war – aber, um gegen Asien zu bestehen, viele asiatische Züge annehmen mußte, so ist auch Preußen nicht ein Teil des Ostens, sondern des Westens, aber derjenige Teil, der sich am tiefsten auf den Osten eingelassen hat. Die preußische Disziplin ist eine westliche Erfindung, Mönche und Ritterorden des Mittelalters, Schweizer Bauern und spanische Söldner sind ihre Vorgänger; aber nur im Osten konnte man es unternehmen, auf sie einen Staat zu gründen. Westlich ist das Ordnen. Eben darum aber steht im Westen eine Ordnung neben der andern und hält ihr das Gleichgewicht. Im Osten aber konnte eine einzelne Art der Ordnung dem Chaos der Möglichkeiten tyrannisch aufgeprägt werden. Gerade hier, wo Ordnung nicht selbstverständlich ist, kann sie die Substanz eines Staates sein, während sie im Westen stets nur der Regulierung vorhandener Substanzen dient.

Der Hintergrund, vor dem allein die preußische Ordnung sinnvoll war, ist das Christentum. Hinter dem preußischen Offizier steht, wenngleich als ferne Erinnerung, der Ordensritter. Den Menschen anderer Voraussetzungen mag es als ein erstaunlicher Widerspruch erscheinen, daß man, um der Religion der Liebe zu dienen, das Handwerk des Tötens wählt. Es ist aber daran zu erinnern, daß in früheren Zeiten der menschlichen Geschichte durchweg der Waffenträger neben dem Priester der Träger des höchsten Ethos war. Denn stets werden die ethischen Anforderungen dort am höchsten getrieben, wo die Gefahr bei ihrer Verletzung am größten ist. Waffen müssen getragen werden, solange Krieg und Fehde an der Tagesordnung sind. Wer aber die Waffe hat, hat das Mittel der Macht und die Möglichkeit ihres Mißbrauchs. »Du sollst nicht töten« braucht nicht der sich zu sagen, der nicht töten kann, sondern der, der es könnte. Darum prüft jede gesunde Gemeinschaft den streng, der die Waffe tragen soll; noch die späte Entartung der Söldnerheere kennt einen Ehrenkodex. Daß an dieser ethisch am sichtbarsten gefährdeten Stelle der Menschheit neben dem strengsten Ideal die häufigsten Ausschreitungen vorkommen, ist verständlich. Vielleicht sind aber die schrecklichsten Untaten zu allen Zeiten nicht von Soldaten verübt worden, sondern von Menschen, zu deren Beruf die Waffe nicht gehört.

Das Christentum hebt freilich das Bewußtsein, daß es auf die Liebe allein ankommt, auf einen Grad, der, ernstgenommen, das Waffentragen überhaupt ausschließen würde. Aber es ist den christlichen Völkern bis heute nicht gelungen, den Krieg aus der Welt zu schaffen. Sich mit der Waffe zu verteidigen, gilt als erlaubt, und da jeder jedem schon Unrecht getan hat und weiteres tun könnte, ist nie zu entscheiden, welcher Krieg dem Angriff und welcher der Verteidigung dient. So ist der christliche Soldat der vielleicht erstaunlichste der unvermeidlichen Kompromisse, aus denen das historische Christentum besteht. Wie in allen anderen dieser Kompromisse hat auch in diesem das Mittelalter den wohl bewunderswertesten Versuch unternommen, ihn der christlichen Forderung so nahe als möglich zu bringen, durch die Gründung der Ritterorden. Wie der Mönch gelobt der Ordensritter, besitzlos, keusch und gehorsam zu sein. Es ist wesentlich zu sehen, daß auch die Forderung des absoluten Gehorsams aus der Welt der Mönche stammt.

Sie drückt die Bereitschaft aus, den eigenen Willen vollständig dem Willen Gottes unterzuordnen. Da Gott zu den meisten Menschen nicht unmittelbar spricht, würde das eine leere Floskel bleiben, wenn der Mönch nicht bereit wäre, die Stimme des Ordensoberen freiwillig wie die Stimme Gottes anzuerkennen. Dies ist der wahre Gehorsam: er ist freiwillig und absolut und ist ein leibhaftes Symbol des unbedingten Glaubens und eine Bewährungsprobe der Liebe. Daß der absolute Gehorsam zugleich die stärkste Waffe jeder Gemeinschaft ist, die sich in der Realität durchsetzen will, bestätigt nur den Satz, daß aus dem Arsenal des Christentums fast alle Waffen stammen, mit denen die Neuzeit die Natur bezwingt. Und gerade die überflüssigen Beweise der Zucht, bis hin zum Parademarsch, zeigen, daß auch der säkularisierte preußische Offizier im Gehorsam nicht nur ein technisches Hilfsmittel sah, sondern einen jener Werte an sich, die Anspruch darauf haben, sich im ganzen Leben eines Menschen symbolisch auszudrücken. Freilich gehört gerade dies zu den meist angefeindeten Zügen des preußischen »Militarismus«. Wir haben zu prüfen, mit welchem Recht. Gewiß aber ist, daß auch heute noch jeder Soldat jeder Armee, der an die Sache glaubt, für die er kämpft, durch freien Entschluß den Gehorsam, den er leisten *muß,* zu dem Gehorsam machen kann, den er leisten *will,* und durch den er ausdrückt, daß er den Menschen, mit denen er verbunden ist, mit allem dienen will bis zum Tod. Zu allen Zeiten hatte der Soldat das Vorrecht, am unmittelbarsten den Satz Christi zu verstehen: Niemand hat größere Liebe als die, daß er sein Leben läßt für seine Freunde.

Die nie genügend beantwortete Frage bleibt, für welche Sache der Soldat kämpfen darf. Der Ordensritter sollte nur gegen Ungläubige kämpfen; nur das Christentum selbst war für ihn die gerechte Sache. Dieser miles Christi ist mittelalterlich. Später trennten sich die Wege. Der Streiter Christi sollte nur geistige Waffen führen; dem Soldaten aber waren auch andere Sachen gerecht. Die Ursprünge des Preußentums liegen aber noch in jener missionarischen Welt. Die Mark Brandenburg schützte lange Zeit Christen gegen Heiden, und der Ritterorden kam, um zu taufen. Auch gegen die christlichen Slaven behielt der Deutsche wenigstens das Bewußtsein, die höhere Kultur zu schützen und zu verbreiten. Als protestantische Vormacht hatte Preußen wiederum eine religiöse Beschützerrolle. Der ungläubige Friedrich der Große hat aus den protestantischen Gefühlen seiner Untertanen und mancher seiner Partner Unterstützung erfahren. Von ihm an aber beginnt der Inhalt des preußischen Selbstbewußtseins rein säkular zu sein: die Ordnung selbst gewinnt einen pseudoreligiösen Rang. Die Disziplin der Soldaten, die Unbestechlichkeit der Beamten, Sauberkeit, Sparsamkeit und Fleiß sind die Werte, die Preußen in der Welt zu vertreten hat. Die Wirklichkeit dieser Werte wird niemand bestreiten; aber eine Mentalität, die keine anderen Werte mehr kannte, wurde mit Recht dürftig und, wenn sie mit Ansprüchen auftrat, taktlos genannt. Die fatale Formel »Mit Gott für König und Vaterland« enthüllt, daß man nicht mehr für Gott kämpft, sondern Gott für Werte in Anspruch nimmt, die offenbar auch auf der Gegenseite sind. Dieser Vorgang ist nicht ein einmaliges erkennbares Umschlagen, sondern eine allmähliche Aushöhlung der Substanz, etwa im Maße der wachsenden äußeren Erfolge. Noch immer lebten auf den Gütern und in den Garnisonen der »Junker« einfache, nüchterne, fromme, zu Stolz und Demut bereite Männer und zumal Frauen, und regierten patriarchalisch ein wenig kultiviertes, aber gutes Volk. Sie erfuhren zu spät, daß das, woran sie geglaubt hatten, nicht mehr existierte.

Die übrigen Deutschen reagierten zwiespältig auf die Preußen. Daß sie unbeliebt und selbst verhaßt waren, ist zur Genüge bekannt und verständlich. Sie hätten aber Deutschland nicht einigen können, wenn ihnen nicht auch starke Gefühle entgegengekommen wären. Preußen war für Deutschland der Weg in die Realität. Als die Deutschen begannen, die nationale Einheit zu ersehnen, wurde bald offenkundig, daß nur die Schlagkraft Preußens sie würde schaffen können, und der Mißerfolg von 1848 wie der Erfolg Bismarcks bewies ihnen, daß dazu nicht das Phantom eines liberalisierten Preußens geeignet war, sondern nur das königstreue militärische Preußen wie es wirklich war. Über diese politischen Tatsachen hinaus aber hatte Preußen, zumal vor der Reichsgründung, auch für den deutschen Geist eine begreifliche und berechtigte Anziehungskraft. Den Deutschen, die im Geist eine Welt bewegten und nie zur Verwirklichung kamen, erschien in Friedrich dem Großen ein geistiger Mensch, der zugleich ein Mensch der unbedingten, ja der dämonischen Tat war. Was hier mit der Notwendigkeit einer genialen Natur einmal gelungen war, sollte nun einem ganzen Volk gelingen. »Oder kömmt, wie der Blitz aus dem Gewölke kömmt, aus Gedanken die Tat?« Wer zu tun wußte, sah, daß diese Tat, um überhaupt jemals Tat zu werden, nur in Preußen ihren Anfang nehmen konnte, und so gingen viele der besten Deutschen dorthin. Kaum einer der großen Preußen ist von Geburt Preuße gewesen, kaum einer von ihnen hätte außerhalb Preußens werden können, was er vor der Geschichte ist. Als freilich das Bismarcksche Reich gegründet war, begann das geistige Deutschland zu ahnen, daß dies nicht die Erfüllung seiner Sehnsucht war. Hier beginnt das Schicksal, das unsere Gegenwart bestimmt. Um es zu verstehen, haben wir uns nun dem geistigen Weg Deutschlands zuzuwenden.

Das geistige Deutschland der Neuzeit beginnt mit der Reformation. In den romanischen Ländern geschah der Durchbruch der Realität, den wir als den Beginn der Neuzeit bezeichnen, in den Ebenen der Politik, der Kunst, der Wissenschaft, in Deutschland in der Ebene der Religion. Wenn ein Mensch das Schicksal verkörpert, das Deutschland für die Welt geworden ist, so ist es Martin Luther. Dieser Mann, wie aus den Tiefen noch ungeformter Erde aufgestiegen, um des Glaubens willen entlaufener Mönch, unpolitischer Beweger des Weltkreises, Spalter der Kirche, die er reinigen wollte, Zerstörer der Form und großer Dichter, von feinster Empfindung und schrecklicher Brutalität, Meister der Dialektik und aus Tiefen schöpfend, die keine Dialektik erreicht, in täglichem Zwiegespräch mit Gott und mit dem Teufel, dieser Mann verkörperte Deutschland wie vor und nach ihm keiner. Er ist das Deutschland, ohne das das Leben Europas schal gewesen wäre, mit dem das Leben aber unmöglich ist. Das geistige Deutschland ist kein Zustand, sondern eine Bewegung, deren Hoffnung es ist, die Welt und sich zu überwinden. Wohin soll diese Bewegung führen?

Gleichzeitig mit Luther gab es eine nationaldeutsche Bewegung. Man hat ihm oft vorgeworfen, daß er nicht genug Sinn für Politik gehabt habe, um der Einiger Deutschlands zu werden, der nur er werden konnte. Dieser Vorwurf verkennt, daß er nicht der Einiger Deutschlands werden wollte, nicht etwa nur, weil er die Grenzen seiner Fähigkeiten kannte, sondern weil er die Begrenztheit dieses Ziels, im Vergleich mit dem, worum es ihm ging, erkannte. Andere mochten den Auftrag zur Politik haben; wer das Evangelium verkünden sollte, das die absolute Wahrheit ist, mußte es rein halten von der Verquickung mit Zielen, die mit dem Rechte der Natur nicht nur Anhänger, sondern auch Gegner finden, Zielen, deren Recht ihrem Wesen nach ein relatives ist. Wer diese seine Voraussetzung nicht begreift, hat nicht das Recht, ihn zu kritisieren; an diesem Wendepunkt der deutschen Geschichte ist die nationale Einheit daran gescheitert, daß das Interesse der Deutschen an übernationalen Werten größer war als an dem eigenen Staat.

Wie aber soll Luther sich gegen die rechtfertigen, die seine Voraussetzungen zugeben, aber darauf verweisen, daß eben durch ihn das Evangelium selbst des Hauses beraubt wurde, das ihm, wenngleich löcherig und verderbt, in der einen allgemeinen Kirche gebaut war? Es genügt nicht zu sagen, daß Luther die Spaltung nicht gewollt hat. Wer gab ihm die Vollmacht, ein Unternehmen, das solche Gefahren enthielt, auch nur zu beginnen? Und wer befahl ihm, die Bannbulle zu verbrennen, seine Mönchsgelübde als nichtig zu betrachten und den Papst den Antichrist zu heißen? Der Anspruch der protestantischen Gemeinde, sie sei *die* Kirche, ist naiv.

Ich weiß keinen dieser Vorwürfe zu entkräften. Aber ich sehe, daß Luther handeln mußte. Wenn Gott ihm die Wahrheit des Evangeliums erschloß und ihm die Macht der Sprache gab, so durfte er nicht schweigen; er mußte reden, mit Furcht und Zittern, aber mit unerschütterlicher Gewißheit. Wenn es Gottes Wille war, daß diese Wahrheit nicht die ganze Kirche durchdrang, so mußte Luther mit Schrecken sehen, Werkzeug welches Strafgerichts er zugleich wurde; Werkzeug der Wahrheit zu sein, durfte er darum nicht aufhören.

Heute sehen wir deutlicher als damals die Zweideutigkeit dieser Lage. Konnte nicht jeder kommen und unter Berufung auf sein Gewissen seine Seelenverwirrung als Wahrheit verkünden? Folgten nicht Wiedertäufer und Sozialrevolutionäre Luther auf dem Fuß? Und haben nicht in der Tat spätere Zeiten

Luther als den Anfänger der Gewissensfreiheit in Anspruch genommen? Man kann Luther kaum tiefer mißverstehen. Es gehört freilich zum Wesen der Wahrheit, daß sie gewußt und gelebt werden soll; deshalb kann es niemand dem Menschen abnehmen, daß er mit seinem Gewissen und seiner Seele für die Wahrheit einsteht. Aber nicht alles, was sich in der Seele regt und sich als Gewissen ausgibt, ist die Wahrheit. Dem Menschen, der gefragt hätte, woran man denn aber die Wahrheit vom Irrtum unterscheiden könne, würde Luther wohl geantwortet haben, ohne Zweifel und Kämpfe mit sich selbst könne und solle es nicht abgehen, aber Gott habe wohl Mittel, dem Menschen, der ihn suche, erkenntlich zu machen, wann er spreche und wann der Mensch. Die Frage nach den Kriterien der Wahrheit verstummt stets, sowie die Wahrheit erfahren wird.

Aber es gibt den Menschen, der die Wahrheit hat und sie zugleich mißversteht und unwissentlich entstellt; ja es gibt keinen Menschen, dem dies nicht begegnete. Es gibt wohl auch dafür kein größeres Beispiel als Luther. Er selbst wußte, daß er mit dem Teufel auch in sich zu ringen hatte, und niemand wird mit der Wahrheit, die er verteidigte, die Entgleisungen seines dämonischen Temperaments entschuldigen können. Aber seine Irrtümer gehen weiter als seine menschlichen Fehler. Seine Wahrheit war in seiner Bewegung; sie verkehrte sich in Irrtum, als sie versuchte, ein Zustand zu werden. Man wird freilich sagen dürfen, daß Luther auch dies besser wußte als seine Nachfolger.

Drei historische Entwicklungslinien lassen sich an Luther anknüpfen. Die erste ist das Wachstum und der Verfall der protestantischen Kirchen. Die zweite ist die Folge bedeutender Menschen, die man als die Träger des deutschen Geistes zu bezeichnen pflegt. Die dritte ist das Werden der Welt der Gewissensfreiheit, der Toleranz und Aufklärung, die zwar wesentlich andere Quellen hat, aber den Protestantismus gern als eine ihrer frühen Stufen für sich in Anspruch genommen hat. Die drei Linien verschlingen sich zwar miteinander, können aber begrifflich recht scharf voneinander getrennt werden. Es scheint mir, daß dem, was Luther eigentlich war, die dritte am fernsten, die zweite am nächsten steht. Die erste und dritte sind zwar von vielen verehrungswürdigen Menschen getragen worden, aber gerade in dem, worum es Luther selbst ging, scheinen sie sich mir im ganzen mehr an das Formale als an den Inhalt gehalten zu haben. Vielleicht tut dieses Urteil der protestantischen Kirche Unrecht, vor allem wenn man an das rein Religiöse, an die Frömmigkeit und die tägliche Nächstenliebe zahlloser Menschen denkt. Aber es ist wohl anders im geistigen Bereich, im Bewußtsein seiner selbst. Es ist nicht verwunderlich, daß die protestantische Orthodoxie so rasch steril wurde, wenn man bedenkt, daß sie den Versuch machte, das Einmalige, Unverwechselbare, das die Kirche ist, ein zweites Mal zu bauen. Man kann zwar sagen, daß die römische Kirche nach so großen Verlusten nicht mehr beanspruchen konnte, die ganze Christenheit zu repräsentieren, aber gewiß konnte auch nichts anderes neben ihr »die Kirche« heißen, zumal nichts, was sich auf Luther zurückführte. Denn er hatte durch sein Verhalten gerade das Gesetz verletzt, auf dem allein die Kirche ruhen kann; er war zu dem Glauben, aus dem der Gehorsam bis zum Opfer der eigenen Einsicht folgt, nicht mehr bereit gewesen. So baute der Protestantismus auf unbefestigtem Grund, und es ist begreiflich, daß er eben darum, wenn er es mit der Kirche ernst nahm, starrer wurde als die katholische Kirche. Er mußte dann, um das Formale des Kirche-Seins zu retten, die Bewegung des einzelnen Gewissens, die bei Luther aufgetreten war, aufs schärfste regulieren.

Die Toleranzidee, die später gegen diese Regulierung auftrat, war erst recht rein formal. Dem kirchlichen Protestantismus ging es noch um seine Wahrheit. Der Verfechter der Toleranz hingegen ist gegenüber diesem »metaphysischen« Begriff von Wahrheit schon so skeptisch geworden, daß er es dem Einzelnen überlassen will, sich mit ihm auseinanderzusetzen. Wenn er sagt, es gehe ihm um die Wahrheit, so ist damit die unbekannte, erst zu findende Wahrheit gemeint. Daß die Wahrheit dem Menschen so zwingend begegnen kann, daß das Leben ganzer Gemeinschaften von ihr geprägt wird, dieses Erlebnis ist ihm nicht mehr bekannt. Dafür sprengt er freilich auch die verkrusteten Reste, die von der letzten großen religiösen Erschütterung zurückgeblieben sind, und bahnt unserem Leben eine Straße. So ist der Weg des deutschen Geistes, den wir verfolgen wollen, faktisch erst in einer Welt möglich geworden, welche die Gewissensfreiheit kannte.

Die Inhalte, mit denen sich der Geist auf diesem Weg auseinandersetzte, unterscheiden sich von denen des Lutherschen Glaubens; sie überschreiten den Rahmen des historischen Christentums. Ich glaube aber, daß es eben die Inhalte sind, auf die man stoßen mußte, wenn man Luthers Bewegung als Bewegung ernst nahm.

Die nächsten großen geistigen Schritte nach der Reformation und Renaissance, diejenigen, die man im allgemeinen als das Kennzeichen des neuzeitlichen Geistes ansieht, sind nicht in Deutschland getan worden. Man kann sie wohl am besten mit den Schlagworten des Rationalismus und des Empirismus bezeichnen. Diese beiden Richtungen ruhen auf dem gemeinsamen Grund der menschlichen Autonomie; ihr Gegensatz ist nur ein Gegensatz der Methoden. Als Aufklärung treten sie der durch Autorität geheiligten Welt des Glaubens gegenüber. Auch hier vollzieht sich eine Entwicklung, in der man drei Phasen unterscheiden kann. In der ersten Phase versucht die autonome Vernunft die Glaubensinhalte zu begreifen, zu beweisen, zu deuten. In der zweiten Phase will sie sie verbessern, »vernünftig machen«. In der dritten sagt sie sich von ihnen los; sie sind ihr uninteressant geworden. Die intellektuellen Führer durchliefen etwa im 17. Jahrhundert die erste, im 18. die zweite, im 19. die dritte Phase; die Menge folgte rund um ein Jahrhundert verspätet.

An der Aufklärung nahm Deutschland nur als ein etwas verspäteter Mitläufer teil. Daran mag die Erschöpfung durch den religiösen Konflikt und den Dreißigjährigen Krieg Mitschuld haben. Aber außerdem gehört die Aufklärung nicht zu den Dingen, die die großen deutschen Kräfte in Bewegung bringen. Der deutsche Geist machte sie zwar durch, aber zu sich selbst erwachte er erst in dem Vorgang, den er selbst als die Überwindung der Aufklärung erlebte.

Will man den anfänglichen Inhalt dieser deutschen geistigen Bewegung durch ein Wort bezeichnen, so muß man das Wort »Natur« wählen. Was bedeutet dieses Wort an dieser Stelle? Achten wir zunächst auf seine Herkunft. Die beiden westlichen Denker, die auf Deutschland damals den größten Einfluß ausübten, sind Spinoza und Rousseau; und für beide ist der Begriff Natur zentral.

Rousseau wirkte unmittelbarer. In bezug auf den Begriff Natur hält er eine Schlüsselposition der abendländischen Entwicklung. Mit ihm verkehrt sich die christliche Rangordnung der Begriffe. Für den Christen ist die Natur das Untergeordnete. Gegenüber Gott ist sie die Schöpfung, im Menschen ist sie gegenüber dem Geist das Triebhafte; für den Extremen ist sie das schlechthin Verworfene, für den Gemäßigten das, was reguliert werden muß. »Das Dichten und Trachten des menschlichen Herzens ist böse von Jugend auf«, das ist die Natur. Für Rousseau aber ist es die Natur des Menschen, gut zu sein; erst die Kultur hat ihn verdorben. Hierin liegt eine doppelte, eine zweite Umkehrung des Bisherigen.

Die erste Umkehrung war die allgemein neuzeitliche Abwendung von der Ansicht, der Mensch sei böse. Der autonome Mensch der Realität erträgt über sich nicht eine Autorität, die ihn richtet, sondern höchstens eine Autorität, die ihn oder doch seine Ziele bestätigt. Dabei bleibt aber der Stolz des Menschen der Geist. Nur geht es nicht mehr um den Geist, der ihm erst geschenkt werden muß, sondern um den Geist, den er schon hat; nicht mehr um spiritus, sondern um ratio. Dieser Selbstbestätigung des intellektuellen Menschen entspricht die Selbstbestätigung des handelnden Menschen. Statt der unerreichbaren Heiligkeit tritt das erreichbare Ideal der herrschenden Schicht in den Vordergrund. Der Edelmann ist gut, sofern er edel ist. Honnête homme, Gentleman soll und kann man sein.

Diese Umkehrung nun kehrt Rousseau zum zweiten Male um. Der Adel fängt an, nicht mehr an sich zu glauben; ihn als erste Menschenschicht erfaßt der dégout an der soeben noch gepriesenen Realität. Wieder ist der Mensch erlösungsbedürftig. Aber während früher die Form ihn hielt, der Geist ihn erlöste, will er nun vom Geist und der Form erlöst sein. Noch ist aber nicht die ganze Realität verdächtig geworden; noch gibt es das unberührte Reich der Natur. Mit aller Plumpheit und Sentimentalität, deren nur der heraufkommende Bourgeois fähig ist, verkündet Rousseau, die Natur des Menschen sei gut, und zu ihr müsse man zurückkehren. Diese Position ist ihrer

Struktur nach der christlichen näher als die vorige, aber sie ist gleichsam ihre Negativkopie, und damit das erste Beispiel einer Erscheinung, die von nun an für den europäischen Weg typisch wird. Daß die faktische Realität schlecht sei, wird mit einem Pathos behauptet, das an das christliche erinnert; aber das Heil wird nicht jenseits der Realität gesucht, sondern in die Realität selbst wird die Spannung von Diesseits und Jenseits hineingetragen. Ein Bereich der Realität, hier die »Natur«, wird mythisch umstilisiert, und nun soll von ihm das Heil kommen. Eben dadurch aber hört dieser Bereich auf, das zu sein, was er ist. Genau an diesem Punkt beginnt die Zerstörung der wirklichen noch vorhandenen, vom Geist behüteten Natur – der patriarchalischen Lebensform –, und es enthüllt sich die Natur als dämonische Realität. Auf das Schäferspiel von Trianon folgt die Macht des Pöbels und der Guillotine. Man wird sagen dürfen, daß Rousseau dem Antichrist um einen Schritt näher war als die Früheren.

Zu einem wichtigen Teil beruht die Wirkung Rousseaus in Deutschland auf einer Verwechslung. Das Wort Natur bedeutete den Deutschen etwas anderes als ihm. Rousseau ist ein Schritt auf dem Wege der Aufklärung; er leitet ihre aristokratische Phase in die demokratische über. Für die Deutschen war Natur der Ausdruck alles dessen, was in der Aufklärung vergessen worden war. Um dies zu belegen, genügt es, hier das zweite Mißverständnis zu zitieren, dasjenige Spinozas. Sein abstrakt rationales System, der genaue Sinn der Worte Gott, Substanz, Natur in seiner Lehre blieb den Deutschen fern; es ist, als hätten sie ihn nur um der einen Formel willen geliebt: Deus sive Natura. In der Aufklärung war Gott zu einem blassen, unendlich fernen »höchsten Wesen« geworden. Nun auf einmal begegnet ihnen Gott in der Natur so nah wie eine Blume, wie ein geliebter Mensch. Natur ist der neue Name Gottes.

Natur ist nun nicht mehr ein Bereich der Wirklichkeit, sondern die Wirklichkeit selbst. Sie ist gerade die Wirklichkeit als ganze, die es nicht zu machen, zu der es nicht zurückzukehren, sondern die es nur zu sehen gilt. Verkehrt ist nur der Mensch, der sich selbst die Natur verschließt, indem er sie seinen Begriffen unterwerfen, seinen Zwecken dienstbar machen will. Natur ist der Gegenbegriff gegen das, was in diesen Aufsätzen als

»Realität« bezeichnet wird. Dies wird zunächst nicht allgemein gedacht, sondern in vielen Bereichen lebendig erfahren.

Die Antike ist Natur. Damals, so scheint es, war der Mensch noch mit sich einig. Er war gut, wenn er schön war. Das natürliche ist das Schöne, denn schön zu sein ist die wahre Natur des Menschen. Selbst wieder schön zu werden, nicht durch Kleid und Perücke, sondern am eigenen Leib, ist das Ziel. Diese Natur ist nicht dem Geist und der Form entgegengesetzt. Denn Geist ist nicht kalte Begrifflichkeit, er ist das lebendige Wesen der Natur selbst, und Form ist die Sehnsucht aller werdenden, die Zierde aller vollendeten Natur.

Das Volk ist Natur. Im Volkslied spricht die Natur selbst. Sich als ein Volk fühlen zu dürfen, ist das natürliche Recht der Menschen gleicher Abstammung und Sprache. Künstlich sind die kleinen Privatzwecke der Dynastien. Hier entsteht das moderne deutsche Nationalbewußtsein. Selbst die Nationalismen unserer Nachbarn, zumal der kleineren östlichen und südöstlichen, verdanken ihre erste Erweckung der Bewegung, die von Herder ausging. Hier wird der Stolz auf die eigenen Vorfahren, die alles überwiegende Bindung des Bluts gelehrt.

Die Sprache ist Natur. Nicht der abstrakte Gedanke ordnet die Worte, sondern das lebendige Wehen des Geistes. Alle Schätze vergangener Geschlechter bewahrt die Muttersprache. Nicht die Regel, sondern die Seele formt das Gedicht; und dieser gefährliche Satz erweist sich hier als fruchtbar: es gibt, was es seit dem Mittelalter nicht gab, die große deutsche Dichtung.

Die Natur ist die ganze Wirklichkeit. Sie ist auch der ganze Widerspruch der Wirklichkeit. Die erste Begegnung mit ihr ist Glück und Rausch. In ihrer Tiefe wartet die Tragödie. Der Mensch, der sich auf sie einläßt und nicht ausweicht, erfährt sich als das Wesen, das auf die Probe gestellt wird. Er erfährt den Kampf des Gewissens, die Unbedingtheit der Idee, er erfährt sich als Geist. Auf einer neuen Ebene ist auch diese Phase der menschlichen Entwicklung die Auseinandersetzung von Geist und Natur.

Der Geist des Christentums war Gott verantwortlich und darum nicht autonom. Der Geist des Rationalismus war autonom; er war seiner göttlichen Klarheit gewiß und eben darum nicht verantwortlich. Dieser neue Geist ist verantwortlich und autonom zugleich; eben dies drückt der Begriff der Freiheit im deutschen Idealismus aus. Für Kant zwar ist noch ein Gott da, dem der Geist verantwortlich ist. Aber während für den Christen Gott das fraglos Gegebene und die Verantwortung des Menschen die Folge des Daseins Gottes ist, ist für Kant die Verantwortlichkeit das unmittelbar Gewisse und Gott das Postulat der praktischen Vernunft, das diese Verantwortung sinnvoll macht. Von hier aus ist es nur ein Schritt bis zu dem Geist, der in seiner Freiheit seiner Verantwortlichkeit gewiß ist und kein postuliertes Jenseits seines Bewußtseins mehr braucht; zu dem Geist, der sich vor sich selbst verantwortet. Dies aber ist die äußerste Annäherung an die Fragestellung des jüngsten Gerichts, die in der geistigen Ebene bis in unsere Tage hinein erreicht worden ist. Dieser Geist ist entweder der Heilige Geist oder der Antichrist. Nicht zufällig haben Schelling und Hegel die trinitarische Spekulation wiederaufgenommen.

Der Vater ist im Christentum Gott, erkannt als der, der die Welt schafft, das Recht setzt und das Urteil über den Menschen spricht. Er ist Schöpfer; wer Gott in der Natur begegnet, begegnet ihm. Aber die Natur ist von Gott abgefallen, und der Mensch ist frei, Gott oder den Abfall zu wählen. In dieser Wahl also ist Gott nicht mehr das Ganze, sondern die eine Seite; er ist das Recht, dem das Unrecht gegenübersteht. Der Mensch nun wählt das Unrecht, und Gott verurteilt ihn deshalb. Gott ist gerecht, der Mensch ist vernichtet.

Der Sohn ist Gott als Mensch. Er ist der vollkommene Mensch, der rein ist, nicht wie Adam vor dem Sündenfall als die Natur, die noch nicht von der Freiheit zum Abfall Gebrauch gemacht hat, sondern weil er den Abfall überwunden hat. Der abgefallenen Welt ist er das vollkommen Fremde. Sie tötet ihn, und er überwindet sie, indem er aufersteht. In diesem Vorgang ist die Welt objektiv erlöst.

Der Heilige Geist ist Gott in uns. Er ist die Erlösung des einzelnen Menschen. Was hilft es mir, daß Christus der vollkommene Mensch war, wenn ich im Abfall oder in der Verzweiflung beharre? Meine Seele muß wie Christus sterben und auferstehen. Der Geist ist der Zustand der auferstandenen Seele. Er ist die Wiederherstellung der wahren Natur. Der Wille des Menschen des Geistes ist vom Willen Gottes nicht mehr verschieden; darum ist er in der Tat zugleich autonom und verantwortlich.

Die Lehre vom Geist ist klar; wie sie aber anzuwenden sei, war die Frage in allen christlichen Epochen. Daß der Heilige Geist in der Kirche wirksam sei, wurde immer geglaubt. Aber er war da als Lenker und als Versprechung für die Zeit nach dem jüngsten Gericht, nicht als volle Gegenwart. Kein Christ, wenn nicht die Heiligen, erreichte die Einheit der Verantwortung mit der Autonomie. Der Protestantismus leugnete, daß sie überhaupt erreicht werden könne. Der deutsche Idealismus ist näher der entgegengesetzten Häresie: dem Chiliasmus. Seit langem gibt es die Lehre, daß die Geschichte in drei aufeinanderfolgende Reiche: das Reich des Vaters, das Reich des Sohnes und das Reich des Geistes zerfalle. Das tausendjährige Reich der Offenbarung Johannis, dem Reich des Geistes gleichgesetzt, wurde in der Geschichte, meist in der Gegenwart oder nahen Zukunft angekündigt. Die Kirche mußte diese Lehren verdammen. Denn wer sich selbst Autonomie zubilligte, war stets im Verdacht, nicht vom Geist, sondern vom Teufel geführt zu sein; der Antichrist ist es, der den heiligen Geist für sich in Anspruch nimmt, ohne ihn zu haben.

Als die deutsche Bewegung Gott in der Natur begegnete, konnte sie die vorangegangene christliche Erfahrung nicht ungeschehen machen. Sie mochte für eine Zeit meinen, dem glücklichen Heidentum wieder nahe zu sein, aber sie konnte sich auf die Dauer die Gebrochenheit des Natürlichen nicht verbergen. War ihre Begegnung mit der ganzen, der göttlichen Natur nur eine naive Täuschung? War sie die Vorbereitung des luziferischen Abfalls von Gott? Oder war sie der Vorklang der Wiederherstellung der Natur durch die herannahende Zeit des Geistes? Der Möglichkeit nach war sie gewiß all dies zugleich. Sie war ein Ereignis, das dem Menschen unvorbereitet begegnete. Was es im Einzelnen hervorbrachte, hing davon ab, wie er war und wie er sich entschied. Welchen historischen Weg es nahm, hing von den vielen Einzelnen ab.

Der deutsche Geist hat das Ungeheure geleistet, daß diese Frage gestellt worden ist. Gelöst hat er sie nicht. Ihm fehlte, um es in seiner eigenen Sprache zu sagen, die Tat. Die Menschen, die damals das Absolute dachten, vermochten nicht, das Abso-

*) Lehre vom 1000 jährigen Reich am Ende der Zeiten

lute zu sein, und weil sie es nicht waren, konnten sie es nicht tun. Ob und in welcher Weise es jemals möglich sein wird, das Absolute zu sein, ist eine Frage an unsere Zukunft.

Was möglich war und was nicht, sehen wir an Goethe. Er hatte die Fülle des Seins, die den Andern fehlte. Die Andern dachten oder wollten, er war. Er hat den Deutschen das Beispiel des ihnen sonst Unerreichbaren gegeben: einer großen Natur, die Form geworden ist. An ihm läßt sich lernen, was ein Ganzes ist. Aber auf dem Grund seines Seins, den er stets verhüllte, ahnen wir einen Verzicht. Er war wohl vor die Wahl gestellt worden, ganz oder absolut zu sein und hatte auf das Absolute verzichtet, um ganz zu sein. Darum konnte bei ihm Natur der höchste Begriff bleiben. In seiner Weisheit ist auch der Selbstwiderspruch der Natur noch gegenwärtig. Aber die versöhnende Schlußwendung wird gefunden, und wo sie einmal nicht gelingt, weil die Wahrheit der Natur zu gewaltig durchbricht, bleibt ein Blick in den Abgrund der Verzweiflung und, im Leben, die Resignation. Es ist kein Zufall, daß er das Unbedingte, Unausweichliche bis in die Gestalt der mathematischen Exaktheit hinein floh, und daß er das Zeichen des Kreuzes haßte. Den vielen Jüngeren gegenüber, die er enttäuschte, weil er die Sache, die ihnen heilig war, nicht unterstützte, war er im einzelnen wohl immer im Recht. Er wußte, daß auf den Wegen der Romantik, der Massenpolitik und aller anderen Extreme schließlich nur Unglück entstehen konnte. Aber was diese brennenden Seelen im Grunde von ihm erhofften, und was er ihnen freilich nicht geben konnte, war nicht Unterstützung und auch nicht Weisheit, sondern Heil.

So wurde das Heil nicht gelebt, sondern nur gedacht. Weil es aber von Menschen gedacht wurde, die es nicht lebten, mußte auch der Gedanke entstellt werden. Der wichtigste von diesen Denkern ist sicher Hegel. Er hat uns überhaupt erst gelehrt, Geschichte philosophisch und damit Philosophie historisch zu denken. Er hat uns zuerst Begriffe gegeben, die es gestatten, die unbestreitbare Relativität aller historischen Wertsetzungen gleichzeitig mit ihrer Beziehung aufs Absolute und ihrem daraus folgenden Geltungsanspruch zu denken. Die Mittel dieses Denkens sind wesentlich chiliastisch. Das Absolute ist Resultat. Alles Werdende ist im Recht, weil es das Absolute intendiert; aber dieses Recht erfüllt sich erst, indem das Gewordene untergeht, um dem Resultat Platz zu machen, in dem es selbst so wie auch sein Gegensatz aufgehoben sind. So ist die Welt die Geschichte des Geistes, der zu sich kommt. Es scheint mir, daß bis heute niemand die Möglichkeiten des Verständnisses, die diese Ansätze bieten, zur Genüge benützt hat. Das tiefste Bedenken aber ist gegen die Form anzumelden, die Hegel selbst ihnen gegeben hat.

Es fragt sich, welchen Ort der Denker dieses Systems selbst in der von ihm verstandenen Geschichte hat. Bei Hegel steht er zweifellos am absoluten Endpunkt: in ihm begreift der Geist sich selbst. Zum erstenmal wird nicht in den mythischen Bildern des Glaubens, sondern in den Begriffen, die das profane Denken sich erarbeitet hat, der Gedanke ausgesprochen, daß das, was wir Geschichte nennen, ein durch seine eigene innere Logik bestimmtes Ende hat. Vielleicht ist dieser Gedanke die erste Ankündigung eines wirklichen Ereignisses, das lange nach Hegel stattfinden wird. Hegel aber setzt dieses Ereignis mit einer bestimmten Position innerhalb der Geschichte gleich, nämlich mit seiner eigenen. Er handelt damit genau wie einst die chiliastischen Häretiker, und mit denselben unheimlichen Wirkungen. Freilich tragen auch solche Irrtümer ein Element der unmittelbaren Wahrheit in sich. Wenn Joachim von Fiore im Beginn des 13. Jahrhunderts das Ende der petrinischen Kirche und das nahe Reich des Geistes prophezeite, so hat er sich freilich für den Augenschein geirrt. Aber fürs erste drückte er eine Möglichkeit aus, die damals wirklich bestand, die aber nur von wenigen und nur in Andeutungen ergriffen werden konnte. Und zweitens ist auch das, was wirklich geschah, nur von dieser Möglichkeit her ganz zu begreifen. Der Versuch der Verleiblichung der christlichen Möglichkeit, den die mittelalterliche Kirche darstellte, erschöpfte eben damals seine Kraft in der letzten Steigerung des äußeren Erfolges; was danach begann, damals noch kaum sichtbar, war das Abenteuer der Neuzeit, das im letzten Grunde ein Abenteuer um des Geistes willen ist. Es begann nicht das Reich des Geistes, aber die Revolution, die, sich selbst ewig mißverstehend, doch den Geist meint.

So ist auch Hegel ein Ende und ein Beginn. Er ist das Ende

der abendländischen Metaphysik, und er wußte das. Was auf diesem Wege erkannt werden konnte, war mit ihm erkannt. Aber die menschliche Geschichte erschöpft sich nicht in dem, was die Metaphysik zu denken vermag. Hegel selbst war genötigt, zu seiner Umwelt Stellung zu nehmen, und seine Mittel des Denkens wurden von vielen Wollenden zu ihren Zwecken verwandt. Das Denken des Absoluten mochte für eine Zeit das Fehlen des absoluten Seins verhüllen; das Fehlen der Tat konnte nicht verborgen bleiben. Dem Denken selbst erscheint die Tat als die letzte Bestätigung seiner Wahrheit. Aber eben in der Tat zeigte sich die Leerheit des bloß gedachten Absoluten. Im Grunde war es nicht eine bestimmte Tat, um die es den Menschen damals ging, sondern die Tat überhaupt. Die Tat um des bloßen Tuns willen aber ist keine wahre Tat. Man fühlt die Dankbarkeit jener Zeit, als sie in den Befreiungskriegen einmal einen vorgegebenen, einen reellen Gegenstand der Tat hatte. Goethe, der wußte, was Sein ist, erkannte das Bodenlose jener Begeisterung. Welche Tat bleibt zu tun, wenn der äußere Feind geschlagen ist? Ist Deutschland nicht wie die Helden seiner Entwicklungsromane, die sich ein halbes Leben lang durch große innere und unbedeutende oder nur passiv erlebte äußere Ereignisse hindurch bilden, um am Ziel das Interesse des Lesers zu verlieren, weil es in der Welt eigentlich nichts für sie zu tun gibt? Oder wird sich der Drang des Handelns Ziele setzen, die dem Absoluten meilenfern stehen?

Das einzig Reelle, das damals getan worden ist, ist die Politik Metternichs und die preußische Reform. Metternich ist der Gegenpol des chiliastischen Tatendrangs der Idealisten. Er handelte nicht um zu handeln, sondern um zu bewahren. So fühlte er sich – und man wird sagen dürfen, mit Recht – als der einzige, der wußte, was er wollte. Für seine Gegner waren Geist und Natur Forderungen, die verwirklicht werden sollten; für ihn waren sie bestehende Wirklichkeiten, die es zu schützen galt. Er beschützte sie, bis das innere Gesetz der Neuzeit auch ihm die Unmöglichkeit der bloßen Beharrung bewies. Doch hatte auch er Anteil an der geistigen Bewegung der Zeit. Der Übergang vom Rationalismus des josefinischen Österreich zum Traditionalismus des Metternichschen Systems wäre undenkbar ohne die Ideen der Romantik von der Würde der Überlieferung, der Heiligkeit des Gewordenen.

Die preußischen Reformer vor den Befreiungskriegen waren von dem neuen Geist erfüllt. Ein Mann wie Gneisenau bewies den Deutschen, daß man aus einer geistigen Haltung heraus zur Tat kommen kann. In diesen Kreisen suchte man eine Politik zu finden, die dem Begriff des Volks als einer geistig geordneten Natur, eines sich entwickelnden lebendigen Wesens entspricht; der Uniformierung des Absolutismus und der Atomisierung der Demokratie gleich entgegengesetzt. Hier entstand wohl die den Deutschen eigentümliche Tendenz, zugleich fortschrittlich und konservativ zu sein, und zwar nicht in der Weise einer Vermittlung zwischen zwei Extremen, sondern in einer »organischen« Weise, welche zeigt, daß wirkliches Fortschreiten und wirkliches Bewahren dasselbe ist. Preußen war der Boden, auf dem der erste Versuch, Neues zu formen, gemacht werden sollte. Aber von hier aus sollte ganz Deutschland gewonnen werden.

Man kann nicht sagen, daß dieser Versuch wirkungslos geblieben sei. Aber seine Ideen wogen nicht schwer genug, um den Gegensatz der Konservativen und der Liberalen, der damals Europa teilte, zu überwinden. Dieser Gegensatz ist der politische Ausdruck des Kampfes zwischen dem Bewahren des überlieferten Kompromisses von Natur und Christentum und der fortschreitenden Realität. Eigentlich war es den Deutschen nach dem, was bei ihnen geistig geschehen war, unmöglich, in diesem Kampf Partei zu nehmen, denn sie wollten ein Drittes jenseits dieser Gegensätze. Aber außerhalb der Ebenen des Denkens und der Kunst ist es ihnen nicht gelungen, diesem Dritten Gestalt zu geben; sie besaßen seine Symbole, aber sie konnten es nicht leben. So wurde selbst ihr Gedanke schließlich gezwungen, für eine der beiden Parteien zu optieren; wie er aber wählte, er mußte sich selbst verraten. Dies läßt sich kaum deutlicher sehen als in der Auflösung der Hegelschen Schule.

Der Hegelsche Chiliasmus hatte zwei entgegengesetzte, gleich bedenkliche Möglichkeiten, sich auf die politische Wirklichkeit einzulassen; von der einen machte die Hegelsche Rechte, von der andern die Hegelsche Linke Gebrauch. Er konnte die Erfüllung der Geschichte in soeben vorhandenen oder in einem erst zu schaffenden Zustand sehen. Im ersten Fall wurde dem Vorhandenen eine Würde gegeben, die es niemals verdiente. Die Folge war die, die stets in solchen Fällen eintritt, die rasche Verknöcherung. Im zweiten Fall fragte es sich, welcher Inhalt das Neue, Gute, vom Alten, Ungenügenden unterscheiden sollte. Er konnte nur aus der Welt des Liberalismus genommen werden. Eben dies aber war die Unterwerfung unter die Realität, die schon überwunden schien. Weitaus am wirksamsten war Karl Marx, der die Hegelsche Lehre »von dem Kopf, auf dem sie gestanden, wieder auf die Beine stellte«, indem er das Prinzip der notwendigen Selbstentfaltung in der Geschichte vom Geist auf die Ökonomie übertrug. Man sollte diese Herkunft der Theorien des Sozialismus nie vergessen. Er ist die Negativkopie, die strukturtreue Umkehrung des Hegelschen Chiliasmus. Die Überzeugung von der unentrinnbaren Notwendigkeit der historischen Entwicklung gab ihm Stärke, und mit der Lehre, daß mit der Wende, die er bringe, die Geschichte zu Ende sein werde, fing er gewaltige Kräfte religiöser Erwartung in sich auf, welche die liberal werdende Kirche nicht mehr befriedigen konnte. Oft ist es in der abendländischen Geschichte vorgekommen, daß das sprengende Pathos religiöser Überzeugung sich gegen die bestehende Kirche wandte; nun zum erstenmal wandte es sich gegen das Christentum.

Es ist deutlich, daß Hegel keinen Nachfolger mehr haben konnte. Das Ende seines Systems ist der Zusammenbruch des zweiten himmelstürmenden Versuchs der Deutschen, fast vergleichbar jenem ersten Zusammenbruch am Ende des Stauferreichs. In beiden Fällen wurde die letzte, größte und fragwürdigste Entfaltung von Schwaben getragen.

Hegels Gegner waren nur im Negativen einig. Für ihn war es die Erfüllung der Geschichte, daß der Geist die Wirklichkeit als sich selbst verstand. Für alle seine Gegner ist die Wirklichkeit in entscheidenden Punkten ungeistig, wesentlich unverständlich.

Am nächsten steht seinem Erkenntnisglauben scheinbar der Optimismus der positiven Wissenschaft, die nun mächtig aufblühte. Doch ist in Wirklichkeit hier die Kluft vielleicht am tiefsten. Der Materialismus, um die extreme Haltung zu nennen, führt gerade das dem Geist unmittelbar Begreifliche, den Geist selbst, auf das schlechthin Äußerliche, das mechanische Gesetz, zurück, das man nur zur Kenntnis nehmen kann. Dies ist freilich dem Materialismus nicht bewußt; ihm scheinen gerade Druck und Stoß unmittelbar begreiflich. Er ist insofern eine der primitiveren Stufen der Erkenntnis, die auch in Hegels System einen Platz haben; er ist der Geist, der an seinen Gegenstand verloren und zur Reflexion auf sich selbst noch nicht fähig ist. Es ist begreiflich, daß nach dem Zusammenbruch eines großen, differenzierten Systems die vitale Primitivität wieder Platz greift. Aber die Reflexion drängt sich dem naturwissenschaftlichen Denken, das sie nicht von den Philosophen lernen wollte, durch die innere Logik seiner eigenen Entwicklung auf. Zunächst hebt die positivistische Analyse seiner Voraussetzungen den Materialismus auf. Man erkennt, daß Druck und Stoß genauso rätselhaft sind wie alle anderen Naturphänomene. Nicht mehr Materie, sondern Erfahrung ist der Grundbegriff, die Naturwissenschaft soll nicht erklären, sondern rationell beschreiben. In doppelter Weise dringt damit der Geist wieder ein. Einerseits indem der Begriff der Erfahrung ausdrücklich auf das beobachtende Subjekt Bezug nimmt. Dies wird ganz deutlich in der modernen Atomphysik, in der die Begriffe, welche den Zustand der Natur beschreiben, überhaupt nur in bezug auf eine bestimmte Beobachtungssituation einen Sinn haben. Hiermit ist der Geist als methodische Voraussetzung jeder Aussage über die Natur wieder anerkannt. Aber die Natur selbst bleibt der reine, empirische Gegenstand, der so oder auch anders sein könnte. Vom Geist in der Natur kann man aber auf der anderen Seite reden, wenn man das mathematische Naturgesetz betrachtet. Der Glaube an einfache Naturgesetze ist Glaube an irgendeine geistige Beschaffenheit der Natur. Doch bleibt der Grund dieser Beschaffenheit rätselhaft; der Geist selbst tritt uns hier nur als empirisches Faktum, nicht als begreifliche Notwendigkeit gegenüber. Man sieht ihn nicht ein, sondern man glaubt an ihn und erlebt jede Bestätigung dieses Glaubens von neuem fast wie ein Wunder. Die Naturwissenschaft ist also der Position Hegels wieder nähergekommen, ohne sie zu erreichen. Die Unverständlichkeit des Seins ist ein wenig gelichtet, aber nicht aufgehoben. Was hier als Verständnis vorliegt, hat dafür gegenüber Hegel den ungeheuren Vorteil, reell zu sein. Denn wie als sollte das bloß gedachte, nicht gelebte Sein ein sichtbares Symbol finden, war die Naturphilosophie des Idealismus vom Boden der Tatsachen abgehoben und in Phantastik ausgelaufen.

In einem ähnlichen Gegensatz gegen Hegel befand sich die Geisteswissenschaft, zumal die Historie. Geschichte läßt sich nicht konstruieren; es gilt vielmehr zu ermitteln, wie es denn eigentlich gewesen sei. Freilich hat die deutsche Geisteswissenschaft gegenüber dem im Westen aufgekommenen Positivismus immer wieder betont, daß schon das einfache Aufnehmen der wahren historischen Tatsachen nur durch das Medium des Verstehens möglich ist. Doch ist dieses Verstehen nicht das Verstehen der dem im Geschehen Stehenden selbst verborgenen Notwendigkeit des Geschehens, sondern das schlichte Verstehen der Meinung eines Textes, der Menschlichkeit eines Menschen. Es ist nicht Konstruktion aus Übersicht über das Weltganze – dieses ist nun das Unverständliche –, sondern Aufnehmen dessen, was der individuelle Geist, die einzelne Seele über sich selbst zu sagen haben. Freilich drängt das Verstehen vom Einzelnen zum Volk und zum Zeitalter. Ein Versuch wie der, den ich hier mache, der wohl so naiv nur von einem Nichtfachmann gewagt werden kann, drückt vielleicht doch etwas von den Tendenzen eines Teils der jetzigen Geschichtsbetrachtung aus; auch er ist, von der Seite der Unverständlichkeit des Seins herkommend, auf dem Wege zu einer Konstruktion, die Hegelsche Mittel benutzt.

Gemeinsam ist den positiven Wissenschaften, daß die Erkenntnis zwar methodisch angestrebt wird, aber in jedem Einzelfall ein Geschenk ist, das die Wirklichkeit gewähren oder auch verweigern kann. Die menschliche Haltung des Wissenschaftlers kann darum nicht von der Einsicht bestimmt sein, die er schon besitzt, sondern nur von der Tatsache, daß er Einsicht sucht. Er ist und bleibt wesentlich Fragender. Dieser Haltung verdanken wir die größten Gestalten intellektueller Rechtschaffenheit. Aber es ist eine Haltung, die die Verantwortung für das Leben eines Volkes nicht übernehmen kann. Die Wissenschaftler lebten inmitten der bürgerlichen Ordnung, und wo diese schwach wurde, erwiesen sie sich selbst als richtungslos oder »zersetzend«. Heute beginnen sie, der sozialistischen Ordnung ebenso unbekümmert um die Konsequenzen zu dienen wie einst der bürgerlichen.

Auch die Menschen, die den letzten Dingen unmittelbarer gegenüberstehen, betraten nun die Bereiche der wesentlichen Unverständlichkeit des Seins. Während im Vordergrund des Jahrhunderts der Fortschrittsoptimismus die Welt eroberte, traten einige Menschen den Weg in eine Tiefe an, die keiner ahnte, und die eines Tages in jene Oberflächen einbrechen sollte. Von Novalis über Bachofen bis zu unserer Zeit wurde die Nachtseite der Seele dem Bewußtsein nähergebracht. Man entdeckte das Mythische, das Unbewußte, das Weibliche der Seele, die Götter der Erde, des Traums und des Todes. Ein unermeßliches Reich tat sich auf, der eigentliche Untergrund dessen, was man vorher Natur genannt hatte. Doch war man in einem seltsamen Unternehmen begriffen: dem Verstehen dessen in der Seele, dessen Wesen nicht das Verstehen ist. Man leuchtete in die Nacht hinein, nicht um sie in Tag zu verwandeln, sondern um sie als Nacht zu sehen. Wer soll nun Meister sein, der Tag, der uns sehen lehrt, oder die Nacht, die wir sehen? Bachofen weiß noch der Nacht in einer frommen Haltung gegenüberzutreten. Er verehrt die Gottheiten der Vorzeit, die er erst wiederentdeckt hat, aber er bekennt sich zu der Religion des Lichts, die berufen war, sie abzulösen. Bei Schuler und Klages ist die Welt des Lichts verblaßt, und die untere Welt beginnt nach den Gesetzen zu wirken, die ihr eigentümlich sind, wenn sie entfesselt ist; sie schlägt in Haß gegen das Licht um. Andererseits sind Freud und seine Schule von der positiven Medizin her auf das Unbewußte gestoßen und haben nun versucht, es wissenschaftlich zu durchleuchten, die Nacht zu vertreiben. Sie sind wohl der Vortrupp einer großen wissenschaftlichen Psychologie, welche die Seele ebenso in Realität verwandeln wird, wie es die Physik mit der Natur getan hat und die Biologie soeben mit dem Leben tut. In Wahrheit käme es wohl darauf an, die wahre Ehe von Tag und Nacht zu stiften, das Ganze der Seele, in dem das Bewußte mit dem Unbewußten frei kommuniziert.

Ein neuer Typ des geistigen Menschen gehört der Welt des unverständlichen Seins an: der unverstandene, leidende und strafende Prophet. Freilich hat es immer Propheten gegeben. Aber kennzeichnend für die meisten der Propheten, die jetzt kommen, ist das gleichzeitig Eschatologische und Nichtchristliche. Stets mit dem höchsten Anspruch die scheinbar entgegengesetztesten Ideale verfechtend, einig nur in der Front gegen die Flachheit der Zeit, aber nie einen Standort zeigend, auf dem zu verharren oder auch nur ruhig aufzubauen möglich wäre, künden sie etwas Neues, noch Unfaßbares, aber Unausweichliches an. Ist es der Untergang oder ein neues Leben oder beides?

Wie ein Vorklang dieser Reihe, der alles, was in ihr an Schönem und Reinem tönen konnte, schon in sich zusammenfaßte, ist Hölderlin. Schon an ihm zeigt sich, daß es dem heutigen Menschen schon kaum möglich ist, diese Reihe genau zu deuten, denn das, worauf sie verweist, ist auch für uns zum großen Teil noch Zukunft. Gleichzeitig steht aber jedes ihrer Glieder in seiner Zeit, und wie sollen wir das Persönliche, das Zeitgebundene und das objektiv Wahre klar voneinander scheiden? Hölderlins Eigenes ist, daß er einer der größten deutschen Dichter ist. Seine Worte weisen stets über den Sinn hinaus, den man ihnen rational unterlegen kann. Gleichzeitig hat aber gerade er eine Präzision des Ausdrucks, die es gestattet, zumal seine späten Gedichte zu interpretieren wie theologische Abhandlungen. Seine Begriffe stammen, äußerlich betrachtet, meist aus der Welt des Idealismus oder der Romantik. Aber jeder von ihnen hat einen Sinn, der sich in dieser Welt nicht erfüllt. Ich wage hier nicht, diesen Sinn zu deuten. Es muß hier genügen, zu wissen, daß einzelne Strophen von Hölderlin das ganze zukünftige Schicksal Deutschlands begleiten. »Nah ist und schwer zu fassen der Gott. Wo aber Gefahr ist, wächst das Rettende auch.« Hölderlins Ende im Wahnsinn zeigt den Bereich, dem jeder nahe war, der sich in diese Reihe stellen mußte.

Mehr als negatives Glied in der Reihe erscheint mir Schopenhauer. Mit derselben undialektischen und unvornehmen Plumpheit wie einst Rousseau fällt er aus dem Glauben an den Geist in den Glauben an die blinde Natur zurück. Aber es ist kennzeichnend, daß nun die Natur nicht mehr das Ideal, sondern das Schreckliche, der blinde, sinnlose Wille ist. So drückt Schopenhauer doch die tatsächliche Lage genau aus; wer aus dem Himmel des absoluten Geistes in die Wirklichkeit gestürzt war, mußte der Verzweiflung anheimfallen. Was eigentlich an Schopenhauer das Gefühl beleidigt, ist auch nicht diese Verzweiflung, sondern daß nie klar wird, ob es ihm selbst mit ihr ganz ernst ist, oder ob sie eine ästhetische Selbstbespiegelung bleibt.

Wirklich gekannt hat die Verzweiflung Kierkegaard. Der große Däne gehört so sehr in die deutsche Geistesgeschichte, daß er hier genannt werden muß. In ihm begegnet zum erstenmal wieder der Geist, der den ganzen deutschen Weg durchlaufen hat, dem ganzen Anspruch des Christentums an den einzelnen Menschen. Was das Anliegen Luthers war, wird hier in einer Sprache gesagt, die der philosophischen und ästhetischen Bildung des Jahrhunderts entspricht. Die Kritik am Idealismus, daß dem absoluten Denken nicht das absolute Sein entspreche, und daß eben darum das absolute Denken selbst ein Frevel des seiner wahren Lage vergessenen Menschen sei, hat er ausgesprochen. Existenz ist das, worum es geht. Diese Existenz ist wiederum das unverständliche Sein; denn sie ist das in die Welt und in die eigene Nichtigkeit geworfene Sein; ihre einzige adäquate Selbsterkenntnis ist die Verzweiflung. Aber eben diese Verzweiflung ist das Vertreiben der Nebel, die den Blick hinderten, indem sie sich ausgaben, als wären sie etwas. Erst in diese Verzweiflung kann der Strahl des Lichts fallen, das nicht das Licht der menschlichen Vernunft, sondern der göttlichen Liebe ist.

Man kann sagen, daß in der geistig-religiösen Auseinandersetzung hier und nur hier ein reeller Boden erreicht ist. Alle Glaubensinhalte, die nicht der absolute Geist sind – die Materie, die Natur, die Nation, die Wissenschaft, die Kunst –, verweisen durch die einfache Selbstbesinnung auf etwas über sich, eben auf den absoluten Geist. Setzen sie sich selbst absolut, so sind sie Illusionen, Götzen. Die Gleichsetzung aber des absoluten Geists mit dem Bewußtsein eines Individuums ist die größte aller Illusionen; sie ist die absolute Hybris. Sie ist der höchste Punkt des Turmbaus von Babel, und ihr folgt notwendig die Zerstreuung der Völker und die Verwirrung der Sprachen. Nun ist der absolute Geist als das erkannt, was er ist; das absolut Unerreichbare. Dem langsamen Aufstieg des Menschen folgt der augenblickliche, luziferische Sturz. Die Grundlosigkeit, in die er stürzt, ist die Verzweiflung. Bis hierher reicht das, was der Mensch aus eigenen Mitteln einsehen kann; auf einer der Stationen verweilen zu wollen, wäre Mangel an Einsicht oder Mangel an Mut und würde früher oder später an der Realität scheitern. Aber indem der Mensch sich vom Absoluten verzweifelnd zurückzieht, gerät er eigentlich erst in es hinein. Die Verzweiflung ist das erste wahrhaft Absolute, das er kennenlernt, das erste, was nicht mehr Gleichnis des Absoluten, sondern die Sache selbst ist. Der absolute Geist, von dem der Mensch sich zurückgezogen hat, bewegt sich nun selbst auf den Menschen zu. Denn der absolute Geist ist nicht nur eine unerreichbare Idee, er ist selbst eine Existenz, sogar die einzige, die Bestand hat; er ist Gott. Gott ist eine Wirklichkeit, die dem Menschen gegenübersteht. In der Geschichte, in der Verzweiflung, in der Erlösung handelt Gott. Der erlöste Mensch ist freilich so wenig mit Gott identisch wie je vorher. Der Abstand bleibt unendlich. Jeder Anlaß zur Verzweiflung besteht objektiv fort. Aber die Trostlosigkeit kam nicht aus der Verschiedenheit des Menschen von Gott, sondern aus seiner unüberbrückbaren Ferne von Gott. Ist diese Kluft ein einziges Mal von Gott her überbrückt worden, so mag alles andere weiterbestehen, ja so mag sogar der Mut zur Verzweiflung zum erstenmal alle Hemmungen der Furcht vor dem Absoluten abwerfen: es wird eine getroste Verzweiflung sein.

Dieser Ausdruck ist paradox. Aber das ist kein Einwand, im Gegenteil. Die logische Eindeutigkeit ist die Weise, in der die Menschen von ihren eigenen, ihnen verständlichen Dingen reden. Das Paradoxe ist ihnen das Unverständliche. Aber Gott ist das unverständliche Sein. Freilich ist er nicht schlechthin unverständlich, aber sein Verständnis ist von den menschlichen Eindeutigkeiten her nicht zu erreichen. Er ist dem Menschen nur soweit verständlich, als er ihm selbst sein Verständnis erschließt. Darum muß jedes Reden von göttlichen Dingen in der menschlichen Sprache die Form der erregenden Unverständlichkeit, die Form des Paradoxons haben. So bedauern die Menschen den, der mit Gott kämpft, weil er nie ein ruhiges Glück, eine Gewißheit kenne. Sie wissen nicht, daß die Eindeutigkeit dessen, was sie Glück nennen, für ihn nur noch eine Versuchung ist, die Quellen zu verstopfen, aus denen alle Fülle seines Daseins fließt.

Es ist für ein Menschenleben genug, wenn es berufen ist, der

Welt diesen Spiegel vors Gesicht zu halten. Nichts von dem bisher Besprochenen seit Luther besteht vor diesem Gericht. Das gilt, wenn man die Meinungen und Handlungen so nimmt, wie sie sich selbst verstanden. Aber sie waren zugleich Äußerungen eines sich selbst unverständlichen Seins, Stationen eines Wegs, den der wirkliche Mensch nun einmal geht. Kierkegaards Kritik lehrt uns sehen, daß dieser Weg, gerade so wie er sich versteht, der Weg zum Abgrund ist. Aber wenn der Abgrund erreicht ist, wird sich in der Verzweiflung diese Meinung des Menschen von sich selbst in nichts auflösen; trotzdem wird der Weg als wirklich gegangener Weg übrigbleiben und vielleicht erst seinen eigentlichen Sinn enthüllen. Wie soll der Mensch, der das weiß, was Kierkegaard weiß, seinen eigenen Weg gehen, inmitten der Scharen, die diese breite Straße wandern? Was ist sein Weg?

Hier hängt alles davon ab, wie man den Begriff des Redens Gottes zum Menschen faßt. Wenn nur Gott selbst sich dem Menschen erschließen kann, wie und wo erschließt er sich? Die Wirkung Kierkegaards auf die Nachwelt, auf uns, spaltet sich an der Stellung zu dieser Frage.

Der eine mögliche Weg ist der Rückweg in die Orthodoxie. Gottes Sprache nennen wir Offenbarung. Die Offenbarung ist einmal in der Geschichte geschehen. Christus ist die leibgewordene Offenbarung, die Bibel ihr einziges gewisses Zeugnis. An dieses Zeugnis haben wir uns zu halten. Daß das Wort der Bibel, recht gebraucht, nicht die Beruhigung in einem liebgewordenen Glauben, sondern die Kraft zur schneidendsten Kritik der menschlichen Verfehlungen und zum lebendigsten Beharren in der Not gewährt, haben Christen in den gegenwärtigen Zeiten der Verfolgung bewiesen.

Trotzdem bleibt in diesem Weg etwas Formales, ja fast ein Selbstverrat der eben gewonnenen Position. Es ist freilich die Schwierigkeit in der Auseinandersetzung mit der Theologie, daß jeder theoretische Einwand an ihr abprallt, da sie theoretisch die Wahrheit bereits umfaßt. Man kann ihr dann nur Widersprüche zwischen ihrem theoretischen Wissen und der Wirklichkeit ihres Lebens aufweisen. Auch daß diese notwendigerweise bestehen müssen, ist ihr aber längst bekannt. So muß die Auseinandersetzung darauf hinauslaufen, das Bestehen solcher Widersprüche gerade an solchen Stellen nachzuweisen, an denen sie vermeidbar und zugleich für das Verständnis dessen, was heute geschieht, zentral sind. Dabei wird der Kritiker immer zugeben müssen, daß die Unvollkommenheit seiner eigenen Verwirklichug dessen, worum es ihm geht, ihm eigentlich das Recht zur Kritik nimmt. Er kommt in die Lage, zugleich reden zu müssen und es eigentlich nicht zu dürfen. Aber vielleicht ist auch diese Lage im Christentum nicht neu.

Das Reden Gottes ist ein Vorgang, der nicht vom Menschen abhängt. Deshalb gibt es in bezug auf ihn keine Sicherheiten. Man kann vom Reich Gottes nicht sagen: siehe, hier oder da ist es. Es ist aber mitten unter uns. Wer Christus einmal gehört hat, muß anerkennen, daß Gott hier gesprochen hat. Was aber das Wort, das dort gesprochen ist, von uns verlangt, kann letzten Endes keiner anders erfahren als von Gott selbst. Der Versuch, festzulegen: dies ist ein Zeugnis, jenes nicht, wäre selbst schon ein Akt der Selbstsicherung, der nicht gelingen kann. Ob die Bibel allein oder auch die Autorität der Kirche gelten solle, dies mit menschlichen Erörterungen entscheiden zu wollen, ist selbst schon Abfall. Früher gab es einfach die Kirche als die immer weiterlebende, wartende Gemeinde, und wer sich, da er wußte, daß er allein vor Gott nicht hinreichte, ihrem Spruch gläubig unterwarf, konnte in ihm sehr wohl Gottes Stimme hören. Wenn der Protestantismus einen Sinn hatte, dann den, dem Menschen seine verzweifelte Lage selbst innerhalb der Kirche deutlich zu machen. Diesen Sinn, für den die Zeit Luthers noch nicht reif war, hat die Gründung der protestantischen Kirchen für einige Jahrhunderte verdeckt. Heute aber scheint es mir nur die Wahl zwischen zwei Möglichkeiten zu geben: in »getroster Verzweiflung« in der Kirche – das heißt katholisch – oder im absoluten Wagnis des Wegs ohne Kirche zu sein. Die protestantische Kirche ist ein Zustand, den man nicht gewaltsam ändern soll, auf den ich aber kein Gewicht mehr zu legen vermag. Es ist wohl kein Zufall, daß die heutige von Kierkegaard bestimmte protestantische Theologie mit dem Besitz einer Wahrheit, die sonst niemand heute so kennt, die fast völlige Sterilität gegenüber allen brennenden Fragen der Wirklichkeit verbindet. Ist hier nicht das Formale der Beziehung zu Gott an die Stelle dieser Beziehung selbst getreten?

Ein zweiter Weg ist der der Existenzphilosophie. Hier ist von Menschen, die den Weg zum Glauben Kierkegaards nicht gefunden haben, gleichsam nur der negative Teil seiner Lehre übernommen worden. Von dem Ballast des Äußerlichen, das das Historische dann ist, befreit, konnte die Struktur des menschlichen Seins deutlicher gemacht werden als von irgendeiner früheren Philosophie. Auch hier wieder erweist sich das säkularisierte christliche Gut als der Schlüssel zur Realität. Aber auch hier bleibt es beim Formalen, denn Gott redet hier nicht, es sei denn in der Form der Verzweiflung. Das Nichts ist dasjenige, wovon die Existenzphilosophie glaubwürdig zu reden gewußt hat; alle ihre Versuche, positiv zu werden, deuten zwar Richtungen an, in denen gegangen werden müßte, sind aber in sich selbst nicht überzeugend.

Gibt es einen dritten Weg? Es gibt ihn wohl für jeden Menschen in der ihm gemäßen Weise, wenn er nur bereit ist, ihn sich nicht selbst zu versperren. Gibt es auch einen Weg für das Ganze? Ich möchte glauben, daß die Reihe derer, die ich oben als Propheten bezeichnet habe, einen solchen Weg andeutet, den ein Ganzes – der deutsche Geist – faktisch gegangen ist; daß in diesem Weg Gott spricht. Freilich ist es ein Weg, dessen Ziel bis heute nicht erreicht ist, und auf dem man jede Station leicht als einseitig, ja als Verirrung erweisen kann. Vor allem zeigt die Unvereinbarkeit der Lehren und Absichten eines jeden von ihnen mit denen der andern, wie sehr in jener Zeit der Weg des Ganzen in die Menge der persönlichen Wege der Einzelnen zerfallen ist. Selbst die großen Kritiker des Individualismus waren genötigt, bloße Individualitäten zu bleiben. Aber ich glaube, daß sie nicht nur durch die Absolutheit des jeweiligen Anspruchs, sondern auch durch bestimmte Inhalte miteinander verbunden sind.

Ich möchte in dieser Reihe auch Richard Wagner nennen. Er scheint mir eine besondere Beziehung zum Nationalsozialismus zu haben. In der Ebene der Empfindung sind sie durch das Rauschhafte und nicht Saubere miteinander verbunden. Der Pomp nationalsozialistischer Schaustellungen hat viel von Wagner gelernt, oder besser er ist aus einer ähnlichen Gemütsverfassung hervorgegangen. Er ist bei beiden deutlich von dem rein äußerlichen wilhelminischen Pomp unterschieden. Hier spricht eine Seele, deren Element der Rausch und die Pose ist. Das Unechte dieser Pose ist leicht zu entlarven. Ihre große Wirkung verdankt sie aber nur dem in ihr, was in einem anderen Sinne gleichwohl echt, unheimlich echt ist. Wagner muß Schauspieler werden, weil er etwas darstellen muß, was jenseits seines bewußten Wissens und Wollens liegt; und dasselbe dürfte von Hitler gelten. Es fällt mir schwer, den Inhalt, den Wagner darstellen mußte, genau zu bezeichnen; nur auf einen Punkt möchte ich hinweisen. Bei ihm tauchen die germanischen Götter wieder auf. Der Religionshistoriker wird leicht nachweisen, wie weit seine Theaterfiguren von den wahren Göttern des Heidentums entfernt sind. Trotzdem sind es dieselben Götter, die hier wie Gespenster ins Unwirkliche verändert wiedererscheinen. Auch hier liegt die Parallele zum Nationalsozialismus auf der Hand. Ohne Zweifel sind bei der Christianisierung der Germanen ihre Götter nicht ganz überwunden, sondern zum Teil nur unterdrückt worden, und tauchen nun, beim Schwachwerden der Kirche und dem schweifenden religiösen Suchen wieder auf. Sie sind nicht nur ein äußerlich ergriffener Bildungsstoff, sondern ein wirklicher Ausdruck der Seele, sei es auch nur als Gespenster, die erlöst werden wollen. Es ist bezeichnend genug, daß Wagner den Erlösungswunsch des modernen Intellektuellen, seine nihilistische Situation, in die Gestalt der selbst der Erlösung bedürftigen Götter zu gießen vermag. Genau an diesem Punkt der Auseinandersetzung der Seele mit der Realität taucht noch einmal die längst vergessene alte Natur auf und fordert ihre Rechte.

Als der Größte in der Reihe erscheint mir Nietzsche. Er ist freilich trotz seines schriftstellerischen Glanzes schwer zugänglich. Denn er ist wie die Verkörperung des deutschen Selbstwiderspruchs: ein Mensch, der nicht nur in Paradoxen spricht, sondern selbst paradox ist und eben dadurch, ohne es zu wollen, von Gott etwas aussagt. Mit allem, gegen das er zu Felde zog, war er zutiefst verbunden. Wir sehen es an seinem zwiespältigen Verhältnis zu Wagner. Das Mitleid, das er verdammte, war gewiß seine tiefste Schwäche. Sein großes Problem ist das Christentum. Er gilt als sein Gegner. Aber man kann sagen, daß – da niemand Kierkegaard kannte – er es war, der die Ebene der Auseinandersetzung bezogen hat, auf der das wahre Christentum überhaupt wieder sichtbar werden konnte. Das Bild vom Menschen, um das es ihm ging, ist dem christlichen unermeßlich viel näher, als die Ideale der Kultur, der Moralität, des Fortschritts, mit denen er sich auseinandersetzte. Aber es ist nicht das christliche Bild. Wie ist das Verhältnis beider Bilder?

Nietzsche hat zuerst die Verzweiflung am Fortschritt, den Nihilismus klar ausgesprochen. Hierin ist er der strafende Prophet der Zeit. Er richtet aber nicht aus gesicherter Ferne. Er kennt die Krankheit, weil er selbst krank ist. So kommt er zur entlarvenden Psychologie. Er erkennt die vorgeblichen Ideale als Ausdruck eines anderen, »bösen« Willens. So vollendet sich bei ihm die Erkenntnis von der Unverständlichkeit des Seins. Nicht nur erschließt sich die Wirklichkeit dem Geist nicht; der Geist selbst ist nicht, was er vorgibt zu sein, er versteht sich selbst nicht. Was ist er aber in Wirklichkeit? Er ist Wille zum Sein, Wille zur Macht – er ist Natur.

Der Versuch, den Geist als Natur zu enthüllen, ist nicht neu. Seit der empiristischen Wendung der Aufklärung wird er unternommen. Neu ist bei Nietzsche außer den viel tieferen einzelnen Einsichten in den Vorgang sein Begriff von der Natur. Die Aufklärer hatten es leicht, den Geist aus der Natur abzuleiten, denn sie dachten die Natur selbst rationalistisch. Bei Nietzsche hat der Begriff der Natur den Reichtum und die Ferne von Rationalem, die er inzwischen in Deutschland gewonnen hatte. Seine Natur ist grausam, selbstzerfleischend, und zugleich göttlich. Sie ist der Gott, der seine Lust darin hat, sich selbst unverständlich zu sein.

Diese Natur Nietzsches ist das Erzeugnis eines großen Dichters. Eine Wahrheit, in der man bleiben kann, ist sie nicht. Soferne sie wahr ist, ist sie unerträglich; soferne sie erträglich ist, ist sie nicht wahr. Überall wo Nietzsche von Lust spricht, fühlt man die Verzweiflung durch. Er singt, um nicht zu schreien. Er weiß, daß es eine Lust gibt, »tiefer noch als Herzeleid«, aber hat diese Lust nicht. Alle seine Bilder sind vorausgeschossene Pfeile der Sehnsucht. Es entsteht aber kein Bild in der Seele eines Menschen ohne einen objektiven Hintergrund. Mir scheint, daß seine Bilder objektiv dem eschatologischen Bereich des Christentums angehören.

Er lehrt die ewige Wiederkehr. Dieses Bild bedeutet eigentlich die ewige Gegenwart, die Aufhebung des Leidens an der Vergänglichkeit. Das ist aber der jüngste Tag, die Aufhebung der Geschichte. Freilich ist die Abweichung kennzeichnend. Dieser jüngste Tag wird nicht in der Zukunft erwartet. Er ist immer schon da; es ist nur eine Änderung des Blicks nötig, um ihn zu sehen. Der Übermensch ist der Mensch, der den neuen Blick hat. Aber ist nicht eben dies wie ein Beispiel für die Lehre vom Heiligen Geist? Freilich steht auch hier nicht die Eindeutigkeit, sondern das Paradox: eben das Vergängliche soll ja ewig wiederkehren; die Aufhebung des Todes ist die Lust des ewig wiederholten Todes. Der Inhalt dieser Eschatologie ist eben die Natur, nicht der Geist. Aber kann man in der Ebene der Natur deutlicher sagen, worum es dem Geist geht? Und hat es je ein Christ vermocht, unmittelbarer vom Geist zu sprechen? Es genügt nicht, daß seit zweitausend Jahren die letzten Dinge erwartet werden. Eben das Auftauchen ihres Bildes in wechselnden Formen, die Abweichung vom Schema, die Fülle der Irrtümer über sie drückt aus, daß sie nahe sind.

(Es sollten Abschnitte über Derleth, George und Schuler folgen.)

Der Geist hat sich auf dem Weg, den wir verfolgt haben, in erschreckender Weise von der Realität entfernt. Diese Bewegung ist das notwendige Spiegelbild des Weges, auf dem das Bürgertum der Realität verfiel. Goethe und der Idealismus sprechen noch aus, was alle Gebildeten bewegte. Die früheren »Propheten« wandten sich noch an die Öffentlichkeit, die freilich nur noch wenig auf sie hörte. Von Nietzsche an beginnt das Bewußtsein, daß die Dinge des Geistes nur durch Heimlichkeit zu schützen seien; jeder der drei zuletzt genannten versuchte auf seine Weise die Arche zu bauen, auf der der Keim des zukünftigen Lebens durch das Chaos des Jahrhunderts gerettet werden könne. Dieses Chaos aber wußte von sich nicht, daß es Chaos war; es hielt sich für glücklich wachsende Ordnung.

Es müßte die Betrachtung der politischen Entwicklung Deutschlands im 19. und beginnenden 20. Jahrhundert folgen.

Ein Brief über den Nationalsozialismus *

Juni bis August 1952

Lieber Karl!

In regelmäßigen Abständen sind unsere Gespräche der letzten Jahre zu unserer Unzufriedenheit mit uns selbst zurückgekehrt. Einer der Brennpunkte dieser Unzufriedenheit ist die Politik. Wir sehen ungeheure Kräfte der Verblendung und der Zerstörung am Werk. Wir glauben darüber einig zu sein, daß Pessimismus diesen Kräften gegenüber eine falsche Haltung ist. Wir meinen, die vorhandenen Kräfte müßten in eine heilsame Richtung gelenkt, ganz neue Kräfte müßten geweckt werden können. Zeitenweise meinen wir die Richtung des zukünftigen Wegs zu sehen, ja schon auf ihm zu gehen. Dann wirft uns die Erkenntnis der Kleinheit, ja der Verkehrtheit unserer Leistungen in den Zweifel zurück, der die Versuchung enthält, zu verzweifeln.

Du hast mich öfter gebeten, wenigstens *einen* Beitrag zu unserer gemeinsamen Anstrengung zu leisten: eine theoretische Analyse der Situation. Dazu will ich mit diesem Brief einen Anlauf nehmen. Theoretische Einsicht ist gewiß nicht hinreichend, aber die Bemühung um sie mag in unserer Lage notwendig sein.

Im heutigen Brief möchte ich mich mit dem Nationalsozialismus beschäftigen. Anläßlich einiger Studentenprobleme einigten wir uns neulich, daß wir Deutschen unsere Gegenwart und Zukunft nicht werden meistern können, solange wir unsere jüngste Vergangenheit nicht bewußt verarbeitet haben. Heute neigen wir dazu, das Problem zu verdrängen. Unmittelbar nach einem schweren Schock kann Verdrängung heilsam sein wie ein Schlaf. Auf die Dauer läßt sie die uns bewegenden seelischen Kräfte in dem vielleicht gefährlichsten aller Zustände, dem der Unkontrolliertheit.

* Dieser unbeendete und nie abgesandte Brief an einen Freund besteht aus zwei Redaktionen. Der Anfang (bis zum Ende des Abschnitts »2. Deutschland«) ist die dann abgebrochene zweite Redaktion. Der Rest ist die erste Niederschrift.

Der Nationalsozialismus ist ein Problem Deutschlands und ein Problem des 20. Jahrhunderts. Der Versuch, ihn zu verstehen, wird daher weitere Fragen über unser Volk und über unsere Zeit wachrufen. Dies muß sogar meiner Meinung nach der Hauptzweck einer heutigen Betrachtung des Nationalsozialismus sein. Ich möchte den Brief, den ich soeben schreibe, daher als eine Art Sprungbrett betrachten. Ich würde ihm gerne weitere Briefe folgen lassen, in denen unsere Geschichte im weiteren Rahmen betrachtet würde, um mit der ursprünglichen Frage zu enden: der Frage, was für uns heute zu tun sei. Es scheint mir aber gut, zuerst dieses beschränktere Thema zu wählen und Deine und anderer Freunde Antwort dazu zu hören.

Um der Übersichtlichkeit willen stelle ich zunächst den Gedankengang in einigen Thesen mit Überschriften zusammen.

Die bisherige Debatte über den Nationalsozialismus steht noch in der unfruchtbaren Spannung von Verdammung und Rechtfertigung. Ein Kompromiß: »dies war gut, jenes schlecht« wäre nicht fruchtbarer, nicht einmal gerechter. Man muß zunächst die Art der Kräfte sehen, die hier in Bewegung waren und sind. Es handelt sich, im mathematischen Gleichnis gesprochen, nicht um die Wahl des richtigen Vorzeichens unserer Urteile entlang einer schon festliegenden Richtung, sondern um die Bestimmung der Richtung, entlang deren dann gemessen werden soll. Ferner müssen wir sehen, wie innig das Richtige und das Falsche, das Gute und das Verworfene hier miteinander verwoben sind.

In dieser Lage möchte ich als Leitfaden das äußerliche, aber unerbittliche Kriterium des Erfolgs wählen. Ich möchte die beiden Fragen an die Spitze stellen:

Warum war der Nationalsozialismus so erfolgreich?

Warum ist der Nationalsozialismus gescheitert?

Diese Fragen möchte ich in sieben Schritten verfolgen:

1. *Hitler*. Über weite Strecken genügt es, nicht vom Nationalsozialismus in aller Breite, sondern von Hitler zu sprechen. Hitler ist freilich in bestimmtem Sinne keine Persönlichkeit, sondern Medium und Zeichen überpersönlicher Kräfte. Eben darum läßt sich aber an ihm als einer sichtbaren Verdichtung viel über diese Kräfte ablesen.

2. *Deutschland*. Alle Einzelheiten und einige Grundzüge

des Nationalsozialismus kann man nur verstehen, wenn man ihn als ein spezifisch deutsches Phänomen sieht. Er ist ein Stück deutschen Schicksals, und die Verantwortung für ihn liegt auf uns Deutschen, und zwar auf allen. Die deutsche Vergangenheit reicht aber nicht aus, um ihn zu erklären. Er ist die bisherige Auseinandersetzung Deutschlands mit dem modernen Massenstaat und den hinter ihm wartenden Kräften.

3. *Dynamik des Massenstaats.* Hitlers Erfolg beruhte zu einem großen Teil auf einer genialen Begabung oder Inspiration für die Dynamik des Massenstaats. Propaganda, Führungsschicht, Weltanschauung sind Elemente seiner Technik.

4. *Religiöse Gemeinschaft.* Hitler konnte nur erfolgreich sein, weil er ein Stück einer überpersönlichen Gemeinschaft verwirklichte, die sich aus den Menschen bilden wollte. Seine Technik war auch für ihn nicht frei verfügbar; sie ergab sich aus seinem Getriebensein von den Bedürfnissen dieser potentiellen oder werdenden Gemeinschaft. Die Natur dieser Gemeinschaft kann nur in religiösen Begriffen beschrieben werden.

5. *Fehler und Gegner.* Hitlers Niederlage kann man in der Ebene kausaler Einzelanalyse dem Zusammenwirken übermächtiger Gegner und manifester eigener Fehler zuschreiben. Tiefer gesehen ist er ausschließlich an sich selbst gescheitert. Soweit der Begriff »Fehler« sinnvoll ist, sind seine Gegner ein Teil seiner Fehler, denn er hat sich die Gegner selbst geschaffen. Andererseits waren die Handlungen, durch die er sich die Gegner schuf, kaum vermeidlich; gerade in ihnen drückt sich das Wesen des Nationalsozialismus aus. Auch seine Gegnerschaften wurzeln in der religiösen Schicht.

6. *Unmenschlichkeit.* Es genügt nicht, relativistisch zu sagen: »Hier stand Religion gegen Religion.« Umgekehrt haben seine Gegner es sich zu leicht gemacht, wenn sie ihn als das böse Prinzip erklärten, gegen das sie das Gute zu vertreten hätten. Jedem einzelnen von ihnen gegenüber gab es einen Punkt, an dem er recht hatte. Trotzdem können wir eine der tiefsten Wurzeln des Scheiterns des Nationalsozialismus mit Namen nennen: die Unmenschlichkeit. Hier muß von Schuld geredet werden, und in einem Sinn, den wir deutlich machen müssen, von Kollektivschuld.

7. *Selbstwiderspruch*. Unsere Analyse zeigt uns eine durchgehende Zweideutigkeit des Nationalsozialismus. Wir werden ihn nur verstehen, wenn wir den Selbstwiderspruch als ein ihm selbst verborgenes Prinzip seines Wesens erkennen. Er mußte das, was er schaffen oder erhalten wollte, selbst zerstören. Selbstwiderspruch und Schuld gehören zusammen. Hierin ist der Nationalsozialismus eines der deutlichsten Zeichen unserer Zeit.

So weit möchte ich versuchen, die Analyse zu führen. Vermutlich wirst Du das Ergebnis nicht als neu empfinden und alle Deine Fragen in dem Bereich wiederfinden, den dieser Brief noch nicht behandelt. Du würdest damit rechthaben. Bitte erlaube mir trotzdem das langsame Vorgehen.

1. *Hitler*

Der Nationalsozialismus ist wie wenige andere Bewegungen das Werk eines einzelnen Mannes. Hitlers Gefolgsleute hatten fast nur seine oder keine Ideen; und je genauer wir die Geschichte des Dritten Reiches kennenlernen, desto mehr sehen wir, daß sie in der Ausführung nie über seine Intentionen hinausgingen, aber oft hinter ihnen zurückblieben. Dieses Übergewicht Hitlers erscheint erstaunlich, wenn man seine Person betrachtet. Er zeigt wenige Züge geprägter Persönlichkeit im überlieferten Sinne des Wortes; was sich so darstellt, ist meist Maske oder propagandistische Geste. Soweit ich seine rein menschliche Atmosphäre habe herausspüren können, ist sie mir als die der Mediokrität erschienen. Die Lösung dieses von allen seinen Zeitgenossen mehr oder weniger klar gefühlten Widerspruchs liegt wohl in einem Gedanken, den er selbst, seine Anhänger und seine Gegner einhellig, wenn auch mit verschiedenen Vorzeichen ausgesprochen haben: man könne Hitler in seiner historischen Wirkung überhaupt nicht als Person, sondern nur als Medium überpersönlicher Mächte verstehen. Wenn dies wahr ist, so kann er uns als Indikator für diese Mächte dienen.

Wir brauchen dann nicht lange beim Privaten seiner Person zu verweilen. In der Tat scheint es mir, daß die biographischen

Einzelheiten, die wir über ihn erfahren haben, seine politische Wirkung nicht sehr erhellen. Sicher kann man viele seiner Ideen und Komplexe auf Jugendeindrücke zurückführen; aber eben soweit als das möglich ist, haben sie einen durchschnittlichen und uninteressanten Charakter. Es liegt sogar eine Versuchung zum Ausweichen gegenüber den eigentlichen Problemen darin, wenn man etwa seine Abneigung gegen Beamte oder seinen Antisemitismus auf die Spannung zum Beruf des Vaters oder auf das Wien Luegers und Schönerers zurückführt. Jeder Mensch trifft unter den zahllosen Einflüssen seiner Umgebung eine gewisse Auswahl, oft ohne es selbst zu wissen. Wichtig ist daher nicht in erster Linie, woher Hitler bestimmte Tendenzen hatte, obgleich diese Frage manches Detail aufklären mag. Wichtiger ist vielmehr die Frage, warum gerade diese Tendenzen in unserer Zeit so explosive Wirkung haben konnten, und was Hitler zum Träger dieser Wirkung prädestinierte.

Nur die zweite dieser Fragen kann überhaupt in der Ebene der Psychologie der Einzelperson angegriffen werden, und gerade ihr gegenüber werden wir bald bekennen müssen, daß wir die Antwort nicht wissen. Ich möchte hier nur einen Punkt herausgreifen. Die Gegner Hitlers haben, sachlich sicher mit Recht, oft auf die neurotischen oder psychopathischen Züge seines Wesens hingewiesen. Ohne von Medizin etwas zu verstehen, würde ich, zumal von seiner letzten Phase aus, sogar geneigt sein, von einem psychotischen Ablauf zu sprechen. Es wäre aber ein Irrtum, wenn man meinte, mit dieser Betrachtungsweise seine Bedeutung für unsere Zeit bagatellisieren zu können. Wenn man ihn als »Medium« versteht, können die krankhaften Züge seines Wesens sogar zu den wichtigsten gehören, in doppelter Hinsicht.

Erstens bedingt das Gebrochene der psychopathischen Persönlichkeit oft eine Empfänglichkeit für zwischen- und unterpersönliche Strömungen, für die der »Gesunde« undurchdringlich ist. Hitlers Gabe, als Redner, aber auch in plötzlichen Entscheidungen das dumpfe Begehren der Massen oder die Gunst des Augenblicks zu wittern, mag hiermit zusammenhängen. Die Kraft, das, was er in dieser Weise auffing, gegen jeden Augenschein für wirklicher zu halten als das, was alle Leute mit ihren gesunden Sinnen sahen oder zu sehen meinten, würde ich mit den Zügen seines Wesens zusammenbringen, die ich glaubte psychotisch nennen zu sollen. Sicher spielt in diesem Zusammenhang auch das Erotische eine wesentliche Rolle. Aus Abneigung und Mißtrauen gegen »Enthüllungen« habe ich, was hierüber nach dem Krieg gedruckt worden ist, nicht gelesen und weiß daher wohl weniger als man wissen könnte. Jedenfalls glaube ich trotz Eva Braun, daß bei Hitler in diesem Punkte irgendeine Hemmung bestanden hat. Die Psychoanalyse hat die Macht verschobener geschlechtlicher Energien allgemein bekannt gemacht, auch ihre Beziehung zur Grausamkeit. Ich glaube aber, man könnte noch spezifischer fragen. In der religiösen Tradition ist es bekannt, daß für eine bestimmte Konzentration spiritueller Kräfte geschlechtliche Enthaltung eine notwendige Bedingung ist, aber auch, daß im Umkreis dieser Erfahrung dämonische Gefahren lauern. Ich könnte mir denken, daß sich Hitler, wenigstens zeitenweise, nicht in der Art der freien Entscheidung einer bewußten Person, sondern eher in der Weise neurotischer Nötigung, in einem Bereich solcher Erfahrungen aufgehalten hat. Aber ich spreche damit mehr aus als ich aufweisen kann.

Zweitens kann seine persönliche Krankheit als ein Ort des Niederschlags und damit als ein Symptom der Krankheit seiner Zeit und seines Volks aufgefaßt werden. Nikolaus von Halem sagte mir einmal, noch vor dem Krieg: »Wir gehen im Dunkeln durch einen Wald, in dem es Schlangen gibt. Plötzlich schreit einer, weil er gebissen worden ist. Hitler ist keine bedeutende Person, aber er ist der, der zuerst geschrien hat.« Das Gleichnis ist nicht ganz genau, denn in anderer Weise haben andere früher und deutlicher geschrien, z. B. Nietzsche. Aber es drückt etwas von der Beziehung Hitlers zu seinen Zeitgenossen und von den Gründen seiner Macht über sie aus.

Der Augenblick des Bisses war für Hitler das letzte Jahr des ersten Weltkriegs. Wichtig würde mir scheinen, zu wissen, wer und was ihm dann in den ersten Münchener Jahren begegnet ist. Wenn ihm damals im Hause Bruckmann die Welt und vielleicht auch noch die Person Alfred Schulers entgegengetreten ist, so könnte das der wichtigste untergründige geistige Einfluß seines Lebens gewesen sein; aber auch hier kenne ich die Tatsachen nicht genug. Aus jener Zeit stammt seine Selbstbezeichnung als Trommler. Auch wenn man die Bescheidenheit dieses Namens reduziert um den Grad lügenhafter Taktik, der bei ihm stets vorhanden war, so bleibt doch in der Möglichkeit eines solchen Einfalls ein Bewußtsein seiner spezifischen Gaben und Grenzen sichtbar. Er ist nicht der historische Führer, der aus einem gesammelten Bewußtsein des Möglichen und Notwendigen heraus die Kraft des Befehls hat, und der eben darum auch gelassen und selbst heiter sein kann, sondern er ist einer der dumpfen Vielen, freilich derjenige, der sie alle zum Sammelplatz führt. Was aber wartete auf sie auf dem Sammelplatz?

2. *Deutschland*

Zunächst wartete auf sie ein Siegeszug von äußeren Dimensionen, wie sie nicht jedes Jahrhundert zu Gesicht bekommen hat. Die Frage drängt sich auf: warum war Hitler so erfolgreich?

In der Ebene der Wirtschaft, der Außenpolitik und des Krieges gibt es darauf eine einfache, wenn auch nicht allein zureichende Antwort: Hitler verdankt seine Erfolge zum großen Teil dem Instrument, das er in die Hand bekommen hatte, der gesammelten Kraft Deutschlands. Seit den napoleonischen Kriegen, in denen Frankreich sich vergeudete und Deutschland zum Bewußtsein seiner Einheit kam, war Deutschland de facto die stärkste Kraft Europas. Bismarck machte das in der Ebene der nationalen Politik sichtbar. England hatte als Mutterland der industriellen Revolution einen großen wirtschaftlichen Vorsprung, war aber 1914 von Deutschland (und sonst nur von Amerika) zwar nicht in der Ebene des Handels, aber in der der Produktionskapazität überflügelt. Der erste Weltkrieg brach zwar Deutschlands Stellung, aber nicht seine Kraft. Er gab sogar – challenge and response – Anlaß zu einer produktiven Neuorientierung der Kräfte. Die Modernisierung der Industrie und der Reichswehr sind Beispiele dafür. Die geistige Fülle der Zwanzigerjahre und die Jugendbewegung sind Symptome großer und nicht ungefährlicher menschlicher Möglichkeiten. Und zeigt nicht der gegenwärtige wirtschaftliche Wiederaufbau, daß die deutsche Kraft selbst durch die Katastrophe Hitlers und die völlige Fragwürdigkeit der heutigen Lage nicht vernichtet ist?

Warum war Hitler so erfolgreich?

Er ermöglichte tatsächlich vorhandenen Kräften die Auswirkung. Sie waren teils spezifisch deutsch, teils spezifisch für unsere Zeit. Er selbst meinte wohl etwas wie die Verschmelzung dieser beiden Kräfteströme, als er seine Bewegung nationalsozialistisch nannte. Die westliche re-education und der deutsche Protest gegen sie leiden unter einer Überbetonung der deutschen Komponente. Die zeitgemäße Komponente scheint mir die wichtigere, aber wir können sie nur richtig einordnen, wenn wir auch die deutsche Komponente richtig sehen. Daher zuerst einige Worte über diese.

Hitler hatte die Kraft Deutschlands hinter sich, die in den letzten 100 Jahren die stärkste in Europa war und selbst durch die Katastrophe seiner Politik noch nicht vernichtet ist. Soweit sein Erfolg auf militärischer, organisatorischer und industrieller Leistung beruhte, verdankte er ihn zum großen Teil dem Instrument, das er in die Hand bekommen hatte. In der Ebene der sogenannten Realpolitik hat die gelegentlich ausgesprochene These manches für sich, daß Deutschland durch eine geduldigere und weniger brutale Politik ähnliche Erfolge wie Hitler nur wenig später, aber viel dauerhafter hätte erringen können.

Immerhin kann diese These nur im Irrealis ausgesprochen werden. Das Wort Realpolitik und die in der These formulierte Vorstellung von deutscher Politik entstammen der Bismarck-Zeit. Nach der Niederlage im ersten Weltkrieg ist Deutschland de facto erst unter Hitler wieder zu einer Ballung der Kräfte geworden, die eine nationale Politik Bismarckschen Stils allenfalls ermöglicht hätte. Die Frage ist, ob die Mittel, die Hitler zu solcher Macht führten, eine andere als die Hitlersche Verwendung der Macht zuließen, und ob andere Mittel zu einer Wiederbelebung der deutschen nationalen Machtstellung überhaupt zur Verfügung standen. In dieser Zuspitzung wird man die Frage wohl weder mit ja noch mit nein beantworten können. Sie zeigt, daß wir Hitlers Macht nicht als gegebene Größe ohne Untersuchung der Bedingungen ihrer Möglichkeit betrachten dürfen.

Wie bekam gerade Hitler die deutsche Kraft in die Hand, und wie hielt er die Deutschen bei sich fest bis zu einem Augenblick, in dem die Aussichtslosigkeit seines Kampfes längst offensichtlich war?

Man hat uns gesagt, Hitler habe eben die deutsche Tradition des Autoritätsstaats und des Militarismus zur letzten Konsequenz geführt; er habe Erfolg gehabt, weil er den seit Jahrhunderten anerzogenen deutschen Verhaltensschemata am besten entsprochen habe. Dazu habe er den deutschen Irrationalismus mit »Weltanschauung« und den deutschen Herrschafts- und Besitzdrang mit Welteroberung geködert und gespeist.

Diese Vorwürfe enthalten einen wichtigen Teil der Wahrheit. Sie konnten aber von den Deutschen nach 1945 nicht aufgenommen werden, teils weil sie von Angehörigen anderer Nationen mit naiver Selbstgerechtigkeit und von deutschen Emigranten mit dem Unterton des Hasses (der freilich oft verletzter Liebe entsprang) vorgebracht wurden, teils weil sie sachlich einseitig sind und nicht tief genug dringen. Es ist wahr, daß die Schwäche der demokratischen Gewohnheiten in Deutschland und das Anknüpfen an die militärische Tradition der allgemeinen Wehrpflicht des Wilhelminischen Reiches, bis hin zur Marschmusik, zu den großen psychologischen Erfolgsbedingungen Hitlers gehört haben. Es ist ebenso wahr, daß die Apparatur des militärischen Gehorsams, von der Gewissensbindung an den Eid über die bequeme Routine des Kommandiertwerdens bis zum Abdressieren der »Zivilcourage«, den Zusammenhalt des hitlerschen Reichs bis zur letzten Stunde erst ermöglicht hat. Auf der anderen Seite sollte es bedenklich stimmen, daß die besten Angehörigen des deutschen Konservatismus Hitlers Gebrauch dieser traditionellen Formen als eine Perversion betrachtet haben; ohne Kenntnis dieses leidenschaftlichen Gefühls ist der 20. Juli nicht zu verstehen. Vielleicht ist gerade diese Zweideutigkeit ein Wesenszug des Nationalsozialismus, der sich nicht nur im Verhältnis zur militärischen Tradition zeigt.

Ich möchte diesem Problem der deutschen Tradition im Abschnitt II, dem Problem der Zweideutigkeit, an mehreren Stellen des Briefs weiter nachgehen. Hier geht uns zunächst die Frage an, wie die Einseitigkeit des eben gegebenen reedukationalistischen Ansatzes des Erfolgs Hitlers zu ergänzen sei.

Zunächst hatte Hitler Erfolg, nicht weil er einfach wiederholt und auf die Spitze getrieben hätte, was man in Deutschland von jeher tat, sondern weil er etwas wesentlich Neues hinzufügte. Von der deutschen Tradition übernahm er im Grunde nur entweder sehr äußerliche oder zwar tiefliegende, aber dumpfe Elemente, während ihm die reiche und subtile Struktur des älteren deutschen Lebens fremd blieb. Hingegen gehört er zu den entscheidenden Fortbildern des modernen Massenstaats. Damit verfügte er über Mittel, die den deutschen Konservativen unbekannt waren. Man sieht aus vielen seiner Äußerungen, wie er die Konservativen im Bewußtsein dieser seiner Überlegenheit verachtete; andererseits gewann er ihre Unterstützung, weil er ihnen so eine, freilich trügerische Hoffnung bot, ihre Ideale wieder mit realer Macht zu verbinden. Wir müssen also seine Bedeutung vor allem im Zusammenhang mit dem Problem des Massenstaats suchen. Vorher möchte ich aber noch zwei Bemerkungen über den deutschen Aspekt machen.

Es ist wohl kein Zufall, daß der Massenstaat (wenn ich diesen Terminus hier einmal noch ungeklärt verwenden darf) in Deutschland weder in kommunistischer noch in quasi-demokratischer Form seine erste konsequente Verwirklichung fand, sondern in dieser spezifisch nationalistischen Weise. Zwar haben alle modernen Massenstaaten eine nationalistische Komponente, weil der Nationalismus zur Signatur unserer Zeit gehört. Ferner gibt es eine besondere Konzentration auf die nationalen Inhalte in derjenigen Form des Massenstaats, welche die Marxisten »Faschismus« nennen und mit viel Recht als eine Form aggressiver Defensive des späten Kapitalismus gegen den aufsteigenden Sozialismus deuten. Alle diese Elemente sind natürlich im Nationalsozialismus auch enthalten, aber sie geben wiederum keine zureichende Beschreibung. Der deutsche Nationalismus unterscheidet sich ebensowohl von dem gesunden und ein wenig bornierten, durch eine lange Geschichte nationaler Einheit und imperialer Macht bestätigten Nationalgefühl der Engländer und Franzosen, dem sich der amerikanische Nationalismus anzureihen beginnt, wie von der nationalen Empfindung kleiner Nationen, die heute aus rein realpolitischen Gründen nur noch defensiv sein kann und, wenn sie gelegentlich diese Grenze überschreitet, eher erheiternd anmutet. Im deutschen Nationalismus des 19. und 20. Jahrhunderts ist etwas von der noch unerfüllten Hoffnung einer in ihrer Einigung zu spät gekommenen großen Nation. Man fühlt, daß man noch nicht die internationale Position hat, die dem zutreffenden Bewußtsein der eigenen Kraft entspricht. In den mehr äußeren Schichten schwankt man daher in einer für die Nachbarn oft nicht mehr erträglichen Weise zwischen Minderwertigkeitsgefühlen und Selbstüberhebung. In der Tiefe erwartet man von der eigenen Nation noch die Erfüllung eines größeren als des bisherigen Schicksals, und man ist bereit, dafür sehr viel zu opfern. Hitlers »fanatischer Glaube an Deutschland« ist ein Ausdruck dieses Gefühls. Ich kann nicht daran zweifeln, daß dieser Glaube aufrichtig war, und daß Hitler ohne die Stärke dieses Glaubens nichts von dem hätte erreichen können, was er erreicht hat. Auch daß er zum Schluß bereit war, Deutschland so mit seiner Person zu identifizieren, daß Deutschland seinen Untergang nicht überdauern sollte, widerspricht dem nicht. Im Gegenteil, Hitler wußte hier etwas von der Einmaligkeit von Schicksalsmöglichkeiten. Deutschland als nationaler Machtstaat ist mit Hitler in Feuer aufgegangen. Was Hitler nicht sah und wohl, da seine Kraft an vielen Stellen in seiner Blindheit lag, nicht ahnen konnte, war, daß es jenseits nationaler Macht andere höhere Weisen des menschlichen Seins gibt. Daß aber sein Glaube an Deutschland schließlich zur Zerstörung Deutschlands genau in der Ebene führte, in der er seinen Glauben allein verstehen konnte, ist wohl ein weiteres Zeichen jener Zweideutigkeit im Wesen dessen, was Hitler verkörperte.

Die zweite Bemerkung bezieht sich auf Europa. In der Ebene der Machtpolitik kann man sagen, Hitler sei daran gescheitert, daß er eine zu schmale Basis hatte. Er wußte das. Sein Reden von Neuordnung Europas während des Krieges war zwar auch, aber nicht nur Bemäntelung der deutschen Tyrannei. Hitler hatte in seiner Weise eine europäische Idee. In das Reden vom germanischen Europa floß zwar etwas von der Rassenromantik ein, die Hitler (wie z.B. Stellen aus den Tischgesprächen zeigen) je nach Bedarf selbst nicht sehr ernst nahm. Aber vielleicht kann man seine Europa-Idee so umschreiben: »Europa muß einig werden, um in den Blocks der Weltpolitik bestehen zu können. Kein Verband vorher souveräner Staaten ist je anders geeinigt worden als durch Hegemonie. Rußland ist nicht Europa, sondern hat europäisches Kolonialland zu sein. Im verbleibenden, eigentlichen Europa ist heute Deutschland die stärkste Nation. Also ist es im europäischen Interesse, durch Deutschland geeinigt zu werden.«

Diese Überlegung enthält die für Hitler typische Verbindung höchst richtiger Beobachtungen mit Herzlosigkeit, eine Verbindung, die eine an sich bestehende Möglichkeit zugleich anvisiert und vereitelt. Die Chance einer Einigung Europas von solcher Art, daß, wenn nicht die einzelnen Nationen, so doch ihr Block Großmachtcharakter behielte, besteht heute wohl schon nicht mehr. Eine solche Einigung hätte entweder in der Tat eine Hegemonie vorausgesetzt, die spätestens seit Bismarck nur eine deutsche hätte sein können, und diese Möglichkeit, wenn sie wirklich bestand, hat Hitler verspielt. Oder sie hätte, wenn man historischen Parallelen wie der Schweiz und den Vereinigten Staaten von Amerika trauen darf, den äußersten Druck eines gemeinsamen äußeren Gegners gebraucht. Hitler faßte seinen Krieg gegen Rußland gelegentlich, zumal in der späteren Phase, als den einigenden europäischen Verteidigungskampf auf. Er vergaß dabei, daß nach dem, was Deutschland Europa zuvor angetan hatte, die Europäer, selbst wenn sie Rußland fürchteten, in ihrem Herzen keinen deutschen Sieg mehr wünschen konnten. Auch Europa gegenüber, wenngleich weniger tief als gegenüber Deutschland, besteht die Zweideutigkeit. Und so wird Europa heute wohl nur noch von Amerika oder von Rußland her geeinigt werden, wenn nicht ganz neue politische Konstellationen eintreten.

Nun möchte ich über Hitlers Beziehung zum Massenstaat sprechen, also über die Seite seines Erfolgs, die nicht spezifisch deutsch, sondern spezifisch für unsere Zeit ist. Ich glaube mit Dir einig zu sein, wenn ich versuche, dabei den Fehler einer vorweg einseitig negativen Beurteilung des Gesamtphänomens Massenstaat zu vermeiden. Der Massenstaat ist ein Aspekt der

Wirklichkeit, in der wir leben, und zu der auch die technisch-industrielle Lebensform und das Überwiegen der ihr entsprechenden Art des Wollens und Denkens im Menschen unserer Zeit gehören. Es nützt nichts, diese Dinge »abzulehnen«. Es genügt auch nicht, zu fragen, wie man als Privatperson in dieser Zeit leben »und doch ein Mensch bleiben« kann. Ebenso falsch ist es sicher, sie zu verherrlichen. Wer Verantwortung für seine Mitmenschen fühlt, kann nur fragen, ob und wie diese Zeit gestaltet werden kann. Er wird die Mittel des Wirkens in dieser Zeit kennenlernen, prüfen und weiterentwickeln müssen. Es ist absurd, ungeeignete Mittel zu gebrauchen und sich dann über den Mißerfolg zu beklagen.

Genau vor diesem Problem stand Hitler. Die Frage nach den Gründen seines Erfolgs und seines Mißerfolgs wird uns deshalb sicher über unsere Zeit viel lehren.

Zunächst die Gründe des Erfolgs. Ich glaube, daß Hitler eine elementare Begabung für das Spiel der Wirkungen in der Massen-Zivilisation hatte. Apparate und Menschen waren ihm nicht feste Größen, gleichsam vorfindliche unveränderliche Realitäten. Er sah sie stets dynamisch, als Glieder eines Wirkungszusammenhangs. Er glaubte an ihre fast unbegrenzte Wandelbarkeit, je nach dem Zweck, für den sie eingesetzt wurden. Er stand dadurch immer im Gegensatz zu den Fachleuten. Denn diese Art des Blicks schloß die Beurteilung eines Bereichs nach nur in dem Bereich selbst liegenden Kriterien aus; es gab keine Wirtschaft ohne Politik, keine Außenpolitik ohne Innenpolitik und umgekehrt, keine Kriegführung ohne Psychologie usw., usw. Damit verschoben sich auch innerhalb der einzelnen Bereiche die Bewertungen. Kein Ding blieb mehr, was es gewesen war. Bekannte Tatsachen wurden ignoriert, vorher ignorierte Tatsachen gewannen explosive Bedeutung. Viele seiner Überraschungserfolge verdankte er diesem unorthodoxen Blick auf die Dynamik der Zusammenhänge; niemand hatte vorher gedacht, daß man gerade das tun könne, was er dann tat.

Hitlers endlicher Mißerfolg gibt den Fachleuten, die er überspielt hat, Anlaß zu der Meinung, sie hätten doch gegen ihn Recht behalten. Diese Meinung kommt mir, so einfach ausgesprochen, zum mindesten oberflächlich vor. Einen großen Teil der Fachleute hat er zunächst durch den Erfolg von seiner Überlegenheit überzeugt. Man sieht das sehr deutlich an den Generälen, gegen die er den Westfeldzug durchgesetzt hat und die ihm gegenüber seitdem das Zutrauen in ihr eigenes Urteil verloren. Ich behaupte damit nicht, er sei selbst ein Genie der Fachgebiete gewesen; es genügte, wenn er erkannte, daß die Fähigkeiten von Schacht, der Plan von Manstein seinem Konzept dienen konnten. Freilich kann man ihm dann im weiteren Verlauf handgreifliche Fehler nachweisen, die er gegen die bessere Einsicht der Fachleute durchsetzte. Hierbei ist aber zweierlei zu beachten.

Erstens war manches fachlich gesehen ein Fehler, was im größeren Zusammenhang sinnvoll wurde, so daß schließlich die Kritik nur diesen großen Zusammenhang selbst treffen darf. Diente die Aufrüstung nur der Beschaffung von Arbeit, der Ankurbelung der Wirtschaft und der Rückgewinnung der vollen Souveränität Deutschlands, so mußten die quasi-inflatorischen Maßnahmen zu ihrer Finanzierung dort aufhören, wo Schacht es, wirtschaftlich vernünftig, wollte. Wollte Hitler freilich einen großen Krieg führen, so war seine Wirtschaftspolitik von Anfang an konsequent. Ich glaube, daß hier wie an vielen Stellen die Kritik der Fachleute nur dann berechtigt war, wenn sie den innersten Bereich, den der Frage nach dem menschlichen Recht der letzten Ziele Hitlers erreichte, daß sie bei gegebener Zustimmung oder Neutralität in diesem Bereich aber einfach falsch war. Man muß aber sagen, daß eine erdrückende Mehrzahl der Fachleute in diesem inneren Bereich eigentlich keine oder nur konventionelle Meinungen hatte; dies stellt sich oft in der Erinnerung anders dar, weil gerade durch das, was wir mit Hitler erlebt haben, diese Frage in vielen von uns erst wach geworden ist.

Hiermit hängt der zweite Punkt zusammen. Hitlers häufig hämische Bemerkungen über die Fachleute verbergen – oder enthüllen eigentlich – seine Enttäuschung über sie. Er war oft in den Anfängen bereit, Fachleuten zu trauen; er hatte sogar wohl ursprünglich etwas von dem Respekt des kleinen Mannes vor ihnen. Er sah dann aber, daß ihm fast keiner von ihnen in seinen eigentlichen Konzeptionen folgte. Einerseits hatte er keinen Zugang zu der Wertewelt, in der die menschlich respektablen Fachleute lebten; andererseits erkannte er, daß sie sein dynamisches Denken nicht mitvollziehen konnten – und zwar, würde ich hinzufügen, auch und gerade da, wo er das Spiel der Ursachen und Wirkungen besser durchschaute als sie. Als dann mit dem Erfolg sein Selbstbewußtsein wuchs, gewöhnte er sich an, alles selbst zu entscheiden und keinen Einspruch mehr zu hören; sein Handeln in dieser Phase ist dann fachmännisch leicht zu kritisieren.

Ich habe soeben versucht, gleichsam den Stil seines Handelns zu charakterisieren. Sein Handeln hatte aber auch bestimmte inhaltliche Elemente. Es ging ihm immer darum, das Volksganze zu einem ohne innere Hemmung arbeitenden Gefüge von Wirkungen zu machen. Manche seiner Gefolgsleute und später seine Gegner nannten das »Totalen Staat«.

Das Feld, auf dem er seine Begabung zuerst entdeckte, war die Propaganda. Er war auf Propaganda angewiesen, um zur Macht zu kommen. Aber auch im Besitz der Macht brauchte er sie. Es handelte sich darum, die Mitwirkung jedes Einzelnen im Volk willig genug zu machen, um kräftig zu sein, und nicht selbständig genug, um das Wirkungsgefüge zu stören; also darum, etwas wie einen Kollektivwillen zu erzeugen. Der Massenstaat kann sich für die Einheit des Willens nicht auf die ererbte Struktur der Gesellschaft, auf Sitte und Gewohnheit verlassen. Die Gesellschaft ist im Atomisierungsprozeß; die subtileren Überstrukturen lösen sich auf und beim Einzelnen ist nur auf die ganz elementaren Reaktionen mit Sicherheit zu rechnen. Die moderne Propaganda, deren Methoden in der kapitalistischen Geschäftsreklame zuerst ausgebildet wurden und auf dem Weg über das Zeitungsgeschäft und über die Gegenbewegung der Arbeiter, den Marxismus, in die Politik gelangten, behandelt die Masse Mensch wie ein technisches Material. Sie knüpft an die gewissen, also die einfachen Reaktionen an und befestigt ihre Wirkungen durch ständige Wiederholung. Es ist lohnend, Hitlers Äußerungen über dieses Thema zu lesen; hier war er nicht nur dynamischer Dilettant, sondern selbst Fachmann.

Übrigens ist hier eine Umkehrung der Wirkungsrichtung zu beobachten, von der Hitler selbst etwas wußte. Eine Führung, die bestimmte Schichten der Volksseele anspricht, wird auch rückwärts von dem abhängig, was sich in diesen Schichten regt. Man sieht dies schon äußerlich an der Abhängigkeit der Diktatoren vom Prestige. Hitler selbst aber lehrte, und nicht nur aus Machiavellismus, daß sich im Führertum, wie er es verstand, der Volkswille verdichte. Er sog aus den Massen, was er ihnen dann wieder vorsetzte. Vielleicht rächte sich gerade in diesem Punkte, daß er sich in dem Zynismus, der seiner technischen Auffassung von Propaganda eigen war, nur an das Primitivste in den Menschen wendete. Ein starker Glaube hat ja stets die Kraft, etwas von dem hervorzubringen, woran er glaubt. So war Hitler einer der großen Beförderer der Vermassung; er machte die Massen zu dem elenden Haufen, für den er sie hielt. Auch hier tritt uns die Zweideutigkeit entgegen, und zwar als Element seines eigenen Glaubens. Dieselbe Masse war ja das deutsche Volk, an dessen Größe er inbrünstig glaubte.

Propaganda erschöpft das Problem der Massenführung nicht. Der Massenwille ist notwendig dumpf. Er bedarf der gelenkigen Steuerung, also einer durchstrukturierten Führungsschicht. Hitler übernahm sehr viel mehr als z. B. der Kommunismus in Rußland von der alten deutschen Führungsschicht. Dies war zum Teil unvermeidlich. In Rußland war die Modernisierung des Landes die Hauptaufgabe der neuen Regierung, und für diese war die alte feudale Oberschicht ohnehin nicht sehr brauchbar. Deutschland war schon vor Hitler ein moderner Staat, in dem die Führungsschicht zu einem großen Teil aus unersetzlicher spezialisierter Intelligenz bestand. Hitler machte aber aus diesem notwendigen Akt zugleich einen Punkt seines Glaubensbekenntnisses. Im Namen Nationalsozialismus ist auch das Programm der Versöhnung von Bürgertum und Arbeitertum ausgedrückt. Das Ergebnis war freilich eine Herrschaft des Kleinbürgertums, die weder die bürgerliche Intelligenz noch die Arbeiterschaft je ganz für sich gewann. Zu Unrecht hat aber die linksgerichtete Gegnerschaft gegen Hitler ihn wegen dieses Programms unter den Begriff der Reaktion gebracht. Er vertrat hier den moderneren Gedanken, dem sich auch der Marxismus in fortgeschritteneren Ländern heute nicht mehr entziehen kann. Das Horst-Wessel-Lied drückt Hitlers Stimmung richtig aus, wenn es »Rotfront und Reaktion«, also die partikulären Vertreter der beiden zu versöhnenden Gruppen, als die Gegner bezeichnet. Klassenkampf war im 19. Jahrhundert notwendig, dem 20. entspricht der Begriff der Volksgemeinschaft besser.

Die Führungsschicht, der Hitlers unglückliche Liebe galt, war im übrigen nicht das Bürgertum, das er im Grunde haßte, sondern der Adel. Hier, vor allem im preußischen Adel, fand er seine Ideale als zum Teil noch gegenwärtige Wirklichkeit vor: eine Blutauslese, eine unverbrüchliche irrationale Ordnung des Lebens und die Herrschaft in der Hand derer, die in einer sehr strengen Schule gehorchen gelernt hatten. Aber diese Liebe wurde enttäuscht. Der Adel als Stand konnte kein geeignetes Instrument Hitlers sein. Er konnte einerseits allenfalls eine Tradition wahren, aber nicht einen modernen Staat aufbauen und führen. Und andererseits hatten gerade seine besten Vertreter eine aristokratische Unabhängigkeit und eine Bindung in anderen Ordnungen, die sie ungeeignet machte, Wachs in Hitlers Hand zu sein.

Die eigentliche Aufgabe, die Hitler sich von Anfang an stellte, war aber auch nicht die Übernahme der alten, sondern die Schaffung einer neuen Führungsschicht, für die der Adel nur eines der Vorbilder und eine der Blutreserven bilden sollte. Diese Vorstellungen verdichteten sich – nach der an sich wichtigen Röhmschen Phase der SA, die ich hier übergehen möchte – in der SS. Dies ist ein Angelpunkt des Nationalsozialismus. Die Zweideutigkeit, von der mehrmals die Rede war, ist vielleicht nirgends ausgeprägter als in der SS.

Einerseits war sie die einzige Gruppe in der Partei, die ein eigenes Gesicht hatte, die einzige, in der auch in den späteren Jahren des 3. Reichs noch etwas wie Weiterentwicklung stattfand. Die SS konnte sich als Träger der Sauberkeit gegen die Korruption der Partei, des wachen Bewußtseins gegenüber der Dumpfheit der sonstigen Bewegung fühlen. Hier hatte man Instinkt für Macht als Struktur, für Struktur als Macht. Höhere SS-Führer konnten in Privatgesprächen vom Janus-Gesicht des Führers reden und die Verquickung der SS mit dem schmutzigen Geschäft der Gestapo bedauern. In der Tat deutete sich hier eine Möglichkeit an, die über Hitler hinausging. Hitler war als Person betrachtet nicht der Mann, dem das Volk folgt, weil er von ihm verschieden ist, sondern der, dem es nachläuft, weil er in überdimensionaler Weise ebenso ist wie es selbst. Er war insofern eigentlich kein Führer und hat sich selbst in frühen Zeiten nicht schlecht als den Trommler bezeichnet. Trotzdem hat sich die SS nie gegen Hitler aufgelehnt, vielleicht weil der einzige, der das Format dazu gehabt hätte, Heydrich, fiel oder entfernt wurde, vor allem aber wohl, weil auch sie nur eine Verdichtung des Hitlerschen Atems war, die ihm auf Gedeih und Verderb angehörte.

Andererseits verbinden sich mit dem Namen der SS für alle Zeiten die fürchterlichsten Verbrechen, die auf unserem Boden bisher verübt worden sind. Und auch das war kein Zufall. Nur einer solchen Truppe konnte man solche Aufträge geben. Man ahnt hier, welcher Taten der moderne Staat fähig ist, wenn er sein Instrumentarium bereit hat. Nicht nur die Disziplin, sondern der eigentümliche Bewußtseinszustand der SS prädestinierte sie zu solchen Taten. Mit dem Elite-Bewußtsein und der größeren Wachheit des Verstandes war notwendig ein Zynismus verbunden, der von der bloßen Brutalität untergeordneter Organe verschieden war (und der übrigens Sentimentalität nicht ausschloß, sondern als Korrelat geradezu forderte). Heydrich soll, als er einmal betrunken auf einen Spiegel zuging, plötzlich auf sein Spiegelbild geschossen haben mit den Worten: »Hab ich dich endlich, du Canaille!«

Ein Wesenszug solcher Organisationen ist die Heimlichkeit. Sie ist an sich ein Element aller Politik, sobald die Verhältnisse so kompliziert geworden sind, daß nicht jeder Staatsbürger die Bewußtseinsspannweite haben kann, die zu ihrer Beurteilung gehört. In feudalen Zuständen ergibt sie sich vielfach gleichsam von selbst, da nur wenige befugt sind, die Verantwortlichen überhaupt zu fragen. In der Demokratie wird hier ständig um das Gleichgewicht gerungen zwischen Volksaufklärung, Appell an das Verständnis für die Notwendigkeit der Geheimhaltung und faktischem Volksbetrug. Die bewußte Durchgliederung des Massenstaats kann nur von Menschen geleistet werden, die mehr wissen als sie sagen und die in diesem Sinne zusammenwirken. Auch diese Waffe hat an der Zweideutigkeit teil. Die Judenverbrennungen wurden nur durch die Heimlichkeit möglich; selbst innerhalb der SS wußten viele nicht, was wirklich geschah.

Das letzte inhaltliche Element Hitlerscher Staatsführung, von dem ich sprechen möchte, ist die Weltanschauung. Sie tritt im Leben des Nationalsozialisten genau an die Stelle der Religion. Hitler hat zwar, sicher aufrichtig, erklärt, er sei kein Religionsstifter. Aber er wies der Religion das Jenseits zu und nahm für sich das Diesseits in Anspruch; d. h. er behielt den praktisch wichtigen Teil für sich. Innerhalb dieses Bereichs nun hat die nationalsozialistische Weltanschauung in der Tat die Funktion einer Religion.

Man kann diese ihre Rolle zunächst rein pragmatisch, als Mittel der Staatsführung verstehen. Propaganda, die nur die wechselnden taktischen Notwendigkeiten des Tages propagiert, prägt sich nicht tief genug ein. Eine Führungsschicht, die nicht gemeinsame Überzeugungen und ein gemeinsames, bis ins Unbewußte wirkendes Leitbild hat, hält nicht zusammen. Hitler bewunderte die katholische Kirche für ihr Verständnis dieser Bedürfnisse der menschlichen Seele. Mit sicherem Instinkt gab er nationalsozialistischen Versammlungen einen Ritus und schuf um sein eigenes Auftreten, zumal auf dem Reichsparteitag, eine große Liturgie. Ähnlich mußte der Totalitätsanspruch der nationalsozialistischen Lebensführung im Bereich des Denkens einen Ausdruck finden, der mehr war als nur eine politische Theorie; er mußte eine Weltanschauung hervortreiben.

Die immer wieder betonte Wichtigkeit dieser Weltanschauung steht in seltsamem Kontrast zu ihrer gedanklichen Dürftigkeit und Verschwommenheit – ganz anders als beim Liberalismus, der die Aufklärung als seine »Weltanschauung« in Anspruch nehmen kann, oder beim Marxismus, bei dem eine höchst rationale Theorie ein Herzstück aller politischen Aktion ist. Ein Grund dafür ist sicher, daß Hitler wohl keine Beziehung zum Begriff der Wahrheit und sicher keine zum Vorgang des rationalen Denkens hatte. Manchmal sieht es aus, als habe er gewußt, daß die Massen eine Weltanschauung brauchten, und habe sich von einem spintisierenden Balten die erste beste »machen« lassen. Er hat ja offenbar von Rosenberg im Grunde nie etwas gehalten und im engsten Kreis oft recht zynische Äußerungen über zentrale Lehren seiner Weltanschauung getan.

Dieser Aspekt ist aber sicher unzureichend. Der Inhalt dieser Weltanschauung ist doch nicht zufällig. Zunächst ist ihr Mangel an Verstand auch ein etwas primitiver Ausdruck der irrationalistischen Grundstimmung des Nationalsozialismus. Wie die Aufklärung selbst im Laufe des 19. und 20. Jahrhunderts in die Schichten populärer Primitivität gedrungen ist, mit der dabei unvermeidlichen Einbuße an Niveau, so ist auch der alte deutsche Protest ggegen die Rationalität der Aufklärung im Nationalsozialismus zum Massenartikel geworden. Warum die Deutschen offenbar gerade dies wünschten, darüber möchte ich unter II noch ein wenig philosophieren.

Der zentrale Begriff der nationalsozialistischen Weltanschauung ist der Begriff der Rasse. Dieser Begriff ist aufs beste zur Zusammenfassung aller Motive des Nationalsozialismus geeignet. Er gibt dem »Glauben an Deutschland« einen universalen Sinn, und zwar so, daß das Bedürfnis des modernen Menschen nach »Wissenschaftlichkeit« befriedigt wird. Er gestattet den Traditionalismus (»die Rasse ist ewig«) und fordert zugleich zum Fortschritt auf (Züchtung). Er gibt sich als Überwindung des weltanschaulichen Materialismus des 19. Jahrhunderts durch den Hinweis auf das Schöpferische des Lebens. Andererseits bleibt er in derselben populären begrifflichen Ebene wie jener; er inthronisiert nur statt der klassischen Physik die Biologie. Hierin drückt er dann wieder einen wichtigen Fortschritt unseres Allgemeinbewußtseins von Wissenschaft aus. Der Marxismus hat die Aufmerksamkeit auf die materiellen Voraussetzungen unseres politischen und kulturellen Daseins heute endlich einigermaßen durchgesetzt. Die Aufmerksamkeit auf die biologischen Voraussetzungen ist eine der Anforderungen unseres Jahrhunderts. Der Nationalsozialismus hat die Empfänglichkeit der Welt für diese Gedanken im Augenblick eher blockiert. Aber man wird darauf ohne Zweifel zurückkommen, und es ist eher zu fürchten, daß man dann in Versuchung kommen wird, zu sagen: »Hitler hatte doch ganz recht.« Im übrigen kann man darauf gespannt sein, ob eine nächste politische Bewegung in der Welt in analoger Art die Psychologie auf den Thron setzen und überzeugt sein wird, nun erst recht menschlich geworden zu sein.

Alle diese Überlegungen sind aber noch unzureichend gegenüber der Wirklichkeit, die der Nationalsozialismus war. Sie bleiben nur im intellektuellen Abschätzen dessen, was Hitler machen konnte. Hier ist aber der Punkt erreicht, an dem wir uns darauf besinnen müssen, daß Hitler eigentlich gar nichts machen konnte, sondern Organ eines Vorgangs war, den kein Mensch so gewollt hat, den er aber früher als die meisten und mit der ihm eigenen rasenden Intensität spürte. Ich kann den Vorgang nur als einen religiösen verstehen.

Wie unterscheide ich die religiöse Ebene in diesem Sinne des Worts von der psychologischen? Wäre es nicht zureichend, so wie Du es öfters getan hast, von den »Leidenschaften« der Menschen zu reden. Du hast damit ja nicht etwas vorübergehend Aufwallendes gemeint, sondern die tiefen Nötigungen unserer Natur, denen gegenüber auch unsere Einsicht meist blind und, wenn sehend, doch machtlos ist.

Ich möchte in der Tat von diesen Leidenschaften reden. Soweit Religion kein bloßer traditioneller Formalismus ist, handelt es sich in ihr immer um sie. Heute spürt die Psychologie etwas von ihnen auf, und weil der Ort, in dem wir sie erfahren, unsere Seele ist, legt sich auch der Wortgebrauch nahe, der alle diese Fragen psychologisch nennt. Ich möchte aber das religiöse vom psychologischen Verständnis unterscheiden aus folgenden Gründen.

Die erste Art, in der dem Menschen das bewußt wurde, was Du die Leidenschaften nennst, war die Religion. Er erfuhr sich als abhängig von Mächten, die er nicht mit sich identifizierte. Er hatte damit recht, denn sie sind tiefer, umfassender und stärker als die empirische Person, die »ich« sagt. Die Mächte wurden ihm vorstellbar in den großen Bildern des Mythos. Die fortschreitende Offenbarung und Erkenntnis dieser Mächte und die Umgestaltung des Menschen durch diesen Vorgang ist das Thema der religiösen Geschichte; darüber möchte ich später noch ausführlicher reden. Wir fassen heute, im Nationalsozialismus, von dem wir ausgingen, und in der modernen Psychologie, die wir anzuwenden suchen, eine sehr späte Phase dieser Entwicklung. Eines meiner Hauptanliegen in diesem Brief ist der Versuch, von den Beschränktheiten, die dieser unser eingeschränkter Ausgangspunkt uns zunächst auferlegt, frei zu werden. Zu diesen Beschränktheiten gehört auch die uns allen naheliegende psychologische Interpretation der religiösen Mächte.

Die Psychologie bedeutet einerseits einen Fortschritt, indem sie die mythischen Bilder als Projektionen erkennt. Sie zeigt, daß wir ihren eigentlichen Sinn gerade verfehlen, wenn wir die ihnen entsprechende Wirklichkeit »außen«, z.B. im physischen Himmel suchen. Diese Fragestellung kann freilich erst entstehen, nachdem die naive und selbstverständliche Einheit, ja Identität von Außen und Innen, die das mythische Denken kennzeichnet, in die beiden Bereiche, die wir heute den äußeren und den inneren oder, cartesisch, Materie und Bewußtsein oder Seele, nennen, auseinandergetreten ist. Diese Spaltung ist aber eingetreten, und wir würden unsere Modernität verleugnen, also anfangen zu schwindeln, wenn wir sie ignorieren wollten. Soweit diese Spaltung eine fruchtbare Erkenntnismethode gewährt, müssen wir den Ort der Götter »innen« suchen. Die Psychologie trägt damit freilich nur eine Wahrheit ins Allgemeinbewußtsein, die der spirituellen Erkenntnis aller höheren Religionen längst bekannt ist. Die Psychologie ist insofern eine mit den Mitteln der modernen Rationalität interpretierte und ans Publikum verratene Esoterik.

Die Psychologie stößt damit aber an die Schranken ihrer Einsicht. Zunächst liegt es ihr nahe, als »innere Realität« nur das gelten zu lassen, was das empirische Ich von sich weiß. Dieser Ansatz definiert gleichsam a priori die Mächte der Religion als nichtexistent, denn das empirische Ich kennt diese Mächte entweder gar nicht, oder, im religiösen Denken und Erfahren, als etwas, was nicht »Ich« ist. Die Psychologie des Unbewußten hat einen Teil dieses Scheins aufgelöst. Mein Unterbewußtsein kann mir sehr wohl als Nicht-Ich gegenübertreten, ein Kollektiv-Unbewußtes im Sinne Jungs erst recht. Aber, wie W. Pauli es neulich im Gespräch sehr hübsch sagte, auch Jung hat einen »Midas-Effekt«; alles was er anfaßt, wird »psychisch«. Von Göttern, welche den Rausch, die geschlechtliche Liebe, das Denken verkörpern, mag man noch sagen, sie seien Projektionen psychischer Inhalte. Aber wie wenn uns die Ahnen, das Volk, die Ordnung, der Weltgrund als Götter erscheinen? Ihnen gegenüber ist die Psyche allenfalls das Organ, in dem wir sie wahrnehmen, aber sie sind etwas Anderes, der Psyche, auch der kollektiven, gegenüber objektiv Bestehendes. In Wirklichkeit wird hier der Begriff »Psyche« selbst problematisch. Man kann hier nicht weiterfragen, wenn man nicht vorher gefragt hat, was Psyche eigentlich sei. Ich glaube, daß die Kritik des Begriffs Psyche das genaue Korrelat der Kritik des Begriffs Materie in der heutigen Physik ist. Hier ist eine Stelle, an der mir die Arbeit der Heidelberger Psychosomatiker wichtig ist, und, in anderem, abstrakterem Zusammenhang die Philosophie Heideggers.

Du wirst sagen, daß ich Deinen Ausdruck »Leidenschaften« in den Zusammenhang psychologischer Lehrmeinungen gerückt habe, deren Beschränktheit Du nie bezweifelt hast. Ich möchte diese, mir persönlich wichtige, Auseinandersetzung hier auch nicht weiter verfolgen. Hingegen möchte ich an Deine Frage anläßlich des Kütemeyerschen * Buches anknüpfen. Du vermißtest dort eine kausale Erklärung der Leidenschaften, zumal derer, die wir mit Kütemeyer als krankhaft ansprechen. Ich glaube, daß eine kausale Erklärung nur in beschränktem Maße möglich ist, und nur im Rahmen einer Deutung, die von dem ausgeht, was wir etwa den Sinn der Leidenschaften nennen können. Mir hat sich etwas von diesem Sinn nur im Rahmen einer Erfahrung erschlossen und ist nur mit einer Sprache aussprechbar geworden, die beide ausdrücklich religiös heißen müssen. Ich habe mich bemüht, das Verhältnis dieser Erfahrung und Sprache zur Erfahrung und Sprache der modernen Rationalität so explizit wie möglich zu denken, ohne eine der beiden Seiten preiszugeben. In den nachfolgenden Teilen dieses Briefes will ich versuchen, Dir etwas von dieser Arbeit vorzulegen. An der Stelle, an der wir soeben stehen, muß ich aber das Recht in Anspruch nehmen, mitten in die religiöse Deutung der Phänomene hineinzuspringen; das Religiöse kann nie anders als durch einen Sprung anfangen.

Der Nationalsozialismus war eine Religion. Glaubenssehnsucht, die die Kirche nicht mehr erfüllte, Glaubenskräfte, die die Kirche nicht mehr band, sind in ihn eingeflossen. Die Kirchen haben zwar im Widerstand gegen den Nationalsozialismus bewiesen, daß sie nicht tot waren, und ich glaube, daß sie

* W. Kütemeyer, »Die Krankheit Europas«. Frankfurt am Main, Suhrkamp, 1951.

zu solchem Widerstand auch weiter fähig sein werden. Aber die Kraft des Glaubens, die eine Welt erobert und verwandelt, ist ihnen in unserer Zeit nicht gegeben gewesen. Der Nationalsozialismus hingegen hat uns allen von einer solchen Glaubenskraft ein Beispiel gegeben. Freilich war er eine Religion des Erfolgs. Die Kraft seines Glaubens reichte bis zu dem Punkt, an dem auch der »Glaube an das Unmögliche« nicht mehr über den Zusammenbruch hinwegtäuschen konnte. Der äußere Zusammenbruch wurde auch zum inneren. Aber das sagt nichts gegen die religiöse Natur dieses Glaubens; es sagt nur, daß seine Götter Götter des diesseitigen Sieges und nicht der Auferstehung waren und daher dem Schicksal des Sterbens, das alle Götter dieser Art trifft, unterworfen waren.

Erst unter dem religiösen Aspekt können wir richtig verstehen, was ich vorhin über Hitlers dynamische Begabung sagte. Hitler sah Menschen und Dinge nicht isoliert, sondern als Glieder eines Wirkungszusammenhangs. Dieser Zusammenhang war nun nicht seine private Erfindung. Er war vielmehr wie ein lebendiges Wesen, das, wenngleich in dumpfer Weise, wirken *wollte*. Ein größerer Körper wollte sich aus den Menschen formen. Hitler hatte nicht unrecht, wenn er sich bloß als der Vollstrecker dieses Willens fühlte. Das religiöse Element, der Glaube der Nationalsozialisten, war die Art und Weise, in der ihren individuellen Seelen etwas davon spürbar und bewußt wurde, daß sie zu einem solchen sich bildenden und als ganzes handelnden Körper gehörten. Dieser Glaube war wie jeder religiöse Glaube der Glaube an etwas, was es wirklich gibt; er war, wie jeder wirkliche religiöse Glaube, die Transformation der Seele, durch die der Einzelne aus einem, der diese Wirklichkeit nicht sieht – oder jedenfalls nicht als seine eigene Wirklichkeit sieht – zu einem wird, der sie sieht und ihr angehört. Dies drückte der religiöse Rang der Begriffe Volk und Rasse aus. Im Wirkungszusammenhang eines solchen Glaubens waren die Opfer, die Hitler vom deutschen Volk forderte, sinnvoll, und nur so kann man verstehen, daß sie von so Vielen bis zu solchen Extremen gebracht wurden. Wir sollten uns hüten, denen, die für diesen Glauben gefallen sind, den Rang von Glaubenskämpfern abzusprechen, nur weil es nicht unser Glaube ist. Wenn der größere Körper die eigentliche, bestimmende Wirklichkeit ist, zu der sich der Einzelne nur als Glied verhält, dann liegt nichts Unmenschliches darin, daß der Einzelne sich für die Fortdauer oder das Wachstum des Ganzen aufopfert, ja aufopfern läßt.

Offenbar kann man aber so etwas nicht mehr sagen, ohne Partei zu ergreifen. Dies ist ja kein Glaube ferner Zeiten und Völker, den wir bloß beschreiben; es ist ein Glaube unseres Volks und unserer Zeit. Ist es also unser Glaube? Ohne Zweifel nein. Damit aber wird für uns unmenschlich und furchtbar, was innerhalb des Nationalsozialismus vielleicht als der letzte Beweis der Echtheit seines Glaubens erscheinen mußte. Ist nicht gerade die Unmenschlichkeit ihrer Handlungen das gewesen, woran schließlich fast allen Menschen die Verworfenheit dieser Religion deutlich wurde? Mußte sie nicht ihre äußersten Taten selbst vor ihren Anhängern verbergen?

Wir stehen hier an einem sehr gefährlichen Punkt. Er ist der Angelpunkt der Fragestellung dieses Briefs.

Die großen Gegner des Nationalsozialismus haben es scheinbar leicht, sich hier klar zu entscheiden. Ich möchte sie in drei Gruppen einteilen: die Kommunisten, die westlichen Liberalen und Sozialisten, und die kirchlich gebundenen Christen. Sie alle stehen selbst in einem Glauben, der ihnen die Annahme des nationalsozialistischen Glaubens unmöglich macht. Aber wir empfinden, daß sie alle gegenüber den Aufgaben, die uns gestellt sind, selbst nicht zureichen oder das präzis Falsche tun; wir werden also, wenn wir ihr Urteil teilen, doch seine Gründe in Zweifel ziehen, und so werden wir uns schließlich fragen, ob wir mit dem Urteil überhaupt dasselbe meinen wie sie. Ich möchte das etwas ausführen, obwohl ich damit schon in einen späteren Brief vorgreife.

Die Kommunisten haben eine Religion, die im Inhalt sehr anders, in der Struktur sehr ähnlich ist wie der Nationalsozialismus. Hitler hat von ihnen viel gelernt, und sie mögen sich ihm gegenüber gefühlt haben wie die Kirche des 7. Jahrhunderts gegenüber Mohammed. Uns erschreckt gerade die Ähnlichkeit beider Systeme, welche jedes von beiden nötigte, zum Todfeind des anderen zu werden, weil jedes den religiösen Anspruch auf Totalität erhob. Das Bündnis von 1939 beweist nichts gegen diese Schilderung ihres Verhältnisses zueinander;

denn einerseits ist in beiden, da sie Erfolgsreligionen sind, die politische Taktik ein erlaubtes, ja gebotenes Mittel, und andererseits zeigt die Leichtigkeit der Befreundung und Verfeindung in der Tat die Ähnlichkeit der Struktur. Ich möchte später eine ausführliche Analyse des Kommunismus versuchen; für den Augenblick genügt wohl diese Bemerkung.

Die westlichen Liberalen und Sozialisten kann man unter dem jetzigen Gesichtspunkt wohl zu einer Gruppe zusammenfassen. Ihnen geht es, um den guten Ausdruck von G. in unserer Unterhaltung vor einigen Monaten zu zitieren, ausdrücklich um Gesellschaft, aber nicht um religionsartige Gemeinschaft. Sie lehnen den Nationalsozialismus nicht wie der Kommunismus ab, weil sie selbst etwas in derselben Ebene anzubieten hätten, sondern weil sie dergleichen gar nicht wollen. Für uns in der westlichen Kultur erzogene Intellektuelle hat diese Auffassung immer etwas persönlich Anziehendes; unser eigenes Leben spielt sich in dieser Luft am leichtesten ab. Soweit wir theoretisch oder emotional aus ihr hinausdrängen, wird man auch sagen müssen, daß wir oft nicht wissen, was wir tun, und daß der Nationalsozialismus uns eine heilsame Lehre sein könnte. Aber wir müssen doch fragen, ob das Ideal, das der Westen heute verkündet, seiner eigenen Wirklichkeit, ob es einer möglichen Zukunft, und ob es der Natur und Aufgabe des Menschen entspricht.

Ich halte die reine, von religiöser Bindung freie, aber moralisch und sozial im ganzen intakte »Gesellschaft« in der abendländischen Menschheit für ein intermediäres Abbauprodukt der religiös gebundenen Gemeinschaftsformen, von denen wir historisch herkommen. Die Demokratie hat sich bewährt, wo die Verhältnisse für den einzelnen Bürger übersichtlich blieben wie in der Schweiz und wo ein starkes traditionelles Element gewisse religiöse Symbole und ethische Werte offiziell unangreifbar machte, wie in England. Das heutige Amerika ist der grandiose Versuch, mit der Jugendkraft einer starken Nation das Problem des nächstfortgeschrittenen Abbauprodukts der traditionellen Gesellschaft, des Massenstaats, im demokratischen Rahmen zu lösen. Der Vater der amerikanischen Demokratie, Jefferson, hielt die Industrialisierung für den Tod der Demokratie und träumte von einem agrarischen demokratischen Amerika gegenüber einem technisierten monarchischen Europa. Der Ausgang des amerikanischen Experiments wird für die ganze Welt von ungeheurer Bedeutung sein. Ich wage keine Prophezeiung. Aber ich bin davon überzeugt, daß die Amerikaner auf ihrem Weg allen den Problemen begegnen werden, die ich in diesem Brief besprochen habe. Ich möchte diese Probleme gerne im Bewußtsein der menschlichen Solidarität, die uns mit ihnen, aber auch mit den Russen und Asiaten verbindet, in Gemeinschaft mit ihnen angreifen. Aber ich glaube nicht, daß eine selbstgewisse Versicherung der Überlegenheit Amerikas oder überhaupt der westlichen Lösung die Voraussetzungen schafft, um das eigentliche Problem unserer Zeit auch nur zu sehen.

Eine besondere Bemerkung verdient wohl der westeuropäische Sozialismus. Ich glaube, daß auch er seine Konsistenz einer im Abbau begriffenen quasireligiösen Gemeinschaft verdankt, nämlich der der Arbeiterbewegung des 19. Jahrhunderts, deren Dogmatik der Marxismus gewesen ist. Die gemeinsame ökonomische und soziale Situation, die in dem Wort »Arbeiterklasse« ausgesprochene Wirklichkeit, band und bindet diese Menschen im Bewußtsein einer Solidarität, die wenigstens ein Abglanz der religiösen Bindung ist. Aber es ist deutlich, daß dieser Sozialismus sich selbst in dem Maße zerstört, in dem er seine Ziele erreicht. Der Arbeiter beginnt zum Bürger zu werden, und die Kampfgemeinschaft wird zur organisierten Interessenvertretung. Als solche erfüllt sie eine notwendige Funktion im Gesellschaftskörper, aber sie ist nicht mehr das, was einen solchen Körper selbst zusammenhalten könnte. Was wird aus den Sozialisten, wenn sie zur Regierung kommen und die Arbeiter anfangen, gegen sie zu streiken?

Diese ganze letzte Analyse klingt gefährlich an an die Argumente, mit denen man in unseren Tagen das »christliche Abendland« rechtfertigt oder propagiert. Es ist wahr, die spezifischen Probleme der Moderne existierten noch nicht in einer Zeit, die noch nicht modern war, und jene Zeit war von der Kirche geprägt, durchwirkt und vielfach beherrscht. Sollen wir dorthin zurückkehren? Können wir es?

Stärker als alle rationalen Argumente spricht hier vielleicht ein instinktives Gefühl gegenüber den Verfechtern solcher

Ideen: sehen diese Leute so aus, als ob sie die Welt wieder in ihre Fugen bringen würden? Daß Du daran nicht glaubst, weiß ich. Da manche meiner Handlungen den Eindruck erwecken müssen, daß ich daran glaube, möchte ich ausdrücklich sagen: ich habe nie daran glauben können. Zeitenweise hätte ich es gerne gewollt, aber gekonnt habe ich es nie.

Trotzdem sage ich, ich sei ein Christ. Oder ich zögere, mich so zu nennen, aber nicht weil ich daran zweifelte, daß in dieser Richtung alle unsere Bemühung gehen muß und alle unsere Hoffnung liegt, sondern weil ich weiß, wie weit ich selbst hinter der nötigen Bemühung zurückbleibe. Wie reimt sich das?

Ich glaube, du erwartest von mir nicht Beteuerungen oder Forderungen, sondern eine Analyse. Besser als eine Analyse wären nur Taten. Gewisse Taten kann man wohl nur gemeinsam tun. Dazu ist Einigkeit nötig. Wenn meine Analyse einen Beitrag zur Einheit liefern könnte, wäre ich mit ihr zufrieden.

Ich möchte die ausdrückliche Antwort auf die Frage über das Christentum einem späteren Brief vorbehalten. Hier möchte ich auf den Nationalsozialismus zurückkommen, damit wir dieses Thema abschließen können. Schon sind wir dazu geführt worden, ihn mit seinen Gegnern zu konfrontieren, d. h. ihn ausdrücklich als Zeiterscheinung zu sehen. Aber wir werden deutlicher sehen, wenn wir den Blick noch einmal auf ihn konzentrieren.

Die Gefahr des Angelpunkts, den wir erreicht haben, liegt im Relativismus. Wenn man irgendeine der großen Gruppen unserer Zeit so genau betrachtet, wie ich es mit dem Nationalsozialismus getan und mit seinen drei Gegnern wenigstens angedeutet habe, so kann man ihren naiven Glauben nicht mehr teilen. Nicht deshalb, weil dieser oder jener seiner Gegner recht hätte, ist der Nationalsozialismus eine falsche Religion. Er ist es, obwohl die andern auch nicht recht haben. Die Frage liegt nahe, ob wir denn bei solchen Analysen nicht die Begriffe von Recht und Unrecht, von Wahr und Falsch selbst auflösen. Wir sahen, daß innerhalb des nationalsozialistischen Glaubens Dinge als erlaubt schienen, die von außen betrachtet Verbrechen sind. Was sind sie nun? Ich habe sagen hören, Koestlers Buch »Sonnenfinsternis« habe manche Leute zum Kommunismus bekehrt, weil es seine Konsequenz zwingend dargestellt habe. Treiben wir mit der religiösen Interpretation der großen politischen Bewegungen nicht einfach einen Subjektivismus auf der Ebene des Kollektivs?

Als Phase in der Entwicklung unseres Bewußtseins ist dieser Relativismus wohl sehr notwendig, zumal wenn er uns erschreckt und nicht etwa befriedigt. Aber ich glaube, daß er sich von selbst verflüchtigt, wenn wir ihn auf sich beruhen lassen und weiterhin nicht abstrakte Theorien befragen, sondern mit dem eigentümlichen Organ für Wert oder Unwert, das wir wohl alle in uns tragen und entwickeln können, die Vorgänge selbst ansehen. Warum können wir denn nicht Nationalsozialisten sein und haben es, trotz vieler Unsicherheiten im Urteil und Diplomatien, in der Tat nie gekonnt? Warum ist er eine falsche Religion?

Zu Anfang nannte ich das Kriterium des Erfolgs äußerlich, aber unerbittlich. Wir haben die Frage, warum Hitler so erfolgreich war, ausführlich behandelt. Die Frage, warum er gescheitert ist, klang oft an. Ich möchte sie nun, zum Schluß, noch einmal ausdrücklich aufgreifen. Vielleicht sind wir optimistisch genug, zu glauben, daß sich gerade in den Gründen zu seinem Scheitern etwas von der Falschheit seiner Religion zeigen wird. Vielleicht haben in seinem Falle Gottes Mühlen einmal schnell gemahlen.

Warum ist Hitler gescheitert?

In der Ebene der einzelnen kausalen Verknüpfungen wird man immer zeigen können, daß jeder Mensch an seinen eigenen einzelnen Fehlern scheitert. Das gilt auch an Hitler.

Ein Fachmann wird das zunächst schon in der militärischen Ebene feststellen können, vor allem in bezug auf den Rußland-Feldzug, vielleicht auch auf Dünkirchen und auf die Abwehr der Invasion im Westen. Freilich gilt hier, was ich versuchte, oben über seine Beziehung zum Fachmann zu sagen. Einzelheiten fachlich zu kritisieren, ohne das Ganze in Betracht zu ziehen, kann zu groben Irrtümern führen. In der Unverträglichkeit der Hitlerschen Konzeption aller Dinge, auch der militärischen, mit der rein fachmännischen, liegt übrigens auch der einzige Sinn, den ich der neuen Dolchstoßlegende zuschreiben kann. Daß bewußte Sabotage hoher Stellen, selbst wo sie wirklich stattgefunden haben mag, den Kriegsausgang wesentlich beeinflußt haben, kann ich mir schwer vorstellen; eher schon, daß die Fachleute das, was Hitler vorschwebte, vielfach instinktiv mißbilligten und insofern, ohne bewußte Gegenwirkung, von ihm aus gesehen schlecht ausführten.

Aber jede militärische Einzeldiskussion erübrigt sich, wenn man die nächsthöhere Ebene der Fragestellung betritt oder, naturwissenschaftlich gesprochen, nicht die einzelnen Lösungen der Differentialgleichung, sondern die Erhaltungssätze ansieht. Dies bedeutet hier zunächst den Übergang von der militärischen zur politischen Fragestellung. Hitler hat seine Gefolgsleute durch seine Erfolge daran gewöhnt, das völlig Unwahrscheinliche noch als einen ihm zustehenden Erfolg zu erwarten; nur vor dem Hintergrund dieser Erwartung konnte es überhaupt zu einer Dolchstoßlegende kommen. In Wirklichkeit konnte Deutschland einen Krieg nicht gewinnen, der gegen Amerika, Rußland und England zugleich geführt wurde. Hier liegen, politisch gesehen, einfach Rechenfehler vor.

Wie kam es aber zu diesen Rechenfehlern? »Mein Kampf« ist hierin viel realistischer. Hitler wollte dort Freundschaft mit England und Italien, keine erneute Auseinandersetzung mit Frankreich, Neutralität gegenüber Amerika, überhaupt ein deutsches Desinteressement an überseeischen Dingen und volle Konzentration auf die Niederwerfung Rußlands. Kräftemäßig wäre dieses Programm vielleicht durchführbar gewesen. Warum hielt Hitler sich nicht daran?

Ich glaube, diejenigen seiner Gegner irren sich, die meinen, er habe den Westen mit solchen Ankündigungen nur in Sicherheit wiegen wollen, um ihn desto sicherer überfallen zu können. Ein solcher Narr, daß er es absichtlich mit der ganzen Welt auf einmal hätte aufnehmen wollen, war Hitler nicht. Was er später getan hätte, wenn ihm die Ausführung seines Programmes gelungen wäre, steht dahin; innere Sympathie für den Westen will ich ihm nicht unterschieben, aber ein gewisses Augenmaß für das Mögliche in der ursprünglichen Planung. Lange Zeit hat ja seine Politik zum immer neuen Staunen der Mitwelt all das ausgeführt, was sein Buch angekündigt hatte, und was seine Gegner für absurd zu halten geneigt waren; ich würde ihm danach auch bezüglich der taktischen Mäßigung das glauben, was er im Buch geschrieben hat. Im Gang der

Ereignisse erkannte er dann, daß er ohne den Widerstand des Westens seine Ost-Expansion nicht würde durchführen können; aber solange wie möglich bagatellisierte er diesen Widerstand vor seinen Anhängern, aber auch vor sich. 1939 wollte er den Krieg mit dem Westen nicht. Er war überrascht von den Kriegserklärungen der Engländer und Franzosen; sowohl nach der Niederlage Polens wie nach der Niederlage Frankreichs wartete er auf ein Einlenken Englands.

Wenn er aber diese Gegnerschaften nicht wünschte, so ist die Frage um so dringlicher, warum er sie nicht vermeiden konnte.

Zu einem Teil kann man die Gründe noch im außenpolitischen Kräftespiel finden. Hitler hatte das französische Sicherungssystem, das in Versailles aufgebaut war, und das im Osten auf der Tschechoslowakei und Polen ruhte, durchbrochen; er drohte, die von England seit Jahrhunderten gefürchtete kontinentale Hegemonie zu verwirklichen; und, so unbegreiflich es uns, vom deutschen Blickwinkel aus, scheinen mag, die Angst in Amerika vor einem deutschen Griff nach der Weltherrschaft war vielfach aufrichtig.

Aber ich glaube, daß diese Gesichtspunkte nicht genügen. Jedem der angeführten Argumente läßt sich ein Gegenargument gegenüberstellen.

Frankreich hatte im Grunde mit dem Verzicht auf eine Gegenwehr gegen Wehrpflicht und Rheinlandbesetzung den außenpolitischen Kampf gegen Hitler aufgegeben. Ohne englische (und wohl amerikanische) Einwirkung wäre es schwerlich zur französischen Kriegserklärung vom 3. September 1939 gekommen. Der Zusammenbruch von 1940 zeigt, daß Hitler den Mangel der moralischen Kriegsbereitschaft Frankreichs richtig beurteilt hat. Ich könnte mir denken, daß eine noble Behandlung des geschlagenen Frankreich im Sommer 1940 selbst der Linie Pétain-Laval Chancen innerer Stabilität gegeben hätte.

Auch England war kriegsmüde. Dazu kam, daß man in England und in Amerika vielerorts Rußland mehr fürchtete als Deutschland. Die Rolle des westlichen Degens gegen den Kommunismus war für Hitler wie geschaffen. Hätte Hitler sie überzeugend zu spielen gewußt, so hätten französische Desintegration, englische Empire-Sorgen und amerikanischer Isolationismus ihm meiner Meinung nach die Bahn nach Osten freigegeben. Man setzte sich gegen ihn zur Wehr, weil man anfing, in ihm eine ebenso große oder größere Gefahr für westliche Art zu sehen als in den Russen. Leute wie Hitler, Ribbentrop, Göring oder Goebbels konnten mit dem Westen zu keiner Abmachung kommen, weil sie nicht mit ihm reden konnten. Und beide Seiten konnten nicht miteinander reden, weil sie keine gemeinsame Sprache hatten. Sie konnten einander nur mißtrauen, mißverstehen und schließlich hassen. Sie hatten verschiedene Religionen.

Nun wollen wir hier nicht beim Relativismus stehen bleiben. Der Fehler lag zu einem Teil beim Westen. Lassen wir Frankreich als den in diesem Zusammenhang unwichtigsten Partner beiseite. Für die beiden angelsächsischen Nationen ist die Unfähigkeit, Deutschland (oder Rußland) zu verstehen, Teil sowohl ihrer Tradition wie ihrer heutigen Situation. Im 19. Jahrhundert fühlte England sich immer wieder als Vorkämpfer der Freiheit gegenüber dem absolutistischen Kontinent; Amerika hatte analoge Empfindungen gegenüber dem ganzen Europa, in die es aus Revolutionstradition England einschloß. Diese Gefühle waren weitgehend richtig; trotzdem schlossen sie ein Verstehen der Menschlichkeit, die im kontinental-europäischen Lebensrahmen möglich war, aus. Diese Unmöglichkeit wurde immer wieder im persönlichen Kontakt Einzelner oder selbst von Gesellschaftsschichten (Adel, Wissenschaft) überwunden, aber nie in der Ebene nationaler Politik. Im 20. Jahrhundert kam eine weitere Komplikation dazu, welche die Angelsachsen mehr und mehr verblendet hat. Soweit das Begriffspaar konservativ-fortschrittlich überhaupt einen Sinn hat, waren die Angelsachsen im 19. Jahrhundert in der Tat fortschrittliche Nationen, während der Kontinent, zumal östlich des Rheins, stärker konservative Züge trug. Im 20. Jahrhundert sind die Angelsachsen zum konservativen Element auf der Welt geworden. Das gilt außenpolitisch stärker von England, aber auch von Amerika. England verteidigt ein sinkendes Weltreich, Amerika schützt ein wachsendes gegen spätergekommene Konkurrenten. Ökonomisch und innenpolitisch gilt es stärker von Amerika, aber auch von England. Der kapitalistische Liberalismus war im 19. Jahrhundert die neue Möglichkeit der Gesellschaftsordnung; heute ist er in der Defensive gegen den Sozialismus. Diese Umkehr der Fronten ist natürlich nicht absolut. Z. B. ist Amerika in seiner inneren Struktur dynamisch genug, seine Gesellschaftsordnung experimentierend so weiterzuentwickeln, daß sie in vielen Zügen, z. B. der Technisierung, auch heute als die modernste gelten kann. Aber die Verblendung der Angelsachsen, vor allem der Amerikaner, besteht darin, daß sie den konservativen Teil ihrer heutigen Rolle meist überhaupt nicht sehen. Das hängt damit zusammen, daß für sie Fortschritt ein Wert an sich ist; keine Nation hat es so schwer wie gerade Amerika, mit gutem Gewissen konservativ zu sein, und vielleicht erträgt es außerdem keine Nation so schwer, ein schlechtes Gewissen zu haben. Vielleicht ist aber kein Konservativismus gefährlicher als der unbewußte. Jedenfalls haben England und Amerika (und, in diesem Punkte, auch Frankreich) sowohl national wie sozial auf Deutschland (und auch auf Rußland und Asien) als die Besitzenden reagiert. Und welcher Besitzende verstände je im verzerrten Gesicht der Revolution die berechtigten Bedürfnisse dessen, den die Not zum Revolutionär gemacht hat, oder die mühsam um Verständnis ihrer selbst ringende neue Idee?

Auf solche Verblendung des Besitzenden trifft der Begriff Schuld zu. Das fehlen böser Absicht entschuldigt nicht. Man könnte von unbewußter Schuld reden, besser von verdrängter Schuld, von »mauvaise foi« (Sartre). Es gibt ein Beteiligtsein, ein Ernstnehmen des anderen Menschen, dem solche Verblendung nicht widerfährt – oder das wenigstens offen ist für die Korrektur, für die Gnade, plötzlich das Leiden des Mitmenschen zu *sehen*. Was in der Politik hätte anders werden können, wenn seit Versailles oder besser schon seit dem politischen Aufstieg Deutschlands der Mensch im Deutschen von den Verantwortlichen des Westens klarer gesehen worden wäre, weiß ich nicht. Aber sicher hätten, ohne sonstigen Schaden, viele Fehler vermieden werden können, auf die sich dann Hitler oder die Verblendung des heutigen deutschen Nationalismus mit sachlichem Recht berufen konnten. Freilich dürfen wir nicht dem Fehler der idealistischen Politiker verfallen, zu meinen, bestimmte Handlungen guten Willens müßten eo ipso die politische Spannung lösen. Die Rechtfertigung der Liebe als Grundwahrheit auch für den Politiker wäre schwach, wenn sie sich auf den Erfolg stützen müßte. Mit ihr wird es erst dort ganz ernst, wo wir wissen, daß in dem Gewebe von Ursachen und Wirkung, in dem wir leben, der Mißerfolg jeder einzelnen Handlung guten Willens ebenso wahrscheinlich ist wie der Erfolg.

So wäre es dem Westen vielleicht möglich gewesen, durch verstehende Behandlung der Weimarer Republik das Kommen Hitlers zu vermeiden – obwohl der Grundwasserstrom, aus dem er seine Kraft zog, von weiter herkam als von Versailles. Ob man aber Hitler selbst durch andere Außenpolitik geändert hätte, ist fraglich. Und hier muß nun von der Schuld Hitlers und der Schuld des deutschen Volkes geredet werden.

Daß Hitler nicht der Degen des Westens gegen den Osten werden konnte; daß er die nationalen Gruppen und die einfachen Menschen des Ostens, von denen viele unter der Moskauer Herrschaft seufzten, nicht für sich gewann; daß seine Einigung Europas eine Farce blieb; daß er im eigenen Volk leidenschaftliche Feinde fand; daß schließlich die Deutschen die bestgehaßte Nation der Welt wurden – das wurzelt alles in einer und derselben Schuld der Deutschen und Hitlers. Hier ist das Wort Verbrechen gegen die Menschlichkeit das einzig angemessene. Denn es handelt sich nie um die einzelne Maßnahme, die im Rahmen der Bewegung, der historischen Aufgabe, die Hitler hätte haben können oder wirklich hatte, da oder dort wohl hätte verteidigt oder wenigstens entschuldigt werden können. Es handelt sich darum, daß der Mitmensch nicht mehr als Mitmensch gesehen wird und nicht mehr als Mitmensch gesehen werden soll. Dieselbe Bewegung, die die Solidarität des deutschen Volkes zum höchsten Prinzip machte, verbot, ja haßte die Solidarität mit dem anderen Menschen als Menschen. Wer aber im Juden oder im Polen den Bruder nicht mehr sehen konnte, dem widerfuhr es mit Notwendigkeit, daß er auch im Deutschen den Bruder bald nicht mehr sah; er geriet mit Notwendigkeit in die Zweideutigkeit, das zerstören zu müssen, was er noch zu lieben meinte.

Diese Unmenschlichkeit enthält noch verschiedene Elemente. Alt ist der Haß. Nationen haben oft ihre Nachbarn gehaßt. Der Judenhaß gehört zu den Grundfaktoren des jüdischen Schicksals. Man müßte tief in die Frage des Wesens und der

Geschichte des Judentums eindringen, um den Judenhaß zu verstehen. Die Hitlersche Interpretation als Rassengegensatz enthält nur eine seiner Komponenten. Die liberale Deutung als Neid ist ebenso nur eine Seite. Die tieferen Wurzeln liegen wiederum im religiösen Bereich. Von der Seite der Juden her verdichtet sich in diesem Schicksal alles, was die Kehrseite des Auserwähltseins bedeutet; göttliche Probe auf Treue und göttliche Strafe für Untreue. Von der Seite der Nichtjuden her ist hier im christlichen Rahmen gerade der Glaube an denselben Gott, dieselbe Verheißung das Unerträgliche. Und der Jude ist der Gegenstand vieler Projektionen. Das elementare Haßbedürfnis des Menschen findet in ihm einen immer leicht markierbaren Gegenstand. Im ernsthaften Christentum früherer Zeiten fand das lauernde schlechte Gewissen dessen, der wußte und verdrängte, daß er den wiederkommenden Christus gewiß wieder kreuzigen würde, hier den Weg nach außen; der Jude ist es, der den Herrn wirklich gekreuzigt hat – Gott sei Dank nicht ich. All dies schwelt unter der Decke im Nationalsozialismus und bedarf der Rassentheorie, um sich selbst verständlich zu werden, da die christlichen Kategorien fehlen.

Neu ist die technische Unmenschlichkeit, obgleich auch sie nur eine Ausarbeitung eines uralten Schemas ist. Konrad Lorenz hat bemerkt, daß der Mensch, gerade weil er von Natur nur schwer imstande ist, einen anderen Menschen zu töten, gerade weil er kein Raubtier ist, die instinktiven Hemmungen gegen die Tötung von seinesgleichen nicht hat, die jedem Raubtier eigen sind. Die Erfindung von Waffen, vom Steinkeil angefangen, stellt den Menschen vor die Aufgabe, das, was er instinktiv könnte, bewußt nicht zu wollen. Man hat in diesem Fehlen der instinktiven Regulierung oft die Not des Menschen gesehen, und vom Standpunkt der Natur aus mit Recht. Aber eben dies gibt den Weg frei für die Entfaltung der Person, für die Verantwortlichkeit und Wachheit, also für die Erkenntnis, die dem Menschen eigentümlich sind. Der Mensch schont und liebt seinesgleichen nicht, weil er muß, sondern obwohl er auch anders kann. Die wachsende Technik ist ein blutiger Stachel, der den Menschen antreibt, auf dem Wege zur vollen Wachheit nicht müde oder zufrieden liegenzubleiben.

Aber was ich soeben Wachheit nannte, ist nicht die einzige

Richtung, in der ein anfangs gangbarer Weg führt. Es gibt den Seitenweg der partiellen oder scheinbaren Wachheit, die sich auf Mittel, aber nicht auf das Ziel erstreckt. Er wird als Irrweg fast immer erst erkannt, wenn es zu spät ist. Er gebraucht das technische Mittel als Mittel zur Macht und profitiert egoistisch davon, daß dem Menschen gewisse natürliche Hemmungen fehlen. Mit dieser Möglichkeit hat sich die Menschheit in allen Kulturen von neuem auseinandersetzen müssen. Die Ethik der Macht ist, am deutlichsten vielleicht als Ethik des Waffentragens, als Ritterlichkeit, eine Grundtugend jedes sozialen Aufbaus. Eine so ungeheure Änderung der technischen Mittel der Macht wie im neuzeitlichen Europa stellt diese Ethik vor völlig neue Probleme.

Daß der Mensch der Waffe nicht oder nur nach den Spielregeln »humaner Kriegführung« geopfert werden darf, war dem 19. Jahrhundert gewiß. Das 20. opfert ihn ohne Gewissensbisse der Effektivität des Apparats. Die weittragenden Waffen machen das leichter. Blockade und Bombenkrieg sind eine Art, Frauen und Kinder zu töten, zu der sich auch die humansten Nationen bereitfinden. Die Piloten der Bomber sind oft als Personen gute und freundliche junge Leute, die das, was sie tun, nur tun können, weil sie es nicht sehen. Aber auch sie sind nicht ohne jedes Wissen, das sie verdrängen müssen, um leben zu können; ebenso wie die Verantwortlicheren, welche den strategischen Luftkrieg wollen, planen und befehlen. Die moderne Technik der Macht erzeugt eine Atmosphäre der Kälte, die von der natürlichen Kühle der Sachlichkeit verschieden ist. Sie hat etwas von künstlicher Vereisung. Denn die Kühle der Sachlichkeit könnte von Natur dort, wo die menschlichen Folgen sich dem Bewußtsein aufdrängen, nicht alleinherrschend bleiben; sie müßte sich mit Herzenswärme verbinden. Wo man aber gerade in dieser Wärme eine Gefahr für den Plan wittert, beginnt man von Humanitätsduselei, bourgeoiser Sentimentalität oder Mangel an Realismus zu reden, und die Kälte, die dann erzeugt wird, hat etwas Tödliches.

2. Randnotizen

Soll ich meines Bruders Hüter sein?*

Was sagt uns die Frage über uns?

Der Anfang der Bibel erzählt uns, den Juden und Christen gemeinsam, die ersten Schritte, durch die der Mensch in seine Geschichte eingetreten ist. Kains, des Brudermörders Frage: »Soll ich meines Bruders Hüter sein?« ist in dieser Erzählung die zweite ausweichende Lüge des Menschen auf eine Frage Gottes an ihn.

Die erste ausweichende Lüge war Adams Antwort auf Gottes Frage »Wo bist du?« Adams Antwort: »Ich habe mich versteckt, ich schämte mich, denn ich bin nackt.« Das Geheimnisvolle der menschlichen Grundlügen ist, daß sie unwissentlich die Wahrheit sagen. Adam und Eva wissen, daß sie nackt sind, denn sie haben vom Baum der Erkenntnis des Guten und Bösen gegessen. Ihre physische Natur hat sich ihnen enthüllt, denn sie haben ihre moralische Natur entdeckt. Und weil sie ihre moralische Natur entdeckt haben, weil sie Gut und Böse, Wahr und Falsch unterscheiden gelernt haben, können sie lügen.

Kains, des Mörders, ausweichend-freche Antwort »Soll ich meines Bruders Hüter sein?« ist ebenso wahr. Er soll seines Bruders Hüter sein. Gott hat es ihm zuvor gesagt. Du sollst ihn hüten vor dir selbst, vor der Sünde, die vor der Tür deines Herzens lagert, vor dem Neid, dem Haß, dem Todeswunsch.

Sonderbar, wie die Erzählung weitergeht. Gott behandelt den Mörder als verantwortliche Person, er behandelt ihn mit Respekt. Kain, der gezeichnete Mann, trägt das Zeichen, damit ihn niemand erschlage, damit ihm niemand Gleiches mit Gleichem vergelte. Kain wird zum Leben verurteilt. Und er wird, so

* Referat auf einer jüdisch-christlichen Begegnungstagung in Hannover, Frühjahr 1979. Die Tagung stand unter dem Motto, das ich zum Titel meines Referats gemacht habe.

erzählt der Text, der Stammvater der höheren Kultur, der Viehzüchter, der Geiger und Pfeifer, der Eisenschmiede. Daraus folgt aber: wir, die Kulturträger, sind die Erben der Kainiten, eben in dem, was wir hochschätzen: in Ackerbau und Viehzucht, in Kunst und Wissenschaft, in Technik und Industrie. Vergessen wir nie: Wir sind die Erben von Siegern im Kampf ums Dasein. Wir haben das Verhalten der Sieger, ihre unbewußte Grausamkeit geerbt.

Unbewußte Grausamkeit? Sind wir hinter die Erkenntnis des Guten und Bösen zurückgefallen? Adams und Kains Lügen sind noch nicht die verlogensten Lügen, denn diese Lügner wissen, daß sie lügen. Die verlogenste Lüge ist die Lüge, die sich selbst belügt. Denn wieviel leichter, wieviel bequemer ist es, zu lügen, wenn man sich selbst nicht eingesteht, daß man lügt! Inmitten der moralischen Welt ist die Selbstgerechtigkeit die Bastion der Lüge. »Gott, ich danke dir, daß ich nicht bin wie jene!« Der Mann der nur sagte: »Gott sei mir Sünder gnädig«, ging gerechtfertigt vor Gott aus dem Heiligtum, anders als der Selbstgerechte. Jesus hat mit dieser Geschichte eine tiefe jüdische Erkenntnis ausgesprochen, eben darum eine christliche.

Das Fernsehen hält es für richtig, uns jeden Tag Bilder menschlicher Grausamkeit aus der ganzen Welt zu zeigen. Jetzt ist nicht der Augenblick, damit zu rechten. Da es nun so ist, ist es keine Perversion, sondern ein Angebot göttlicher Gnade an unser Herz, wenn wir uns mit den Menschen, die wir da sehen, identifizieren und entsprechend handeln. Und zwar nicht nur die mitleidende Identifikation mit den Opfern, diese ganz gewiß; nein, auch die schaudernde Identifikation mit den Tätern. Die schaudernde Entdeckung: Ich bin Kain. Ich bin der Krieger, der Terrorist, der Nazi-Scherge. Welche bürgerliche Behütetheit hat mir erspart, meinem vor mir selbst verborgenen Hang nachzugeben und den Bruder zu töten, hat meiner offensichtlichen Gleichgültigkeit gestattet, bloß seinen Mord zu tolerieren? Hasset das Böse, heißt es freilich, aber nicht: hasset den Bösen. Hassen wir den Bösen, so legen wir ihn auf seine Bosheit fest und uns auf unsere vermeintliche Gerechtigkeit. Spontane Gegenwehr gegen die Gewalttat darf sein, Gerechtigkeit muß sein. Aber keine Gegenwehr ohne Selbstbegrenzung, auch keine Gerechtigkeit ohne Gnade. Menschliche Gerechtigkeit soll Menschen vor Menschen schützen, soweit Menschen das vermögen. Sie ist kein göttlicher Urteilsspruch. Menschliche Gerechtigkeit kann nicht alles Unrecht sühnen, das geschehen ist, und sie soll das, vor dem fragenden Angesicht Gottes, gar nicht versuchen. Dies mögen, wenn ich mir ein Wort zur Aktualität erlauben darf, unsere Gesetzgeber bedenken, wenn sie über Verjährung beraten. Ich sage das im Bewußtsein meiner Mitschuld an der Ermordung von Millionen Juden in einer Nation, deren erwachsener Bürger ich damals war und heute bin.

Die Erkenntnis, daß auch ich Kain bin, daß auch ich in der Tiefe meiner Affekte und Gleichgültigkeiten ein Mörder bin, ist ein fast tödlicher Schmerz. Aber es ist eine religiöse Erfahrung, daß dieser Schmerz das Tor zu einer Erlösung ist. Nun, da ich mich kenne, fällt der Zwang zur lügnerischen Selbstrechtfertigung von mir ab. Ich bin nun nicht mehr zum Leben verurteilt; ich darf leben. Nun kann ich anfangen, meines Bruders Hüter zu sein, Hüter vor der Untat, die vor der Tür meines Herzens und vor der Tür der Herzen meiner Mitmenschen lauert. Ich darf lieben, ich darf handeln.

Macht und Wahrheit*

Im Kampf um die Macht kann man die Wahrheit nicht sagen.

Was heißt das?

Die volle Wahrheit kann ohnehin niemand sagen, aus drei einander folgenden Gründen.

Erstens weiß niemand die volle Wahrheit.

Zweitens, soweit er sie weiß, würde niemand sie verstehen, wenn er sie ausspräche; eigentlich kann er selbst sie nicht sagen.

Drittens, soweit er sie aussprechen kann und sie verständlich wäre, ist sie so schmerzhaft, daß die Menschen instinktiv vermeiden, sie zu hören.

Das Problem der Politik beginnt auf der vierten Stufe. Wahrheit, die gehört wird, ist noch immer so schmerzhaft, daß sie die Hörenden in ihrer Mehrzahl gegen den Sprechenden aufbringt. Deshalb muß, wer in seinem Kampf um die Macht auf die Zustimmung vieler angewiesen ist, auch noch vermeiden, ihnen die Wahrheit der vierten Stufe zu sagen.

In der fünften Stufe wird dosierte Wahrheit eine Waffe im Machtkampf. Diese Waffe ist scharf, denn:

Der Kampf um die Macht wird letztlich durch die Wahrheit entschieden.

Was heißt das?

Der Kampf um die Macht hat, soweit wir die Geschichte kennen, kein Ende. Macht ist erfolgreiche Akkumulation von Mitteln der Wirkung. Ob die Mittel wirksam sind, wird dem unerbittlichen Test des realen Kampfs unterworfen. Dies gilt schon im Selektionskampf des organischen Lebens. Macht, als Humanum, ist aber durch Verstand, also durch partielle Wahrheit ermöglicht. Macht ist jedoch tragisch. Sie scheitert an ihrer eigenen Unwahrheit, am partiellen Charakter ihrer Wahrheit, an ihrem Mangel an Vernunft, der zu den Bedingungen ihrer Durchsetzung gehört hat.

Aber kein Machtsystem kann sich halten ohne einen Grad an Vernunft, an umfassender Einsicht, insofern an Wahrheit.

* Zuerst veröffentlicht: München, Hanser, 1983.

Der durch dieses Machtsystem garantierte Friede ist der Leib dieser Wahrheit. Wer diesen Frieden schützen will, muß versuchen, diese Wahrheit – gegen die partikularen Machtinteressen innerhalb des Systems – auszusprechen.

Die großen Machtkrisen sind deshalb dialektisch, sie sind Krisen der Wahrheit. Es gibt Wahrheiten, die das bestehende Machtsystem nicht erträgt, die aber das nachfolgende vorbereiten. Wer sie ausspricht, sollte freilich wissen, daß jede große Krise eine Krise auf Leben und Tod ist. Nicht jede Krise wird überlebt, nicht jede Krise führt zum Fortschritt – was immer man unter Fortschritt verstehen mag –, keine Krise führt nur zu Fortschritt.

Diejenigen, denen mehr an der Wahrheit als an der Macht gelegen war, haben manche Wege des Verhaltens gefunden: Unauffälligkeit, bis zur Geheimhaltung; Spezialisierung auf inoffensive Wahrheiten; Aussprechen des Unerträglichen unter ausdrücklichem Machtverzicht bis hin zur freiwilligen Armut und zum Martyrium; Geheimbünde. Der politische Sinn der Toleranz: das Aussprechen lebenswichtiger unerträglicher Wahrheiten systemimmanent zu ermöglichen.

Wozu Meditation?*

Wie eine Flutwelle geht die Nachfrage nach Meditation durch die westliche Welt. Aus Amerika ist sie zu uns gekommen, nach Asien strebt ihre Sehnsucht. Wozu? Ist sie eine der Moden der Wohlstandsgesellschaft? Ist sie eine kollektive Sucht, eine Betrunkenheit der Irrationalität? Ist sie der Ausdruck eines seit langem ungestillten Durstes nach lebendigem Wasser? Wozu Meditation?

Vermutlich sind alle drei Motive in dieser Welle vorhanden und ist insofern jede der drei Diagnosen in ihrer Weise richtig. Man kann aber selbst eine Mode nicht verstehen, wenn man nicht die tieferen Bedürfnisse versteht, die sich in ihr spielerisch ausdrücken. Und man kann eine Betrunkenheit nicht verstehen, wenn man den Durst nicht versteht, der zum Trinken treibt. Es sind die legitimen Motive der Meditationswelle, die uns zuerst angehen. Nur wenn wir sie verstehen, können wir den Entartungen begegnen.**

Die abendländische Kultur ist – so möchte ich behaupten – seit Jahrhunderten auf einem Weg, der ebenso produktiv wie gefährlich ist. Sie ist gegenwärtig in den Anfängen, den Vorboten einer Krise. Eine große Krise enthält stets die Chance zum Leben oder zum Tod, zur fälligen Wandlung oder zum Untergang. Die Jugendrevolution, die vor zehn Jahren um die nördliche Halbkugel lief, war ein Indikator dieser Krise. Die westlichen Menschen, die heute nach Meditation verlangen, reagieren auf einen rasch wachsenden fundamentalen Mangel in un-

* In: R. Lobo (Hrsg.) »Prana, Jahrbuch für Yoga 1980«. München, O.W. Barth, 1980.

** Ein kurzer Aufsatz wie dieser kann Behauptungen aufstellen, aber nicht im größeren Zusammenhang begründen. Es sei mir erlaubt, gelegentlich mit Seitenzahl auf meine Bücher »Der Garten des Menschlichen« (GM) und »Deutlichkeit« (D), München, Hanser, 1977 und 1978, zu verweisen, ferner auf meinen Aufsatz »Meditation und Wahrnehmung« in dem Band Günter Stachel (Hrsg.), »munen musō. Ungegenständliche Meditation. Festschrift für Pater Hugo M. Enomyia-Lassalle SJ zum 80. Geburtstag«, Mainz, Matthias-Grünewald-Verlag, 1978 (mm).

serer Kultur. Sie haben wirklich Durst nach lebendigem Wasser.

Der Versuch sei erlaubt, in Worten unserer eigenen, wissenschaftlichen Denkweise diejenige Entwicklungstendenz unserer Kultur zu beschreiben, die als eine ihrer unbeabsichtigten Wirkungen diesen Durst erzeugt. Man kann sie die Entfaltung der Willens- und Verstandeswelt nennen. Was heißt das? Stellen wir vor der kulturgeschichtlichen eine kurze anthropologische Betrachtung an!

Genetisch früh in der Evolution der Tiere ist die Einheit von Wahrnehmen und Bewegen (GM 206 ff.). Empfänglichkeit für Reize und Reaktionsformen entwickeln sich so, daß sie aufeinander bezogen sind. Gehandelt wird nur auf einen äußeren oder inneren Reiz hin, äußere oder innere Vorgänge werden vom Individuum nur in der Form seines eigenen durch sie ausgelösten Verhaltens wahrgenommen; Individuum und Welt sind nicht subjektiv getrennt. Die Entwicklung vom elementaren Leben zum subjektiven Bewußtsein geschieht, indem Wahrnehmen und Bewegen sich trennen. Beim Menschen ist der wichtigste Träger dieser Entwicklung die Sprache. Sprechen ist symbolisches Handeln. Handlungsbezogenes Sprechen ist Handeln, das anderes Handeln bedeutet. Der Ruf »Komm!« *ist* nicht das Kommen, er fordert zum Kommen auf. Vom handelnden Sprechen löst sich das handlungsentlastete Sprechen, das nicht agiert, sondern konstatiert. Erst damit kann an die Stelle des Reagierens ein Agieren treten. Der Mensch, der Sachverhalte beurteilen kann, ohne den inneren Zwang, zugleich schon zu handeln, kann eben darum seine Entscheidung zum Handeln als freie Willensentscheidung erfahren. Erst dies empfinden wir als eigentliches – moralisch gesehen als verantwortliches – Handeln. So konstituieren sich Urteil und Handeln, Verstand und Wille gleichzeitig und gegenseitig. Sie konstituieren zugleich den Menschen als autonomes Individuum, als wissendes und wollendes Subjekt.

Diese Beschreibung des Vorgangs der Menschwerdung ist, wie oben schon angekündigt, eine modern-abendländische Beschreibung. Der Mensch ist das Lebewesen, das Geschichte *hat* (und nicht nur erleidet). Eben deshalb kann er sich nur im Lichte seiner eigenen Geschichte beurteilen. Was er als schlichte

Wahrheiten über sich, den Menschen selbst ausspricht, ist immer zugleich im Lichte seiner speziellen Geschichte gesagt, insbesondere also in der Sprache der Kultur, der er entstammt. Das ist das Problem und, wo es verstanden wird, der Reichtum des heute eingetretenen Dialogs zwischen den Weltkulturen. Es ist freilich auch die Quelle vieler Mißverständnisse. So wissen z. B. Europäer, die sich um der meditativen Erfahrung willen tief auf Indien einlassen, oft nicht, in welchem Grade sie weder Inder noch überkulturell Wissende werden, sondern entwurzelte Europäer mit einer unintegrierten Fremderfahrung. Dieser Vorgang erzeugt objektive Unordnung, wo er nicht erkannt wird, subjektives Leiden, wo er erkannt wird. Das Leiden kann aber hier, wie so oft, die Kraftquelle eines Reifungsprozesses werden, freilich nur, wenn wir es bewußt auf uns nehmen.

In der vollen Schärfe seiner Ausprägung ist das durch Verstand und Willen konstituierte autonome Individuum in der Tat ein Produkt der abendländischen Kultur. Die abendländische Philosophie hat dieser Gegenüberstellung in der Ausbildung zweier nicht aufeinander reduzierbarer Weisen der Rationalität Ausdruck verliehen: Theorie und Praxis. Die menschliche Natur aber erschöpft sich nicht in den Zwillingsvermögen Verstand und Wille. Ja, man kann zweifeln, ob es beide in der den Hochkulturen vorausgehenden menschlichen »Naturanlage« überhaupt gibt, wenigstens wenn man den Verstand präzise als das Vermögen, zu urteilen, und den Willen als das Vermögen freier Entscheidung definiert. Uns erscheint die Selbstbeurteilung der frühen Menschheit – noch in den frühen Hochkulturen – »mythisch«; im Mythos aber sind Wissen und Wollen göttliche Gaben. Wie immer man die schwierigen Abgrenzungen verschiedener Verhaltensweisen des Menschen in seinen Kulturen wählen mag, gewiß ist, daß die moderne westliche Kultur, einsetzend mit der Aufklärung und der bürgerlich-kapitalistischen Gesellschaft, ein immer höher getriebenes und immer einseitiger werdendes Training von Verstand und Willen gefordert und vollzogen hat. Während im Mittelalter und der frühen Neuzeit die europäische Adels-, Handwerker- und Bauernwelt unter dem Schirm der Religion den gleichzeitigen islamischen, indischen, ostasiatischen Gesellschaften in so vielen Zügen gleicht, entwickelt sich der Europäer seither radikal anders und nötigt heute auch die asiatischen Gesellschaften, der seinen immer ähnlicher zu werden. Im Punkte des Willens- und Verstandestrainings ist der Sozialismus um nichts anders als der kapitalistische Liberalismus. Dieses Training bringt uns das, was es anstrebt, Wissen und Macht; und als präziseres Wissen und größere Macht erobert und verwandelt es die Welt. Aber es dörrt den Weg zur Herzmitte aus, und diese Dürre erzeugt den Durst, von dem wir hier sprechen.

Es wäre aber eine schwere Täuschung, zu meinen, die hohe Ausbildung von Verstand und Willen sei an sich ein Irrweg. In ihrer höchsten Stufe, geleitet von einer Wahrnehmung des Ganzen, als Vernunft und Sittlichkeit, sind beide unerläßliche Elemente der Menschlichkeit. Es gibt keine Rückkehr in die älteren Kulturen. Eben darum wirkt die Ver-Inderung so vieler westlicher Meditationsnovizen als eine für Abendländer und Inder gleichermaßen peinlich anzuschauende psychische Regression, ein Infantilismus. Ebenso problematisch ist die Meinung, man könne westlich geprägten Menschen in einer Art Schnellkochverfahren noch einen meditativen Habitus verleihen, der inmitten ihrer westlichen Welt zur besseren Problemlösung befähigt. Beide, zueinander spiegelbildlichen, Fehler unterschätzen das Niveau und die Prägungskraft der westlichen Kultur. Die asiatische ebenso wie die heute zu oft vergessene christliche Meditation entstammen einer Kultur, einer Denkform, die früher ist als der unumkehrbare Schritt der europäischen Aufklärung. Meditation kann daher weder an die Stelle des aufgeklärten Denkens treten, noch läßt sie sich ihm nahtlos anfügen. Ihre Versöhnung mit der aufgeklärten Vernunft verlangt einen kulturellen Schritt, der nicht geringer ist, als es die Aufklärung selbst war. Ein solcher Schritt geschieht zuerst im Einzelnen, er ist voller Schmerzen, und seine Vollendung dauert Jahrhunderte. Sprechen wir von dem, was dem westlichen Einzelnen heute möglich ist!

Ohne Zweifel lernt man Meditation nur durch Erfahrung. Man muß sich auf sie einlassen. Dabei kann es dem Einzelnen begegnen, daß er hinter sich die Schiffe verbrennen muß. Aber wenn er das Geschenk, das er in seiner Prägung als Kind der

Aufklärung mit sich führt, nicht verliert, so wird er eines Tages fragen müssen, wie sich die überlieferte vernünftige Selbstinterpretation der Meditation zur Vernunft der westlichen Aufklärung verhält. Dazu hier einige Vermutungen.

Für das, was außerhalb der Sphäre von Verstand und Willen fällt, hat das heutige westliche Denken keine allgemein anerkannten Begriffe; es fällt nur allzuleicht unter den völlig ungeklärten Namen des Irrationalen. Ich habe versucht, mir als persönliche Denkhilfe in diesem Bereich ein vierstufiges »Gerüst« zu entwerfen, gleichsam ein zum Wiederabriß bestimmtes Baugerüst (mm 290 ff.).

Die erste Stufe ist die Einheit von Wahrnehmen und Bewegen. Sie beschreibt nicht nur, wie oben gesagt, das ursprüngliche Verhalten der Tiere. Diese Einheit wirkt auch überall dort im menschlichen Leben, wo wir uns spontan verhalten. Sie ist also der Grund aller höheren Stufen. Die Bewußtseinsentwicklung geschieht stets in einer Trennung der ursprünglichen Einheit. Aber die getrennten Akte, für deren Vermögen uns hier Verstand und Wille, also Urteil und Handeln nur als Beispiele dienen mögen, geschehen ihrerseits noch immer spontan. Wenn ich urteile, ohne zu zweifeln, urteile ich spontan; wenn ich unmittelbar handele, handele ich spontan. Reflexion kann dem Urteil und dem Handeln noch Gründe vermitteln, aber diese selbst bleiben wieder spontan, selbst wenn sie erneuter Reflexion, die abermals auf spontanem Grund ruhen muß, zugänglich sind. Es gibt ferner eine abendländische Tradition, nach welcher die höchste Bewußtheit eine wiederhergestellte Spontaneität ist. In Deutschland hat die Zeit Goethes und der Idealismus so gedacht. Ein denkwürdiges Dokument dieser Überzeugung ist Kleists Gespräch über das Marionettentheater.

Die zweite Stufe entspricht dem zielbewußten Handeln, dessen Verständigkeit man mit Max Weber als Zweckrationalität bezeichnet. Hieran hat sich unsere Analyse von Urteil und Handeln orientiert. Die Wahrheit des handlungsentlasteten Urteils in dieser Stufe ist die Tatsachenwahrheit, vermittelt durch (äußere oder innere) spontane sinnliche Wahrnehmung. Die Zwecke der Zweckrationalität sind spontan vorgegeben. Reflexion kann die meisten von ihnen als mittelbare, dienende

Zwecke gewissen letzten Zwecken unterordnen, die ihrerseits vorgegeben sein müssen. Diese vorgegebenen Zwecke orientieren sich, nach heute üblicher Diktion, normativ an Regeln oder irreduzibel an Werten, die selbst nicht mehr zweckrational erklärt werden. Die Basis der Zweckrationalität ist nicht zweckrational. Diese Rationalität ruht auf einer Wahrnehmungsweise auf, die von ihr aus gesehen als »irrational« erscheinen muß.

In der dritten Stufe möchte ich die großen, kulturell-historisch ausgeprägten Bewußtseinssphären anordnen, für die westliche Tradition insbesondere die Trias von Theorie, Sittlichkeit, Ästhetik. Von den beiden ersten haben wir schon, wenngleich nur andeutend, gehandelt; hier ein Wort zur ästhetischen Sphäre. Sie gibt zwei menschlichen Vermögen, die zur spontanen Basis des Urteilens und Handelns gehören und dort gleichsam im Schatten bleiben, eine hohe Differenzierung, ein Licht: der Gestaltwahrnehmung und dem Affekt. Auch diese Bewußtseinsausbildung geschieht durch eine Trennung. Das Kunstwerk ist ein »Selbstzweck«; es dient nicht Zwecken, nicht theoretischer Erkenntnis oder sittlichem Handeln, und eben in dieser Unabhängigkeit von ihnen erleuchtet es sie. Wie Sprechen ein Handeln ist, das anderes Handeln bedeutet, ist das ästhetische Empfinden ein Empfinden, das anderes Empfinden bedeutet. In Shakespeares »Hamlet« spielt der Schauspieler die Hekuba und damit das Leid aller Mütter der Welt; Hamlet sinnt: »Was ist ihm Hekuba?« Es ist nicht erstaunlich, daß in unserer Welt die Träger der Willens- und Verstandesentscheidungen, modern gesagt, die Manager und Intellektuellen, die Ergänzung ihrer Unerfülltheit so oft in der Kunst finden. Aber der Zusammenhang zwischen diesen drei kulturellen Sphären bleibt der modernen Welt undeutlich, ja er entschwindet ihr fortschreitend. Sie sinken ihr zu »Werten« in einem unverstanden Pluralismus der Werte herab.

Die vierte Stufe müßte die Stufe der Einheit, der Begründung der Werte im Lichte *eines* Bewußtseins sein. In den historischen Kulturen hat die Religion diese Stufe ausgefüllt. In der Fülle der Phänomene, die unter den Namen der Religion gebracht werden können, lassen sich wieder wenigstens vier Momente unterscheiden: Religion als Träger einer Kultur, als Grund einer radikalen Ethik, als innere Erfahrung, als Theologie

(GM 472). Religion als Träger einer Kultur gestaltet das Ganze eines sozialen Lebens und repräsentiert seine Einheit. Diese Weise der Ganzheit menschlichen Lebens rückt uns aber als etwas Identifizierbares erst in den Blick, wenn sie uns entglitten ist. Schon die innere Dynamik der Religionsgeschichte, schon die Stiftung oder Herausarbeitung der Hochreligionen ist eine Folge des Bemühens, die Substanz der Religion durch Trennung vom Nichtsubstanziellen zu bewahren, zu verwirklichen. Dem dienen die drei weiteren Momente. Deren hier gegebene Gliederung ist wiederum leicht als Produkt europäischen Denkens zu erkennen. Man kann sie, in der soeben zitierten Reihenfolge, der Trias Wille, affektive Gestaltwahrnehmung, Verstand zuordnen.

Theologie ist der Versuch, die religiöse Wahrheit in Urteilen auszusprechen. Sie erscheint so als die Versöhnung der Religion mit dem Verstand. Die Rechnung geht aber nicht auf. Das Wort »Theologie« bezeichnet ursprünglich die Mitte der griechischen Philosophie. Das Herz der Theologie, der Hinweis auf das Eine, ist aber für Platon und den Neuplatonismus jenseits der Logik. Dieser Philosophie verdankt die christliche Mystik die Mittel begrifflicher Selbstauslegung. Auch die theologischen Grundsätze der verfaßten Kirche, die großen Konzilsentscheidungen sind logisch paradox. Diese Paradoxie mag sehr wohl in ihrem historischen Werdegang den politischen Kompromissen kirchlicher Parteien zu verdanken sein. Aber diese Parteien verkörpern in sozialer Realität die widerstreitenden Wahrheiten. Paradoxe theologische Sätze sind nicht mehr Urteile im Sinne des Verstandes. Hegel faßt sie als Momente in der Bewegung des Begriffs. Das mag hier auf sich beruhen. Liegt es nicht nahe, sie als Meditationsgrundlagen zu verstehen?

Religion als Grund einer radikalen Ethik ist historisch wohl der Ursprung der radikalen, autonomen Sittlichkeit. Sie sprengt das Autoritätsgefüge der traditionellen Religion wie das der Säkularität. Jesus, der die Bergpredigt gesprochen hat, war in der Kirchengeschichte immer in der Minorität (D 137 ff.). Aber der religiöse Grund der radikalen Ethik geht auch hier über die in der Willens- und Verstandeswelt mögliche radikale Sittlichkeit hinaus. Die Überbelichtung des sittlichen Willens, seine Trennung von der Kraft affektiver Wahrnehmung etabliert ein zur Verzweiflung führendes Über-Ich. Moral trennt, Liebe verbindet. Der Indikativ der Seligpreisungen verweist auf Religion als innere Erfahrung (GM 488 ff.).

Innere Erfahrung mag ein anderer Ausdruck für affektive Gestaltwahrnehmung sein. Beide Bezeichnungen entstammen einer noch undeutlichen Wahrnehmung in der Schattenzone westlichen Denkens. Meditation ist eine wohl schon im vorarischen Indien entstandene Schule dieser Wahrnehmung. Als Schule des Bewußtseins arbeitet auch sie mit dem Mittel der Trennung. Aber sie trennt ganz anders als die an der Zweckrationalität orientierte Abgrenzung des Urteils vom Handeln und beider von Affekt und Wahrnehmung; sie trennt anders, um anders zu einen. Meditation verweigert für die Dauer der Versenkung das Handeln, die Sinneswahrnehmung, das urteilende Denken. Gegenständliche Meditation, sei es eines Sinnesgegenstandes, etwa einer Blume (mm 297), sei es einer religiösen Szene oder Glaubenswahrheit, entfaltet dadurch in Reinheit eine Wahrnehmung, die mit dem unzureichenden Ausdruck noch einmal als affektive Gestaltwahrnehmung bezeichnet sei. Die höhere ungegenständliche Meditation oder Kontemplation läßt noch Gestalt und Affekt zurück. Was nimmt sie wahr?

Die theoretischen Schriften über Meditation bieten Antworten auf diese Frage an. Den Antworten ist stets die Herkunft aus einer kulturellen Tradition anzumerken. Sie sind meist vom Weg, nicht vom Ziel her gesprochen. Höchst eindrucksvoll zeigen z. B. die Autoren des Werks munen musō (mm, vgl. Fußnote S. 316 dieses Aufsatzes) die Selbstdeutung des Zen als Weg zur ursprünglichen Natur des Menschen, der christlichen Kontemplation als Weg zum Anderen, zu Gott (etwa Y. Raguin, mm 64–80), und zeigen zugleich die Unmöglichkeit einer urteilenden Auslegung dieser letzten Aussagen. Die Antwort auf die Frage, was im Schweigen erfahren wird, ist das Schweigen. Diese Verweigerung ist nicht ein Abweisen der Kommunikation mit dem Fragenden, sondern seine Hineinnahme in den Weg gemeinsamer Erfahrung.

Wozu Meditation? Für eine kleine Minderheit hat sie seit Jahrtausenden den Eingang in eine kontemplative Existenz bedeutet, aus der es keine Rückkehr in die »Welt« gab. Es ist ein fundamentaler Irrtum, zu meinen, der Kontemplative tue kein Werk für die Mitmenschen. Als Franziskus von seinen Ordensbrüdern gebeten wurde, ihnen wie den Dominikanern das Studium zum Zweck des Predigens zu erlauben, weigerte er sich lange. Als er es zuletzt erlaubte, sagte er: »Aber vergeßt nie, daß es nichts gäbe, worüber ihr predigen könnt, wenn nicht Brüder lebten, die zu demütig sind, um zu wagen, als Prediger aufzutreten.« Sind vielleicht die Kontemplativen der Atlas, der den Himmel über der Menschenwelt trägt?

Aber Buddhas Entschluß, statt des Verharrens im Nirvana Jahrzehnte des Predigens zu wählen, Platons Forderung, in die Höhle zu den Mitgefangenen zurückzukehren, Jesu Rückkehr aus der Wüste nach vierzig Tagen – alle diese stilisierten Erzählungen weisen einen anderen Weg. Es ist der direkte Dienst am Mitmenschen, an der vielheitlichen Realität, an der Geschichte. Die Menschen, die in der Dürre verschmachten, können lebendiges Wasser bekommen. Der Weg der Meditation ist dazu nicht der einzige. Er ist kein Instrument zur Lösung unserer Probleme; das würde ihn noch einmal zu früh der Zweckrationalität einordnen. Er ist gefährlich, nicht ohne Führung zu gehen. Er fordert eine Lossage von den gängigen Werten, »von den Göttern dieser Welt«. Für denjenigen, der nicht zu der kleinen Minderheit der Kontemplativen gehört, fordert dann auch er die Rückkehr in die Welt. Der Zurückkommende wird ein Anderer geworden sein: der, der er immer war.

Dies ist eine pragmatische Antwort. Der gegenwärtige Aufsatz wollte mehr auf die gedanklichen Fragen hinweisen, die vor uns stehen. Auch sie haben pragmatische Bedeutung, denn es sind Fragen, die sich bei der Begegnung der Kulturen in direkter oder verhüllter Form jedem stellen, der an der Begegnung teilhat, also auch jedem, der den Weg der Meditation sucht. Er wird an ihrer Ungelöstheit leiden. Vielleicht hilft es ihm, sich diesem Leiden zu stellen, wenn er weiß, daß das Leiden ein Beitrag zur notwendigen Bearbeitung der Lebensfragen ist.

Schule in unserer Zeit *

Herr Becker hat mir gestern abend eröffnet, ich solle heute zur Einleitung sagen, wie unsere Zeit beschaffen ist, in der und für die unsere Schule erziehen soll.

Niemand kann in Anspruch nehmen, er *wisse,* wie unsere Zeit beschaffen ist. Ich gebe zuerst mein subjektives Empfinden in einem Satz, dann den Versuch einer knappen rationalen Analyse.

Mein heutiges Empfinden spricht der Anruf des Propheten Jesaja an Gott aus, Jes. 64,1: »O daß du den Himmel zerrissest und führest herab!« In den für jeden Tag vorweg ausgelosten Texten, den sogenannten Losungen der Brüdergemeinde, war dies, wenn ich das Datum recht erinnere, die Losung des Vorabends des zweiten Weltkriegs, des 31. August 1939. Der Zufall hat gewollt, daß es auch die Losung des gestrigen Tages war, des 15. Oktober 1982.

Zur Analyse: Unser Jahrzehnt scheint mir bestimmt durch vier aufeinanderfolgende geschichtliche Entwicklungen. Zuerst durch die Jahrhunderte der Neuzeit, d. h. des Siegs der westlichen Kultur über ihre eigene Vergangenheit und über alle anderen Kulturen der Welt. Dann durch die zwei Hammerschläge der europäischen Krise dieser Kultur, die beiden Weltkriege. Drittens durch die Wiederherstellung des Fortschritts und des Fortschrittsglaubens in der amerikanischen Ära der Weltgeschichte, den Jahrzehnten seit 1945. Viertens durch eine manifeste, schleichende Krise dieser Hoffnung in unseren Tagen. Die heutige Krise ist eine Form der wiederkehrenden Krise der Neuzeit.

Was ist Neuzeit, was ist ihre Krise? Erlauben Sie mir, vorweg noch einmal direkt subjektiv zu reden: Ich liebe die Neuzeit,

* Einleitung zu einem Podiumsgespräch anläßlich des fünfzigjährigen Bestehens der Schule Birklehof in Hinterzarten, am 16. Oktober 1982. Ich drucke diesen Text hier ab, obwohl er gegenüber den anderen Texten des Buchs nichts Neues sagt. Ich war verpflichtet, kürzer als 10 Minuten zu sprechen. Das hat mich genötigt, meine Wahrnehmung unserer Zeit sehr knapp zusammenzufassen; vielleicht kann der Text daher zur Orientierung über den komplexen Inhalt des Buchs eine kleine Hilfe geben.

ich hasse sie nicht; ich kritisiere die Neuzeit, ich verurteile sie nicht. Ich sehe drei Bereiche der Neuzeit, mit denen auch die Schule befaßt ist. Vielleicht darf man sie so nennen: Theorie, Praxis, Kunst.

Der harte Kern der Theorie ist m. E. die Naturwissenschaft: das Wunder, daß klare und schöne Erkenntnis allgemeingültiger und präziser Gesetze möglich ist. Theorie strahlt heute in alle Lebensbereiche aus. Theorie bedeutet zuerst Zurücktreten vom Handeln, um zu denken. Sie bedeutet dann zweitens Denken, um besser handeln zu können. Sie ermöglicht, daß der Mensch nicht nur reagieren, sondern urteilen und agieren kann. Sie ermöglicht die Gestalt der Neuzeit als einer Willens- und Verstandeskultur.

Der harte Kern der neuzeitlichen Praxis ist m. E. ihre politische Moral, nämlich der Übergang vom Ethos des Herrschens und Dienens zum Ethos der Freiheit und Gleichheit. In der christlichen Weltordnung waren die Menschen genau dann gleichwert vor Gott, wenn jeder den angewiesenen Platz ausfüllte; wie Luther sagte, wenn der Fürst gut regiert und die Magd fleißig den Hof fegt. Das Ethos der Freiheit und Gleichheit ist am klarsten in Kants kategorischem Imperativ formuliert: Handle so, daß die Maxime deines Handelns stets Prinzip einer allgemeinen Gesetzgebung sein könne. Handle so, daß jeder so handeln kann wie du. D. h. Freiheit ist nicht die Freiheit, die ich mir nehme, sondern die Freiheit, die ich dem Mitbürger, dem Mit-Weltbürger gebe; die Freiheit, gemeinsam der Vernunft zu folgen. Ein großes, aber stets dem lügnerischen Mißbrauch ausgesetztes Prinzip.

In der Kunst haben die Menschen sich ausgesprochen, es hat sich ihnen in ihr, weit über Theorie und Praxis hinaus, offenbart, wer sie waren, aus welchen Kräften sie lebten.

Die heutige Krise ist vorgedeutet in der Kunst, wird massiv sichtbar in der Praxis, wurzelt vielleicht in einer tiefen Zweideutigkeit der Theorie. Die Vordeutung der Krise beginnt um 1900; die Lyriker haben den Ersten Weltkrieg vorausgesagt. Von der Zweideutigkeit der Theorie kann ich heute, in der Kürze, nicht sprechen. Ich ende mit dem Hinweis auf Symptome in der Praxis.

Manifest zeigt sich die Krise als weltweite Wirtschaftskrise, als Krise des Wachstums. Ihr sozial gefährlichster Aspekt in unseren Wohlstandsländern ist wohl die Unfähigkeit zu einer zugleich gerechten und finanzierbaren Umverteilung der Arbeit, besonders also die Jugendarbeitslosigkeit. In der Wachstumskrise steckt wohl ein uraltes Menschheitsproblem, das die moderne Technik nur akzentuiert. Soziale und folglich politische Stabilität hat es wahrscheinlich immer nur solange gegeben, als ein maßvolles Wirtschaftswachstum den Menschen einen Handlungsspielraum gab. Selbst maßvolles Wachstum stößt aber immer wieder an die Grenze der Zerstörung des eigenen natürlichen Lebensraums. Eine Denk- und Handlungsaufgabe für uns!

Die Krise ist zugleich eine Krise aller bisherigen Außenpolitik, der ebenfalls uralten Institution des Krieges. Mit der Atomtechnik kann man eine Fortführung der Hegemoniekriege nicht überleben; mit der bisherigen und heutigen politischen Ordnung der Menschheit kann man die Wiederholung dieser Kriege nicht verhindern. O daß du den Himmel zerrissest und führest herab!

Die Krise ist darum, Gott sei gedankt, auch eine Bewußtseinskrise. Wer unsere heutige Welt haßt, die ihn doch hervorgebracht hat und noch nährt, der ist undankbar. Wer sie zu erhalten hofft, so wie sie heute ist, der ist ein Tor.

Wie wird die Schule die jungen Menschen anleiten, weder undankbar noch Toren zu sein?

3. Rechenschaft über die eigene Rolle

Rechenschaft vor der Öffentlichkeit: Als Physiker zwischen Philosophie und Politik *

Was will man, wenn man jemandem, der am Ende seiner Laufbahn steht, einen Preis verleiht? Vielleicht will man ihm eine Freude machen; diese gute Absicht ist erfolgreich, sie wird mit Freude quittiert. Aber man will doch wohl vor allem die Öffentlichkeit auf das hinweisen, wofür er steht. So verstehe ich auch die Aufforderung, hier einen Festvortrag zu halten. Ich werde der Freude dadurch Ausdruck geben, daß ich mich nicht scheuen werde, ganz persönliche Erinnerungen vorzubringen. Ich werde aber vor allem versuchen, die Sache deutlich zu machen, für die ich stehe, und die unvergleichlich wichtiger ist als meine Person.

Der Vortrag wird sich in vier Teile gliedern: Physik, Philosophie, Politik und viertens eine Erwägung unter dem Titel: Was bleibt?

Physik

Es sei mir gestattet, die angenehmen Erinncrungen mit meinem frühesten poetischen Produkt einzuleiten. Als Elfjähriger habe ich ein Gedicht verfaßt, dessen erste Strophe lautete:

* Vortrag anläßlich der Verleihung des Ernst Hellmut Vits-Preises in der Universität Münster, November 1980. Gedruckt in einer Veröffentlichung der Gesellschaft zur Förderung der Westfälischen Wilhelms-Universität zu Münster aus Anlaß der Feier.

Wenn ich hätt' genügend Geld,
um zu leben sicher,
würd am liebsten auf der Welt
ich ein Sternkundiger.

On revient toujours à ses premiers amours: Sie sehen, daß ich mich für eine fundamentale Naturwissenschaft und für Wissenschaftsfinanzierung schon damals interessiert habe.

Eine fundamentale Wissenschaft. Es kommt wohl ab und zu vor, daß Naturwissenschaftler oder Philosophen sich im Kindesalter für Astronomie interessieren. Der kindliche Geist kann das Fundamentale vielleicht am leichtesten in der Gestalt des Allumfassenden, des Weltraums und seines Inhalts verstehen. Und man bleibt auch an solche Anfänge fixiert. Eine Anekdote fällt mir ab und zu ein. Während des amerikanischen Präsidentschaftswahlkampfs von 1908 – die Kandidaten waren der Republikaner Taft und der Demokrat Bryan – besuchte ein führender amerikanischer Politiker die Lick-Sternwarte in Kalifornien. Er durfte durchs große Fernrohr schauen und betrachtete lange den Andromeda-Nebel. Dann setzte er ab und sagte: »Es ist am Ende nicht so wichtig, ob Bryan oder Taft gewählt wird.«

Zur Physik brachte mich Werner Heisenberg. Er war 25 Jahre alt, ich 14, als wir uns kennenlernten. Wir wohnten damals beide in Kopenhagen, er als Mitarbeiter Niels Bohrs, ich als Sohn eines deutschen Diplomaten. Er machte mir rasch klar, daß die Physik die fundamentale Naturwissenschaft sei. Im April 1927 erzählte er mir in Berlin, wohin mein Vater inzwischen mit der Familie übergesiedelt war, in einem Taxi die noch unveröffentlichte Unbestimmtheitsrelation. »Ich glaub', ich hab' das Kausalgesetz widerlegt«, meinte er. Seitdem ist mein Anliegen in der Wissenschaft der Versuch, die Quantentheorie zu verstehen.

Gleichwohl schwankte ich noch einmal, ob ich Physik studieren solle. Kausalgesetz ist ein philosophischer Begriff. Ich begann zu verstehen, daß Physik noch nicht das letztlich fundamentale Wissen ist, sondern daß das Streben nach dem tiefsten Wissen bei den Menschen Philosophie heißt. Heisenberg aber überzeugte mich leicht, daß ich auch um der Philosophie willen zunächst Physik studieren müsse. Er hatte eine mir auch heute noch grundsätzlich einleuchtende Meinung, daß in verschiedenen Zeitaltern die geistig entscheidenden Schritte auf verschiedenen Feldern getan würden. In der Zeit Mozarts, so meinte er, sei das wohl die Musik gewesen, heute aber sei es die Physik. Philosophie für unsere Zeit müsse ich an der Quelle, durch die aktive Teilnahme an den heute geistig entscheidenden Vorgängen lernen. Deshalb solle ich Physiker werden.

In der Physik erwies sich mir dann der Versuch, die Quantentheorie wirklich zu verstehen, als fast hoffnungslos schwer. Leichter war es, sich in die von neuen Experimenten eröffnete Forschungsfront einzureihen. Da war zu Anfang der Dreißigerjahre die Kernphysik das verlockendste Feld. Man hatte gemeint, der Atomkern bestehe aus Protonen und Elektronen. Heisenberg kam zu der Meinung, Elektronen könnten nach der Quantenmechanik im Atomkern nicht gebunden werden. Er sah darum im Problem der Kernphysik ein Analogon zu dem Problem der Atomhüllenphysik, dessen Lösung Bohr 1912 angebahnt hatte, und das Heisenberg und Schrödinger 1925-26 durch Aufstellung der Quantenmechanik gelöst hatten. Bohr hatte 1912 erkannt, daß das Verständnis der Stabilität der Atomhülle nicht ein neues Modell, sondern neue Naturgesetze erforderte: das waren eben die Gesetze der Quantentheorie, welche die so wunderbar geschlossene klassische Physik zu einem bloßen Grenzfall relativierten. Nun, 1932, gab es die ausgebildete, ebenso in sich geschlossene Quantenmechanik. Heisenberg erwartete von der Kernphysik wiederum den Zwang zu einer radikal neuen Theorie, welche die Quantenmechanik zum bloßen Grenzfall machen würde. Die Entdeckung des Neutrons zeigte, daß diese Erwartung falsch war. Diesmal war nur ein neues Modell nötig, keine neuen Naturgesetze. Auf den aus Protonen und Neutronen bestehenden Kern konnte die Quantenmechanik mühelos angewendet werden.

In die Teilnahme an dieser Arbeit konnte ich als Zwanzigjähriger eintreten; sie überstieg meine Kräfte nicht. Ich war kein Experimentator, und ich war ein schwacher Mathematiker. Als theoretischer Physiker stellte ich am liebsten qualitative, sog. halbempirische Überlegungen an. Ich fand eine Interpolationsformel für die Kernmassen. Mich interessierte die Häufigkeitsverteilung der Isotope. Aus der ungewöhnlichen Häufigkeit von Argon 40 schloß ich auf einen dualen β-Zerfall von Kalium 40; Gentner hat diesen Überlegungen später die feste empirische Basis gegeben. Die Gesetzmäßigkeiten der Isotopenhäufigkeit forderten eine geschichtliche Theorie der Entstehung der Atomkerne. Ich kehrte zur ersten Liebe, zur Astronomie, zurück. 1937-38 fand ich, parallel zu Bethe, die Theorie des Kohlenstoffzyklus in den Sternen. Danach waren meine physikalischen Arbeiten fast zwanzig Jahre lang durch astrophysikalische Fragestellungen bestimmt. Ich versuchte eine Theorie der Planetenentstehung. Dies nötigte mich, über Rotation und Turbulenz kosmischer Gasmassen nachzudenken. Nach dem Krieg hatten wir in Göttingen rund zehn Jahre lang eine muntere kleine Arbeitsgruppe über diese Themen; von ihr hat Herr Häfele vorhin gesprochen.

An diese Arbeiten würde ich gerne eine grundsätzliche Erwägung knüpfen. In die Physik bin ich, wie vorhin geschildert, wegen ihrer aktuellen philosophischen Wichtigkeit gekommen. Wie manche meiner Altersgenossen unter den theoretischen Physikern verlockten meinen vagabundierenden Ehrgeiz die wissenschaftlichen Revolutionen – um Thomas Kuhns Ausdruck hier zu gebrauchen. Statt dessen erfuhr ich nun in der Praxis die heilsame Ernüchterung durch die Teilnahme an der normalen Wissenschaft. Keine neue Theorie, nur ein neues Modell in den Kernen; viel klassische Physik in den Sternen. Als Student hatte ich die Hydrodynamik als mathematisch unübersichtlich und philosophisch uninteressant verachtet. Ich empfing die verdiente Strafe für meinen Hochmut: nun mußte ich an den Lösungen nichtlinearer Differentialgleichungen im Spektrum der Turbulenz und in Stoßwellen basteln. Von den kühnen kosmologischen Phantasien, die ich in fünfzig Jahren habe auftauchen sehen, sind die meisten sang- und klanglos wieder verschwunden. Die scheinbar unlösbaren Probleme erwiesen sich meist als bloße Lücken im Puzzle, für welche man nur den passenden Stein noch nicht gefunden hatte. Die Konsistenz der Naturwissenschaft, ihr unaufhaltsamer Schritt ist eine der wichtigsten Erfahrungen meines Lebens als Physiker.

Diese Erfahrung war unerläßlich auch für mein philosophisches Anliegen. Ich war ausgezogen, die Quantentheorie zu verstehen, und ich hatte gehofft, danach noch viele neue Schritte zu tun. Nun lernte ich zunächst den Respekt vor der Stabilität der Quantentheorie. In mehr als fünfzig Jahren hat sich an der Struktur dieser Theorie nichts mehr geändert. Wissenschaftliche Revolutionen sind seltene Ereignisse. Die Grundpostulate der Quantentheorie lassen sich für einen mathematisch gebildeten Leser auf einer halben Druckseite aussprechen. Die Menge einzelner Beobachtungen, die durch die Quantentheorie richtig vorausgesagt oder erklärt wurden, läßt sich heute wohl auf eine Milliarde beziffern. Kein einziges Experiment ist bekannt, das der Quantentheorie nach unserer Einsicht widerspricht. Die Quantentheorie ist die Fundamentaldisziplin der ganzen heutigen Physik. Nur die Relativitätstheorie, d. h. die Theorie der mathematischen Struktur des Raum-Zeit-Kontinuums, stellt sich bisher als ein von der Quantentheorie unabhängiger Gedankenkreis dar. Als ungeklärt in der fundamentalen Physik muß die Theorie der Elementarteilchen gelten. Aber man hat heute keinen Anlaß, daran zu zweifeln, daß sie sich als eine normale Quantentheorie spezieller, eben elementarer Objekte wird beschreiben lassen. Die Physik aber ihrerseits erweist sich als Fundamentaldisziplin der gesamten Naturwissenschaft. Der Physikalismus in der Biologie, in meiner Jugend noch lebhaft umstritten, hat sich unter den aktiven Wissenschaftlern fast vollständig durchgesetzt; meinem subjektiven Urteil nach mit vollem Recht. Und selbst für die Wissenschaft vom Menschen ist die Naturwissenschaft eine Fundamentaldisziplin; ein Blick auf die Medizin genügt, um das zu sehen.

Was meint man eigentlich, wenn man nach ein paar Jahrzehnten des aktiven Umgangs mit der Quantentheorie sagt, man wünsche sich, diese Theorie zu verstehen? Zunächst vielleicht, daß man wagt, sich anhaltend über sie zu wundern. Man kann sich schon darüber wundern, was in der Wissenschaft »Verstehen« heißt. Wer sich darauf versteht, ein Auto zu fahren, der versteht darum noch lange nicht, wie der Motor funktioniert. Wer sich darauf versteht, einen Motor zu bauen oder die Schrödingergleichung zu lösen, der versteht noch nicht, warum die Gesetze gelten, die er dabei benützt. Methodenbewußte Wissenschaftler verzichten darauf, in der täglichen Arbeit die Grundfragen ihrer Wissenschaft überhaupt zu stellen, ja sind skeptisch gegenüber dem Sinn dieser Fragen. Aber ich bin überzeugt, die großen Fortschritte der Wissenschaft, die seltenen Revolutionen, geschehen nur, wo diese Fragen wachgeblieben sind.

Wir sollten uns wundern, daß es überhaupt Gesetze gibt, die von einer halben Druckseite aus eine Milliarde Daten beherrschen. Was zeichnet diese Gesetze aus? Heisenberg nannte ein solches Gesetzsystem eine abgeschlossene Theorie, eine Theorie, die durch kleine Änderungen nicht mehr verbessert werden kann. Diese Theorien, die eben die Resultate der Kuhnschen Revolutionen sind, werden mit dem Fortschritt der Erkenntnis immer einfacher, immer allgemeiner, und ebendarum immer abstrakter. Seit langem beschäftige ich mich mit dem Versuch, die Gesetze der Quantentheorie aus möglichst allgemeinen, möglichst selbstverständlichen Postulaten herzuleiten. Ich suche ihren Grund in der Logik zeitlicher Aussagen, insbesondere in der Charakterisierung des Begriffs der Wahrscheinlichkeit als Bewertung von Aussagen über die Zukunft. Physik beruht auf empirisch begründeten Prognosen; Empirie, Erfahrung, heißt aus der Vergangenheit für die Zukunft lernen. Ich glaube, daß aus der so begründeten Quantentheorie auch die Relativitätstheorie hergeleitet werden kann, und vermutlich mit ihr die Theorie der Elementarteilchen. In diesen Fragen darf ein Einzelner zufrieden sein, zur Begriffsklärung ein wenig beizutragen. Seit mir der sogenannte Ruhestand die erforderliche Zeit gibt, bin ich zu diesen Problemen als meinem Hauptgeschäft zurückgekehrt.

Philosophie

Die Fragen, die ich zuletzt genannt habe, sind philosophische Fragen. Ich habe versucht, aus der Physik für die Philosophie zu lernen, habe darüber geschrieben, und wurde im Alter von 45 Jahren nach Hamburg auf einen Lehrstuhl für Philosophie berufen. Die Pflicht, einmal nicht über Astrophysik und Quantentheorie, sondern – kurz gesagt – über Platon und Kant zu lesen, hat die zwölf Jahre, in denen ich ihr nachkam, zu den bisher schönsten meines Lebens gemacht. Was kann man mehr wünschen als in den wichtigsten Fragen von vorbildlichen Denkern zu lernen und das Gelernte weiterzugeben? Kommt man aus der kollektiven Arbeit der naturwissenschaftlichen Forschung, so bringt Philosophie als Beruf gleichwohl ein Erlebnis der Einsamkeit. Auf diesem Weg gibt es kaum mehr Weggenossen, denn der Weg ist zu steil.

Der äußere Anschein ist freilich umgekehrt. Theoretische Physik wirkt auf die Menschen abstoßend esoterisch, über Philosophie wagt mancher mitzureden. Aber die Esoterik der mathematischen Wissenschaften entstammt der scharfen Kontrollierbarkeit jeder einzelnen Aussage. Hier läßt sich entscheiden, wer mitreden kann und wer nicht. In der Philosophie gilt Hegels Satz: »Das Wahre ist das Ganze.« Dies ist die tiefere, die eigentliche Wahrheit. Denn selbst in der Physik gilt tatsächlich Einsteins Diktum: »Erst die Theorie entscheidet darüber, was beobachtet werden kann.« Jeder Begriff gewinnt seinen Sinn erst im theoretischen Kontext. Die normale Wissenschaft ist das Arbeiten in einem jeweils fest vorgegebenen Kontext. Das philosophische Wunder der Wissenschaft ist, daß es so stabile Einzeltheorien überhaupt gibt. Die Philosophie aber wagt, nach dem Ganzen zu fragen, weil sie das eigentlich Wahre sucht. Das ist unerläßlich; aber es zu vollbringen, ist für uns Menschen zu schwer.

Was ist das Ganze, von dem hier die Rede ist? Es sei noch einmal eine Kindheitserinnerung erlaubt. Das Kind weiß in naiver Weise alles, was der Erwachsene einst wissen wird. Als Zwölfjähriger sah ich in einer Sommernacht den Sternenhimmel in seiner unbeschreiblichen Herrlichkeit. Ich wußte: hier ist Gott anwesend. Ich wußte auch: das sind Gaskugeln. Ich ahnte, daß beides verschiedene Weisen sind, wie sich dieselbe Wahrheit zeigt. Wie das zu denken und zu sagen wäre, wußte ich nicht. Ich weiß heute, daß ich im Sinne der Philosophie mit Recht von Gott sprach, denn die abendländische Philosophie ist in ihrem Kern skeptische Theologie. Als Kind kannte ich Gott als den Gesetzgeber der zehn Gebote, als den unentrinnbaren Zeugen der Wahrheit der Bergpredigt, als den Gegenwärtigen im heimlichen leidenschaftlichen Gebet. Wie hängt all dies zusammen: das Wahre der Wissenschaft, das erlebte Schöne, das Gute des sittlichen Gebots, das Heilige?

Sie werden nicht von mir erwarten, meine Damen und Herren, daß ich Ihnen hier eine verbale Formel sage, die wie eine Antwort auf diese Fragen klingt. Ich deute ein paar Wege an, die ich gegangen bin.

Dem Physiker bot sich schon vor 50 Jahren die werdende neopositivistische Wissenschaftstheorie als Bundesgenosse an. Nach meinem Urteil fehlte ihr aber in ihrem eigenen Gegenstandsgebiet das Entscheidende: das Staunen über die abgeschlossenen Theorien. Kant erklärte hingegen die Naturgesetze als Bedingungen möglicher Erfahrung. Das bot wenigstens eine Hoffnung, die Geltung dieser Gesetze zu *verstehen*. Ich bin ihm in meinen eigenen Arbeiten in kaum einer Einzelheit, aber in der grundsätzlichen Vermutung gefolgt. Aber ich habe sehr lange gebraucht, bis ich das konnte. Zuerst war mir Kant noch unverständlicher als die Physik, die ich mit seiner Hilfe verstehen wollte. Was heißt denn »Anschauung« und »Begriff«, was heißt »Bewußtsein« und »Gegenstand«, was heißt »Substanz« und »Kausalität«, was heißt »Erfahrung« und »Erkenntnis a priori«, was heißt »Gott«, »Natur« und »Seele«? Ich sah, daß Kant seine Begriffe der Tradition der europäischen Philosophie entnahm, auch wo er sie umdeutete, um Neues sagen zu können. Also mußte ich die Sprache dieser Tradition verstehen lernen. Rückwärts gehend, über Leibniz, Kepler und Galilei, über Descartes und die Scholastik, kam ich zu den Griechen. Hier, bei Platon und Aristoteles, fand ich zum erstenmal eine Philosophie, die ich verstehen konnte; wenigstens wenn ich das kulturhistorische Wissen erwarb, das nun einmal nötig ist, um zweitausend Jahre Abstand zu überbrücken. Man kann auch begreifen, warum das so ist. Jemand hat scherzhaft gesagt, das Gute an den alten Griechen sei, daß sie nicht nötig hatten, auf die alten Griechen zurückzugehen. Sie haben die Begriffe unserer Tradition geprägt, und *sie* wußten, was sie damit sagen wollten. Sie sprachen keine vorbelastete Fremdsprache, deshalb kann man sie verstehen.

Platon vergleicht im Höhlengleichnis uns Menschen mit gefesselten Gefangenen in einer Höhle, die auf der Wand vor ihnen die Schatten von hinter ihnen vorbeigetragenen Abbildern wirklicher Dinge sehen, und die diese Schatten von Bildern für die Wirklichkeit halten; wer die Abfolge der Schatten am besten vorhersagen kann, bekommt einen Preis. Wem es gegeben wird, sich umzudrehen und ans Licht zu steigen, der sieht der Reihe nach zuerst die Bilder, deren Schatten er vorher sah, dann die Schatten wirklicher Dinge droben im Licht, dann, wenn seine Augen sich gewöhnt haben, die Dinge selbst und das Licht der ewigen Sonne. Kehrt er zurück in die Höhle, um die Andern dort zu belehren, so erscheint er ihnen verwirrt, sein Auge geblendet, und wenn er nicht nachläßt, zu lehren, so töten sie ihn – so ging es dem Sokrates. Das Gleichnis läßt, modern ausgedrückt, drei gleich richtige Deutungen zu: eine theoretische, eine politisch-moralische, eine mystische. In der theoretischen Deutung sind die Schatten die Sinneswahrnehmungen; wer die vorhersagen kann, bekommt einen Preis. Die Bilder in der Höhle sind die Gegenstände der theoretischen Physik, Atome und dergleichen; was man im Licht sieht, ist die Mathematik, das große Paradigma der griechischen Philosophie, und die ewigen Strukturen, in denen die Mathematik wurzelt. In der politisch-moralischen Deutung sind die Schatten das sogenannte reale politische Leben; wer sie vorhersagen kann, gewinnt die Wahl. Die Bilder in der Höhle sind vielleicht die sozialen Realitäten, und was man im Licht sieht, sind die ewigen moralischen Gesetze, ohne die keine Gesellschaft bestehen kann. In der mystischen Deutung sind die Schatten die äußeren Ereignisse unseres Lebens; die Bilder in der Höhle sind vielleicht die seelischen Wirklichkeiten, die sich dem Psychologen erschließen; was man im Licht sieht aber ist die göttliche Wirklichkeit, deren Funken unsere Seelen sind.

Ich habe soeben versucht, Ihnen etwas vom Pathos der Philosophie zu vermitteln. Die Arbeit der Philosophie aber ist der Versuch, den Zusammenhang des jetzt nur in Bildern Angedeuteten zu denken. Der Aufstieg aus der Sinnenwelt zu den Ideen ist für Platon Propädeutik. Die Arbeit der Philosophie ist die Bewegung in den Ideen und der die Sinnesdaten nachträglich begreiflich machende Wiederabstieg. Das ist die Erklärung der erfahrenen Natur aus den ewigen Bedingungen ihrer Möglichkeit; es ist der Entwurf eines Modells der menschlichen Gesellschaft – Politeia – aus dem Bilde der Gerechtigkeit selbst; es ist das Verstehen der menschlichen Seele aus ihrer Teilhabe am göttlichen Geist.

In der Arbeit der Philosophie können wir aber in einem entscheidenden Punkt nicht bei den Griechen verharren; wir kennen eine Unwiderruflichkeit des geschichtlichen Wandels. Es gibt eine Geschichte der Natur. Der biologische Terminus für »Art«, das lateinische Wort Spezies, ist eine Übersetzung des griechischen Eidos, des Ewigen, was man außerhalb der Höhle sieht. Die Konstanz der Arten ist für Aristoteles die ewige Gegenwart des Eidos in immer neuen Individuen; ánthropos gar ánthropon gennā, ein Mensch bringt einen Menschen hervor. Für uns ist die Konstanz der Arten nur eine gute erste Näherung, und die tiefere Wahrheit ist die Evolution. Es gibt eine Geschichte der Kultur. In ihr sind – so würde ich in einer geschichtlichen Anthropologie sagen – selbst das Wahre der Theorie, das Geschenk der Griechen an die Menschheit, das Gute und Böse der Moral, unvergleichlich von den Juden überliefert, das Schöne der Kunst, das Heilige der positiven Religionen jeweils geschichtliche Pointierungen. Der Philosoph muß lernen, etwas wie die Geschichte der Wahrheit zu denken. Wir philosophieren *heute*.

Kehren wir zur Theorie der Natur zurück, zu der die Geschichte der Physik uns auffordert! Die abstrakten Gesetze der Physik sind das Allgemeinste, was wir in objektivierender Form über die Natur sagen können. Es scheint nicht unnatürlich, den Grund dieser Gesetze in der Struktur der Zeit selbst zu suchen, so wie sie sich im objektivierenden mathematischen Denken spiegelt, also in einer zeitlichen Logik.

Politik

Meine Damen und Herren! In der Philosophie habe ich Sie auf einen Gang ins Gebirge mitgenommen, nicht ihre Zustimmung fordernd, sondern um Ihnen eine Landschaft zu zeigen. In der Politik appelliere ich an Ihre Zustimmung, Ihre Mitwirkung.

Es sei mir erlaubt, auch mit ein paar Worten über meinen eigenen Weg zur Politik zu beginnen. Mein Vater war Diplomat. Außenpolitik war die Lebensluft, in der ich aufwuchs.

Der Wunsch meines Vaters war die Sicherung der Zukunft des deutschen Volks in einem geeinten Europa; die Einigung Europas erschien ihm in den Zwanzigerjahren als das, was kommen würde, als die einzige mit politischer Vernunft vereinbare Zukunftsperspektive. Adolf Hitler zerstörte diese Hoffnung, seine Niederlage erlaubte nur noch eine halbierte Erfüllung. Diese Fragen lasse ich heute beiseite. Ich spreche von der schicksalhaften Beziehung zwischen Physik und Politik.

Wenn ich hätt' genügend Geld, um zu leben sicher... Als ich mich 1932 der Kernphysik zuwandte, dachte ich: Wenn die Gesellschaft, vermittelt durch den Staat, bereit ist, mich ein Leben lang dafür zu bezahlen, daß ich ein für sie völlig folgenloses Steckenpferd reite, so will ich diese Kulturfinanzierung gerne entgegennehmen. Nur sieben Jahre später, 1939, hatte Hahn die Uranspaltung entdeckt. Ich mußte mich fragen, ob die kommende Ära der Atombombe nicht das Ende der klassischen Außenpolitik souveräner Mächte bedeuten werde. Den Völkern wurde die Atombombe 1945 sichtbar. Ihr verdanken wir einen nun schon 35 Jahre dauernden Waffenstillstand der Weltmächte. Die Ratlosigkeit, wie dieser Waffenstillstand fortzuführen oder gar in sicheren Frieden zu überführen wäre, ist heute so groß wie am Anfang. Die Illusion der Sechziger- und Siebzigerjahre, wir lebten schon im gesicherten Frieden, schwindet seit zwölf Monaten rapide dahin. Ich habe sie nie geteilt.

Nicht was jetzt politisch zu tun ist, ist der Gegenstand dieses Vortrags; darüber habe ich Meinungen, die ich anderswo äußere. Die Frage in diesem Abschnitt meines Vortrags ist: Wie muß man Naturwissenschaft treiben, wenn Naturwissenschaft solche politischen Folgen hat?

Es ist evident, daß es sich hier nicht nur um die spezielle Frage der Atombombe und überhaupt nicht nur um das Problem des Krieges handelt. Daß die moderne Technik, die erst durch die Naturwissenschaft möglich wird, die Welt verändert, das weiß man spätestens seit dem 19. Jahrhundert. Man hat diese Veränderung in unserer westlichen Kultur aktiv vorangetrieben. Unsere Welt ist eine wissenschaftlich-technische Welt; wir wollen diese Veränderung. Wenn heute Milliarden für Forschung ausgegeben werden, so ist das nicht bloß Kulturfinanzierung; man hält die wirtschaftlichen Folgen der Wissenschaft für lebenswichtig. In der Tat könnten wir heute unser Leben nicht mehr ohne Technik fristen. Die Sorge vor den ungewollten schädlichen Nebenwirkungen der Technik ist ebenso alt; man lese die Zeitgenossen der frühen Industrie, man lese Goethes »Wanderjahre«. Die sozialen Folgen der Industrie sind ein Thema der Politik von den frühen Sozialisten bis zum Wohlfahrtsstaat und den Lohnrunden unserer Tage. Auch die Probleme der Umweltschädigung hat man früh, wenn auch nicht mit der heutigen Deutlichkeit gesehen. Man konnte sie in den Weiten Amerikas für ein Jahrhundert, in der Euphorie des europäischen Wirtschaftswunders für zwei Jahrzehnte vergessen. In diesem Zusammenhang ist die Atombombe nichts als ein Weckersignal, um uns wach zu machen für die Einsicht, wie tief die Weltveränderung heute schon ist, wie radikal also das durch sie erforderte Umdenken sein muß.

Es gibt eine moralische Einsicht, der ich mich nicht habe entziehen können. Nur um ihretwillen halte ich die heutige Rede. Sie heißt, in einem Satz zusammengedrängt: Die Wissenschaft ist für ihre Folgen verantwortlich.

Der Satz sei zunächst gegen ein paar mögliche Mißverständnisse abgesichert.

Erstens: Der Satz meint nicht, die Wissenschaft selbst sei um ihrer weltverändernden Folgen willen betrieben worden. Ich habe meinen eigenen Weg zur Wissenschaft geschildert, um deutlich zu machen, daß mir bei der Wahl eines Faches wie Astronomie oder Physik nichts ferner gelegen hat als Weltveränderung. Ich war ein neugieriges Kind; ich wollte wissen, wie das alles zugeht. Natürlich hatte ich Ehrgeiz; ich wollte berühmt werden unter denen, die für ihr Wissen berühmt sind. Ich teilte Keplers Frömmigkeit, Platons Eros; ich hielt und halte Naturwissenschaft für einen Gottesdienst. Aber Wissen ist Macht, auch wenn man es nicht um der Macht willen gesucht hat. Ich lasse hier die tiefenpsychologische Erwägung beiseite, ob man jemals etwas anderes bekommt, als was man, dem Bewußtsein uneingestanden, im Grunde gewollt hat. Jedenfalls aber ist moralische Reife einem Menschen nicht erreichbar, der sich für die faktischen Folgen seines Handelns nicht verantwortlich weiß. Wenn die Eltern dem dreijährigen Kind zeigen, wie man ein Streichholz anzündet, und bei der Rückkehr vom Spaziergang ihr Haus in Flammen finden, so hat nicht das Kind die Streichhölzer »mißbraucht«. Das fällt mir immer ein, wenn ich die Rede vom Mißbrauch der Wissenschaft durch die Inhaber der Macht höre.

Zweitens: Der Wissenschaftler ist für die Folgen seiner Erkenntnis nicht legal, sondern moralisch verantwortlich. Die deutliche Unterscheidung von Legalität und Moralität ist eine der wichtigsten *moralischen* Errungenschaften der politischen Kultur des Abendlands. Der Begriff der legalen Verantwortung entlastet uns von der unlösbaren Aufgabe, unserem Mitmenschen moralisch ins Herz zu sehen. Vor dem Gesetz ist der Unternehmer, der Techniker, unter Umständen auch der Forscher, für diejenigen Folgen seines Handelns verantwortlich, die in einer vom Gesetz zu definierenden Weise von seiner eigenen Entscheidung abhängen. Die Wissenschaft, global gesehen, ist für ihre Folgen nicht legal verantwortlich. Moralische Verantwortung hingegen betrifft in ihrem Kern Vorwürfe, die ich nicht anderen Menschen zu machen habe und die Anderen nicht mir, es sei denn als Freunde, als echte Pädagogen, sondern ich mir selbst. Das Unmoralische an Wahlkämpfen und ideologischer Gesellschafts- und Außenpolitik ist die moralische Abwertung des Gegners; ein autokatalytischer Prozeß: man wird so, wie man dem Gegner vorwirft, daß er sei. Wird die Wissenschaft angegriffen, dann stehe ich zu ihr. Aber als Wissenschaftler unter Wissenschaftlern kann ich uns von keiner der guten und schlechten Folgen, die wir ausgelöst haben, freisprechen. Der Grad moralischer Reife der sozialen Gruppe der Wissenschaftler bemißt sich nach der produktiven Verantwortung für die Folgen ihrer Erkenntnisse, die sie praktisch übernimmt.

Drittens: Produktive Verantwortung der Wissenschaft bedeutet also offenbar nicht den Verzicht auf Wissenschaft. Nicht den Verzicht auf Wahrheitssuche; das hieße unserer Kultur das Herz herausoperieren. Auch nicht den Verzicht auf ihre Öffentlichkeitsform. Dürrenmatts »Physiker« ironisieren vortrefflich die Sinnlosigkeit dieses Wegs. Geh ins Irrenhaus, um deine Erkenntnisse zu verbergen, und der Irrenarzt wird sie dir entlocken und verwenden. Die heutige Gesellschaft mit der Privatisierung der Kultur ist eine Spielart dieses Irrenhauses. Die Aufgabe ist schwerer und schöner als der Verzicht es wäre. Der Wissenschaftler als Staatsbürger und Weltbürger hat, mit den Gaben, die er als Person jeweils in sich vorfindet, an der Gestaltung der unvermeidlichen Gesellschafts- und Weltveränderung mitzuwirken. Diese Gaben sind verschieden. Nicht jeder Wissenschaftler hat den Mut, die Einsicht, die Schlauheit und die Nüchternheit, ohne die man nicht erfolgreich politisch handeln kann. Aber jeder Wissenschaftler hat den Verstand, die Wichtigkeit dieser Aufgabe sehen zu können. Die Handelnden bedürfen stets des Chors derer, die mitdenken, vernehmlich kritisieren und vernehmlich zustimmen. Die Wissenschaft hat insbesondere die spezifische Verantwortung, ihre eigenen Folgen und Verstrickungen selbst rational zu durchdenken. Von dieser Verantwortung kann sie sich nicht freisprechen, bei Strafe des Untergangs.

Ich kehre zu dem zurück, was ich persönlich zu durchdenken versucht habe. Mit den Naturanlagen und der Kindheitsprägung, die ich mitgebracht habe, hätte ich leicht aus der Wissenschaft als Beruf in die Politik als Beruf übergehen können. Ich habe das, mit einigen Stimmungsschwankungen, letztlich nicht gewollt. Im tiefsten Grunde vielleicht, weil ich an eine wissenschaftlich-philosophische Aufgabe gebunden bin. Aber ich hielt es auch für politisch richtig, Wissenschaftler zu bleiben, um zumal meinen Kollegen durch die Tat zu demonstrieren, daß man *als* Wissenschaftler politisch verantwortlich wirken kann. Das ist eine Form der Mitverantwortung, die man heute Demokratie nennt.

Das Problem, über das ich nachdachte, war das vielleicht unlösbarste unserer Zeit, die Verhütung des Atomkriegs. Ich habe mich in den Fünfzigerjahren dazu öffentlich geäußert und war damit gezwungen, mir den Sachverstand zu erwerben, ohne den solche Äußerung nicht verantwortet werden kann. Außenpolitik lag mir nahe. Militärische Zusammenhänge mußte ich lernen. Ich nenne hier *einen* Mitarbeiter, dem ich entscheidende Einsichten verdanke: Horst Afheldt. Ich schlug der Max-Planck-Gesellschaft die Gründung eines Instituts vor, dessen erste Publikation eine vorher schon gemeinsam erarbeitete Studie über Kriegsfolgen und Kriegsverhütung war

(1971). Wir haben weitergearbeitet. Ich denke jetzt daran, eine Sammlung meiner politischen Aufsätze herauszugeben, in der die Kontinuität der Gedanken seit einem Vierteljahrhundert sichtbar werden könnte.* Das Ergebnis ist mittelfristig nicht tröstlich. Ich glaube nicht, daß die nukleare Abschreckung hinreichend ist, auf die Dauer den großen Krieg zu verhüten. Sie hat uns eine Atempause von ein paar Jahrzehnten gewährt, um mehr als Abschrecken zu erreichen. Diese Atempause ist nicht mit Erfolg genützt worden. Vielleicht konnte sie nicht mit Erfolg genützt werden.

Meinem ersten größeren Aufsatz über diese Fragen (1958) hat die ZEIT, die ihn brachte, den Titel gegeben »Mit der Bombe leben«. Das heißt nicht: bei unveränderter weltpolitischer Struktur auch noch die Atombombe verkraften. Es heißt gerade umgekehrt: die weltpolitische Struktur so verändern, daß das in unserer Zivilisation nunmehr unauslöschbare Wissen, wie man die Bombe baut, aufhört, eine tödliche Gefahr zu sein. Wenige unter den Handlungsfähigen haben die Radikalität dieser selbstverständlichen Forderung verstanden. Für das Starnberger Institut stellte sich die Aufgabe, über Konfliktursachen, also über das weltweite ökonomische und soziale System nachzudenken. Die tiefsten Konfliktursachen, die seelischen, haben sich nach meinem Empfinden der kollektiven wissenschaftlichen Erhellung noch weitgehend entzogen. Gute Psychologen haben Weisheit darüber anzubieten; wir haben in Starnberg keine Arbeitsgruppe dafür zuwege gebracht. Ich nenne stellvertretend für das, was bei uns gearbeitet worden ist, *eine* empirische Studie: Fröbel, Heinrichs, Kreye »Die neue internationale Arbeitsteilung« (1977). Ich erwähne ferner meine eigene Tätigkeit für den Deutschen Entwicklungsdienst und in der Beratung des Bundesforschungsministers, letzteres gemeinsam mit Klaus Gottstein. Aus dieser Beratung entstand ein fünfjähriges Engagement in Energiepolitik.

Zu meiner Beurteilung des heutigen weltweiten ökonomischen Systems nur eine Bemerkung. Die immensen sozialen Ungerechtigkeiten des Frühkapitalismus konnten im Nationalstaat weitgehend überwunden werden, insofern als der

* »Der bedrohte Friede« (1981).

Rechtsstaat den friedlichen Austrag der wirtschaftlichen Konkurrenz und der sozialen Konflikte ermöglichte. Das weltweite ökonomische System besitzt keine solche Instanz. Am gewaltträchtigsten ist das soziale System nicht in der Phase der Armut und der völligen Unentwickeltheit moderner Wirtschaftsformen, sondern bei halber Entwicklung mit wachsenden Ungleichheiten, wenn viele persönlich satt genug sind, sich um Politik zu kümmern, national reich genug, um Waffen zu kaufen.

Unser Institut hat Analysen gegeben, engagierte, heterogene, unabgeschlossene. Was mir gefehlt hat, war die breite Konkurrenz. Wir waren in der Wissenschaft unseres Landes ein wenig allein. Es ist leichter, disziplinäre Wissenschaft zu machen als interdisziplinäre, und nach ein paar Anläufen kehrt man zur leichteren Aufgabe zurück.

Was bleibt?

Was bleibt von der abendländischen Kultur, der wir unser Leben verdanken, die wir lieben?

Ich habe Ihnen von drei Bereichen gesprochen, die ich kennengelernt habe, weil mich mein Leben durch sie geführt hat. Diese Bereiche sind wichtig für unsere Kultur; auch wegen dieser ihrer Wichtigkeit, die ich sehen lernte, habe ich sie aufgesucht. Der abendländischen Kultur hat die griechische Philosophie die Sprache ihrer Selbstdeutung gegeben. Die Naturwissenschaft wurde in der Neuzeit der harte Kern dieser Kultur. Die Politik ist ihr Schicksal. Kraft ihrer technischen Überlegenheit hat die abendländische Kultur wirtschaftlich die Welt erobert. Die anderen Kulturen, geistig und seelisch nicht ärmer als sie, sind in fundamentale Krisen der Anpassung und Selbstbesinnung genötigt worden, deren Ausgang ungewiß ist. Vielleicht arbeitet sich eine neue, eine Weltkultur heraus. Vorerst stehen die Zeichen der Zukunft auf Sturm, auf Todesgefahr.

Eine futurologische Wissenschaft, die uns sagen könnte, was bleiben wird, gibt es nicht. Es sei mir erlaubt, zu sagen, daß ich an die Programme der Futurologie nie geglaubt habe. Ich wende daher jetzt den Blick noch einmal auf die Herkunft der heutigen Strukturen und ihrer zukunftsträchtigen Spannungen. Als Leitfaden möge die Charakterisierung der kulturellen Rolle der drei Bereiche der Philosophie, Naturwissenschaft, Politik dienen, die ich soeben formuliert habe.

Die griechische Philosophie hat unserer Kultur die Sprache ihrer Selbstdeutung gegeben. Ist das so? Ursprünglich deuten sich wohl alle Kulturen in ihrer Religion, dann auch, in einer für heutige Intellektuelle oft lesbareren Weise, in ihrer Kunst. Was zeichnet das Volk der Griechen aus? Aktivität, unerschöpfliche Neugier, eine in der Menschheitsgeschichte beispiellose vielseitige Kraft der Gestaltung. Es gibt nicht eine spezifisch griechische Philosophie, sondern Philosophie selbst ist eine Erfindung der Griechen. Gewiß gibt es in allen Kulturen den wachen Umgang mit dem Sichtbaren, die spekulative Schau des Ewigen, eine lebensgestaltende Moral und Weisheit. Daß die griechischen Philosophen in einer zivilisatorisch aktiven Zeit, einer Zeit reißenden politischen Wandels die unveränderlichen Wahrheiten in den Blick gefaßt haben, auch das teilen sie mit gleichzeitigen und späteren Denkern vieler Kulturen. Aber sie haben, in steter Wechselwirkung mit der von ihren griechischen Zeitgenossen geschaffenen Wissenschaft der deduktiven Mathematik, kontrollierbare Kriterien der Rationalität entstehen lassen, denen unser Begriff von theoretischem Denken überhaupt erst entstammt. Als die griechische Kultur im römischen Reich, im christlichen Abendland aufging, hat sie dies als ihren harten Kern hinterlassen.

Die religiöse Selbstdeutung des Abendlands ist christlich. Jesus Christus war in dem, was die Sprache seiner Botschaft prägt, ein Jude. Jüdisch ist das Leben eines Volks mit einem Gott, der unerbittlich das Gute fordert, das Böse verwirft, jüdisch die Aufforderung: Liebe Gott mit allen Kräften deines Gemüts und liebe deinen Nächsten wie dich selbst. Jesus lehrte eine radikale Ethik, die die Welt verwandeln mußte, wo immer sie gelebt wurde; er lehrte das Ende der bestehenden und das Kommen einer neuen Welt. Niemand hat die bestehende Welt so sehr verändert wie die Christen, die auf nichts als auf deren Ende hofften, und ihre säkularisierten Nachfolger in der Neuzeit. Der Prozeß ist nicht zu Ende; was sind zweitausend Jahre? Die Christen aber, die sich selbst vernünftig verstehen und verständlich machen wollten, lernten die Sprache der Rationalität, die Philosophie. Die frühchristliche Theologie ist platonische Philosophie, die des hohen und späten Mittelalters aristotelische. Theologen unserer Tage, welche die griechische Philosophie aus der Theologie herausoperieren wollen, unterliegen einem Irrtum; der Gedanke der Theologie selbst ist ein philosophischer Gedanke.

Die Naturwissenschaft wurde zum harten Kern der Neuzeit. Sie ist nicht die Wurzel der Neuzeit: diese nährt sich aus der Spannung religiöser Wahrheit und westlicher Unruhe. Sie ist nicht der Duft ihrer Blüte: die Herrlichkeit der Kunst, der Traum von unermeßlichen Möglichkeiten. Sie ist nicht die Süße ihres Fruchtfleisches: Reichtum, Freiheit, Trieberfüllung, mit aller Bitternis der Trester. Sie ist einfach das, was man hat beweisen können, was niemand leugnen kann, und was wir unseren kulturellen Erben hinterlassen werden, wenn es solche geben wird. Sie ist ein Bau, der steht; welch ein Geschenk, wenn man an ihm hat mitbauen dürfen!

Die Politik ist das Schicksal. Wer die Menschenwelt willentlich oder unwillentlich verändert, der hat die Folgen zu verantworten. Die Frage »was bleibt?« klingt politisch wie eine konservative Frage, mit dem bei nachdenklichen Konservativen natürlichen melancholischen Beiklang. Den Eindruck von Melancholie möchte ich aber nicht erwecken. Gewiß liebe ich vieles, was wird untergehen müssen oder schon untergegangen ist. Aber im Kern, das glaube ich sagen zu dürfen, bin ich nicht traurig, sondern voller Hoffnung und voller Sorgen. Handeln soll man, auch wenn die Erde bebt, aber vernünftig handeln. In dem politischen Abschnitt meiner Rede habe ich nur über die politische Rolle der Wissenschaft gesprochen. Meine Einstellung zu den politischen Streitfragen des Tages habe ich, als unwichtig, beiseite gelassen. Ich schulde Ihnen aber eine Äußerung zu den politischen Grundsatzfragen. Um nicht zu dogmatisieren, kleide ich sie nochmals in einen Rückblick auf meine persönlichen Reaktionen.

Einer Partei beizutreten, habe ich für meine persönliche politische Rolle für falsch gehalten. So wichtig Parteien sind, habe ich doch für das, was ich zu vertreten hatte, den Verdacht der Interessenpolitik soweit als möglich vermeiden wollen. Der familiären Prägung nach bin ich ein staatstreuer Liberaler. Der Rechtsstaat, der Minderheiten schützt, *weil* sie Minderheiten sind, steht meinem Herzen sehr viel näher als die Herrschaft der Mehrheit. Mehrheitsentscheidung ist eine relativ gerechte Spielregel, wo Konsens nicht erreicht werden kann; wo es um Wahrheit geht, wie in der Wissenschaft oder in der Moral, sieht man die Grenzen dieser Spielregel. Freiheit ist auch in der Politik unerläßlich als Freiheit der Wahrheitssuche. Befohlene Entscheidungen sind meistens langfristig die falschen Entscheidungen. Politische Freiheit ist die Freiheit, die ich dem Mitmenschen gewähre, nicht die, die ich für mich beanspruche. Das liberale Prinzip, so verstanden, halte ich für die bewahrenswerteste der politischen Erfindungen des Abendlands. Die sozialistischen Hoffnungen habe ich mit tiefer Sympathie und unüberwindlicher Skepsis verfolgt. Sollte der Sozialismus unsere Zukunft sein, so wird er liberal sein müssen, um sich nicht als ein radikaler Rückschritt zu erweisen. Wo ich persönlich strukturelle Entscheidungen zu treffen hatte, z. B. als Institutsdirektor, habe ich der Mitbestimmung viel Raum gewährt, nicht aus demokratischer, sondern aus liberaler Überzeugung.

Ist eine solche Einstellung nun eigentlich progressiv oder konservativ? Politische Freiheit soll den Raum der gemeinsamen Wahrheitssuche freihalten. Erlauben Sie mir, eine ganz alberne Geschichte zu erzählen, die mir 1968 eingefallen ist. Sie lautet: »Einst sagten die Konservativen, 2 mal 2 sei 2, die Progressiven sagten, 2 mal 2 = 3. Da kam einer und behauptete, 2 mal 2 sei 4. Dieser Radikalinski, schrien beide. Die Zeit schritt fort. Wie üblich, übernahmen die Konservativen die Meinung, die einmal progressiv war und sagten nun 2 × 2 = 3. Die Progressiven sagten nun 2 × 2 = 5. Jener einstige Radikale sagte weiter 2 × 2 = 4. Dieser feige Kompromißler, sagten beide. Die Zeit schritt fort. Die Konservativen sagten nun 2 × 2 = 5, die Progressiven sagten 2 × 2 = 6. Er blieb bei 2 × 2 = 4. Dieser Reaktionär, hieß es nun.« Seit 1968 habe ich gelernt, daß das politische Bewußtsein nicht linear, sondern in Schleifen fortschreitet. Meine heutige politische Umwelt tastet sich, so scheint mir, vorsichtig zu der Vermutung zurück, zwei mal zwei sei doch drei.

Nochmals: entschuldigen Sie den albernen Ton. Wir brauchen ihn dann und wann, um den Ernst auszuhalten. Im Ernst: die Frage, ob man konservativ oder progressiv sei, ist, wo Vernunft waltet, eine Frage des Temperaments und der Nuancen. Wir leben in der Geschichte. Wirklicher Fortschritt, wenn erreicht, verdient Bewahrung; was heute Bewahrung verdient, war einmal Fortschritt. Manchmal sind in der Politik wie in der Wissenschaft radikale Schritte nötig, Revolutionen. Auch wenn sie glücken, werden diese politischen Schritte mit tiefen Leiden, mit dem Tod eines einstmals möglichen Leben bezahlt.

Heute haben wir einen radikalen Schritt in der Welt vor uns, eine Revolution. Es ist zu fürchten, daß wir Menschen dieser Zeit das, was wir tun müßten, erst in einer ungeheuren Leidenserfahrung lernen werden. Politisch ist das Problem der Weltfriedensordnung nicht gelöst, außenpolitisch und militärisch sowenig wie wirtschaftlich. Hinter diesen Ungelöstheiten, die scheinbar nur dem politischen und ökonomischen Handlungssystem entspringen, steht ein Mangel an Bewußtsein unserer Kultur für ihre Daseinsbedingungen. Die Spannung zwischen Wissenschaft und Politik ist ein Beispiel. Man kann nicht die Welt, willentlich oder unwillentlich, durch die Rationalität der Wissenschaft zutiefst verändern und die Folgen mit der ganz anderen Rationalität einer an vergangene Zustände angepaßten Politik meistern. Aber man kann auch nicht empfehlen, die Politik zu verwissenschaftlichen. Die Wissenschaft selbst ist nicht erwachsen; ihre Denkmittel, ihre Verhaltensregeln sind dem Leben in der von ihr selbst erzeugten Welt nicht angemessen. Das ist nur ein Beispiel. Wer hat verstanden, wie die Vernunft der Wissenschaft mit der erforderten Vernünftigkeit politischer Moral zusammenhängt und beide mit der Gestaltwahrnehmung der Kunst und dem Quellgrund religiöser Erfahrung? Es ist vielleicht sinnvoll, zu philosophieren.

Rechenschaft im Selbstgespräch

Vorbemerkung: Den objektiven Teil dieser Notiz habe ich an den Anfang der Einleitung dieses Buches gestellt. Hier folgt der subjektive Teil. Die ersten Sätze der Notiz wiederhole ich hier noch einmal, um den Anschluß herzustellen.

Krise
Notiz, Neujahr 1980

Dichter und Marxisten haben den Weltkrieg vorhergesagt. Einige verantwortliche Staatsmänner sahen die katastrophale Variante des Spiels, deren erste Figuren sie waren. Prophezeiungen des Endes tauchten im Volk auf. Aber die Menschen aßen und tranken, freiten und ließen sich freien, bis die Flut kam (Matth. 24, 38).

Seit meiner Kindheit begleitet mich das unhörbare Rollen der fernen Front, damals der flandrischen. In diesem fortdauernden Erlebnis trifft sich eine eher furchtsame Natur mit einer etwas überdurchschnittlichen Wahrnehmungsfähigkeit und einer inneren Nötigung zur rationalen Analyse. Der Knabentraum eigener politischer Aktivität hat mich durch mein ganzes Leben begleitet. Dabei stand ich spontan auf der Seite der Bewahrenden. Das Fehlen des so verbreiteten Vaterkonflikts, politisch gesagt das Fehlen der revolutionären Motivation, hat mich veranlaßt, meine Analysen vom Blickpunkt der politisch Verantwortlichen, der sogenannten Entscheidungsträger aus zu formulieren. Der Inhalt meiner Analysen aber war, ahnungsweise von jeher, mit fortschreitender Bewußtheit immer ausdrücklicher, unvereinbar mit den Vorurteilen, wenigstens mit den optimistischen Versionen, ohne die man in einer verblendeten Welt kaum regieren kann.

Der Kompromiß hieß: Wege in der Gefahr. Die Gefahr ist, was ich sehe, was ich rational zu beschreiben suche. Wege: das ist die Aufforderung, gemeinsam sehend in die Gefahr hineinzugehen. Im Gehen wird das nächste Wegstück sichtbar werden. Aber die Gemeinsamkeit dieses Gehens stellt sich nicht her. Kein Politiker, kein Theoretiker * scheint diesen Blick auszuhalten. Ich sehe fünf unzureichende Reaktionen auf die ersten Schritte dieses Wegs: Tatkraft durch Selbstverblendung, Bildersturm, Panik, Privatisierung, Resignation.

Mea culpa – das ist eines der schmerzhaftesten und tröstlichsten Worte unserer moralischen Tradition. Halte es aus, die Schuld auf dich zu nehmen, und du wirst den nächsten Schritt tun können. Es ist meine Schuld, wenn ich nicht gehört werde, denn ich sage nicht die volle Wahrheit. Mit der halben Wahrheit, die ich sage, könnte aber ich selbst nicht leben.

Die Wahrheit ist die Verzweiflung und das jenseits der Verzweiflung leuchtende überwältigende Licht der Hoffnung. Die Verzweiflung läßt niemand sich sagen, er muß sie selbst entdecken. Hoffnung ist ein zeitlicher Name eines überzeitlichen Lichts. Niemand hält die Verzweiflung aus anders als im Licht der Hoffnung, als in der Gegenwart des Lichts. Es ist da, auch wenn ich es nicht sehe. Niemand kann das Licht sehen, der sich die Verzweiflung erspart hat.

Dies zu sagen, ist keine moralische Pflicht. Was pflichtgemäß gesagt wird, kann den Hörer kaum erreichen. Allenfalls hilft die Pflicht des Bekennens dazu, die eigene Angst zu überwinden. Dann freilich ist das Sagenkönnen schon Gnade.

Wenn ich das, was ich selbst kann und darum soll, richtig sehe, so ist es: die Vernunft in die Hoffnung mitbringen. Physik und Philosophie, das ist das Selbstverständnis der Rationalität, also die Suche nach der Quelle des neuzeitlichen Stroms, dessen Katarakt unsere Krise ist. Wege in der Gefahr, das war die Selbsterziehung zur rationalen Durchdringung der Politik in der herannahenden Krise.

Ich habe jetzt einen zweiten Schritt zu dieser rationalen Durchdringung der Krise zu tun, zunächst nur zur Selbsterziehung, und höchstens dort zur Verwendung in Gespräch oder Öffentlichkeit, wo ich werde spontan sprechen können. Er könnte heißen: Wege in der Krise. D. h. die methodische Voraussetzung fällt weg, daß die Krise vermeidbar sei. Militärisch heißt Wege in der Gefahr: Kriegsverhütung; Wege in der Krise: Schadensbegrenzung. Die Grenzen können sehr eng sein.

* Anmerkung 1983: Georg Picht hat ihn gehabt.

Dies ist seelisch kaum auszuhalten. Die Anstrengung, Wege in der Krise zu bahnen, kann nicht die Quelle der seelischen Bewegung sein. Diese Anstrengung ist der Form nach eher eine Begleitarbeit wie das Holzhacken der Mönche im Waldkloster. Aber sie kann Leben von Menschen retten. Sie kann der Zukunft dienen. Mitbringen der Vernunft in die Hoffnung.

Natürlich ist die Nennung der vier Seismographen im Eingang schon ein Ergebnis solcher Reflexion. Es gibt die Rationalität des Praktikers, des Verantwortungsträgers. Diese Menschen sind meinem Herzen nah, gegen alle gesellschaftskritischen Moden der halbgaren Verzweiflung der Bürgerkinder. Wer, wenn nicht diese Menschen, unterwirft seine Überzeugungen dem erbarmungslosen Kriterium des Erfolgs? Es gibt die Rationalität der Theorie, der Geschichtsphilosophie. Da ist freilich der Marxismus ein schwacher Repräsentant. Seine Stärke inmitten der klassischen bürgerlichen Gesellschaft war nur, daß er nicht um der Akzeptation willen zu lügen brauchte. Das ist die zum Erfolgskriterium komplementäre Erleuchtbarkeit des Außenseiters. Es gibt die Überrationalität der Prophetie, in einen vorrationalen Stil gebannt, also selbst eine noch unerfüllte Hoffnung auf einen veränderten Bewußtseinszustand des Menschen. Es gibt die Kunst, diejenige Version überrationaler Gestaltwahrnehmung, die unsere Kultur gestattet hat.

Warum bin ich nicht aktiver Politiker geworden? Es gibt einen fast hinreichenden Grund: die mein Leben begleitende, noch ungelöste theoretische Aufgabe, der ich mich heute noch einmal mit aller Intensität zuwende. Sie ist nicht ganz hinreichend als Grund. Warum denn die Mühsal der partiellen Beteiligung an der Politik, warum das Institut? Die Überzeugung von der politischen Verantwortung des Wissenschaftlers *als* Wissenschaftler war so stark in mir, daß ich seelisch die Kraft zur Anstrengung der reinen Theorie ohne dieses Holzhacken in der Praxis nicht aufgebracht hätte. Warum aber dann das Stehenbleiben vor der Schranke zum politischen Amt? Natürlich wäre ich in den Bundestag, in ein Ministeramt, ja vermutlich schon 1964 ins Bundespräsidentenamt gekommen, wenn ich gewollt hätte. Freilich: ich bin kein Organisator; ich regiere nicht gerne gegen Widerstand; als Liberalität getarnte Bequemlichkeit, oder als Bequemlichkeit getarnte Liberalität, Konfliktscheu; ich brauche meditative Spielräume. Keiner dieser Gründe hätte mich zurückgehalten, wenn ich das Amt hätte wollen können. Im Grunde konnte ich es nicht wollen, weil ich das wußte, wovon ich hier spreche. Aber ich habe gleichsam bis zum heutigen Tage gebraucht, um das zu verstehen.

Notiz zum 70. Geburtstag*

Als ich zwanzig Jahre alt war, las ich einen Ausspruch des Konfuzius, den er offensichtlich als Siebzigjähriger getan hat. Er erschien mir als ein stolzes Lebensprogramm. Nur der Satz über den Fünfzehnjährigen und der über den Siebzigjährigen hat sich damals meinem Gedächtnis eingeprägt. Jetzt habe ich den Ausspruch wiedergelesen und war frappiert. Er lautet: »Ich war fünfzehn, und mein Wille stand aufs Lernen. Mit dreißig stand ich fest. Mit vierzig hatte ich keine Zweifel mehr. Mit fünfzig war mir das Gesetz des Himmels kund. Mit sechzig war mein Ohr aufgetan. Mit siebzig konnte ich meines Herzens Wünschen folgen, ohne das Maß zu übertreten.«

Es ist nicht unwürdig, sich an großen Beispielen zu messen. Ich bin siebzig und wage es, meines Herzens Wunsch zu folgen. Soeben ist meines Herzens Wunsch, zu sagen, was ich meine. Möchte ich das Maß nicht übertreten!

Zuerst ein knapper Rückblick auf mein Leben.

Mit fünfzehn stand auch mein Wille aufs Lernen. Vielleicht war mein Ehrgeiz größer als der des Konfuzius. Er wollte das rechte Leben lernen, nichts anderes. Ich wollte das auch. Aber ich wollte vor allem die Einheit der Natur verstehen, der Natur, deren Teil oder Kind ich selber bin. Ich wußte nicht, ob ich Astronom, Physiker oder Philosoph sei: die Einheit der drei wollte ich. Ich begegnete Werner Heisenberg, ich folgte dem Wunsch meines Herzens und wurde theoretischer Physiker. Ich könnte meinen damaligen Zustand durch die Umkehrung eines Kantschen Satzes beschreiben: Zwei Dinge bestimmen mein Leben, der bestirnte Himmel in mir und das moralische Gesetz über mir.

Mit dreißig war ich über mich nahezu verzweifelt. Ich hatte äußeren Erfolg. Ich ahnte etwas von den Energiequellen der Sterne, von der Entstehung unseres Planetensystems. Aber die Einheit der Natur hatte sich mir nicht enthüllt. Ich wußte, daß

* Sommer 1982. Herausgegeben in einem Sonderdruck der Max-Planck-Gesellschaft: »Die Naturwissenschaft ist die größte Bewußtseinsveränderung der Menschheit« (1982).

ich nicht einmal die Quantentheorie, die ich handhabte, verstand. Und das moralische Gesetz mußte mich verurteilen. Es ist 1942. Die Welt ist voller Morden. Und ich habe, von Taten träumend, nichts getan, das Morden zu beenden.

Konfuzius stand mit dreißig Jahren fest, mit vierzig hatte er keine Zweifel mehr. No midlife crisis – erstaunlich. Meine Verzweiflung an mir selbst erreichte im Jahre meines vierzigsten Geburtstags den Höhepunkt. Keine fundamentale Erkenntnis in der Physik; und was wird einem Physiker über vierzig schon noch einfallen? Politisch aber war die Welt von 1952, freilich in verhüllter Weise, eigentlich verzweiflungsvoller als die von 1942. 1942 konnte man auf die große moralische Erneuerung nach dem Krieg hoffen. Es ist wahr: eine hochwichtige Lektion haben wir nach 1945 gelernt, die ich nie mehr verlernen will, die Lektion des Liberalismus, des Rechtsstaats. Aber die große politische Struktur der Welt war so geblieben, wie sie seit Jahrtausenden Kriege produziert; und der zu erwartende Krieg war der Atomkrieg.

Dem Konfuzius war, wie auch Plato sagt, mit fünfzig das Gesetz des Himmels kund. Mir wurde das fünfte Jahrzehnt das glücklichste meines Lebens. In der Physik wurde mir das Programm der Einheit der Natur klar, das ich seitdem verfolge. Daß es noch nicht abgeschlossen ist, schadet gar nichts. Es ist schwer, und ich habe vielleicht noch ein paar Jahre Zeit. Philosophie wurde in diesem Jahrzehnt mein bürgerlicher Beruf. Ich durfte beweisen, daß ich von den Geisteswissenschaftlern gelernt hatte, nicht nur Naturgesetze, sondern die Gedanken von Menschen zu verstehen; ich durfte über Platon und Kant unterrichten. Politisch eröffnete die nukleare Abschreckung zwar keine Friedensära, aber eine Atempause.

Mit sechzig war des Konfuzius Ohr geöffnet. Seine zwei letzten Stationen sind die schönsten: nachdem er zuerst moralisch und dann metaphysisch feststeht, wird er hörender und fühlender Mensch. Wie soll man sich an diesem Beispiel messen? Als ich sechzig war, hatte das moralische Gesetz mich eingeholt. Ich war nicht mehr Philosophiedozent, sondern leitete ein Institut zur Erforschung der Lebensbedingungen. Ein zum äußeren Scheitern verurteiltes Unternehmen. Ich danke der Max-Planck-Gesellschaft aufrichtig, daß sie das Institut ermöglicht und, solange ich Direktor war, gedeckt hat. Ich danke ganz besonders den Mitarbeitern, die mit mir das Abenteuer gewagt haben. Je tiefer wir die wahre politische Situation erkannt, je offener wir sie ausgesprochen hätten, desto mißliebiger wären wir geworden. Das war vorherzusehen und durfte uns nicht schrecken. Tiefer schmerzt mich der Grad des inneren Scheiterns. Wir haben zu wenig von der wahren Situation erkannt. Ich nehme die Schuld für diese Mängel willig auf mich; der Chef ist verantwortlich. Aber wäre ich noch einmal in derselben Lage, ich würde, besser belehrt, doch noch einmal anfangen.

Jetzt bin ich im Ruhestand, d. h. ich darf arbeiten. Ich folge mit siebzig dem Wunsch meines Herzens und bin zur Physik zurückgekehrt. Auch diese Arbeit ermöglicht mir die Max-Planck-Gesellschaft. Mir persönlich geht es so gut wie ich nur wünschen kann. Die Welt freilich geht leider den Gang, den wir erwartet haben.

Mein Bericht ist zu Ende, aber er fordert noch eine Reflexion heraus. Man darf, ja man muß mich fragen: Wenn du die Zukunft düster siehst, wie kannst du verantworten, zur Physik zurückzukehren?

Ich antworte zunächst mit einer Anekdote, die ich schon bei anderen Anlässen erzählt habe. Karl Barth gehört nicht zu meinen Heiligen, aber war ein großer, durchdringender Mann. Ich habe mit ihm in meinem Leben ein einziges Gespräch gehabt, aber eines von vielen Stunden. Es war vor etwa dreißig Jahren, wohl 1951. Ich wagte, ihm die Frage zu stellen, die mich am meisten beunruhigte. Ich sagte etwa: »Wir Physiker sind verantwortlich für die Atombombe. Es ist absurd, die Verantwortung auf Politiker, Militärs oder Techniker abwälzen zu wollen. Unsere kausale Wissenschaft erzeugt ständig solche Ergebnisse. Von Galilei führt ein schnurgerader Weg zur Atombombe. Ich frage mich, ob ich nicht verpflichtet bin, mit dem aufzuhören, was ich am liebsten tue: mit der reinen physikalischen Forschung.« Er antwortete: »Herr v. Weizsäcker, wenn Sie glauben, was alle Christen bekennen und was fast keiner glaubt, daß nämlich Christus wiederkommt, dann dürfen Sie, ja dann sollen Sie weiter Physik treiben. Glauben Sie das nicht, so müssen Sie mit der Physik aufhören.«

Ich war nie in Versuchung, Barths Antwort zu widersprechen, und ich habe nicht mit der Physik aufgehört. Ich lege seine Antwort nach meinem heutigen Verständnis so aus: Die Zukunft ist unbekannt, aber in ihrer Erwartung leben wir. Von den entscheidenden Ereignissen der Zukunft kann man nicht ohne Bilder, nicht ohne mythische Gleichnisse sprechen. Der Messianismus, die Erwartung eines Königs, der die entsetzliche Welt menschlicher Politik sichtbar, mit äußeren Gebärden, moralisch zurechtrücken und dem Sinne der göttlichen Schöpfung gemäß gestalten wird, dieser Glaube ist ein jüdischer Mythus, ohne den es heute noch Nachkommen von Juden, aber keine Juden mehr gäbe. Die Christen haben den geschichtlichen Kern dieses Glaubens in der Gestalt der Lehre von der Wiederkunft Christi übernommen. Sie bedeutet nicht den sogenannten Weltuntergang, sondern das Gericht über uns und die Herstellung der Schöpfung, so wie sie eigentlich gemeint ist. Dieses mythische Bild hat, ich bekenne es, für mich eine größere Überzeugungskraft als alle rationalen Prognosen. Ich kann rational sagen, warum. Die Naturwissenschaft ist die größte Bewußtseinsveränderung der Menschheit seit dem Kommen der Hochreligionen und der Kulturen des ersten vorchristlichen Jahrtausends; ich nenne sie gern den harten Kern der Neuzeit. Sie gibt uns eine nie dagewesene intellektuelle, folglich technische, folglich politische Macht. Es ist undenkbar, daß die Menschheit sich durch diese Macht nicht selbst zerstört, wenn sie nicht eine ebenso radikale moralische Wandlung durchmacht. Diese Wandlung ist mehr als der liberale Rechtsstaat und etwas anderes als der Sozialismus; aber beide sind, so scheint mir, aus einer rationalisierten Hoffnung auf eine solche Wandlung hervorgegangen.

Nun trägt es nichts zur moralischen Wandlung bei, wenn man mit der intellektuellen Wandlung aufhört, ehe sie vollzogen ist; deshalb treibe ich Physik, suche die verstandene Einheit der Natur. Es trägt aber auch nichts zum Überleben bei, wenn man die Wissenschaft fortführt und die moralische Verantwortung für ihre Folgen anderen Leuten überläßt; deshalb habe ich die politische Analyse zum Beruf meiner letzten zehn Jahre gemacht. Durch politische Analyse rettet man die Welt nicht; man hat vielleicht versucht, anderen Mut zur Anstrengung zu machen, indem man getan hat, was man eben meinte, tun zu können.

Meine Frau und ich haben unlängst in unserem Garten zwei Apfelbäumchen gepflanzt.

4. Begriffe

Es war die Absicht dieses Buchs, von Wahrnehmungen auszugehen, nicht von Theorien. Am Schluß mag nun doch eine zusammenraffende theoretische Anstrengung angebracht sein. Welche Begriffe sind uns als brauchbar übriggeblieben? Im Rahmen welcher Urteile gewinnen diese Begriffe einen auslegbaren Sinn?

Auch diese theoretische Arbeit soll jedoch induktiv bleiben, nicht deduktiv werden. Zu diesem Zweck halte ich mich in lockerer Weise an die Zeitfolge, in der sich diese Wahrnehmungen mir selbst angeboten oder aufgedrängt haben.

Bewußtsein als unbewußter Akt

Der früheste Text dieses Buchs ist eine erkenntnistheoretische Aufzeichnung von 1932, die ich in dem Aufsatz »Bohr und Heisenberg« auszugsweise abgedruckt habe. Es geht dort noch nicht um Geschichte oder Neuzeit. Es geht um das Wesen des Bewußtseins. Im Rahmen meiner heutigen Fragestellung geht es damit zugleich um eine der Voraussetzungen, die wir verstehen müssen, wenn wir das Verhältnis von Wahrnehmung und Theorie verstehen wollen.

»Bewußtsein ist ein unbewußter Akt.« Dieser Satz stieg mir damals, selbst ein unbewußter Bewußtseinsakt, in fertiger Formulierung und von großer Emotion begleitet aus einer unbekannten Tiefe auf. Ich war hilflos gegen ihn. Er war wahr, aber ich verstand ihn nicht – so erlebte ich ihn. Er war meine Wahrheit, ich war mit ihm identifiziert; und ebenso erwies ich mich als mir selbst unbekannt.

Was zeigt sich in der Reflexion auf ihn, fünfzig Jahre später?

Der Satz mochte wörtlich von William James stammen. Aber ich kannte James nicht. Näher meinem Verständnis des Satzes war die damals unter jüngeren Intellektuellen allgegenwärtige Psychologie Freuds. Der Satz war zugleich implizit polemisch. Er wandte sich gegen zwei nicht identische, aber verwandte Auffassungen. Einerseits gegen die szientistische Selbstinterpretation der Wissenschaft, die sich einbildet, sie wisse, was sie weiß. Andererseits gegen die von Descartes ausgehende neuzeitliche Bewußtseinsphilosophie, die meint, das Bewußtsein kenne sich selbst.

Heute möchte ich beide Auseinandersetzungen je einen Schritt weit verfolgen. Beide Gesprächspartner, die Wissenschaft und die Bewußtseinsphilosophie, treten in meinen späteren Überlegungen als »titanisch« auf (S. 87ff.).

Die Kritik an der Selbstbestätigung der Wissenschaft hing für mich, den werdenden Physiker, eng mit Bohrs Begriff der Komplementarität zusammen. Bohr war ein großer Physiker. Er war ein leidenschaftlicher Wissenschaftler und nie ein Feind der Wissenschaft; aber zum Gewißheitsanspruch der Wissenschaft hielt er Distanz. Im Gespräch sagte er gelegentlich: »Was ist der Unterschied zwischen der Wissenschaft und anderen Denkweisen? In der Wissenschaft gibt man wenigstens nicht von vorneherein die Hoffnung auf, die Begriffe könnten am Ende ein wenig klarer sein als am Anfang.« Man beachte die Pointierung. Nicht erst die Gewißheit der Urteile zieht Bohr in Zweifel, sondern die Klarheit der Begriffe. Dies brachte er mit der »Begrenztheit der Ausdrucksmittel« in Zusammenhang: »Wir hängen in der Sprache.« Deshalb bedurfte jede tiefere Erkenntnis nach Bohrs Auffassung komplementärer Begriffe. Zwei komplementäre Begriffe in Bohrs Sinn schließen einander logisch aus und sind doch beide gleichzeitig unentbehrlich. Bohrs großes philosophisches Erlebnis in der Quantentheorie war, daß sogar hier, in der exakten Physik, komplementäre Begriffe nötig wurden; den Terminus »komplementär« hat er wohl erst anhand dieses Beispiels geprägt. Die mathematische Exaktheit einer Wissenschaft garantiert noch nicht, daß ihre Begriffe in der Anwendung auf die realen Phänomene einen klaren Sinn haben.

Der Satz vom Bewußtsein als unbewußtem Akt ist aber nicht nur eine Kritik am Gewißheitsglauben, sondern ein Gegenangebot. Das wird erst deutlich, wenn wir den zweiten Partner ins Gespräch ziehen, die Bewußtseinsphilosophie, etwa von Descartes bis Husserl. Das Pathos dieser Philosophie ist Gewißheit, und als einziges unerschütterliches Fundament dieser Gewißheit erscheint bei Descartes das Bewußtsein, daß ich bin. Ich hatte als Zwanzigjähriger wenig Descartes, noch weniger Kant und nichts von Husserl gelesen. Mit leidenschaftlicher, aber skeptischer Neugier fragte ich mich, wie Gewißheit möglich sei. Die Gewißheit der Logik und der Mathematik konnte ich nicht leugnen, aber auch nicht erklären; gewiß ist zwei mal zwei gleich vier, aber wie kann man so etwas wissen?

Bei der angeblichen Selbstkenntnis des Bewußtseins wollte sich mir aber nicht einmal das behauptete Erlebnis ihrer Gewißheit einstellen. Das »cogito sum« habe ich, wenn ich mich aufrichtig prüfte, nie verstanden, und bei längerer Reflexion erschien es mir als ein gut getarnter Schwindel *. Man hat mit Recht hervorgehoben, daß Descartes nicht *schließt*: »cogito *ergo* sum«, denn die Logik fällt selbst unter seinen methodischen Zweifel. Er ist sich vielmehr in seinem Bewußtsein (cogitatio) seiner Existenz bewußt. Diesen Satz konnte ich nicht bestreiten, aber eigentlich nur, weil ich ihn nicht verstehen konnte. Nur gerade den logischen Schluß hätte ich wenigstens formal verstanden: »Alles, was denkt, existiert. Nun denke ich. Also existiere ich.« Es blieb aber, mit oder ohne Schlußverfahren, die Unklarheit des realen Sinns der verwendeten Vokabeln. Was heißt denn »Denken« oder »Bewußtsein«; was heißt »Existenz« oder »Sein«? Bohrs Denkweise war hier für mich erlösend. Meine Unfähigkeit, die vorgeblichen Gewißheiten zu erleben, war also vielleicht nicht meine Schuld.

Aber nicht diese Kritik war wesentlich, in der ich mich, wie ich bald lernte, mit Mach und seiner Wiener Schule traf. Wichtig war das Gegenangebot. Ich hätte es allenfalls in Freudscher Sprache erläutern können. Aber ich wußte schon, daß auch die Dichtung und die Mystik dasselbe sehen, wohl tiefer als die Psychologie, weil sie nicht an ein szientistisches Selbstverständnis gefesselt sind. Ich knüpfe hier noch einmal an den Ursprung der Psychoanalyse, die Neurosenheilung, an. Ich kann geheilt werden, wenn ich den mir unverständlichen neurotischen Zwang als einen Ausdruck meines eigenen Willens, den

* Für eine möglichst positive Auseinandersetzung mit Descartes vgl. »Descartes und die neuzeitliche Naturwissenschaft« (1957), abgedruckt in »Die Tragweite der Wissenschaft« (1964).

ich nicht hatte wahrhaben wollen, erkenne und anerkenne. Auch mein Unbewußtes bin ich. Freuds spätere Entwicklung geht weiter und erkennt das bewußte Ich als die Spitze eines Eisbergs, besser als ein Organ der großen unbewußten Seele, des Es. Wenn ich verstehe, wie das Ich ein Organ der unbewußten Seele sein kann, so verstehe ich Bewußtsein als unbewußten Akt.

Die Seele also sollte zuerst verstanden werden, dann das Bewußtsein. Meine Aufzeichnung von 1932 tut nur wenige Schritte auf ein paar Wegen ins Unbekannte. Sie fragt, wie Bewußtsein möglich ist. Wesentlich sind ihr die Begriffe der Fixierung und des genommenen Abschlusses. Fixierung schafft Gedächtnis, irreversible Faktizität. Daran habe ich später in der Zeitlogik angeknüpft. Fixierung ist nur möglich, wo sich der Strom des Erlebens ein Stück weit im Kreise schließt. Von selbst geht er immer weiter; Wirbel im Strom entstehen und lösen sich wieder auf. Aber, vermittelt durch Bild und Sprache, kann ein Abschluß willentlich »genommen« werden. Dies führt zur Theorie, also zur Wissenschaft; dies führt freilich ebenso zu Handlungsregeln und zur Kunst. Der Glaube an Gewißheit aber ist ein Weltherrschaftsanspruch der Theorie, ein Titanismus.

Es war klar, daß ich nicht das Leben eines reinen Theoretikers würde führen können. Die Texte von 1945 spiegeln eine ganz andere Erfahrungswelt.

Natur, Christentum, Realität

Der Aufsatz »Versuch einer Geschichtskonstruktion« ist im März 1945 geschrieben, in unmittelbarer Erwartung des Kriegsendes, einer fast »apokalyptischen« Situation. Was kann ich heute aus meinen damaligen Wahrnehmungen lernen?

Der Aufsatz bildet zusammen mit den folgenden »Zur Beurteilung des deutschen Geistes« (Sommer 1945), »Zur Atombombe« (August 1945) und, vielleicht, der Vorlesung »Die Geschichte der Natur« (Sommer 1946) eine Gruppe von grundsätzlichen Überlegungen, mit denen ich versuchte, den

Anforderungen der beginnenden Nachkriegszeit standzuhalten. Die Geschichte der Natur, als öffentliche Vorlesung gehalten, habe ich nach einigem Zögern 1948 drucken lassen, die Notiz zur Atombombe erst 1981, die beiden anderen erst jetzt. Warum dieses Zögern?

Das Jahr 1945 war, jedenfalls für Deutsche in Deutschland, der Höhepunkt des Katastrophenerlebens, in dem sich das Krisenbewußtsein von mehr als dreißig Jahren real erfüllte. Der schneidende Schmerz der Katastrophe war der Hintergrund aller vier Texte, in der öffentlichen »Geschichte der Natur« am weitesten abgemildert. Ich wagte die anderen Texte nicht zu veröffentlichen, weil ich sie als eine zu persönliche Deutung des Geschehens und, für eine solche, als bei weitem zu unausgereift empfand. Ich wollte weiterlernen, ehe ich reden würde. In den nachfolgenden Jahrzehnten habe ich manches von ihren Gedanken öffentlich ausgesprochen. Aber nun wäre der wörtliche Abdruck der alten Texte ganz unmöglich erschienen. Denn dem Optimismus der Zeit, auch dem Optimismus der zornigen Linken seit 1967, wäre *dieses* Krisenempfinden ganz abwegig vorgekommen. Gewiß haben auch damals manche Autoren öffentlich geschrien. Aber diese Rufer erinnerten allenfalls an die verdrängte Katastrophengefahr. Meine Texte hingegen entstammten noch einem älteren Krisenbewußtsein. Sie setzten die Gefahr der Katastrophe noch als selbstverständlich und vielleicht unvermeidbar voraus. Sie fragten nach Ursprung, Sinn und Konsequenzen der erwarteten Krise, nach Wegen *in* der Krise. Heute gibt es wieder in Ansätzen ein solches Krisenbewußtsein. Heute können wir vielleicht aus den alten Überlegungen lernen, wenn wir die Identität der alten und der neuen Krise verstehen. Freilich muß ich dann weit über das hinausgehen, was ich damals gesehen habe.

Der Aufsatz »Versuch einer Geschichtskonstruktion« spricht von der Geschichte des Mittelalters und der Neuzeit in Europa. Gegenüber der im Frühjahr 1945 abrollenden Katastrophe Deutschlands ist er ein Versuch, durch Distanz Besinnung zu erreichen. Zur Deutung dieser tausend Jahre Geschichte benützt er drei Begriffe: Natur, Christentum, Realität. Diese versuche ich jetzt zu interpretieren.

Alle drei Begriffe werden in dem Aufsatz nicht wie abstrakte

Einteilungsprinzipien, nicht wie Oberbegriffe gebraucht. Sie werden eher wie reale Mächte beschrieben, mythisch gesagt fast wie eine Art von Geschichtsgottheiten, wissenschaftlicher gesagt als morphologische Prinzipien einer ganzen Kultur. Sie spiegeln Phänomene, und es kommt zuerst darauf an, diese Phänomene sehen zu lernen.

Seit der Aufklärung und wirtschaftlich seit der industriellen Revolution versteht sich die Neuzeit als Ära des Fortschritts. Auch wo sie selbstkritisch ist, mißt sie sich an der anerkannten Forderung der Fortschrittlichkeit. Sie fällt damit aus dem Rahmen aller bisherigen Weltkulturen, die ihren Stolz und ihr Kriterium der Selbstkritik in der Dauer, in der Bewahrung sahen. Die Blickweise, die sich mir wie vielen Europäern in den drei Jahrzehnten der beiden europäischen Weltkriege aufdrängte, war aber gleichermaßen skeptisch gegen Fortschritt wie gegen Dauer. Wir sahen eine rasende Geschichtsdynamik. Ob sie Fortschritt oder Zerstörung sei, ja ob man sie mit solch simplen Zensuren überhaupt beurteilen könne, das war uns zutiefst zweifelhaft geworden. Ambivalenz, Zweideutigkeit drängte sich uns als eine vage, aber doch bessere Bewertungsformel auf. In der »Geschichtskonstruktion« suchte ich nach dem Sinn und Ursprung dieser Ambivalenz. Ich suchte nicht die Zweideutigkeit; ich suchte ein Verständnis, zu dem ich ja sagen konnte, das mir die Zweideutigkeit erklärte und das mich zum eindeutigen Handeln befähigen würde.

Als ein Grundphänomen der Neuzeit erschien mir die politische Revolution. In ihr wurde, so schien mir, die Zweideutigkeit zum unbewußten Selbstwiderspruch. Mit gewaltiger Hoffnung beginnend, frißt die Revolution im Vollzug ihre Kinder. Einerlei ob sie vordergründig als Erfolg oder als Fehlschlag endet, sie hinterläßt eine unwiederherstellbar veränderte Welt, die aber auch völlig anders aussieht, als die revolutionären Anfangshoffnungen erträumt haben. Ich hatte Anschauungsunterricht genossen: ich war Augenzeuge der einzigen radikalen Revolution der deutschen Geschichte nach Luther geworden, des Nationalsozialismus, dessen Ende soeben bevorstand. Wenn die an 1789 fixierten Liberalen und die an 1917 fixierten Marxisten dem Nationalsozialismus den Ehrentitel einer Revolution absprachen, so imponierte mir das nicht; sie wollten nur ihre Blindheit für die Ambivalenz ihrer eigenen Revolution schützen. Ich aber wollte verstehen, was in allen Revolutionen geschah.

Die Revolution ist radikal. Was aber heißt »radikal«? Man fühlt es; kann man es sagen? Vergleichbare Radikalität habe ich in Europa nur noch an zwei Stellen gefunden: heiß moralisch-affektiv im Christentum, kühl real weltverändernd in der Naturwissenschaft und der Technik. Diese beiden Radikalismen appellierten elementar an mein Herz. Was aber bedeuteten sie? Wie hingen sie zusammen?

Vor diesem Hintergrund an Fragen nahm ich meine Geschichtskenntnisse zusammen. Der mittelalterliche Ausgangspunkt der »Geschichtskonstruktion« verdankt Entscheidendes den Vorlesungen und Seminaren von Hermann Heimpel, die ich 1942-44 in Straßburg besuchte; auch wenn Heimpel für keine meiner einseitigen Übertreibungen verantwortlich ist. Der Beginn beim ottonischen Kaiserreich gestattete, tausend Jahre europäischer Geschichte von der Auflösung einer zeitweiligen Harmonie her zu lesen; eben der Harmonie der später auseinandertretenden Momente Natur, Christentum, Realität. Otto der Große einigte die naturhaften Stammesherzogtümer mit Hilfe der christlich geprägten Bischöfe zur funktionalen Realität des Reichs – eine schwebende Einheit des Unvereinbaren. Die Neuzeit ist dann die Enthüllung der Unvereinbarkeit. Was also bedeuten die drei Begriffe?

Was hier *Natur* heißt, ist für den Historiker zunächst einfach der jeweils gerade vorfindliche Zustand der Gesellschaft, das Produkt der vergangenen Geschichte. Das ist ein Zustand, der sich für selbstverständlich und insofern für natürlich hält. Auf den historischen Hintergrund der Natur hatte ich damals, wie ich wußte, noch nicht genug reflektiert. Ich hatte als Physiker begonnen, von der Geschichte des Sonnensystems ausgehend, mir das evolutionistische Denken der Naturwissenschaft voll anzueignen; noch 1948 war der Buchtitel »Die Geschichte der Natur« eine bewußte Herausforderung an das anthropozentrische Geschichtsdenken der deutschen geisteswissenschaftlichen Philosophie, für welche nur der Mensch Geschichte hatte.

Im Zusammenhang der »Geschichtskonstruktion« aber bedeutet »Natur« einen spezifischen geschichtlichen Zustand, den der von Antike und Christentum erst unvollkommen durchdrungenen nordalpinen germanischen Völker. Es ist ein Zustand, der von dem rasenden geistigen Prozeß noch nicht ganz erreicht ist, der einmal Griechentum und Römerreich hieß und später Neuzeit heißen sollte. Gemessen an diesem Kulturprozeß erscheint der Zustand der »Natur« als jahrtausendelang relativ stabil. Die Gründe seiner Stabilität werden in der »Geschichtskonstruktion« nicht untersucht. Er bleibt in der Darstellung bloße Folie des Kulturprozesses. Aber in dem Grade, in dem sich der Kulturprozeß als tödlich erweist, tritt in der Geschichte des neuzeitlichen Bewußtseins die »Natur« in ein verklärendes Licht. Im Aufsatz »Zur Beurteilung des deutschen Geistes« ist dies ein zentrales Thema, beginnend mit Rousseaus Wirkung auf die Deutschen. Die großen Protestbewegungen wenden sich immer wieder der Natur zu, so die deutsche Romantik, die bürgerliche Jugendbewegung vor und nach dem ersten Weltkrieg, die jungen Nationalsozialisten um 1933, die heutigen Alternativen. Auch das Scheitern dieser Protestbewegungen ist immer wieder dasselbe. Nicht die »Natur«, sondern die »Realität« hat bis heute den Sieg auf ihrer Seite.

Es gibt eine Zeichnung von Leonardo »Der Kampf des Löwen mit dem Drachen«. Der gewaltig fauchende, naturhaft starke Löwe unterliegt dem metallischen Drachen. Es ist notwendig, den Drachen zu verstehen.

Das *Christentum* erscheint in der »Geschichtskonstruktion« als der Motor des Kulturprozesses. Es ist mir heute klar, daß damit ein entscheidender Faktor vernachlässigt ist: die vorchristliche *Antike*. Im Text wird sie entschuldigend nachgeschoben; ich hatte sie noch nicht verstanden. Nun zum Christentum.

In die Mitte meines Empfindens über den Menschen ist das Christentum eingetreten, als ich elfjährig die Bergpredigt las. Seitdem haben viele Einflüsse dies vertieft, präzisiert, relativiert; aber die Grundwahrnehmung ist geblieben. Ich habe die christliche Geschichte nie anders denn als Auseinandersetzung mit der Wahrheit der Bergpredigt verstehen können. Deshalb steht das Christentum in der Mitte der Geschichtskonstruktion. Ich glaube auch heute, daß sich mir damit eines der beiden wichtigsten Motive der Neuzeit gezeigt hat; um es in meinen heutigen Begriffen zu sagen, das Motiv der radikalen politischen Moral im Lichte der Religion. Das andere Motiv ist das der Theorie.

Im Blick auf die politische Geschichte erscheint Religion als Träger einer Kultur essentiell konservativ, als radikale Ethik essentiell revolutionär. Aber diese Kategorien sind selbst spezifisch neuzeitlich; sie projizieren die religiöse Wahrnehmung auf Begriffe neuzeitlicher Theorie, Begriffe der Willens- und Verstandeswelt. Die christliche Eschatologie erwartet das Ende dieses Äons. Sie erwartet es nicht als Leistung von Menschen, sondern als göttliche Gnade. Dieser Gnade ist freilich, wie dem göttlichen Wirken so oft, das Entsetzen vorgeschaltet. So zu denken, sollten wir lernen. Darauf deutete der Schluß des Aufsatzes von 1945.

»So zu denken, sollten wir lernen« – dieser Satz ist mir heute wie selbstverständlich in die Feder geflossen. Er drückt aus, was ich 1983 wieder so direkt empfinde wie 1945. Ist diese Empfindung eine Wahrnehmung des wirklichen Gangs der Geschichte? Oder ist sie nur der Zauber eines uralten Mythos, der stets in gefährdeten Zeiten wieder auftaucht?

Als Naturwissenschaftler, als liberaler Bürgersohn, als Schüler von Historikern stand ich 1945 schon genauso in der Tradition der Aufklärung wie heute. Die Meinung, man könne im Kinderglauben verharren, hatte ich seit meinem 16. Lebensjahr für immer verloren – seit ich begriffen hatte, daß andere Kulturen andere Kinderglauben einpflanzen. Politisch katastrophale Vorgänge durfte ich 1945 mit demselben Recht erwarten wie heute. Im März 1945 wußte ich noch nicht, wie nahe die Realisierung der Atombombe bereits war. Deshalb erwartete ich damals schon für die nächsten Jahrzehnte den Anfang der Kriege um die Welthegemonie, zunächst zwischen Amerika und Rußland. Die Atomwaffen haben diesen Kriegsausbruch dann hinausgeschoben.

Aber politisches Unheil, selbst eine politisch erzeugte Weltkatastrophe ist nicht der Sinn der Apokalypse, sondern allenfalls ihre entsetzliche Begleitmusik. Der Sinn der Apokalypse ist die Hoffnung, die neue Schöpfung. Die Luther zugeschriebene Äußerung ist genau: »Wüßte ich, daß morgen der Jüngste

Tag kommt, so würde ich heute einen Apfelbaum pflanzen.« Der Apfelbaum des Paradieses war das Symbol der ersten Schöpfung, also ist er das Symbol der Hoffnung.

Was spricht mich an, wenn ich elementar, diesseits aller Reflexion, an diese Hoffnung glaube? Es ist zunächst noch einmal die Bergpredigt, der unverwechselbare Tonfall der Seligpreisungen, der Gleichnisse und der Gerichtsreden Jesu. Ich bin außerstande, diesen Ton zu hören und zu sagen, er sei nicht wahr. Aber nun habe ich historische Reflexion gelernt. Was nimmt dieses elementare Empfinden wahr?

Die Bergpredigt ist nicht nur, aber gewiß auch eine radikale Ethik.* Die offizielle Kirche, einerlei ob katholische Hierarchen oder protestantische Professoren, hat obstinat daran festgehalten, die simplen Handlungsvorschriften der Bergpredigt nicht als simple Handlungsvorschriften zu verstehen, sondern als etwas »Tieferes«. Der Grund dafür scheint mir ganz einfach zu sein. Die offizielle Kirche ist einerseits loyal an die Autorität Jesu gebunden, andererseits weiß sie, daß sie diese Handlungsanweisungen nicht befolgt und in ihrer realen Lage nicht befolgen kann. Der Gewissenskonflikt wäre unerträglich; also *muß* Jesus es anders gemeint haben. Er hat es aber nicht anders gemeint. Es gibt zwei Weisen, von diesem Konflikt befreit zu werden. Man kann entweder anders leben als die offizielle Kirche, anders als wir Bürger leben. Bettelmönche und Sektierer, Franziskaner und Quäker haben es nie schwer gefunden, Jesus wörtlich zu verstehen. Oder man kann sich aus der Unfreiheit des kirchlichen Glaubens an die Autorität Jesu lösen, eines Glaubens, der, so scheint mir, zwei Drittel der Wirklichkeit, die Jesus war, dem Blick verbirgt. Hier hat die historische Wissenschaft eine befreiende Funktion.** Wenn wir Jesus einmal als jüdischen Rabbi vor zweitausend Jahren sehen lernen, kann es uns wie Schuppen von den Augen fallen. Die Handlungsvorschriften der Bergpredigt passen präzise auf die Lebensweise seiner ersten Jünger, wandernder Mönche ohne Besitz. Jesus hat nicht der konstantinischen oder neuzeitlichen Kirche ge-

* Vgl. dazu »Der Garten des Menschlichen« (1977), S. 488-508.

** Vgl. »Kirchenlehre und Weltverständnis« in »Deutlichkeit« (1978).

predigt, sondern den Menschen, mit denen er lebte. Also kann er – darf er – gemeint haben, was er sagte.

Die historische Wissenschaft kann uns aber auch belehren, daß die Bergpredigt nicht einfach eine radikale Ethik ist. Ethik ist ein Begriff der griechischen oder neuzeitlichen Philosophie, nicht einer direkt lebenden Religion. Die Seligpreisungen sind im Indikativ gesagt; sie sprechen innere Erfahrung aus. Und das für unseren jetzigen Zusammenhang Entscheidende: Einem aufgeklärten, liberalen Wissenschaftler, Albert Schweitzer, verdankt die Theologie unseres Jahrhunderts die Entdekkung, daß Jesus in der unmittelbaren Erwartung des Weltgerichts gelebt hat, das in seinen eigenen Tagen kommen würde. Nur von dort her ist er zu verstehen. Auch das durfte die offizielle Kirche nicht entdecken, und bis heute tun sich selbst liberale Theologen schwer damit, denn dann war der Gottmensch ja dem Irrtum unterworfen, oder, modern gesagt, ging es dem historischen Jesus um etwas, was uns gar nicht betrifft. Schweitzers moralischer Mut gehörte dazu, diesen Blick auf Jesus auszuhalten. Mir aber hat Schweitzers Entdeckung erst nachträglich meine kindliche Wahrnehmung erklärt. Ich habe seinerzeit die Gerichtsprophetie mit derselben naiven Empfänglichkeit gelesen wie die Bergpredigt; in der Tat sind sie Teile einer und derselben Lehre, eine ohne die andere kaum verständlich. Nur mußte ich damals, als noch naiv gläubiges Kind im zwanzigsten Jahrhundert, annehmen, Jesus habe ein Weltgericht angekündigt, das auch für uns noch in der Zukunft liegt – vielleicht, wie Christen zwanzig Jahrhunderte lang jeweils gemeint haben, in einer jetzt nahen Zukunft. Ich meinte also – und ich meine noch – daß es dem historischen Jesus gerade in seiner Enderwartung um etwas ging, das uns direkt betrifft.

Scheinbar wäre es freilich leicht für mich, mir selbst gut zuzureden: »Nachdem du auf diese autobiographische Weise der Herkunft deiner eschatologischen Obsession auf die Spur gekommen bist, bist du sie doch los. Also schüttle sie ab!« In Wahrheit beginnt hier die Denkarbeit erst. Geschichtsmythen entstehen nicht ohne Grund. Welche Geschichtswirklichkeit drückt sich in der messianischen, in der Gerichtserwartung aus? Jesu Enderwartung entstammt der spätjüdischen Apokalyptik, einer Geschichtsphilosophie, die uns z. B. aus dem alttestamentlichen Prophetenroman des Buches Daniel bekannt ist. Die Breite des religionsgeschichtlichen Zusammenhangs apokalyptischer Erwartungen kann und will ich hier nicht erörtern. Mit ein paar Worten sollte ich aber auf die jüdische Herkunft der christlichen Erwartung eingehen.*

Judentum ist historisch nicht eine »Religion«, sondern ein Volk, das durch den Bund mit einem Gott hat leben können. Dieser Gott hat seinem Volk, und durch dieses Volk später den anderen Völkern die eine der großen Grundentscheidungen der Menschheit auferlegt, die Entscheidung zwischen Gut und Böse. »Wenn ihr tut, wie ich euch geboten habe, werdet ihr leben« (3. Mose 26). Indem dann der Gott des Volks Israel zugleich als Schöpfer der Welt verstanden wird, verschmilzt im jüdischen Messianismus die politische Hoffnung auf die Wiederherstellung des Königreichs Davids mit der metaphysischen Hoffnung auf die Herstellung der paradiesischen Einheit der Schöpfung. Diese innige Verbindung von Schöpfung und Bund, von Natur und Moral ist – davon bin ich überzeugt – eine viel tiefere Einsicht als die oberflächliche moderne Unterscheidung dessen, was ist, von dem, was sein soll.** In dem, was wir sollen, spricht sich die Bedingung aus, unter der wir sein können.

Der Messianismus sieht die Weltgeschichte als die Verkettung des durch Schuld erzeugten Unheils, aber als eine auflösbare Verkettung, im Lichte einer Hoffnung. Ihm fällt es leicht, die Geschichte der Kultur weder als Bewahrung noch als Fortschritt zu sehen, sondern als jene ständige Ambivalenz, die jüdisch-christlich Sünde heißt. Dieses Verhältnis zur Geschichte lag 1945 nahe. Diesen Motor der Geschichte habe ich damals instinktiv aufgefaßt und unter dem Titel »Christentum« zur Mitte meiner Konstruktion gemacht. Sollte ich einen literarischen Einfluß nennen, so war es der von Reinhold Schneider.

Aber die reale Geschichte der Neuzeit ist völlig anders verlaufen, als irgendein christlicher Messianismus hätte erwarten

* Dazu der Nachruf auf Gershom Scholem, S. 180-184, und die Briefe von Georg Picht zum Titanismus, S. 33 ff.

** Dazu »Natur und Moral im Lichte der Kunst«, S. 36-50.

können. Die Neuzeit wurde jahrhundertelang ein durchschlagender Erfolg, der Erfolg einer Sache, die der »Natur« so fern lag wie dem »Christentum«. Ich nannte diese dritte Geschichtsmacht die *Realität.* Sie war der Drache Leonardos. Später habe ich sie die Willens- und Verstandeswelt genannt. Sie zu verstehen, hieße die Neuzeit verstehen.

In der »Geschichtskonstruktion« blieb ich im wesentlichen deskriptiv. Ich beschrieb, ziemlich erbarmungslos, die Niederlage jedes Pathos, des natürlich-konservativen, des messianisch-christlichen, des modern-revolutionären, gegen die kühle Herstellung der Realität. Auch hier klingt, freilich schwächer, und im Kern nicht zustimmend, ein literarischer Einfluß jener Zeit durch, der von Ernst Jüngers Buch »Der Arbeiter« (1932). Aber ich weigerte mich, an den endgültigen Sieg der »Realität« zu glauben. Die erste Fassung des Aufsatzes endete mit dem Appell an die Bilderwelt des Messianismus.

In den Jahrzehnten, die nun kamen, hatte ich zunächst, wie die meisten Deutschen, common sense der Aufklärung nachzulernen. Aber die angeschnittenen Fragen verließen mich nicht, denn der Stabilität der Nachkriegswelt konnte ich niemals trauen.

Säkularisierung

1946–57, in Göttingen, war eine meiner wichtigsten Begegnungen die mit dem Theologen Friedrich Gogarten. Er imponierte mir tiefer als seine theologischen Zeitgenossen, als Barth und Bultmann, um nur zwei Namen zu nennen. Noch tiefer berührte mich in der Theologie wohl nur die Exegese des Alten Testaments, in die mich Gerhard von Rad und Walter Zimmerli einführten – tiefer wegen ihrer Unwidersprechlichkeit, wegen der satten Fülle von tausend Jahren geschichtlicher Wirklichkeit, die sie erschloß.

Gogartens Geschichtstheologie verstand die neuzeitliche Bewegung als eine Säkularisierung christlicher Inhalte. Er bot mir damit eine Antwort auf mein Problem, wie die Bewegung des Christentums hatte die »Realität« hervorbringen können. Er unterschied Säkularisierung und Säkularismus. Säkularisierung hieß, in christlicher Diktion gesagt, den Willen Gottes in der geschichtlichen Wirklichkeit, im »Säkularen«, wirklich zu tun. Dies war nach seiner Auffassung die Tat der mündig gewordenen Christen, der erwachsenen »Söhne Gottes« im paulinischen Sinne, die zu freien, verantwortlichen Verwaltern der Schöpfung geworden sind. Säkularismus aber war die Ersetzung des freimachenden christlichen Glaubens durch die quasireligiöse Bindung an die Inhalte der säkularen Welt, an politischen und technischen Fortschritt, also in Wahrheit an eine neue Unfreiheit unter undurchschauten Idealen. Als Säkularismus konnte ich meine »Realität« verstehen. Die geschichtliche Erzeugung der Realität aus dem Christentum erschien nun wie eine christliche Häresie, wie der Übergang von der geforderten Säkularisierung zum selbstbestätigenden Säkularismus.

Ich legte mir den Zusammenhang am politischen Beispiel der französischen Revolution zurecht. Freiheit, Gleichheit, Brüderlichkeit sind zentrale Inhalte des Christseins. Jetzt, nach so vielen vergeblichen chiliastischen Anläufen, sollten sie politische Wirklichkeit werden. Aber sie können nur Folgen des Glaubens und der Nächstenliebe sein. Werden sie selbst als Ideale auf einen Thron gesetzt, so rechtfertigt der Kampf für sie jedes Verbrechen: die säkularistische Revolution erzeugt mit Notwendigkeit den Terror. Sie hinterläßt die Herrschaft der Bourgeois. Und dem erneuten Anlauf des Marxismus glückt es noch schlechter.

Aber das politische Beispiel ist noch ein wenig oberflächlich. Der Kern der »Realität«, oder, wie ich später sagte, der harte Kern der Neuzeit ist die Naturwissenschaft. Kann man sie als Folge einer Säkularisierung verstehen? Unter dem Einfluß von Günter Howe machte ich mich, nicht ohne einen gewissen Heroismus, an diesen Versuch. Meine Vorlesungen von 1959 über die Tragweite der Wissenschaft sind die Folge dieses Unternehmens. Hier strebte ich nicht Sozial- und Kulturgeschichte an, sondern wirkliche Philosophie. Ich war überzeugt, daß der kulturgeschichtliche Prozeß letztlich eine Geschichte der Wahrheit ist. Diese Bewegung der Wahrheit galt es zu verstehen.

Mathematik und Naturwissenschaft sind antike, griechische Schöpfungen. Warum ist diese Bewegung in der Antike erlahmt und mußte nach anderthalb Jahrtausenden in der Neuzeit wieder zum Leben erwachen? Meine damalige Antwort legte auf eine – wie ich heute meine – viel zu partielle Beobachtung zu großes Gewicht. Ich war tief beeindruckt von Keplers mathematisch-ästhetischem christlichem Neuplatonismus, einer mir fast selbstverständlichen Empfindungsweise in der Naturwissenschaft. Warum wagte Kepler, die Planetenbewegungen mathematisch genau zu beschreiben? Nach Platon kann die Sinnenwelt mathematische Gesetze nur unvollkommen realisieren. Ich meinte nun, Kepler sei erst durch seinen christlichen Schöpfungsglauben ermächtigt gewesen, Gottes mathematische Schöpfungsgedanken präzise in der sinnlichen Realität wiederzufinden. Dies wäre Säkularisierung, Verwirklichung des Göttlichen im sinnlich-zeitlichen Diesseits. So fand ich die Radikalität des Christentums transponiert im gesamten Radikalismus der Neuzeit, auch im Radikalismus des naturwissenschaftlichen Denkens wieder. Heute halte ich diese Betrachtungsweise zwar nicht für ganz abwegig, aber für einseitig. Die Geschichte ist stets komplizierter als solche Erklärungen.

Es ist nicht die Fragestellung, sondern nur die zu einfache Antwort, von der ich mich hier distanziere. Ich hatte damals die platonische Philosophie noch gar nicht verstanden. In der Bewegung des Aufstiegs, die eigentlich nur die philosophische Propädeutik ist, muß die aufdringliche Sinnenwelt als vergänglich und ungenau überstiegen werden. In der wirklichen platonischen Philosophie, der Phase des Abstiegs, wie sie z. B. der Timaios andeutet, wird die Sinnenwelt gerechtfertigt als Welt vielheitlicher Ideen.* In diesen Rahmen gehört auch die exakte Naturwissenschaft. Kepler wird nicht herabgesetzt, wenn man ihn noch näher an Platon selbst heranrückt, als ich es 1959 sehen konnte.

Aus meinem Bemühen um den Begriff der Säkularisierung ist eine große Frage unbeantwortet übriggeblieben. Ich erläutere sie zuerst durch die Erinnerung an ein Gespräch mit Gogarten. In jenen Jahren spielte Bultmanns Begriff der Entmythisierung

* Vgl. mein Bändchen »Ein Blick auf Platon«. Stuttgart, Reclam, 1982, und als Quelle: K. Gaiser, »Platons ungeschriebene Lehre«. Stuttgart, Klett, 1963.

(oder Entmythologisierung) des christlichen Glaubens eine große Rolle in kirchlichen Debatten. Ich fand die Fragestellung unvermeidlich, wenigstens für die Befreiung vom »Kinderglauben«, aber den Lösungsansatz von Anbeginn falsch. Bultmann übernahm den in der deutschen Geisteswissenschift damals noch unausrottbaren Cartesischen Dualismus unter dem Namen der Unterscheidung von Natur und Existenz. Christlicher Glaube bezog sich für ihn nur auf Existenz; die Mythen waren ihm Gleichnisse existentieller Situationen. Die Natur hingegen warf er der Naturwissenschaft zum Fraß hin. So mußten, wie mir schien, mit den Naturwundern u. a. die für jede psychosomatische Medizin so wichtigen geistigen Heilungen verschwinden, die von Jesus glaubwürdig berichtet sind, oder sie traten doch in einen Rang der Irrelevanz zurück. Dies ist nur eine Randbemerkung. Bultmann akzeptierte überhaupt das Weltbild der Wissenschaft als selbstverständlich, sowohl das der Natur- wie der Geisteswissenschaft; in dieses Koordinatensystem trug er als Ort des christlichen Glaubens den damals beliebten Begriff der »Existenz« ein. D. h. er akzeptierte die denkerischen Resultate der Neuzeit und schuf dem Glauben eine Defensivposition. Wenn aber Gogarten recht hatte, so stand auch das Denken der Neuzeit in der Ambivalenz zwischen Säkularisierung und Säkularismus. Man mußte dann die gesamte Wissenschaft der kritischen Frage unterwerfen, ob ihr Denken nicht Säkularismus, also, so wie sie es darbot, unwahr sei.

Gogarten und Bultmann waren Freunde. Ich trug Gogarten meinen Einwand gegen Bultmann vor, und er gab meiner Kritik recht. Ich fragte ihn: »Haben Sie mit Bultmann nie darüber gesprochen?« »Nein.« »Warum nicht?« »Ach, wissen Sie, Herr v. Weizsäcker, wenn man jemanden gefunden hat, mit dem man sich wenigstens von hier bis da versteht, so gefährdet man das Verständnis nicht gerne durch Fragen, die er nicht mehr aufnehmen kann.«

Zu Gogartens Empfinden der Einsamkeit erzähle ich noch eine andere Erinnerung. Günter Howe veranstaltete damals jedes Jahr in Göttingen ein »Physiker-Theologen-Gespräch«, an dem ich stets aktiv teilnahm. Nach einigen Jahren forderte ich Howe auf, jeweils einen Philosophen hinzuzuziehen; ich fand den Kurzschluß zwischen Theologen und Physikern eine Nahrung für die beiderseitige philosophische Naivität. Wir luden einmal Hans-Georg Gadamer ein, einmal Gerhard Krüger, das drittemal Georg Picht. Picht hielt ein großes Referat »Die Erfahrung der Geschichte«*. An diesem Tag, so wurde mir erzählt, kam Gogarten ganz aufgeregt nach Hause und sagte seiner Frau: »Ich habe einen Mann kennengelernt, der mich vielleicht verstehen würde.«

Die Frage aber, die ich Gogarten gestellt hatte, blieb unbeantwortet, auch wenn er dem Prinzip der Frage zustimmte. Sie war, das mußte ich lernen, so wie ich sie gestellt hatte, unbeantwortbar. Ist die neuzeitliche Wissenschaft legitime Säkularisierung oder pseudoreligiöser Säkularismus? Dies war die Frage nach der Wahrheit der Wissenschaft. Um sie zu beantworten, mußte man sich inhaltlich auf die Wissenschaft und grundsätzlich auf den Sinn von Wahrheit einlassen. Man mußte Wissenschaft treiben, und man mußte philosophieren. Der christliche Glaube, so wie die protestantischen Theologen unseres Jahrhunderts ihn verstanden, war de facto ein menschliches Verhalten in und zu einer inhaltlich schon erschlossenen Welt. Mir aber wurden eben die Begriffe zum Problem, mit denen die Neuzeit ihre Welt erschlossen hatte und weiter erschloß; ja, ich lernte immer besser verstehen, daß eben diese Begriffe mir von Kindheit an ein Rätsel gewesen waren. 1945 sah ich die neuzeitliche Welt in einer Existenzkrise, die sie anscheinend durch ihre eigene Weltinterpretation, durch ihre mir undurchsichtigen Begriffe, selbst erzeugt hatte. Politisch-moralisch schien dies evident, aber das Weltbild der Wissenschaft hatte gewiß daran Anteil.

Es ging mir nie darum, wie es heute wieder so viele wollen, mich von der Wissenschaft abzuwenden. Es ging mir schon gar nicht darum, mit wissenschaftsexternen Kriterien, etwa dem gesellschaftlichen Nutzen und Schaden, eine »bessere« Wissenschaft zu konstruieren. Diese Bemühungen, auch wenn sie später von links kamen, empfand ich immer als »nazistische« Mißbräuche; unter Hitler hieß so etwas das »gesunde Volksempfinden«. Es ging mir darum, die Wahrheit der Wissenschaft zu verstehen. Nach der Veröffentlichung der »Tragwei-

* Abgedruckt in »Wahrheit, Vernunft, Verantwortung«. Stuttgart, Klett, 1969.

te der Wissenschaft«, also in den Sechzigerjahren, löste ich mich konfliktlos und schmerzlos aus der Bindung an meine Fragestellung von 1945, also aus dem Versuch, Wissenschaft von der Säkularisierung eines christlichen Impulses her zu verstehen. Die geschichtliche Wirklichkeit und die sachliche Wahrheit ist reicher als das.

Deutschland

Politisch-moralisch mußte ich nach Hitlers Ende, wie alle Deutschen, versuchen, für mich die deutsche Geschichte aufzuarbeiten. Dem dienten die zwei hier abgedruckten unvollendeten Texte von 1945 und 1952.

Den Aufsatz »Zur Beurteilung des deutschen Geistes« habe ich in englischer Internierung im Juli 1945 geschrieben, noch vor dem Schock der Atombombe, der die Gedanken einer anderen, weltpolitischen Frage zuwandte. Im jetzigen Buch kann er wie ein Probegalopp für den dreiunddreißig Jahre später geschriebenen Vortrag über den deutschen Titanismus wirken. Er sieht in der Tat den deutschen Geist schon unter dem Aspekt, den ich später als Titanismus bezeichnet habe. Lese ich den Aufsatz heute wieder, so stoße ich auf Schritt und Tritt auf Grenzen meiner damaligen Einsicht, auf Urteile, die ich heute nicht wiederholen würde. Das größte gedankliche Manko ist wohl, daß ich damals die Theorie des politischen und wirtschaftlichen Liberalismus noch nicht systematisch durchdacht hatte.* Daß der Aufsatz auf die heutigen demokratischen Sprachregelungen noch nicht eingespielt sein kann, mag für einen heutigen Leser, der zeitlich transponieren kann, sogar seiner Glaubwürdigkeit dienen. Daß er aber den fundamentalen Zusammenhang von politischer Freiheit und öffentlicher Wahrheitssuche, die gegenseitige Bedingtheit von Freiheit und Wahrheit nicht darstellt, ist ein grundsätzlicher Fehler.

Ich folge einigen Schritten des Aufsatzes.

* Vgl. Selbstdarstellung. »Der Garten des Menschlichen« (1977), S. 570-71, und die ersten beiden Vorträge in »Deutlichkeit« (1978).

Die historische Einleitung über Preußen stammt noch aus einer Herzensnähe, welche die heutige literarische Preußen-Renaissance nicht wiederbeleben kann. Die Nähe war aber nicht Identifizierung; ich habe nie Lust gehabt, mein Schwabentum zu verleugnen. Ich rede hier eher als spontaner Anwalt eines Angeklagten, den ich in der Zeit seiner Macht mit mehr Skepsis betrachtet hätte. Immerhin: Man war in meiner süddeutschen Familie stets gut bismarckisch gesonnen, und von dieser Tradition hatte ich mich noch nicht gelöst.

Der geistige Weg von Luther zur deutschen Bewegung der Zeit Herders und Goethes, Hölderlins und Hegels ist mit evidenter Parteinahme beschrieben. Ich bewunderte Luther, aber ich liebte ihn nicht. Ich sah in ihm das größte Beispiel der in der »Geschichtskonstruktion« beschriebenen unvermeidlichen Zerstörung der »Natur« durch das »Christentum«. Der Entdeckung der göttlichen Natur durch die Deutschen seit Herder aber gehörte meine spontane Liebe. Hier haben die Deutschen, freilich modern verfärbt, eine heidnische Religiosität wiederentdeckt. Deshalb ihre spontane Nähe zu den Griechen. Ich hatte 1945 die Antike noch nicht begriffen. So bildete ich den Deutschen Idealismus nicht geradezu falsch (Hegel verstand sich als lutherischer Theolog), aber doch einseitig auf den Versuch ab, das Christentum in seiner Konsequenz zu denken. Ich hatte in die englische Internierung drei deutsche Bücher mitnehmen können: die Bibel, Hölderlins Werke in Dünndruck, und Hegels Phänomenologie des Geistes. An Hegel bin ich damals wohl gescheitert *, noch mehr an Kierkegaard. Die Theologie, die ich Kierkegaard zuschrieb, drückte das Scheitern meines unreifen Versuchs aus, dem christlichen Radikalismus eine mögliche Lebensform abzugewinnen. Freilich spiegelt sich in diesem Scheitern auch, wie sich die Krise Europas für das zwanzigste Jahrhundert im deutschen Denken schon vorbereitete. Den Weg von der deutschen Vergangenheit zu unserer Gegenwart konnte ich damals im Denken noch nicht vollziehen.

In einer sehr anderen äußeren und auch geistigen Situation

* Eine spätere Wiederaufnahme: »Zu Hegels Dialektik«, »Garten des Menschlichen« (1977), S. 357-403.

ist sieben Jahre später der Versuch eines Briefs über Hitler geschrieben, im Juni 1952 auf dem Schiff, das mich aus der Bundesrepublik zu einem zweiten langen Aufenthalt in Amerika führte. Ich muß auch diesen Text als einen gescheiterten Versuch ansehen. Weder bei mir noch bei irgendeinem Deutschen, den ich kannte, war die Verarbeitung des Hitlerschen Traumas schon gelungen. Auch dieser Brief mag als Vorübung zu einer Darstellung gelten, die mir erst in den Siebzigerjahren geglückt ist.* Die ausführliche Analyse der Gründe für Hitlers Erfolg und Scheitern scheint mir in den Grundzügen auch heute richtig. Vieles davon ist seitdem in den Publikationen der Historiker zur Sprache gekommen. Auch diesem meinem Text fehlt freilich noch das adäquate Verständnis des liberalen Prinzips; es ist zugedeckt durch das – wie ich heute meine, an sich nicht unzutreffende – Mißtrauen gegen die Fähigkeit Amerikas, die heutigen Weltprobleme zu meistern.

Der Kern des Briefs über Hitler ist aber der Gedanke der quasi-religiösen Rolle des Nationalsozialismus. Dieser Gedanke ist auch in der Debatte der Historiker und Publizisten über Hitler bis zum heutigen Tage m. E. nicht adäquat gesehen worden. Man sieht die pseudo-religiöse Realisierung, man sieht nicht das echt religiöse Bedürfnis, das hinter ihr stand. In der Tat haben weder liberale oder marxistische Säkularisten noch kirchlich gebundene Christen die seelischen Voraussetzungen, dieses Phänomen zu sehen, und die alten Nazis sind unfähig, es zu artikulieren. Ein kluger jüngerer Beobachter, der aus der Neuen Linken der späten Sechzigerjahre hervorgegangen ist und dann die Erfahrung asiatischer Meditation gemacht hat, drückte es unlängst mir gegenüber im Gespräch mit vollendeter Einfachheit aus: »Der Faschismus war ein mißglückter Versuch, das Reich Gottes auf Erden zu errichten.« Mein Brief von 1952 reichte gerade aus, auf das Phänomen hinzuweisen; geistig verarbeiten konnte er es nicht, und deshalb brach er ab.

* Rede zum 20. Juli 1974. Gedruckt in »Fragen zur Weltpolitik« (1975), abgedruckt in »Der bedrohte Friede« (1981).

Macht

Die Göttinger Erklärung von 1957 gegen nationale Atomrüstung zog mich in die öffentliche Debatte über aktuelle Politik, die ich seitdem nicht mehr zu verlassen vermocht habe. Sie zwang mich aber auch, mein grundsätzliches Urteil über unsere Geschichte so zu präzisieren, daß es die Probe der Konfrontation mit aktuellen Entscheidungen aushalten konnte. Nichts sieht nach dieser Probe genau so aus wie zuvor. Ich suchte mich umfassend und genau zu informieren: zuerst über Außenpolitik, Militärstrategie, Waffentechnik, später, im Rahmen des Starnberger Instituts, über Umwelt- und Energiepolitik, über Weltwirtschaft und Unterentwicklung, schließlich über die Begrifflichkeit der Sozialwissenschaften. Die Breite dieser Interessen war sachlich erzwungen. Es ging um die Schaffung des Friedens, der von allen diesen Faktoren abhängt. Es ging also um die konkrete Präzisierung genau derselben Frage, die mich längst beschäftigt hatte. Denn der Atomkrieg ist die sichtbarste Drohgestalt der anstehenden Krise der Neuzeit.

Meine bisherigen Geschichtsbegriffe erwiesen sich für die konkreten Entscheidungen als zu vage. Die Theologie der Säkularisierung reichte, soweit ich sie verstand, zur Entscheidung zwischen Abschreckung und Pazifismus, zwischen Markt und Sozialismus nicht aus. Ich begann einen völlig neuen Arbeitsgang, vom detailliert betrachteten Besonderen zum Allgemeinen, von den Phänomenen, die sich erst bei konkreten Entscheidungen zeigen, zum Versuch einer Theorie. Ein Resumé dieser Arbeit war das Buch »Wege in der Gefahr« (1976). Eine Schlüsselfunktion in dieser Theorie der Politik gewann der Begriff der Macht (7. Kapitel des Buchs).

Bei dieser theoretischen Arbeit begegneten mir mehrere meiner älteren Begriffe in neuem Licht. Die Ambivalenz der Neuzeit las ich an der Geschichte von Absolutismus, Liberalismus, Sozialismus als »Ambivalenz des Fortschritts« (1970*) ab. Aus der Begegnung mit der Verhaltensforschung gewann ich unter dem Titel »Die Vernunft der Affekte« (1970*) konkrete Vorstellungen über die »unbewußten Akte«, die dem Bewußt-

* Alle Texte abgedruckt im »Garten des Menschlichen« (1977).

sein zugrundeliegen. Die Fortführung dieser Überlegungen in die Geschichte der abendländischen Kultur habe ich im gegenwärtigen Buch unter dem Titel des »Baugerüsts« zweimal skizziert (S. 84–88, S. 320–324). Schließlich zog ich politische Theorie, Verhaltensforschung, Psychoanalyse und Reinhold Schneiders Geschichtstheologie zur Studie »Über Macht« (1971*) heran. Jetzt folge ich der Argumentation der »Wege in der Gefahr«.

Ich ging von einem konkreten politischen Phänomen aus: dem Wettrüsten. Das Phänomen war mir seit meinen Schuljahren vertraut. Mein Vater hatte seit 1927 das Abrüstungsreferat im deutschen Auswärtigen Amt. Die Verzweiflung des Fachmanns über die Unmöglichkeit der Abrüstung ist eine meiner ersten politischen Erfahrungen. Die Rüstungskontrolle nach dem zweiten Weltkrieg, für die ich mich selbst zum Experten entwickelte, zeigte genau dasselbe Bild vergeblicher Anstrengung. Und historische Reflexion belehrte mich, daß es nie anders gewesen war. Die Vorbereitung des ersten Weltkriegs verlief genau nach demselben Schema wie der Rüstungswettlauf unserer Tage. Wer Kants Schrift »Zum ewigen Frieden« (1795) liest, findet, daß sich absolute Monarchen hierin von heutigen demokratischen und sozialistischen Regierungen nicht unterschieden. Die Geschichte antiker Stadtstaaten und Großkönige bietet kein anderes Bild. Wettrüsten führt nicht direkt oder unvermeidlich zum Krieg. Aber es stößt an die Grenze ökonomischer Unerträglichkeit. Diese führt zu sozialer Destabilisierung, und der Ausweg aus den so erzeugten innenpolitischen Problemen ist am Ende doch der Krieg.

Warum das jahrtausendelange Wettrüsten? Ein so einfaches, konstantes Phänomen verlangt nach einer einfachen Erklärung. Ich konnte aber weder den verurteilenden noch den beschönigenden Erklärungen glauben. Verurteilend: »die Politiker sind schuld«, »Herrschaft macht dumm«, »der Mensch ist böse«. Beschönigend: »si vis pacem, para bellum« oder gar: »der Krieg stählt den Mann«. Wäre die simple Verurteilung richtig, warum reproduziert sich dieses Verhalten so todsicher von Generation zu Generation? Sind wir so dumm? Verurtei-

* »Der Garten des Menschlichen« (1977), S. 253-283.

len heißt nicht erklären. Wäre die Beschönigung richtig, so müßten wir uns mit dem nichtendenden Elend abfinden. Auch beschönigen heißt nicht erklären.

Ich sah als Motor des Wettrüstens und aller außenpolitischen Konflikte ebenso wie als Motor der von Marx beschriebenen Kapitalakkumulation die Machtkonkurrenz. Macht im hier terminologisch gebrauchten Sinn sah ich als Humanum, als eine erst dem Menschen, noch nicht dem Kampf ums Dasein der Tiere gegebene Möglichkeit. Ich definierte sie als Akkumulation von Mitteln für Zwecke. Hier ist also im Sinne des »Baugerüsts« die Stufe der Zweckrationalität vorausgesetzt. Der Mensch kann den Zusammenhang von Wahrnehmen und Bewegen durch ein handlungsentlastetes Urteil unterbrechen und damit das bloße Reagieren durch ein von der Vorstellung geleitetes Agieren ersetzen. Die Handlung unterscheidet Zwecke und Mittel. Mittel aber, z. B. materielle Güter, Waffen, auch menschliche Gefolgschaften, lassen sich unabhängig von ihrem aktuellen Einsatz akkumulieren.

Schon in der Evolution der Tiere luxurieren unter den Verhaltensweisen diejenigen, die auf den Artgenossen bezogen sind, denn hier kann die Evolution auf jede Verhaltensweise eines Partners als »Antwort« eine eigene Verhaltensweise herausbilden; so in der Sexualität, der Aggression, in allem Sozialverhalten. Wo ein Mensch den andern, eine menschliche Gruppe die andere fürchten gelernt hat, luxuriert bald auf beiden Seiten die Akkumulation von Machtmitteln: das ist der Rüstungswettlauf. Macht ist weder böse noch dumm, aber ebensowenig hat sie recht: Macht an sich ist tragisch. Denn für jeden Partner im Machtwettlauf ist die weitere Vermehrung seiner eigenen Stärke zweckrational; dazu braucht es keine primär aggressiven Motive, das Motiv der Fähigkeit zur Selbstverteidigung genügt. Aber für die Gesamtheit der Partner, für die Gesellschaft, für den Kulturkreis, für die Menschheit ist der Wettlauf unfruchtbar, schädigend, und am Ende eine tödliche Gefahr.

Ich hebe den soeben eingeführten Begriff des Luxurierens von Organen oder Verhaltensweisen hervor, der Hochstilisierung. Der Begriff entstammt der Evolutionstheorie, er findet in pflanzlicher und tierischer Evolution vielfache Anwendung.

Aber der Mensch hat durch die sprachlich vermittelte kulturelle Tradition die lamarckistische Beschleunigung der Evolution möglich gemacht, die Vererbung des Erworbenen. * Menschliche Kultur ist in der Stilisierung der Verhaltensweisen das Luxurieren par excellence, so in den Formen der Erotik, des Kampfes, der Kunst, der Wissenschaft. Nur als Luxurieren biologisch nicht notwendiger Gestalten ist Kultur zu begreifen. Bewußtsein als unbewußter Akt ist eine Form solchen Luxus der Seele, eine luxurierende Gestalt des Seelischen. Aber wie stets in der Evolution ist nicht von vorneherein klar, ob eine zunächst erfolgreiche neue Gestalt auf die Dauer lebensfördernd, ja lebensfähig ist. In diesem Sinne ist der Machtwettlauf tragisch. Was Nietzsche Macht und Willen zur Macht nennt, geht zwar über meinen jetzigen Wortgebrauch hinaus; er meint mit Macht gerade nicht nur die zweckrationale Mittelakkumulation, sondern einen der Kunst verwandten Wert, die Lust am Luxurieren selbst. Aber das erhöht nur den tragischen Beiklang, der sich allein im amor fati der ewigen Wiederkunft selbst zu akzeptieren vermag.

Ich sagte, Macht an sich sei tragisch: im »an sich« sollte dabei die Isolierung der Macht als leitendes Prinzip angedeutet sein. Eine vernünftige Akkumulation von Mitteln für Zwecke braucht nicht zerstörerisch, nicht tragisch zu sein. Wäre es anders, so wäre die Spezies Mensch nie lebensfähig gewesen. Das Thema der Politik ist der Ausgleich von Vernunft und Macht. Unter Vernunft verstehe ich hier nicht die logische Rationalität; diese ist nur ein Werkzeug, gleichsam ein Machtmittel der Vernunft. Als Vernunft möchte ich die Wahrnehmung eines Ganzen bezeichnen: hier, im sozialen und politischen Zusammenhang, die Wahrnehmung der Familie, der Nation, der Menschheit – jeweils der Gruppe, *in* der es um Machtverhältnisse geht. Staaten sind möglich geworden, soweit innerhalb der Gesellschaft ein legalisierter Ausgleich von Vernunft und Macht eingerichtet werden konnte. Wettrüsten und Krieg gehen weiter, solange dasselbe in der Menschheit, zwischen den Staaten, nicht gelingt.

Tatsächlich aber ist es in der Geschichte nicht so friedlich-

* Dazu im Aufsatz über Nietzsche S. 70-105.

vernünftig hergegangen. Luxurierender Machtkonflikt ist durch anderes Luxurieren eingeschränkt worden: durch Übermacht eines Herrschers, einer Klasse, eines Staats, oder durch radikale Ethik. Die Tragik der Macht war schon den frühen Kulturen offenkundig, auch wenn die siegreichen Fürsten Denkmäler des Triumphs ihrer Macht über alle anderen Mächte hinterließen. Man kann die Hochreligionen nur als ein Gegenluxurieren des Ethos gegen die luxurierende Macht verstehen.* Deshalb enthält Hochreligion stets radikale Ethik, enthält sie extreme Askese, enthält sie Weltverneinung.** Diese Beobachtung erklärt mir, was mich von Kindheit an in der Unbedingtheit der Bergpredigt und der Gerichtsprophetie angesprochen hat. Sie erklärt mir die Phänomene, die ich in der Trias Natur-Christentum-Realität zu deuten versucht habe. Natur ist das frühhistorische gleichgewichtige Wogen der Machtkämpfe, deren Tragik jeder Blick in die Heldensage enthüllt, in die Siegfriedsage wie in die Sage vom trojanischen Krieg. Christentum ist das luxurierende Ethos, das den phantastisch erscheinenden Versuch unternimmt, die Macht der Macht zu brechen. Es weiß, daß dies im Grunde nicht menschlicher Leistung, sondern nur göttlicher Gnade zu verdanken sein wird: nicht noch so wohlgeplanten aufklärerischen Handlungen der Willens- und Verstandeswelt, der ja die Rationalität der Macht selbst angehört, sondern dem Geschenk der Liebe. Realität aber ist die Welt, die dem Fortschreiten der Macht angepaßt ist, in der es nur noch Zweckrationalität gibt, und eben darum keinen Sinn mehr, der die Zwecke rechtfertigt: Verstand auf Kosten der Vernunft.

Ich meine also nachträglich, daß ich schon in der »Geschichtskonstruktion« die bewegenden Kräfte der Neuzeit im Ansatz richtig wahrgenommen habe. Aber ich mußte einerseits den Weg durch die konkrete politische Analyse gehen, andererseits den scheinbar weiten Umweg durch die Naturwissenschaft, durch Evolutionstheorie und Verhaltensforschung, um Begriffe zu bekommen, in denen ich das Wahrgenommene

* Auch dazu im Aufsatz über Nietzsche S. 70-105.

** Dazu »Gehen wir einer asketischen Weltkultur entgegen?« in »Deutlichkeit« (1978), abgedruckt in »Der bedrohte Friede« (1981).

nicht bloß in halbmythischen Bildern, sondern mit einem Maß von theoretischer Konsistenz sagen konnte.

Ein Grundproblem im Verständnis der Neuzeit bleibt damit freilich noch ungelöst: Warum gerade in ihr, hier und jetzt, hier in Europa, jetzt in diesem Jahrtausend, der rasende Lauf aus der Natur in die Realität, in die machtförmige Welt? Ich wollte dies in der »Geschichtskonstruktion« und in der Säkularisierungstheologie auf eine Transposition der radikalen Dynamik des Christentums ins Säkulare zurückführen. Heute sehe ich darin höchstens eine Halbwahrheit. Hier muß noch eine andere, eine antike Quelle erschlossen werden, die Theorie.

Theorie

Im »Baugerüst«* habe ich drei kulturelle Pointierungen der Neuzeit unterschieden: Theorie, Praxis, Kunst. Pointieren heißt dort fast dasselbe wie jetzt Luxurieren. Es heißt, daß in der Kultur, nur im historischen Zusammenhang beschreibbar, eine hochkomplexe Gestalt des Verhaltens entsteht, die aus bloßer Natur, auch einer fiktiven »Natur des Menschen«, nicht zu erklären ist, ein Kunstwerk. »Theorie ist das Kunstwerk des Abendlands«, »ein erstaunliches, unwahrscheinliches Phänomen«**. Von drei »Pointierungen« spreche ich, weil sich die Breite möglichen Verhaltens unter drei »Gesichtspunkten«, drei leitenden »Werten«, kurz gesagt dem Wahren, dem Guten und dem Schönen, auf jeweils enge und zunehmend verengte Verhaltensmuster zusammenzieht. Das Luxurieren errichtet Eiffeltürme, die in Spitzen auslaufen. Der Zusammenhang der Pointierungen miteinander wird in ihrem historischen Fortschreiten immer unklarer. Eben das drückt sich heute im Werterelativismus aus, in der Beziehungslosigkeit des Wahren, das ist, zum Guten, das sein soll, und beider zum Ästhetischen, für das es nicht einmal eine ähnlich griffige Formel wie Sein oder Sollen gibt.

Als leitende Pointierung habe ich die Theorie bezeichnet. Sie

* Vgl. im Aufsatz über Nietzsche, Abschnitt 7: »Mein Entwurf: das Baugerüst«, S. 84-88, und im Aufsatz »Wozu Meditation?«, S. 316-324.
** Im Aufsatz zu Goethe, S. 36-50.

ist ein Werk der Griechen, das es so in keiner anderen Weltkultur gibt. Ihr Modell ist die Philosophie: ein Denken des Ganzen unter Kriterien einer Strenge, die nur durch das Paradigma, durch das begleitende Vorbild der beweisenden Mathematik vorstellbar geworden ist. Im Gespräch mit der Philosophie und mit den Mitteln der Mathematik entstehen die strengen Wissenschaften: Astronomie, Physik; dann in der Neuzeit unter dem Paradigma und der inhaltlichen Führung der Physik die Naturwissenschaften bis hin zur Biologie und naturwissenschaftlichen Medizin; in bewußter Gegenüberstellung zur Naturwissenschaft bildet die interpretierende Geisteswissenschaft ihre Methode aus; unter dem manchmal irreleitenden naturwissenschaftlichen Paradigma tastet die junge Sozialwissenschaft ihren Weg.* All dies ist Theorie. Es erhebt den Anspruch, wahre Urteile auszusprechen, in deren Kontext Begriffe einen eindeutigen Sinn haben.

Eine These zum »Baugerüst« ist, daß erst die oberen Stockwerke den Sinn der Begriffe erklären, mit denen wir die unteren Stockwerke beschreiben. Eben deshalb ist es als Baugerüst bezeichnet: es ruht nicht auf dauernden Fundamenten und ist zum Wiederabriß bestimmt, wenn der Bau, um den es errichtet ist, einmal etwas sicherer in sich ruhen sollte. So dient erst die Unterscheidung von Theorie und Praxis, die uns aus kultureller Tradition selbstverständlich scheint, um den Zusammenhang menschlichen Handelns so zu beschreiben, wie wir es auf der Stufe der Zweckrationalität tun, wie ich es also soeben in der Analyse der Macht vorausgesetzt habe. Ein Urteil unterbricht den Fluß, in dem Wahrnehmen und Bewegen zusammenhängen. Was ist ein Urteil? Sprechen wir es aus, so ist es ein Satz, der wahr sein will. Es ist im logischen Sinne eine Aussage (Proposition), d. h. eine sprachliche Äußerung, die wahr oder falsch sein kann. Um das zu erklären, mußten wir auf die Logik zurückgreifen, also auf eine Theorie. Kluge traditionalistische Inder und Japaner haben mir gesagt, die abendländische Kultur sei von der aristotelischen Logik beherrscht. Wenn daran etwas Wahres ist, so ist die Weise, wie unsere Willens- und Verstandeswelt die alltägliche Zweckmäßigkeit unseres Han-

* Dazu »Die Einheit der Natur« (1971), I.1, Seite 21-38.

delns versteht, unbewußt von einer historisch entstandenen, nicht naturnotwendigen kulturellen Pointierung beherrscht. Vielleicht handelt »der Mensch« gar nicht zweckrational, sondern nur »der moderne Abendländer«.

Wenn das so ist, dann gehört zu einem Selbstverständnis der Neuzeit, daß wir das Wesen der Logik und ihre Funktion im Alltag verstehen. Das ist ein großes philosophisches Programm, das im gegenwärtigen Buch keinen Raum findet. Ich deute nur eine Richtung an. Ich stelle die Logik wie die Macht vor den Hintergrund tierischen Verhaltens. In beiden Fällen lege ich, kompensatorisch, den Ton auf diejenige Seite des Vergleichs von Tier und Mensch, die unserer durchschnittlichen Auffassung weniger naheliegt. Machtkonkurrenz erscheint uns leicht als bloße Fortsetzung des darwinistisch verstandenen Kampfs ums Dasein aller Organismen; ich habe hier Macht als Humanum und ihre Konkurrenz als eine Zerstörung natürlich eingespielter Gleichgewichte geschildert. Logik hält man für spezifisch menschlich; ich verweise auf die biologischen Präliminarien zur Logik.*

Die einfachsten tierischen Verhaltensschemata kann man durch vier Merkmale charakterisieren: Allgemeinheit, Ja-Nein-Prinzip, Prävalenz des Positiven, Anpassung. Allgemeinheit: Das Tier reagiert typisch auf den Typus des Geschehens. Das nesthockende Vogeljunge reagiert auf den Typus »fütternder Schnabel«, das Raubtier auf den Typus »laufende Beute«. Das Tier nimmt, platonisch gesagt, das Eidos wahr. Ja-Nein-Prinzip: Die einfachsten Reaktionsschemata leisten das Geforderte nur dann, wenn sie je nach Reiz ablaufen oder nicht, ohne Zwischenstufen. Sie sind so konstruiert, daß sie eine zweiwertige Logik realisieren. Prävalenz des Positiven: Das etwas differenziertere Verhaltensschema reagiert auf seltene Ereignisse, hebt sie hervor. Der Nerv in meinem Backenzahn blieb jahrzehntelang still, um schließlich die Karies zu signalisieren, die mich zum Zahnarzt treibt. Anpassung: Die Richtigkeit des Verhaltensschemas ist seine Angepaßtheit an die Lebensbedingungen.

Logisches Reden ist, auf der Stufe lernfähiger Kultur, durch

* »Der Garten des Menschlichen« (1977), S. 294-314.

dieselben vier Merkmale charakterisiert. Es ist begrifflich, sagt das Allgemeine aus; das Einzelne ist unaussagbar. Es ist wahr oder falsch. Es sagt das Seltene, das Positive aus. Und die Aussage ist (verkürzt gesagt) die symbolische Vorstellung von Handlungsmöglichkeiten. Sie ist wahr, wenn die Handlungen zum Erfolg führen würden, falsch, wenn sie zum Mißerfolg führen würden. * Klassisch definierte man Wahrheit als adaequatio intellectus et rei, Angleichung des Gedankens und des Sachverhalts. Ich übersetze jetzt adaequatio als Anpassung, nicht wie des Bildes ans Vorbild, sondern wie des Schlüssels ans Schloß. So gehören Wille und Verstand in meiner Formel von der neuzeitlichen Willens- und Verstandeswelt zusammen. Der Verstand kann denken, was der Wille tun kann; der Wille kann tun, was der Verstand denken kann.

Nun ist aber die Zerlegbarkeit des wirklichen Lebens in einzelne Handlungsmöglichkeiten allenfalls eine Näherung, eigentlich eine Fiktion. Nur in der Mathematik glückt diese Isolierung. Daher die ungeheure paradigmatische Bedeutung der Mathematik für alle abendländische Theorie; darum auch ist die Frage nach dem Wesen der Mathematik vielleicht die Zentralfrage einer Theorie über Theorie. In der Physik zeigt heute die Quantentheorie, daß die ontische Isolierung von Objekten, hinter der die Isolierung von Handlungsmöglichkeiten als eigentlicher Grund steht, nur in der »klassischen« Näherung möglich, in Strenge aber immer falsch ist. Eben darum bin ich in meiner eigenen philosophisch-physikalischen Arbeit an das Problem fixiert, die Quantentheorie zu verstehen. Schon mitten in der Theorie zeigt sich: die Wirklichkeit ist nicht so, wie das Willens- und Verstandesdenken sie sieht.

Dann gilt auch in der Politik: die menschliche Wirklichkeit ist nicht so, wie die Zweckrationalität der Machtkonkurrenz sie sieht. Die Tragik der Macht ist die Tragik eines stets nur vorübergehend erfolgreichen Irrtums.

Vermutlich ist der gewaltige Erfolg der Theorie der Kern des neuzeitlichen Titanismus. »Als Wissende werdet ihr mächtig sein«, so lehrten Bacon und Descartes, und das hat sich erfüllt.

* Dazu »Modelle des Gesunden und Kranken, Guten und Bösen, Wahren und Falschen« in »Die Einheit der Natur« (1971), S. 320-341.

Es ist dann wohl auch angemessen, den Titanismus der Neuzeit nicht primär in ihrer Praxis, sondern in ihrer Theorie zu beschreiben.* Das Hier und Jetzt des neuzeitlichen Jahrtausends ist damit freilich noch immer nicht erklärt. Die Neuzeit ist, so gesehen, ermöglicht durch eine griechische Entdeckung. Warum aber ist die Dynamik der Theorie in der späteren Antike erlahmt? Warum wurde der Siegeslauf der Wissenschaft nicht schon im islamischen Mittelalter begonnen, das dem europäischen Mittelalter kulturell überlegen war, sondern erst in der christlichen Neuzeit? Unbeantwortete Fragen.

Die Rationalität der neuzeitlichen Theorie ist machtförmig. Dann aber kann, so scheint es, der neuzeitlichen Titanismus nur ein tragisches Ende nehmen.

Wie im Falle der Macht aber wäre die Tragödie nicht nötig. Sprachlich heißt im Griechischen theoria Anschauung, nicht Folgerung. Theoria ist Wahrnehmung eines Ganzen. So habe ich vorhin, anschließend an den Sprachgebrauch des Deutschen Idealismus um 1800, Vernunft definiert. Diese Wahrnehmung wird nicht durch die Sinne und nicht durch die Logik erzeugt. Man kann sie vielleicht eine umfassende Gestaltwahrnehmung nennen. Theorie aber, wie sie der neuzeitliche Wissenschaftsbetrieb erzeugt, nennen wir sie isolierende Theorie, gerät in einen Selbstwiderspruch. Das Ziel der Theorie ist Wahrheit. Isolierende Theorie aber ohne Wahrnehmung des Ganzen, man kann sagen, selbstgerechte Theorie, wird notwendig unwahr. Wir werden dieser Figur bei der Moral und der Kunst wiederbegegnen.

Moral und Politik

Das Verhältnis von Moral und Politik, ein uraltes Problem der Menschheit, entwickelt sich zu einem der Schlüsselprobleme der gegenwärtigen Krise der Neuzeit. Ich habe mich selbst genötigt, öffentlich Stellung zu nehmen. Meine bisherigen Überlegungen zeigen aber genau zu diesem Problem viele unabgeschlossene Ansätze, offene Enden. Es ist offensichtlich für mich

* So in dem Vortrag über den deutschen Titanismus.

selbst ein ungelöstes Problem. Im jetzigen Text suche ich nicht Stellungnahme, sondern einen Schritt zur zusammenfassenden Erkenntnis.

Mit dem Beginn bei der »Geschichtskonstruktion« von 1945 habe ich noch einmal den Ansatz dort genommen, wo ich ihn von meiner persönlichen Umgetriebenheit her alleine nehmen kann: von der Sprengkraft der Bergpredigt in Gegenüberstellung zu meiner Erziehung in vernünftigem Machtgebrauch und zur Vision der Katastrophe der Neuzeit. Wie stehen diese drei Elemente zueinander?

Eine unregulierte Machtkonkurrenz hat die Menschheit nie akzeptiert, im Prinzip auch nicht eine uneingeschränkte Machtausübung. In allen Kulturen gibt es politische Moral. Wenn eine Krise der Neuzeit droht, so ist sie eine Krise ihrer politischen Moral.

Was ist Moral? Was ist politische Moral? Woher stammen ihre Krisen?

Moral als kulturelles Verhalten. Wir haben Macht und Logik als Weisen kulturellen Verhaltens betrachtet. Auch Moral ist ein kulturelles Verhalten, das mit einem Hintergrund tierischen, »moralanalogen« Verhaltens verglichen werden kann. Wir suchen zunächst wieder eine Wahrnehmung des Phänomens. Freilich sind die Phänomene der Moral komplex, oft selbstwidersprechend; zu jeder Behauptung über sie gibt es Gegenbeispiele. Gleichwohl wagen wir, um erste Strukturen zu sehen, ein paar vereinfachende Behauptungen.

Zunächst ist hier eine Verzerrung der Phänomene zu korrigieren, die sich aus der dramatischen Fragestellung des Buches ergeben hat. Das Buch geht von einer Krisenwahrnehmung aus. Es sieht die Neuzeit als dynamischen Prozeß, der einem unbekannten Ziel entgegenläuft. Unter diesem Aspekt gewinnt auch in der politischen Moral die Dynamik ein Übergewicht: das radikale Christentum, der Radikalismus der Aufklärung, die Revolutionen. Der Alltag ist ruhiger. Und Moral, auch politische Moral, ist zunächst ein Phänomen des Alltags. Sie ist normalerweise nicht da, um zu verändern, sondern um zu bewahren. Der bewahrenden Moral muß sich unser Blick zunächst zuwenden.

Die praktisch gültigen Regeln der Moral haben einige kennzeichnende Eigenschaften, über die wir uns vielleicht manchmal nicht genug wundern. Sie sind *prohibitiv* und sie gelten *unerklärt*. Sie beziehen sich vorwiegend auf zwei Lebensbereiche: auf *geschlechtliche Liebe* und auf *Macht*.

Die Regeln der Moral sind *prohibitiv*, nicht präskriptiv: sie schreiben nicht das vor, was getan werden soll, sondern sie verbieten das, was nicht getan werden soll. So sind schon die zehn Gebote: du sollst nicht töten, du sollst nicht ehebrechen; du sollst keine anderen Götter neben mir haben. Die moralischen Gesetze sind völlig verschieden von den Naturgesetzen der Physik, die das positive Geschehen deterministisch oder doch statistisch festlegen. Sie setzen die Freiheit des Handelns voraus: vieles kannst du und darfst du tun; einiges aber darfst du nicht, obwohl du es kannst.

Freilich haben wir hier schon ein gegenläufiges Phänomen zu sehen. Es gibt ein Luxurieren der speziellen Handlungsvorschriften, die zumal als kultische Regeln, aber auch z. B. in der elaborierten Höflichkeit, das Handeln weitgehend präskriptiv bestimmen. Der fundamentale Unterschied auch dieser Regeln gegen die Naturgesetze bleibt erhalten. Auch Kult und Höflichkeit sagen nicht voraus, was geschehen wird, sondern schreiben vor, was geschehen soll, und sie sind prohibitiv für die Verletzung der Vorschrift. Die nachher zu besprechende rationale Moral hat aber diese präskriptiven Handlungsregeln mehr und mehr zurückgedrängt. Darum erlaube ich mir, weiterhin die Grundfigur der prohibitiven Moral zu betrachten.

Als prohibitive Regeln sind die moralischen Regeln gleichsam Verhaltensschemata zweiter Ordnung. Sie sind Verhalten in bezug auf eigenes Verhalten. Sie schließen gewisse Verhaltensweisen aus, die ohne das Verbot gerade stattfinden würden. Das gilt schon vom moralanalogen Verhalten der Tiere. Ein vielbesprochenes Beispiel ist die Hemmung der bewaffneten Tiere gegen die Tötung von Artgenossen: der Kampf um den Rang muß ausgetragen werden, aber nur bis zum sozialen Sieg, nicht bis zur Tötung.

Man kann die vier Verhaltensmerkmale an den üblichen moralischen Regeln vorfinden. Allgemeinheit: das Verbot ist begrifflich, es betrifft einen Typus des Verhaltens. Ja-Nein-Prinzip: nur erlaubt und verboten, gut und böse werden festgelegt. »Das Gute, dieser Satz steht fest, ist stets das Böse, was man läßt« (Wilhelm Busch). Prävalenz des Positiven: Man ist versucht, hier eher von Prävalenz des Negativen zu sprechen. Das Verbotene ist ausdrücklich bezeichnet, nur bei komplizierter Kasuistik auch einmal das Erlaubte. * Aber eben das Verbotene ist in der ersten Verhaltensstufe das Spezielle, das Positive. Das Verbot faßt nur, wenn das Verbotene nicht das Normale ist. Die Regeln von Kult und Höflichkeit heben das Nichtnormale als Gebotenes hervor; dies ist im engeren Sinne Prävalenz des Positiven. Das Grundphänomen ist, daß Ja und Nein nicht symmetrisch zueinander stehen: das eine wird hervorgehoben, das andere ist das Normale.

Das vierte Merkmal, der Anpassungswert der Moral, verdient eine ausführliche Betrachtung. Zunächst scheint es evident: Moral soll das Bestehen der Gesellschaft ermöglichen, sie verbietet gesellschaftsschädigendes Verhalten. Dies erklärt unmittelbar ihre beiden Hauptanwendungsbereiche, *geschlechtliche Liebe* und *Macht* (letztere hier im weitesten Sinne genommen mit dem Hof von Verhaltensweisen in Aggression, Rangkämpfen etc.). Es sind die beiden Bereiche, in denen schon tierisches und erst recht menschliches Verhalten luxurieren kann, weil sie sich auf den Artgenossen beziehen. Hier meldet sich eine Beziehung der Moral auf das Phänomen des Luxurierens, der wir weiter nachgehen werden.

Wir betrachten zunächst die *Unerklärtheit* der Moral. Dies ist ein für das Verständnis der Moral zentrales Phänomen. Natürlich gibt es abgeleitete moralische Regeln, die auf grundlegende Regeln erläuternd zurückgeführt werden können. Du sollst nicht töten, also darfst du auch das Risiko fahrlässiger Tötung nicht laufen. Aber jede Regel tritt zunächst ohne Erklärung als Forderung auf, und für die grundlegenden Regeln bleibt dies auch bei einer möglichst vollständigen Durchrationalisierung der Moral erhalten. Dies ist formal genau die Struktur, die wir beim Gefüge der Zweckrationalität angetrof-

* Scherz aus der Zeit vor dem ersten Weltkrieg: In England ist alles erlaubt, was nicht verboten ist. In Preußen ist alles verboten, was nicht erlaubt ist. In Österreich ist alles erlaubt, was verboten ist. In Rußland ist alles verboten, was erlaubt ist. Und heute?

fen haben. Wird ein Zweck noch durch seine Zweckmäßigkeit erklärt, so ist damit ein anderer Zweck unerklärt vorausgesetzt.

Die moralische Wichtigkeit der Unerklärtheit der Moral läßt sich erläutern, indem wir den nächstliegenden Erklärungsversuch betrachten. Die positiven Regeln der Moral schränken fast durchweg den Handlungsspielraum des Individuums zugunsten anderer Individuen oder der Gesellschaft ein. Es liegt nahe, die Moral schlicht als die Zweckrationalität der Gesellschaft zu erklären. Diese Figur hält sich von Platon bis Luhmann durch. Das Grundproblem dieser Erklärungsweise erfüllt bereits Platons Auseinandersetzung mit den Sophisten (Beispiel: das erste Buch der Politeia). Wenn ein kluges Individuum oder eine herrschende oder die Herrschaft anstrebende Gruppe dies erkannt hat, so fällt für den so Erkennenden der bindende Charakter der Moral dahin. Das Interesse des Individuums oder der Gruppe entscheidet nun darüber, ob der so partikular Interessierte das Interesse der Gesamtheit als für ihn selbst wichtig anerkennt. In dieser Abhängigkeit von Partikularinteressen aber ist die Existenz der Gesamtheit nicht zu stabilisieren. Darwinistisch gesagt: Nur solche Gesellschaften überleben, deren Glieder die der Gesellschaft nützende Moral unerklärt befolgen; gesellschaftliche Erklärung der Moral ist der Beginn ihres Endes.

Die Erklärung der Unerklärtheit der Moral hinterläßt uns mit einem Vorgeschmack unseres zentralen Problems, der Ambivalenz der Moral. Sie erklärt den historischen Erfolg der unerklärten Moral. Sie löst aber denjenigen, der sie verstanden hat, gleichwohl aus seiner eigenen Bindung an die Moral als unerklärte heraus. Sie zwingt zu einer tiefergehenden Frage.

Rationale Moral. Eine rationalisierende Kultur wie die unsere kann sich mit einer unerklärten Moral nicht abfinden. Wir verfolgen den Weg der rationalen Moral durch ein paar Stationen unserer Kultur.

Beim »Baugerüst« sagte ich, »Praxis« sei primär eine Restkategorie neben der leitenden Entdeckung, dem Kunstwerk des Abendlands, der Theorie. Was nicht Theorie ist, ist Praxis. Denn »Praxis« ist ein von Theoretikern erfundener Begriff; solange es keine Theorie gibt, ist Praxis das Normale, das keinen

Namen hat. Die relative Vollständigkeit der Einteilung in Theorie und Praxis wird deutlicher, wenn wir die griechische Bedeutung dieser Wörter bedenken. Theorie ist Gestaltwahrnehmung, Anschauung. Sie umfaßt also die Wahrnehmung, die stets prädikativ, Wahrnehmung »von etwas als etwas« ist, ebenso wie das Urteil. Und Praxis umfaßt nicht nur das Handeln, sondern auch dessen Sinn und Zweck, also das, was wir im Baugerüst auf der tiefsten Stufe mit der Restkategorie des Affektiven, auf der Stufe der Zweckrationalität als Werte bezeichnet haben. Das Gute soll nicht nur getan werden; man kann es fühlen.

Aber kaum ist Praxis ein Begriff der Theorie geworden, so dringt das theoretische Denken in sie ein und verändert sie; es duldet ihre Unerklärtheit nicht. Aristoteles trifft eine für die europäische Philosophie folgenreiche Entscheidung, indem er die Poiesis, das Machen um eines außerhalb liegenden Zweckes willen, aus der Praxis ausgrenzt. Praxis bleibt nun das handelnde Leben, das sein Telos, seinen Sinn und Zweck, sein Gutes in sich selbst trägt. In diesem Sinne ist für Aristoteles dann das reine, selbstgenügende Anschauen der Wahrheit, eben die Theorie, selbst eine besondere Praxis, ja die höchste Praxis. Dieses praktische Ethos des innewohnenden Sinns ist nicht prohibitiv verstanden; es ist am Guten orientiert, und das Schlechte ist Mangel des Guten, also umgekehrt als in Wilhelm Buschs Sarkasmus. Dies ist Prävalenz des Positiven in ganz anderem Sinne als in Kult und Höflichkeit. Das Gute ist überhaupt nicht Erfüllung einer Regel. Es ist das eigentliche, mit sich einige Leben. Nun entsteht jedoch die Theoretikerfrage, wie man sagen kann, was das Gute ist. Aristoteles ist hier behutsam. Aber der Sieg der Logik in der Ethik ist kaum zu vermeiden. Ein Satz, der sagt, was gut ist, muß wahr oder falsch sein; so schafft das Ja-Nein der Logik ein abgeleitetes Ja-Nein der Moral.

Mit dem Sieg des Christentums durchdringt das ungeheure Pathos der jüdischen Unterscheidung von Gut und Böse die abendländische Kultur. Das Böse der Juden ist etwas anderes als das Schlechte der Griechen. Es ist nicht Mangel an Sein, sondern luxurierender Eigenwille. Diese Moral ist ausdrücklich unerklärt: sie ist Gebot eines Gottes. Er ist der Gott dieses

Volks, der sich dann als der eine wahre Gott offenbart; andere Götter sind in der Anfangszeit nicht nichtexistent, sondern ihr Dienst ist verboten. Aber auch hier ist der Ursprung der Moral die Prävalenz des Guten: Gottes Gebot folgen heißt Leben, es verwerfen heißt Tod. *

Der politische Sieg der christlichen Kirche läßt die gläubige Menschheit in die Rolle des Volkes Gottes eintreten. Damit hat unsere jetzige Betrachtung den Ausgangspunkt der »Geschichtskonstruktion« erreicht. Dort hatte ich dann die Verwandlung der Natur, man kann sagen ihre Verbrennung durch das christliche Feuer in der mittleren und neuen Geschichte verfolgt. Jetzt folge ich in wenigen Schritten ihrer Umgestaltung durch die Rationalität, d. h. durch die griechische Erfindung der Theorie.

Das Christentum durchdrang zunächst das römische Reich, d. h. die antik-mediterrane Gesellschaft. Die großen praktischen und damit zugleich gedanklichen Aufgaben, die sich ihm damit stellten, konnte es nur mit den verfügbaren Denkmitteln, also mit griechischer Rationalität anfassen. An die Stelle jüdischer Schriftgelehrsamkeit, einer Kunst weiterführender Interpretation, tritt Theologie, d. h. Theorie über das Göttliche. Der Kathedralenbau der mittelalterlichen Scholastik (wie es Karl Barth mit dem Namen einer Kirche in Rom ausdrückte: Santa Maria supra Minerva) vereint zwei verschiedene Religionen, die der griechischen Philosophie und die der Bibel, in einem rationalen, also griechischen Kompromiß. Was aristotelischem Denken zugänglich ist, heißt im Thomismus »natürlich«: lumen naturale, natürliche Theologie. Diese wird überhöht von der Theologie der Offenbarung; aber deren Kernstück, die Trinitätslehre, ist wiederum nicht biblisch, sondern sie ist die Anpassung eines doch wohl neuplatonischen Philosophems an christliche Inhalte. Analog gibt es zunächst die Moral der natürlichen Vernunft, in der sich griechische Rationalität mit den zehn Geboten vereinbaren läßt. Der moralische Überschuß der Bergpredigt über diese Moral wird auf die freiwilligen Gelübde von Armut, Keuschheit, Ge-

* Vgl. die Bemerkung über Griechen und Juden im Aufsatz über Goethe, S. 41 ff.

horsam projiziert und nicht als Gebot, sondern als evangelischer Ratschlag verstanden, dessen leitendes Motiv die Liebe ist. Man darf dieses künstliche, versöhnende, lebensermöglichende Gebäude eine Kathedrale nennen.

Renaissance und Aufklärung haben dieses Kunstprodukt aufgelöst. Die Aufklärung versuchte, wenn ich statt des architektonischen Gleichnisses ein chemisches wählen darf, aus dem Gemenge alle »Schlacken« wegzulösen und das reine Metall der Rationalität übrigzubehalten. Damit wurde freilich nicht das sinnenhafte, naturwüchsig reiche klassische Griechentum wiederhergestellt, und ebensowenig wurde der neue Wunschtraum eines vernünftigen Christentums verwirklicht. Vielmehr wurde eine neue revolutionäre Dynamik entfesselt, die der »Realität«. In den Aufsätzen von 1945 habe ich die Ambivalenz dieser Dynamik vor allem in ihrer technischen Gesinnung, ihrer Selbstzweck-Funktionalität betrachtet. Diese Kritik steht in einer alten Tradition, von Goethe und Jefferson über Heidegger bis zu den Grünen unserer Tage. Jetzt muß ich ihre andere Seite anschauen, die *moralische Revolution*. Damit ist nicht die in Krisenzeiten häufige Revolte gegen die Moral und die resultierende Umwandlung moralischer Normen in andere Normen gemeint, heute sehr sichtbar in der Sexualmoral. Ich meine vielmehr umgekehrt die moralisch hochmotivierte politische Revolution, die Revolution der politischen Moral gegen die Macht.

Hier tritt ein Konflikt auf, der viel zuwenig verstanden wird, der Konflikt zwischen Moral und Religion. Die politische Macht, gegen die sich die neuzeitliche Aufklärung wendet, ist die Hierarchie. Sie steht damit in der Tradition der alle Jahrhundert wiederholten innerkirchlichen Protestbewegungen radikaler Christen. Aber eines Tages entdeckt die Aufklärung im Bilde des befehlenden Gottes selbst die mythische Schutzfigur des befehlenden Hierarchen oder Monarchen. Die Unerklärtheit der gebotenen Moral, so entdeckt man, hat das Institut der Herrschaft gerechtfertigt. Folglich muß die Moral vernünftig, also selbsterklärend werden, und die Herrschaft wird überflüssig sein.

Dies aber bedeutet, oft fast unvermerkt, einen inhaltlichen Wandel der Moral. Es ist der Übergang vom Ethos des Herrschens und Dienens zum Ethos der Freiheit und Gleichheit. * In der Sprache der »Geschichtskonstruktion« bestimmt das Ethos des Herrschens und Dienens die politische Moral, welche die »Natur« stabilisiert, das Ethos der Freiheit und Gleichheit aber ist das politische Ideal der »Realität«. Hier erkennen wir nun sofort den Selbstwiderspruch der »Realität«, nämlich den radikalen Konflikt zwischen ihrem funktionalen und ihrem politisch-moralischen Ideal, den Konflikt zwischen Technokratie und Demokratie. In einer planbar funktionierenden Kultur müssen nicht nur die Apparate, sondern auch die Menschen planbar funktionieren; das aber verstehen sie nicht unter Freiheit.

Man kann versuchen, den Konflikt durch Vernunft, d.h. durch Wahrnehmung des Ganzen zu überbrücken. Praktisch bleibt uns in unserer Zeit gar nichts anderes übrig. Aber wir wollen mehr wissen. Gibt es eine Rationalität, die den Konflikt nicht nur überbrückt, sondern aus dem Wesen der Sache heraus löst? Als Philosophiedozent habe ich nur *eine* Philosophie kennengelernt, welche das Anliegen der Aufklärung tief genug aufnimmt, um diese Lösung erhoffen zu lassen: die praktische Philosophie Kants. Es war daher mein Wunsch, diese Philosophie in einem Essay sorgfältig zu interpretieren. Ich habe dazu nicht die Zeit gefunden. ** Die politische Substanz davon ist, was ich weiter oben die Theorie des Liberalismus genannt habe. Freiheit als moralisches Gut ist nicht die Freiheit, die ich für mich in Anspruch nehme, sondern die Freiheit, die ich dem Mitmenschen gewähre. Vernunft macht solche Freiheit psychisch möglich. Politische Freiheit aber gestattet gemeinsame Wahrheitssuche; sie macht den Gebrauch der Vernunft gesellschaftlich möglich.

Dies ist ein wohl unanfechtbar vernünftiges Programm. An

* Vgl. im Aufsatz über Nietzsche, Abschnitt 10: »Das moralische Problem der Neuzeit«. Auch in »Deutlichkeit« (1978), Aufsätze 2 und 4.

** Der erste Vortrag in »Deutlichkeit«: »Die Verteidigung der Freiheit«, war Helmut Schmidt, einem Bewunderer der politischen Philosophie Kants gewidmet. Sein erster Teil, »Welches Gut verteidigen wir in der Freiheit« versuchte, ohne Kant zu zitieren, den heute noch gültigen politischen Gehalt seiner *Philosophie* auf drei Druckseiten darzustellen. Der Aufsatz über asketische Weltkultur, ebenfalls in »Deutlichkeit«, S. 9-21.

ihm haben wir die reale Politik zu messen. Aber wir können nicht leugnen, daß die Dynamik der Neuzeit an ihm vorbeirennt. Der freiheitliche Rechtsstaat schafft seinen Bürgern eine Ruhe, eine Atempause. In den Beziehungen zwischen den Staaten fehlt jedoch das entsprechende Regulativ. Und technisch sehr wohl lösbare Probleme wie viele Aufgaben des Umweltschutzes finden keine politisch hinreichend starke Lobby.

Die Entwicklung der Philosophie nach Kant deutet auf diese Krise voraus. Kants kasuistische Beispiele sind stets sehr viel schwächer als seine grundsätzlichen Gedanken. Der kategorische Imperativ definiert philosophisch, was vernünftige Freiheit des Willens ist; er sagt nicht und impliziert nicht, wie man im konkreten Fall handeln soll. Niemand hat die vernünftige Wahrnehmung des Ganzen in Normen, Befehle oder Ratschläge ummünzen können, die sich im Konflikt der Interessen und der Irrtümer durchgesetzt hätten. Hegel versuchte das Ganze zu denken wie kein anderer. Aber er wußte, daß die Welt nur geordnet sein kann, wenn dazu nicht nötig ist, daß der politisch Verantwortliche dieses Wissen vom Ganzen hat; er verwarf den platonischen Philosophenkönig. Marx, Nietzsche, Freud verwiesen auf die materiellen und psychischen Voraussetzungen der Rationalität. Heute gibt es keine politisch durchsetzbare inhaltliche Vernunft. Es gibt zweideutige Teilverwirklichungen.

Ich beende diesen Abschnitt mit einer persönlichen Erinnerung. Das letzte Aufflammen des moralischen Rationalismus der Aufklärung war wohl die Neue Linke der späteren Sechzigerjahre. Meine – und nicht nur meine – Erfahrung mit dieser Moral habe ich in einer Aufzeichnung geschildert, der ich den Titel gegeben habe: »Das moralische Problem der Linken und das moralische Problem der Moral« (1975).* Die moralisch hochmotivierte Linke ist genau an ihren Verstößen gegen die Moral gescheitert. Selbstgerechte Theorie wird unwahr. Selbstgerechte Moral, revolutionäre ebenso wie konservative, wird böse, abgründig böse. Moral trennt, Liebe verbindet.

Diesseits von Gut und Böse. Unter den Augenzeugen der

* Im Garten des Menschlichen« (1977), und abgedruckt in »Der bedrohte Friede« (1981).

Neuzeit habe ich zwei Kritiker der Moral aufgeführt: einen dramatisierenden, Nietzsche, und einen sehr leisen, Goethe. Im jetzigen Abschnitt variiere ich Nietzsches vielleicht bekanntesten Buchtitel. Moral ist Kunstprodukt, das Werk eines formenden Willens, eine Projektion auf die Wand der Ja-Nein-Entscheidungen. Wollen wir uns selbst verstehen, so sollten wir diesseits der Projektionswand bleiben, bei uns selbst.

Was ich zu Nietzsche gesagt habe, sollte an der jetzigen Stelle des Gedankengangs nachgelesen werden. »Es wird Kriege geben, wie es noch keine auf Erden gegeben hat.« (9.: Ecce Homo) Um dem Irrtum vorzubeugen, Nietzsche verherrliche die Kriege unserer Staaten, habe ich den Text »Das Mittel zum wirklichen Frieden« aus seiner mittleren Zeit abgedruckt. Wie sich beides vereinbart, möge der Leser beurteilen. Nietzsche dachte nicht im System, sondern in Wahrnehmungen. Mir scheinen beide Wahrnehmungen genau.

Nietzsche führt die Theorie auf die Moral zurück, und die Moral auf den Willen zur Macht. Theorie ein Machtmittel der Moral, Moral ein Machtmittel der Schlechtweggekommenen – das ist Nietzsches Kritik an Sokrates. Paul Lorenzen, der bedeutende Logiker unserer Zeit, sagte mir im Gespräch über seine »dialogische Begründung der Logik«: »Die Logik entstammt der athenischen Demokratie. Auf dem Markt in Athen stellt Einer eine Behauptung auf. Der Andere sagt: »Das glaube ich nicht.« Der Erste: »Du mußt es aber glauben.« Der Zweite: »Du bist nicht der Perserkönig. Du darfst mir nicht befehlen, was ich glauben muß.« Der Erste: »Ich kann es dir aber beweisen.« Der Zweite: »Bitte beweise es!« »Und dann« – so fuhr Lorenzen fort – »brauchen sie Logik.« Lorenzen will nicht sagen, daß sie dann die Logik erfinden, sondern daß sie dann, durch ihre Freiheit genötigt, die wahre Logik entdecken. Lorenzen ist wie die Griechen von der Mathematik fasziniert, und er befürwortet die Demokratie. Beides gilt nicht von Nietzsche.

Die Unwahrheit der isolierenden Theorie, die Bosheit der selbstgerechten Moral ist uns vor Augen getreten. Ich folge Nietzsche darin, daß die zweiwertige Logik machtförmig ist. Meine Beobachtung hat mich belehrt, daß engagierte Logiker, in einer von ihnen selbst oft verdrängten Weise, intellektuell herrschsüchtig sind. Nun ist also durch die Wahrnehmung dieser Ambivalenz die Faszination von Theorie und Moral erschüttert. Ich möchte aber, da dies geschehen ist, doch die relative Wahrheit der Theorie, die relative Güte der Moral begreifen lernen. Warum sind beide denn so erfolgreich? Ist Erfolg eine Tugend? *

Goethes »Wahlverwandtschaften« sind nach meinem Empfinden eines der hintergründigsten Bücher unserer Literatur. Es kann sein, daß jüngere Menschen unserer Tage, denen die traditionelle Ehemoral verdämmert ist, eine quasi kulturhistorische Schwierigkeit haben, den Konflikt des Romans nachzuerleben; ja sie mögen sich an seinem Moralismus ärgern. Das wäre ein Beispiel für die Geschichtsabhängigkeit moralischer Normen. Doch haben wir hier zwischen zwei Abhängen zu balancieren: nach rechts dem Sturz in den moralischen Rigorismus, der die unerklärte Norm als ewige Wahrheit nimmt, nach links dem Sturz in den moralischen Relativismus, der den Inhalt der Normen für belanglos hält. Daß verschiedene soziale Normen verschiedene Wirkungen auf die Menschen haben, die ihnen nachleben, das wird niemand leugnen wollen; aber dasselbe gilt von verschiedenen sexuellen Normen. Es wäre erleuchtend zum Verständnis von Kunst und Religion, ja selbst zum Verständnis politischer Moral, wenn wir tiefer in die Geheimnisse der erotischen Sphäre eindringen könnten. Ich kann es hier nicht versuchen; ich ahne einiges, aber weiß zu wenig. Ich weise nur auf die Winke Goethes hin, der viel davon wußte; Winke, die ich im Aufsatz über die »Wahlverwandtschaften« behutsam aufgenommen habe.

Goethe schreibt das Buch als Naturforscher der menschlichen Seele. Deshalb ist der chemische Titel präzis. Die Natur ist die einzige moralisch unbestechliche Figur des Romans. Eben die Naturhaftigkeit des Moralischen bei Goethe ist aber den Moralisten der Stein des Anstoßes. Hier nehme ich Goethes Partei. Die Moral hat einen zu naiven Freiheitsbegriff. Die Kunst, hier Goethes Roman, schaut an, was ist, und sie findet das viel paradoxere und viel wahrscheinlichere Phänomen einer moralischen Weltordnung ohne die zu ihrer Einhaltung nötige Freiheit. Luthers servum arbitrium, der unfreie Wille,

* Vgl. Georg Pichts Brief zum Titanismus, 27.2. 1979.

im Milieu des 18. Jahrhunderts gespiegelt. So darf die Welt nicht sein, sagen die Moralisten. So ist sie aber.

Wir treten hier in einen Erfahrungsbereich ein, den durch die Jahrtausende fast nur die Religion bewahrt hat, und in der Kunst die Tragödie; nicht die Moral und nicht die Theorie. Die Wissenschaft freilich hat seit der Evolutionslehre eine offene Tür dahin. In der Religion war die Bewahrerin meist nicht die Theologie, sondern die liebende Erfahrung, und vielleicht die Mystik.

Bahnen wir uns einen Weg, indem wir von der bewahrenden Moral des Alltags zur luxurierenden, zur radikalen Moral der frühen Hochreligionen zurückkehren! Sie hat mit dem Erfahrungsbereich der Askese zu tun. Ich habe schon das handlungsentlastete Urteil als eine Askese, als einen Verzicht auf das sofortige Reagieren beschrieben. Dieser Verzicht ist im Normalverlauf keine bewußte Askese; er ist ein teils schon angeborenes, teils kulturell eingeschliffenes Handlungsmuster. Er zeigt jedenfalls die Bereicherung der Verhaltensmöglichkeiten durch den Verzicht.

Vielleicht darf ich hier noch einmal auf meinen Aufsatz zu diesem Thema verweisen: »Gehen wir einer asketischen Weltkultur entgegen?« * Die dort unternommene Analyse kann ich hier nicht wiederholen. Ich erinnere jetzt nur an ein paar Definitionen. Der Aufsatz geht von der Bedeutung der Ökonomie für die Kultur aus. Er definiert Askese vorläufig als freiwilligen Verzicht auf erreichbare Güter. Er unterscheidet dann historisch drei Stufen: die Bescheidenheit als Tugend der Dienenden, die Selbstbeherrschung als Tugend der Herrschenden, die eigentliche Askese als Tugend der Entsagenden. Dies ist in der traditionellen Sozialstruktur und gemäß ihrem Ethos des Herrschens und Dienens gesagt; das Problem des Aufsatzes ist dann, ob es unter dem Ethos der Freiheit und Gleichheit eine »demokratische Askese« geben kann. Im jetzigen Zusammenhang müssen wir fragen, was eigentlich Kraftquelle und Wirkung des Verzichts ist.

Die drei Stufen bedeuten eine aufsteigende Folge des Grades

* »Deutlichkeit« (1978), abgedruckt in »Der bedrohte Friede« (1981).

der Ritualisierung, also des Luxurierens der Verzichthaltung. Die unterste Stufe beschreibt wiederum der Zynismus von Wilhelm Busch: »Enthaltsamkeit ist das Vergnügen an Sachen, welche wir nicht kriegen.« Aber der Zyniker sieht nur die Hälfte der Wirklichkeit, und Busch weiß das. Bescheidenheit als lehrbare Tugend der Kleinen ist die bewußte Zustimmung zu einem ohnehin notwendigen Verzicht. Bewußte Zustimmung zum Verzicht aber ist eine Kraft. Sie schenkt einen inneren Reichtum und befähigt zur Nächstenliebe. Viel komplizierter ist die hochritualisierte Selbstbeherrschung aller zur Dauer befähigten Eliten. Evident ist der gesellschaftliche Nutzen für die Herrenschicht selbst, den der Verzicht auf Verschleuderung des Vermögens, auf sexuelles Chaos, auf Tötung des Konkurrenten, auf Ungehorsam gegenüber Befehlen mit sich bringt. Aber die Ritualisierung der Vornehmheit geht weit über diese erkennbare Zweckrationalität hinaus. Sie ist eher ein Kunstwerk aus Verhaltensmustern, die der wahrhaft Vornehme als unerklärte akzeptiert und erfüllt; sie ist ein schöner Luxus. Und auch hier gilt: die unerklärte »Moral« ist viel stabilisierender als die erklärbare Zweckrationalität. Ihre Erfüllung hat eine prägende Rückwirkung auf den Menschen, der sie erfüllt, vom sportlichen Training (dem ursprünglichen Sinn des Worts »Askese«) über spezialisierte, aber gesteigerte moralische Wahrnehmungsfähigkeit bis zur Freude daran, schön zu sein und schön zu handeln. Eliten, die ihrer unerklärten Moral treu bleiben, können höchstens durch äußere Gewalt vernichtet werden.

Die Askese der Entsagenden, der Einsiedler und Mönche, hat sich vielleicht historisch nur entwickeln können, weil die Entsagenden der Schicht der Herrschenden entstammten, die etwas hatten, dem man entsagen konnte, und die schon in den Idealen der Selbstbeherrschung erzogen waren. Diese Entsagung erweist sich als ein Luxus, der durch keine offenkundige Zweckrationalität mehr gedeckt ist. Die drei Gelübde von Armut, Keuschheit und Gehorsam sind Überritualisierungen der Selbstbeherrschung. Sie sind gesellschaftlich kaum verallgemeinerungsfähig. Wären alle Menschen Bettler, wer gäbe ihnen Almosen? Verzichteten alle auf geschlechtliche Liebe, so würde die Menschheit aussterben. Diese Ritualisierungen entstammen dem Verlangen nach einem Heil jenseits alles sichtbaren Nutzens der Gesellschaft. Aber hier gilt mehr als irgendwo die prägende Rückwirkung des Verzichts auf den Menschen, der ihn leistet. Der Entsagende läßt sich auf ein ungeheures seelisches Abenteuer ein, das ihm, wenn es glückt, eine Wahrnehmung und eine Liebesfähigkeit schenkt, die im Alltag der Gesellschaft unbekannt bleiben.

Hier öffnen sich viele Wege. Es gibt den Kontemplativen, der nicht in die Gesellschaft zurückkehrt. Vielleicht ist kontemplative Wahrnehmungsfähigket nötig, um zu verstehen, warum das keine Pflichtvergessenheit gegen die Gesellschaft ist.* Es gibt aber auch die »Rückkehr in die Welt«. Der welthistorisch sprengende Text der Bergpredigt ist ohne asketische Erfahrung kaum verständlich, zumal die Seligkeit der Seligpreisungen. Christliche Theologen haben seit Paulus eine Sprechweise, in der man sagen muß, daß die Bergpredigt nicht »Gesetz« ist, sondern »Evangelium«. D.h. sie erreicht eine Erfahrungsschicht, in der es nicht mehr um ein unerklärt zu akzeptierendes moralisches Gebot geht, sondern um die Verwandlung der Person, die man nur erfährt, wenn man das Gesagte ernstnimmt. Nicht eine Vorschrift, sondern die Entdeckung eines Kontinents.

Über Theorie und Moral hinaus sind wir auf Wahrnehmung verwiesen. Wir werden die Neuzeit nicht verstehen, wenn wir nicht die von ihr ausgebildete Pointierung der Wahrnehmung, die Kunst, verstehen.

Kunst

Der Sieg von Theorie und Moral drängt zwei Bereiche in den Schatten, ins Subjektive, Unverbindliche, Unverstandene: die Wahrnehmung und den Affekt. Da aber Theorie und Moral zwei spitz zulaufende Eiffeltürme sind, werden wir zu der Vermutung geführt, daß nur in den verdrängten Bereichen der Boden noch gesehen und genährt wird, auf dem die Türme stehen. Der einzige von der voll entwickelten Moderne noch ernstlich

* Dazu im Aufsatz »Wozu Meditation?«, S. 316-324.

zugelassene, ja hofierte Sprecher dieser Bereiche ist die Kunst; sie darf wahrnehmen, sie darf Leidenschaft und Leiden aussprechen. Sie hat eine unermeßliche, bald bestätigende und feiernde, bald seismographische und kritische, bald revolutionäre, bald tröstende Wirkung in der Neuzeit. Aber eben kraft dieser ihrer singulären Wirkung wird sie am Ende selbst ein Eiffelturm, eine einsame, konstruierte Spitze über dem breiten Land.

Was ist Kunst?

Ich versuche eine hausgemachte Definition, eine Latte zum Baugerüst. Kunst, so würde ich sagen, ist beseligende Wahrnehmung von Gestalt durch die Schaffung von Gestalt. Wer in den heutigen Erdbeben nicht an Beseligung glaubt, den bitte ich, statt dessen an eine leidend seismographische Wahrnehmung zu denken. In beiden Formen geht es um fühlende Schwingung.

Diese Definition ist kein Teil einer Theorie, sondern ein Versuch, Kunst wahrzunehmen. Die Definition ist kompliziert, denn Kunst ist keine einfache Leistung. Gesang, Tanz und Flötenspiel, Schnitzwerk und Baukunst, Erzählung und Drama gibt es seit Menschengedenken. Daß all dies Kunst sei, ist eine kluge Entdeckung der Theorie. Zur Erläuterung knüpfe ich zunächst an die Berichte dieses Buchs über Augenzeugen an und erlaube mir, meine eigene Wahrnehmungsweise wie einen Augenzeugenbericht einzubringen. Im ersten Teil des Buchs ist Kunst an vier Stellen thematisiert, zweimal auch in den Titeln. In der Reihenfolge der Entstehung aufgezählt, sind es die Texte über Heisenberg und Heidegger, über Goethe, über Nietzsche und über Picht. Dazu füge ich jetzt eine Reflexion über meinen Vortrag über das Schöne.*

In dem Vortrag über Heisenberg und Heidegger ist die obige Definition noch nicht enthalten, aber ihre beiden Teile. Das Schöne, wie es sich in der schöpferischen Naivität des Naturforschers Heisenberg spiegelt, ist beseligende Wahrnehmung. Das Kunstwerk, nach dessen Wahrheit der Philosoph Heidegger fragt, ist geschaffene Gestalt.

* Das Schöne. Vortrag, Salzburg 1975. Im »Garten des Menschlichen« (1977) abgedruckt.

Ich möchte hier die Herkunft meiner eigenen Wahrnehmung schildern. Ihre Herkunft war das Schöne, nicht das Kunstwerk. Es sei mir gestattet, einen Bericht über ein Kindheitserlebnis noch einmal abzudrucken.* »Mein Vater wurde nach Kopenhagen versetzt. Vierzehnjährig meinte ich auf Radfahrten im sommerlichen dänischen Buchenwald das geheime Leben in der Natur rings um mich gleichsam bis in die kreisenden Atome hinein wahrzunehmen. Ich begann, über das Verhältnis von Wahrheit und Schönheit nachzudenken. Eine Zeitlang schien mir die Formel hilfreich, Schönheit sei subjektive Wahrheit, und Wahrheit objektive Schönheit. Als ich dann im dunklen, feuchtkalten Spätherbst lange, mir lästige Fußwege durch die Stadt machen mußte, überlegte ich mir, da überall Wahrheit sei, müsse ich durch richtige subjektive Einstellung überall Schönheit finden und mir so die Wege erfreulich machen können. Nun entdeckte ich in einem Sonnenfleck auf einem grünen Kupferdach und im Fischgeruch aus einem halbversenkten Lebensmittelgeschäft die Schönheit des Seins. Bei einem Ausflug nach Lund im gleißend klaren Licht eines Dezember-Sonntags legte ich mir zurecht, für die Atome müßten Naturgesetze gelten, die nicht die für sichtbare Körper gültigen sind, diese aber zur Folge haben.«

In der Theorie wagte ich das Phänomen erst nach fünfzig Jahren wieder aufzunehmen, im oben genannten Vortrag über das Schöne, der zugleich der erste Versuch zur Konstruktion des »Baugerüsts« war.

Der Vortrag war für mich etwas wie der Einstieg in ein Gebirge, dessen helle Gipfel man seit der Kindheit von ferne gesehen hat, und das man nun ein erstes Mal, auf dem zunächst gefundenen Paß, durchquert, lange ehe man einen seiner Gipfel bestiegen hat oder gar versuchen kann, es kartographisch aufzunehmen. Eine Entdeckungsreise. Ich versuche, für die jetzige Fragestellung eine Skizze des damals gegangenen Wegs zu zeichnen. Für die Ausfüllung der Skizze muß ich den Leser auf den Vortrag selbst verweisen.

Der Vortrag beginnt mit zwei dichterischen Wahrnehmungen. Baudelaire: Schönheit, kommst du zu uns aus der Tiefe

* Selbstdarstellung, 1974, »Der Garten des Menschlichen« (1977), S. 556-6.

des Himmels oder steigst du aus dem Abgrund auf? Mörike: Was aber schön ist, selig scheint es in ihm selbst. Der Vortrag wendet sich alsbald zur uralten, heute wieder modernen Kritik am Schönen. Das Schöne ist nicht nützlich, nicht gerecht, nicht wahr, nicht fromm. Er nennt diese Kritiken wichtige Halbwahrheiten und stellt ihnen die Meinung entgegen: Schönheit ist eine Form der Wahrheit. Der Schönheitssinn gehört zur Vernunft der Affekte.

Der Vortrag ist ein Kind der Liebe zwischen Platonismus und Evolutionslehre – zwischen dem Ewigen und der Zeit, zwischen Purusha und Shakti. Im Abschnitt des jetzigen Buchs über Theorie habe ich gesagt: die Tiere nehmen das Eidos wahr. Sie nehmen es aber nicht *als* Eidos wahr. Als Eidos können *wir* es erst wahrnehmen, wenn wir das Einzelne *als* Einzelnes wahrnehmen. Dann ist in jeder Wahrnehmung »von etwas als etwas«, von diesem Honig als Honig, von diesem Mord als Mord, das Einzelne wahrgenommen und das Eidos mitwahrgenommen.

Im Vortrag nenne ich das Schöne eine Erscheinungsweise des Guten, in indirekter Mitwahrnehmung. Das Gute ist hier platonisch verstanden, als das Prinzip des Seins alles Seienden. Das Gute eines Schuhs ist sein Zweck, den Fuß zu schützen, sein Nutzen. Über das Stockwerk des Nützlichen hinaus fragt die Frage nach dem wahren Nutzen. Eine Antwort gibt die Ebene des Sittlichen oder Gerechten. Diese wird hier nicht in der moralischen Pointierung verstanden. »Der Lebensnerv des Sittlichen liegt in einem qualitativ anderen Erlebnis als dem der Nützlichkeit, sei es auch die Nützlichkeit für die Gemeinschaft. Wenn ich im Mitmenschen den Menschen erkenne, so löst diese Erfahrung die Schranken des Ich. Sie läßt mich überhaupt erst erkennen, daß das Ich eine Schranke, ja die Quelle unendlicher Leiden ist. Der Kern der Sittlichkeit ist eine Erlösungserfahrung: der Erlösung von der Blindheit, die den Namen Ich trägt.« »Der Mensch ist das Tier, das weiß, daß es sterben muß. ... Die Blindheit des menschlichen Ich ist Verblendung, sie ist die Nötigung, von der Vergeblichkeit wegzublicken. Deshalb ist Erlösung von den Interessen des Ich ein Sehendwerden.« Tod und Individuum sind in der Evolution gleichen Ursprungs. Das Individuum erhält die Spezies, das Eidos; der Tod der Individuen macht die Bahn zur Weiterentwicklung frei.*

Schönheit ist nun eine Mitwahrnehmung des Lebensnotwendigen, aber indirekt, ohne das Pathos der Notwendigkeit. Dies gilt schon in der Ebene des Nützlichen. Schönheit der Natur ist Wahrnehmung ihres ökologischen Gleichgewichts, das uns am Leben erhält. Die erschütternde Macht der leiblichen Schönheit, die zur Leidenschaft der Liebe zwingt, reißt das Individuum, einmal im Leben, aus der Selbsterhaltung in den unbewußten Dienst an einer Zukunft, die es nicht mehr erleben wird. Aber alle diese Biologismen, so zutreffend sie vermutlich sind, sagen noch nicht, was das Freiwerden vom Ich in der luxurierenden menschlichen Kultur bedeutet: eine neue Fülle des Lebens. Der Vortrag nennt »eine Qualität des Empfindens, die man vielleicht Seligkeit nennen darf: die hinreißende Seligkeit des erotischen Rauschs, die stille Seligkeit der guten Tat, bescheidener, des guten Willens. Vielleicht rührt diese Gemeinsamkeit davon, daß beide Schritte die Blindheit des Ich sprengen und uns etwas ganz Anderes sehen lehren. Denn der Kern der Wirklichkeit ist, wie die Inder lehren, die Dreiheit von Sein, Bewußtsein und Seligkeit.«

Das schöne Kunstwerk, »selig in ihm selbst«, scheint, d. h. zeigt sich als selig. Das gilt von allem Schönen, nicht nur vom Kunstwerk. »So sind auch in der Natur die Maserung eines Holzes, das Innere einer Muschelschale, die Ätzfläche eines Kristallbruchs, alle nicht zum Sehen bestimmt, doch nicht weniger schön als ein Schmetterlingsflügel oder das Balzkleid eines Vogels. Vielleicht ist die allgegenwärtige verborgene Mathematik der Natur der Seinsgrund aller Schönheit.« So weit meine damaligen Wahrnehmungen.

Ich kehre zum Vortrag über Heisenberg und Heidegger zurück. Der Teil über Heisenberg erinnert, in der Wahrnehmungsweise meines Lehrers und nahen Freundes, an die Erfahrung des Schönen. Aber das sachliche Ziel des Vortrags ist das Kunstwerk. Schon als ich bei Heisenberg studierte, versuchten wir gemeinsam, aber unter seiner Führung, und angeregt durch Andreas Speiser, am Beispiel der Musik in die verborgene Mathematik der Kunst einzudringen. Diese Fragestellung liegt

* Dazu »Der Tod« (1975). Im »Garten des Menschlichen« (1977) abgedruckt.

freilich Heidegger fern. Seine Auffassung wollte ich darstellen. Aber mein Vortrag endet mitten im Teil über Heidegger, mit offenen Fragen, abgerissenen Fäden. Gewiß konnte ich auch den Hörern nicht noch mehr zumuten. Aber vor allem mein eigenes Nachdenken war noch zu weit vom Ziel. Ich hätte dem jetzigen Buch gerne eine Auslegung der zweiten Hälfte des Heideggerschen Aufsatzes beigefügt; Zeit und Kraft haben nicht ausgereicht. Meine eigenen Überlegungen lösten sich vorerst wieder von Heidegger, in der Richtung auf das Baugerüst.

Der Aufsatz über Goethes »Wahlverwandtschaften« ist unter anderem geschrieben, um zu sagen, was ich mir inzwischen zur Kunst zurechtgelegt hatte. Die obige Definition ist in ihm zwar nicht ausgesprochen, aber im wesentlichen präsent. Kunst ist Erzeugen von Gestalt *als* Gestalt. Ich wage dort die Vermutung, daß alle Gestaltwahrnehmung als solche beglükkend ist, ja daß eine Wesenszusammengehörigkeit zwischen Gestalt und Glück besteht. Was kann das heißen? Was ist Gestalt?

Gestalt ist das im Einzelnen gegenwärtige platonische Eidos.* Das Einzelne gibt es hier und jetzt. Auch Goethe lebte in der spannungsvollen Liebesbeziehung, die ich im Blick auf ihn genannt habe »Platon und die Sinne«; Evolution heißt bei ihm Metamorphose, also Gestaltwandel. Hier treffen wir auf bisher unergründete philosophische Fragen; Goethe schützte seine Wahrnehmungsfähigkeit, indem er zur Philosophie Distanz hielt.

Unergründete Fragen: ich habe nämlich soeben Gestalt definiert wie die aristotelische Morphē, das Eidos *im* Einzelding. Aber dann sind für uns die platonischen Ideen selbst *in* der Geschichte. Am sichtbarsten ist dies in der Evolution. Die Spezies, nach Aristoteles eben die Präsenz des Eidos im einzelnen Lebewesen, *ist* erst, wenn sie in der Evolution entstanden ist. Aber Evolutionstheorie ist, als Naturwissenschaft, Anwendung der Physik, und Physik ist mathematisch. Auch für die Ideenlehre Platons war die Mathematik paradigmatisch. Sind

* Dazu »Über einige Begriffe aus der Naturwissenschaft Goethes«. Abgedruckt in »Die Tragweite der Wissenschaft« und als Nachwort zu Band 13 der Hamburger Goethe-Ausgabe.

demnach auch die mathematischen Strukturen in der Zeit? Die Frage überschreitet den Rahmen des jetzigen Buches. Aber auf die Beziehung der Mathematik zur Kunst müssen wir hier schon achten.

Die Gegenstände der Mathematik sind, so kann man sagen, Strukturen. Wir erkennen sie, indem wir sie intellektuell erzeugen. Diese Erklärung ist fast ein Abbild unserer Definition der Kunst: Wahrnehmen durch Erzeugen. Daß die Kunst sinnliche Gestalten erzeugt, ist nicht der entscheidende Unterschied. Auch die dichterische Phantasie ist nicht in der engeren Wortbedeutung sinnlich. Und umgekehrt bedient sich auch die Mathematik der Sprache und der sichtbaren Zeichnung; letzteres nicht bloß in geometrischen Figuren, sondern auch in der Präsentation einer Struktur durch optisch überblickbare Formeln. Wesentlicher ist, was hier mit dem Wort »intellektuell« gemeint ist. Mathematik entdeckt erschaffend ihre Gestalten in der Sprache des Beweisens, also der vollziehbaren Entscheidung zwischen Wahr und Falsch. Das ist eine Projektion der Gestaltwahrnehmung auf eines der einfachsten und darum unerschütterlichsten Verhaltensschemata, auf die Logik.

Unter dem Titel »Theorie« habe ich von den biologischen Präliminarien zur Logik gesprochen. Von den dort aufgezählten vier Merkmalen der einfachen Verhaltensschemata trifft nur eines unmittelbar auf die Kunst zu: die Prävalenz des Positiven. Das Kunstwerk zeigt das, was der normalen Wahrnehmung überhaupt entgeht, und als hervorgebrachtes Ding ist das Kunstwerk nicht wie Handwerkszeug oder gar wie technische Artikel ein Fall eines Typus, sondern wesentlich einmalig. Dies gilt sogar, wenn der Künstler als Holzschnitzer oder Ikonenmaler sein Leben lang »dasselbe« schnitzt oder malt; er ist nicht »fromm«, wenn er nicht jedes Werk wie etwas Einmaliges schafft. Die Prävalenz des Positiven ist aber im Falle der Logik die Prävalenz der Wahrheit.* Die schlichte Aussage »wird als wahr verstanden«. Erst der reflektierte Aussagesatz »kann wahr oder falsch sein«. Die Wahrnehmung des Eidos hingegen ist wahr oder sie geschieht nicht (so Aristoteles, Metaphysik Θ 10). Für die unreflektierte »schlichte Aussage« und

* Vgl. »Der Garten des Menschlichen« (1977), S. 303.

für die unausgesagte Wahrnehmung des Einzelnen gilt im Prinzip dasselbe. Heidegger hat dies durch den Terminus »Unverborgenheit« erläutert. Kunst hat also einen unmittelbaren Bezug auf das Phänomen der Wahrheit. Sie ist ein Sehenlassen, Hörenlassen, Vernehmenlassen.

Es soll uns nicht erstaunen, daß die Merkmale der einfachsten Verhaltensschemata auf eine so hochdifferenzierte Leistung wie die Kunst nicht zutreffen. Schon auf die »kunstanalogen« Leistungen der Tiere und Pflanzen wie Blüten, Prachtkleider, Liebesrituale treffen sie nicht in einfachem Sinn zu. Zwar sind diese Leistungen noch selbst Typen, aber Typen, die etwas Anderes, Wichtigeres *bedeuten;* so bedeuten die Blüte und das Liebesspiel die Einladung zur Befruchtung. Indem sie Luxus sind, lösen sie sich aus dem simplen Ja-Nein-Schema in vielfache Verhaltensvarianten. Sie sind gerade nicht der normalen Erhaltung des Individuums angepaßt, sondern dienen einem höheren Ziel, das am Ende den Tod des Individuums voraussetzt. So auch bedeutet, nun in der Freiheit der Kultur, das menschliche Kunstwerk etwas, was es nicht ist. Es luxuriert in Gestalt, und es verletzt oft genug die Normen der Nützlichkeit um der Bedeutung, also um der Wahrheit willen.

Vielleicht haben wir mit solchen Überlegungen schon einen Blick auf ein Grundphänomen der Kunst geworfen. Aber alles soeben Gesagte gilt auch von der Theorie; es gilt ebenso von der aristokratischen und der asketischen Moral. Eben darum habe ich die Theorie das Kunstwerk des Abendlandes genannt und speziell die Mathematik als eine Kunst bezeichnet. Ein Blick auf Heisenbergs Schilderung seines jugendlichen Studiums der Zahlentheorie genügt, um zu zeigen, inwiefern diese Gestaltwahrnehmung beseligend ist. Um noch einmal einen Blick in die biologischen Präliminarien zu tun: Lust ist zunächst ein Indikator des Zuträglichen, Schmerz ein Indikator des Unzuträglichen. Wenn für den Menschen Wahrheit lebensnotwendig ist und Wahrheit in Gestaltwahrnehmung geschieht, wie kann Gestaltwahrnehmung anders als beglückend sein? Gewiß sind in diesem Sinne Theorie und Moral Formen der Kunst, Erzeugnisse des künstlerischen Wesens, das der Mensch ist. »Dichterisch wohnet der Mensch«, ein Hölderlin-Zitat, ist der Titel eines Vortrags von Heidegger.

Aber nun entsteht die Frage: Warum sind bei gemeinsamem Boden die Spitzen der Eiffeltürme so weit auseinander? Warum »wohnen die Liebsten ferne, auf getrenntesten Bergen«, um noch einmal Hölderlin zu zitieren? Wir dürfen den unaufgelösten Konflikt zwischen Theorie und Kunst, die tief befestigte Kluft zwischen Moral und Kunst nicht übersehen.

Hier möchte ich noch einmal auf Nietzsche verweisen, der, anders als Goethe, nicht harmonisiert, sondern Gegensätze verschärft. Mein Aufsatz über ihn ist zwar bezüglich seines Verhaltens zur Kunst völlig unzureichend; was dieser vielleicht künstlerischste Philosoph der Neuzeit zur Kunst selbst gesagt hat, habe ich übergangen. Aber ich schreibe ihm* dort eine grundsätzliche Auffassung der Kunst zu: »als das Wesen der Wissenschaft die Kunst, als das Wesen der Kunst die Macht, als das Wesen der Macht das Leben selbst, die Welt. Eine Kette von Schritten ins Unbekannte.« Dies muß zusammengesehen werden mit seinen Sätzen über Wahrheit als lebensnotwendigen Irrtum, über Kunst als Lüge. Ich zitiere einen späten Passus**: »An einem Philosophen ist es eine Nichtswürdigkeit zu sagen: das Gute und das Schöne sind Eins: fügt er gar noch hinzu ›auch das Wahre‹, so soll man ihn prügeln. Die Wahrheit ist häßlich: *wir haben die Kunst,* damit wir nicht an der Wahrheit zugrundegehen. – Über das Verhältnis der Kunst zur Wahrheit bin ich am frühesten ernst geworden: und noch jetzt stehe ich mit einem heiligen Entsetzen vor diesem Zwiespalt.« Dieses Fragment bezieht sich auf die »Geburt der Tragödie«, also auf Nietzsches Entdeckung des Dionysischen anhand der Wagnerschen Musik; und das nächste Fragment nennt Wagner einen der größten Betrüger.

Nietzsche läßt Religion und Metaphysik an der Wissenschaft zugrunde gehen, also an der Wahrheit. Aber die Wissenschaft selbst ist nur eine Perspektive, insofern eben ein Kunstwerk. Wie kann uns dann Kunst vor der Wahrheit retten? Wahrheit ist häßlich, wir aber brauchen das Schöne. Ich lasse mich hier nicht noch einmal auf Nietzsche-Interpretation ein,

* Anfang des Abschnitts 3.

** Kritische Gesamtausgabe VIII, 16 (40), Nachlaß 1888. Picht hat den letzten Satz hieraus in seiner Vorlesung »Kunst und Mythos« quasi leitmotivisch verwendet. Dem verdanke ich den Hinweis.

sondern verfolge, mit Nietzsches Stachel im Rücken, meinen eigenen Weg.

Der längere Gedankengang, in dem wir uns befinden, überschrieben »Begriffe«, beginnt mit der Erörterung des Satzes »Bewußtsein ist ein unbewußter Akt«. Also ist das, was wir Bewußtsein nennen, nichts Selbstverständliches. Es ist nicht die Normalform seelischer Prozesse. In der Evolution taucht das Bewußtsein spät aus dem Meer des Lebendigen hervor. Und in der menschlichen Kultur nimmt es viele Gestalten an. Vielleicht ist das, was ich mit jenem Satz beschrieben habe, eine spezifisch europäisch-neuzeitliche Form des Bewußtseins. Martin Steinke-Tao Chün, der chinesisch geschulte deutsche Buddhist, stutzte, als ich ihm den Satz erzählte. »Das ist geistreich«, sagte er und zögerte, dann fuhr er fort: »aber es ist nicht wahr.« Er hatte ein anderes, meditatives Bewußtsein im Sinn. Jedenfalls habe ich seinerzeit das Herausheben bewußter Inhalte aus dem Strom des Unbewußten durch Worte wie »Fixierung«, »genommener Abschluß«, durch ein zeitweilig stationäres Kreisen des Stroms beschrieben, kurz durch ein Schaffen von Gestalt. Schaffen von Gestalt ist auch das Phänomen, das ich ein Luxurieren von Verhaltensmustern genannt habe. Dies aber verdient stets auch den Namen einer Stilisierung. Wenn wir Gestalten nur wahrnehmen können, indem wir Gestalten schaffen, so stilisieren wir durch die Wahrnehmung selbst das Wahrgenommene.

Die Theorie ist nun nur *eine* solche Stilisierung. Sie ist, zumal unter dem Paradigma der Mathematik, ein Wahrnehmen von Gestalt durch das Schaffen von Gestalt, unter der stilisierenden Nebenbedingung der Projektion auf die Ebene des Beweisbaren, der Ja-Nein-Entscheidungen. Logik ist eine Tanzschule des Denkens und nicht eine Beschreibung des Denkens, wie es an sich ist; und der Tanz, den sie lehrt, ist nicht der einzig mögliche. Die Gestaltwahrnehmung selbst ändert sich unter dem Einfluß einer solchen Schule. Das haben wir im Abschnitt »Theorie« betrachtet. Aber was wir Kunst nennen, ist ebensosehr eine Stilisierung. Es ist ein anderer Tanz.

Hier sollte ich auf den vierten Augenzeugenbericht eingehen, den von Picht. Mein Nachruf auf ihn, den ich in diesen Band habe aufnehmen können, berührt seine Beziehung zur

Kunst, stellt sie aber nicht in den Mittelpunkt. Ein Vortrag über Picht, in dessen Zentrum seine zweisemestrige Vorlesung »Kunst und Mythos« steht, wird später publiziert werden. Ich muß mich daher hier auf Andeutungen beschränken.

Ich habe Picht, nicht als Leser seiner Schriften, sondern als Gesprächspartner, in fast sechzig gemeinsamen Jahren die wichtigsten philosophischen Anregungen verdankt; das gegenwärtige Buch legt davon vielfältigstes Zeugnis ab. Daß Kunst nicht nur – wie ich stets gewußt habe – eine Form der Erkenntnis ist, sondern daß sie einen Schlüssel auch zum Verständnis der theoretischen Erkenntnis bietet, habe ich mir erst aus einigen seiner Randbemerkungen in Gesprächen um 1970 voll klargemacht. Als ich jetzt seine Vorlesung »Kunst und Mythos« (von 1972-73) erstmals las, war ich verblüfft, wieviel ich seinerzeit von einem Text gelernt habe, den ich gar nicht kannte. Trotzdem müßte ich vor ihrem Hintergrund alles, was ich gesagt habe, noch einmal neu darstellen. Es handelt sich in seiner Vorlesung vor allem um zweierlei: um die grundsätzliche Philosophie, die Kunst und Mythos gemeinsam umfaßt, und um den konkreten Durchgang durch die Geschichte, zumal der modernen Kunst und des antiken Mythos, auf ihre Inhalte hin.

Zur grundsätzlichen Philosophie bemerke ich hier nur, daß Picht Kunst und Mythos als »Darstellung« beschreibt. Dieses Wort gibt Platons »Mimesis« zutreffender wieder als der übliche Ausdruck »Nachahmung« oder »Abbildung«. Dargestellt wird für die Sinne, was die Sinne gewöhnlich nicht wahrnehmen, so wie, im einfachen Beispiel, die unhörbare Liebe im Liebeslied hörbar wird. Der ursprüngliche Darstellungsraum aller Künste ist aber nach Picht zugleich der spezifische Darstellungsraum der Dichtung, das Vermögen, das bei den Griechen phantasia, d. h. Erscheinung (von phainomai, erscheinen) und bei Kant Einbildungskraft heißt. Hier zeigt sich schon, daß man die einzelnen Künste im Zusammenhang und auch je für sich betrachten muß. Hinter diesem Ansatz steht eine Philosophie, welche nicht die Phänomene vom wahrnehmenden Subjekt her, sondern die Subjekte von den Phänomenen her begreift. Es ist evident, daß man mit diesem Ansatz auch Theorie als eine besondere Darstellung, als einen Mythos begreifen kann. Ich lasse es bei diesen Andeutungen bewenden.

Noch vordringlicher im jetzigen Zusammenhang ist mir, daß diese Vorlesung die Philosophie der Kunst aus der Begegnung mit der wirklichen Kunst in ihrer Geschichte hervorgehen läßt. Was stellt sich denn in der wirklichen Kunst im Gang der Geschichte dar? Ich weiche hier zunächst von Pichts Duktus ab und verfolge noch einmal meine eigenen Fragen.

In allem, was ich bis hierher über Kunst gesagt habe, ist das Einzelne, was die Kunst jeweils darstellt, die Gestalt, die sie uns jeweils wahrnehmen läßt, nur beispielsweise zur Sprache gekommen. Dies liegt an der zunächst unvermeidlichen, aber unzureichenden theoretischen Fragestellung. Ein Vergleich mit der »Theorie über Theorie«, der heutigen Wissenschaftstheorie, mag das verdeutlichen. Das philosophisch Relevante an der Wissenschaft ist nicht ihre Methode, sondern das, was sie inhaltlich entdeckt. Nicht auf die Wissenschaftsphilosophie, sondern auf die Fundamentaltheorie der heutigen Physik, die Quantentheorie, mußte ich mich im Abschnitt über Theorie berufen, um die Selbstkritik des theoretischen Denkens anzudeuten. Es gibt keine Philosophie der Wissenschaft, die der Wissenschaft selbst vorangehen könnte. Ebenso gibt es keine Philosophie der Kunst, die der Kunst vorangehen könnte.

Was hat nun die Kunst in dem Jahrtausend dargestellt, das mit der »Geschichtskonstruktion« unser gegenwärtiges Thema geworden ist?

Man wird sagen dürfen, daß die Kunst dem Gang der Geschichte immer vorausgewesen ist. Warum scheint uns das Mittelalter eine christliche Zeit? Weil wir Dokumente seiner christlichen Kunst haben. Die soziale und kulturelle Wirklichkeit der ottonischen Zeit war aber weitgehend »Natur«: halbheidnische Adels- und Bauernwelt. Die ottonische Kunst jedoch ist von höchster christlicher Spiritualität. Wolfgang Schöne * hat überzeugend vorgeführt, wie von der ottonischen Zeit bis in die Hochrenaissance das Göttliche vom Himmel herab auf die Erde kommt. Dies aber heißt, daß der Kunst nicht mehr der Himmel, sondern die Erde zur Wirklichkeit wird; es bereitet schon den Sieg der »Realität« vor. Von Raffael bis Tiepolo zieht sich dann das Göttliche wieder in den Himmel zu-

* »Das Gottesbild im Abendland«. Witten u. Berlin, Eckhart Verlag, 1959.

rück, und seit dem 19. Jahrhundert ist es unsichtbar geworden. Und der Realismus in der Kunst des 19. Jahrhunderts ist, wo er künstlerisch gut ist, schon Realitätskritik.

Picht gibt nun einen eindrucksvollen Überblick über die »moderne«, d. h. realitätskritische Kunst, seit Baudelaire. Diese Kunst kann in dem, was ihre gesellschaftliche Umwelt für wirklich hält, die Wahrheit nicht mehr finden. Sie kann Wahrheit nur noch sehen lassen, indem sie anderes als die »Realität« zeigt. Ihre seismographische Funktion liegt nicht in Vorahnungen konkreter Ereignisse; sie spürt die kommende Krise in der Unwahrheit der realen Gegenwart. Es ist das Wissen um die Beseligung echter Wahrnehmung, das sich im seismographischen Leiden an der Unwahrheit der herrschenden Zivilisation ausspricht. Eben deshalb war die Weltkriegsvorhersage der Dichter die glaubwürdigeste.

Die moderne Kunst in diesem kritischen Sinne hat – ich folge noch immer Picht – ihren Höhepunkt wohl schon vor 1914 überschritten. Seitdem ist Gesellschaftskritik gesellschaftsfähig geworden, und die Kunst hat, um zu überleben, an diesem Kompromiß, also an der Zweideutigkeit der »Realität« teilgenommen. Ein Wandel der Wahrnehmungsweise ist bei den führenden Künstlern (wie bei den führenden Physikern) vor dem ersten Weltkrieg geschehen und hat sich seitdem in der Breite durchgesetzt. Aber auf mich, der ich die Esoterik heutiger Künstler, die es gewiß gibt, nicht kenne, wirkt das meiste der heutigen Kunst als der getreue Spiegel einer ratlosen Welt.

Religion und Philosophie

Unsere Zeit hat einen unverkennbaren einheitlichen Stil. Wer von uns in sich die künstlerische Fähigkeit der Wahrnehmung kultureller Gestalten auch nur einigermaßen ausgebildet hat, der kann die Produkte dieser Zeit mit denen keiner anderen Kultur verwechseln. Das gilt von täglichen Gebrauchsgegenständen und Verhaltensweisen über das kühle Ritual des Umgangs der Menschen miteinander bis zur hohen Kunst. Eben diese unsere Zeit aber hat kein einheitliches Bewußtsein ihrer selbst, keine Fähigkeit, die faktische Einheitlichkeit ihres Stils sich selbst verständlich zu machen. Ihre Theorien wie ihre Moralkodizes liegen im Streit miteinander. Nur ein primitiver Grundstock ist gemeinsam: das politische Lippenbekenntnis zu Freiheit und Gleichheit, die man oft nicht praktiziert, und der Glaube an die Wissenschaft, die man meist nicht versteht. Und die Kunst, welche diese moralische Lüge und diese unechte Wahrheit kritisiert, ist nur einer intellektuellen Minderheit zugänglich; auch ist sie selbst mit der kritisierten Welt korrumpiert.

Wahrnehmung eines Ganzen habe ich oben als Vernunft bezeichnet. In diesem Sinne muß uns unsere Zeit daher als eine eminent vernunftlose Ära erscheinen. Freilich ist Kritik an der jeweils zeitgenössischen Kultur eine immer wiederkehrende Grundfigur der Geschichte. Um nicht bloß blinde Opfer dieses alten Klischees zu werden, müßten wir genau sagen können, was unsere Kultur besitzt und was ihr fehlt; das hieße Wahrnehmung der Neuzeit.

In der Darstellung des »Baugerüsts« habe ich im vierten Stockwerk zwei historische Repräsentanten der Einheit genannt: die Religion als faktischen Träger einer Kultur, und die Philosophie, die den Anspruch auf Wahrnehmung des Ganzen erhoben hat. Ich kehre damit zu den zwei Quellen zurück, die ich im gegenwärtigen Gedankengang der Neuzeit zugeschrieben habe. In der »Geschichtskonstruktion« war es die über der mythischen »Natur« errichtete Religion des Christentums, in den späteren Abschnitten die kulturprägende Wirkung der Theorie und ihres Ablegers, der vernünftigen Moral, also der griechischen Philosophie.

Zunächst muß ich den Anschein des Dualismus, den diese Gegenüberstellung erzeugt, auf das richtige Maß zurückführen. Historisch sind gewiß das Christentum, ein Geschenk der Juden an die Menschheit, und die Philosophie, ein Geschenk der Griechen an die Menschheit, zwei Ströme mit geographisch und kulturell verschiedenen Quellen. Aber wenn es einen Sinn hat, von mehreren Religionen zu sprechen – und so redet ja das neuzeitliche Denken –, dann ist nicht nur das Christentum eine Religion, sondern in ihrem Ursprung und dauernden Kern auch die abendländische Philosophie. Im griechischen Anfang stellt die Philosophie den vielen Göttern die

Wahrheit des einen Gottes gegenüber, und bis zu Hegel will sie das Eine, das Absolute, auf das der religiöse Name »Gott« deutet, vernünftig denken.

Was ist Religion?

Es scheint, daß wir einen Begriff der Religion suchen. Mustern wir die Wahrnehmungen, in denen sie uns in diesem Buch begegnet ist!

Der Name »Titanismus« ist den Götterkämpfen entlehnt, von denen der griechische Mythos erzählt: Religion als geistiges Schlachtfeld der Geschichte. Goethes Faust, der Renaissancephysiker, sucht den Gott der Natur; Heiligkeit streift als Bild das Ende der Wahlverwandtschaften. Nietzsche spricht von Dionysos und Apollon bis Zarathustra und Ecce homo in Bildern des religiösen Kriegs, der die Weltgeschichte ist. Thomas Manns Teufelsvision basiert darauf, daß, wenn jemand, dann der Teufel ein Theologe ist. Einsteins Physik versteht sich im Glauben an den Gott Spinozas, der der Gott der abendländischen Philosophie ist. Bohr, Heisenberg, Heidegger vermeiden die landläufigen Ausdrücke der Religion, um das Geheimnis nicht täppisch anzugreifen, sondern gedanklich ernstzunehmen. Warum hätte ich an Friederike von Griechenland und an Fridolin Stier erinnern wollen, als weil beide in sich den religiösen Kampf unserer Zeit austrugen? Kabbala ist hochreflektierter religiöser Mythos, eine ganz andere und nicht geringere Ehe von Judentum und Philosophie als die christliche Theologie. Picht war mein Gesprächspartner in allem, wovon ich hier rede; auf seine Briefe zum Titanismus über Götter und Gott komme ich alsbald zurück. Wer will den Konflikt zwischen Amerika und Rußland verstehen, der nicht weiß, was Puritanismus und Orthodoxie waren, und wie Aufklärung und Marxismus den Ort der Religion besetzt haben? Diese Themen, durch die Geschichte der europäischen Neuzeit und zumal des deutschen Geistes verfolgt, haben mich ermutigt, im Brief über den Nationalsozialismus auszusprechen, daß ich diese Revolution nur als einen religiösen Vorgang verständlich finden kann. Ich füge hinzu: Wer will die heutige Renaissance des Islam begreifen, wenn er diese religiösen Vorgänge in unserer Zeit nicht sieht? Die Flutwelle der Nachfrage nach Meditation ist ein anderes Zeugnis.

Mehr als irgendwo sonst kommt es in der Religion darauf an, aus der Geduld der Wahrnehmung nicht in voreilige Theorien auszuweichen. Diese Wahrnehmung wird uns nicht geschenkt ohne den Mut zu moralischer Entscheidung. Sie wird uns aber auch nicht klar ohne den Mut zur Skepsis; Skepsis heißt Hinschauen. Können wir mit der nötigen Behutsamkeit die bisherigen Wahrnehmungen begrifflich aufarbeiten und damit neuen Wahrnehmungen einen Weg bahnen? Ich erinnere an die Aufzählung einiger Rollen der Religion im menschlichen Leben: als Träger einer Kultur, als Theologie, als radikale Ethik, als innere Erfahrung.

Religion als Träger einer Kultur ist ein Ausdruck der Retrospektive. Als die Religion unsere Kultur trug, wurde sie nicht funktional als Kulturträger verstanden, sondern direkt als Wahrheit, als die Gegenwart des Göttlichen: einst der Götter, später Gottes, der Engel, der Heiligen. *Wir* sehen die Funktion: die Religion formt das soziale Leben, gliedert die Zeiten, bestimmt oder rechtfertigt die Moral, interpretiert die Ängste, gestaltet die Freuden, tröstet die Hilflosen, deutet die Welt. So hält sie die Einheit der Kultur aufrecht und vermittelt eine Wahrnehmung des Ganzen, eine Vernunft. *Wir* nennen diese Vernunft Mythos und dieses Handeln kultisch und traditionell. *Wir* nennen diese Wahrnehmung der ganzen Wirklichkeit eine »innere« Erfahrung, verstehen ihre Wahrheit also wohl als »subjektiv«. Aber wir können nicht aus unserer Haut. Mut zur Skepsis ist Pflicht.

Die drei anderen Rollen entstammen in der Form, in der wir sie kennen, der großen religiösen Bewegung der Menschheit, die vor der Mitte des ersten christlichen Jahrtausends geschah, zu der wir griechische Philosophie und jüdische Propheten, Avesta, Upanischaden und Buddhismus, Konfuzius und Tao rechnen müssen. Sie wird mit Lichtmetaphern beschrieben: kontemplative Erleuchtung, göttliche Offenbarung (Apokalypse heißt Enthüllung), Epiphanie (Erscheinung) eines Gottes, und schließlich Aufklärung. Sie ist revolutionär religionskritisch, indem sie sagt, wie Religion eigentlich ist, also eigentlich gelebt werden sollte: wahr und nicht falsch (Theologie), gut und nicht böse (Moral), erfahren und nicht nachgebetet (lebendiger Glaube, Kontemplation).

Eingeschränkt auf unsere abendländische Kultur haben wir in den Abschnitten über Christentum, über Theorie und über Moral und Politik die Kämpfe betrachtet, die in der Folge dieser religiösen Revolution zweieinhalb Jahrtausende erfüllt haben. Freilich standen in allen Kulturen die großen Urheber der Bewegung im Gegensatz gegen den Egoismus der Machtkämpfe, die sie schon als das Schicksal der Menschen vorfanden. Was sie brachten, wenn man sie recht verstand, war der Friede einer über dem Ich stehenden Wahrheit, selbst wenn er in so verschiedenen Gestalten gesehen wurde wie der politischen Ordnung des Gottesvolkes Israel, des platonischen Philosophenstaats, des konfuzianischen Einklangs von Herrschaft, Sitte und Pflicht, der hinduistischen Akzeptation der Kastenordnung als Weg des Karma, oder aber der völlig unpolitischen Freiheit des kontemplativen Einsiedlers oder Bettelmönchs. Aber auf der hohen Stufe folgte dem Streit der Mächtigen nun der Streit der Gläubigen als eine neue Phase des Götterkriegs, und auf der Stufe des Alltags kleidete sich der alte Machtkampf in die unversöhnliche Gestalt religiöser Ideologie – unversöhnlich, weil sie sich nur so gegen die Einsicht in die egoistische und im Grunde angstvolle Lüge des Alleinbesitzes der Wahrheit abschirmen kann.

Eben darum hat wohl keine der Hochreligionen ohne irgendeine Form des Messianismus leben können. Die Stifter hatten alle ein Heil gelehrt, das sofort, hier und jetzt, gelebt werden kann, stets ausgehend von der Umwendung des einzelnen Menschen hin zum wahrhaften Leben, aber in den politischen Visionen vollziehbar nur, wenn ein ganzes Volk die Umkehr erlebt. Eschatologie oder Messianismus im weitesten Sinne ist die Hoffnung auf die Wiederkehr dieses segensreichen »Hier und Jetzt«. Das wird meist vorgestellt als die Wiederkehr einer Stiftergestalt: eines davidischen Königs, eines philosophischen Herrschers, in Asien oft in unendlicher Periodik gedacht, als die Folge der Buddhas, d. h. der vollkommen Erwachten, oder der Inkarnationen Vishnus oder Shivas. Die Aufklärung der Neuzeit hat die Eschatologie säkularisiert: der geschichtliche Fortschritt wird das Heil bringen, wenn die Menschen lernen werden, es zu wollen.

Der Rückblick ist nicht tröstlich. Den Machtkampf haben

die Hochreligionen nicht überwunden; sie haben ihn zu ihrer eigenen Sache gemacht. Deshalb ist der Teufel ein Theolog. Der Messianismus erhofft das Ende des Elends, aber in seinen üblichen Gestalten erhofft er es als Sieg der eigenen Machtgruppe. Lessings Ringparabel in »Nathan der Weise« illustriert das Elend dieses Machtkampfs aufklärerisch am Streit von Judentum, Christentum und Islam. Die moderne Kultur aber, die man wohl die »Hochreligion der Aufklärung« nennen könnte, mordet erneut um ihrer säkularen Messianismen willen.

Sind die Religionen unwahr? Ist das Elend der Religionen die Folge ihrer Unwahrheit? So haben die radikalen Aufklärer seit der Antike geredet. Dann aber wäre das Elend der modernen Welt, ihre sich heute wieder anbahnende Krise vielleicht auch eine Folge der Unwahrheit der Aufklärung. Die Reformatoren hingegen haben stets geglaubt, im Anfang sei die Wahrheit gewesen, und sie sei wieder herzustellen. Der Fortschritt schließlich verstand sich als dialektischer Weg durch Krisen. Was ist wahr?

Was ist somit, für ein modernes Bewußtsein, Religion? Nochmals: Es kommt hier mehr als irgendwo sonst darauf an, nicht von Theorien, sondern von Wahrnehmungen auszugehen.

Beginnen wir noch einmal mit der Moral. Die religiöse Moral, die einer von der Religion getragenen Kultur das Leben möglich gemacht hat, ist wesentlich unerklärt. Sie ist gegeben, durch geheiligte Sitte oder durch gesetzgebende Offenbarung. Als wir von der rationalen Moral der Aufklärung sprachen, stießen wir auf den tiefen Konflikt der autonomen Moral mit der Religion. Im Felde neuzeitlicher Rationalität kann die Religion diesen Kampf nur verlieren. Die unerklärte Moral verliert die Glaubwürdigkeit angesichts des Anspruchs einer Erklärung. Die Erklärungen aber, die die Religion zu bieten hat, gebrauchen mythische Sprache, welche sich das neuzeitliche Theoriebewußtsein nicht assimilieren kann. Die Neuzeit jedoch verwickelt sich in die Selbstwidersprüche böser Moral und unwahrer Theorie, und die religiösen Phänomene geschehen, in der vollen Breite vom direkt bis zum verhüllt Religiösen und vom Heilenden bis zum Entsetzlichen, wie eh und je.

Autonome Moral und autonome Theorie enthalten in sich die Ambivalenz. Beide haben das Pathos der Wahrheit und der Freiheit. Sie erkennen das Wahre und das Gute an sich an und verwerfen das Falsche und das Böse; so wissen sie sich frei von menschlicher Autorität. Beide aber sind durch ihre Ja-Nein-Struktur eminent als Machtinstrumente geeignet. Ideologie ist die Lüge, das Ja und Nein eines partikulären Interesses sei das Ja und Nein zur Wahrheit. Wer verfügt darüber, was das Wahre ist? Freilich, das Wahre und das Gute *sind* unausweichliche Erfahrungen, aber nur dort, wo sie nicht unserer Macht unterliegen.

Religion nun – »Zurückbindung« im Wortsinn – beruht auf der Erfahrung, daß wir nicht autonom sind. Götter sind Mächte. Sie sind nicht die Macht, die wir haben; sie sind die Macht, die uns ermöglicht und begrenzt. Was hier zu sagen ist, kann ich nicht knapper sagen als Picht in seinen zwei Briefen zum Titanismus: »Unsere Bilder von den Göttern sind anthropomorph; daraus zu schließen, die Götter seien selbst anthropomorph, ist ein Ausdruck jener ›titanistischen‹ Verblendung, mit der wir die bisherigen Formen der Aufklärung erkauft haben. ... Ich bin gewiß, daß die Götter – nicht (nur) ihre Bilder – wirkliche Phänomene in der wirklichen Natur sind. ... Die Götterdämmerung war schon furchtbar genug, der neue Durchbruch der Götter wird noch schrecklicher werden.« Das ist die Wahrheit des Polytheismus. »Hier weist die Frage über die Götter hinaus zu Gott. ... daß die Geschichte immer so verläuft, wie Gott *nicht* will. Sie zeigt nicht die Macht, sondern die Ohnmacht Gottes.« Jesus erscheint »nicht in der Gestalt des Königs, sondern des leidenden Gottesknechtes«.

Diese Erfahrungen widersprechen fast allen Theologien. Sie sind, heute noch, unassimilierbare Wirklichkeit. Eine Weiterbildung unserer Wissenschaft und Philosophie, die imstande wäre, solche Erfahrungen zu denken, ist wohl möglich – nachdem wir ihnen ins Auge gesehen haben. Auch das nennt man Meditieren.

Deshalb lege ich hier keinen theoretischen Entwurf vor. Nicht weil nicht noch viel zu denken und zu sagen wäre; das Wesentliche würde hier beginnen. Aber ich habe nicht die Kraft, es heute adäquat auszusprechen, und nicht das Recht zum Phantasieren. Soviel wir zur Orientierung unseres praktischen Handelns an vernünftigen Zukunftserwartungen nötig haben, versuche ich im Schlußwort anzudeuten.

Ich ende mit einer Bemerkung über das Verhältnis von Theorie und Meditation. Beide erscheinen dem heutigen Bewußtsein wie Techniken, und in einer gewissen Ebene sind sie es auch. Aber beide sind im Ursprung und Ziel Wahrnehmung. Im Abschnitt über Theorie habe ich erwähnt, daß das griechische Wort »theoria« Anschauung heißt. Im Aufsatz »Wozu Meditation?« habe ich die meditative Wahrnehmung andeutend beschrieben; »Kontemplation« bedeutet ebenfalls Betrachtung. Theorie und Kontemplation sind einander nahe; das aristotelische Leben in der Theorie heißt lateinisch vita contemplativa. Beide sind auf der hohen Stufe ungegenständlich. Aber der Unterschied ihrer Techniken ist lehrreich. Die Theorie trennt zwischen Urteil und Handlung. Die Meditation trennt zwischen Geschehenlassen und Tun; und das urteilende Denken ist noch ein Tun.

Hiermit beende ich die begriffliche Aufarbeitung der Augenzeugenberichte. Die Frage drängt sich auf: Wohin führt der Weg?

Schlußwort: Wohin führt der Weg?

Die Krise

In welchem Ton dürfen wir von der Zukunft sprechen?

Der Verfasser hat sich in politischen Büchern schon zweimal * vor der Aufgabe gesehen, nach einer Analyse der Gegenwart zuletzt einen Blick auf die Möglichkeiten der Zukunft zu werfen. In beiden Fällen ging er von den hart analysierbaren politischen, zumal außen- und rüstungspolitischen Problemen aus und versuchte schrittweise eine Wahrnehmung ihres wirtschaftlichen, gesellschaftlichen, kulturellen, seelischen Hintergrunds zu gewinnen. Zumal in der späteren dieser Darstellungen, 1981, die mit dem Symptomenkomplex des »Wankens der großen Entwürfe« begann **, war die Wahrnehmung einer übergroßen Bedrohung, einer wahrscheinlichen Weltkrise, unausweichlich. Die Pflicht der politischen Verantwortung des Staats- und Weltbürgers nötigte den Verfasser, nicht mit der Krisenerwartung, sondern mit möglichen Schritten in der Gefahr zu enden.

Das gegenwärtige Buch geht gerade von dieser Krisenwahrnehmung aus. Es ist kein politisches Buch; es zielt nicht auf konkrete Handlungsanweisungen. Es nimmt das seelische Vermögen der Wahrnehmung ernst. Es versucht, durch die bunte Kette der Augenzeugen, den Weg unserer neuzeitlichen Kultur wahrzunehmen. Die begriffliche Arbeit aber, in der es endet, bestätigt die Krise, die als seelisch-kulturelles Phänomen schon unterwegs ist. Eine Zusammenfassung sei erlaubt:

Als ein neuzeitliches Leitmotiv erschien uns der Titanismus. Titanismus ist ein Machtanspruch, ein Allmachtstraum. Der Machtkonflikt ist eine uralte Figur menschlichen Zusammen-

* »Wege in der Gefahr« (1976), »Der bedrohte Friede« (1981); jeweils die Schlußkapitel.

** »Der bedrohte Friede«, S. 593ff.

lebens; in seiner Isoliertheit kann er nur tragisch sein. Die Struktur der neuzeitlichen Theorie und politischen Moral zeigte sich uns als machtförmig. Eben diese Struktur aber bedeutet eine Verengung des Wahrnehmungsvermögens. Einer der Blicköffner über diese verengte Wahrnehmung hinaus ist die Kunst. Die moderne Kunst aber erwies sich als der unbestechlichste Krisenseismograph. Die Religion war nicht nur einst Träger der Einheit einer Kultur; sie enthält in sich selbst die Dynamik der notwendigen, der geforderten Krise. Seit Jahrtausenden hat sie den Widerstand gegen die Welt der Macht und, wenigstens in ihrer jüdisch-christlichen Gestalt, die messianische Erwartung des Endes dieser Machtwelt entwickelt. Sie war stark, solange sie hieran glaubte, hilflos, wo sie diesen Glauben verlor.

Wenn die früheren Schlußbetrachtungen von der Politik zur Seele der Kultur vorzudringen suchten, so mag es nützlich sein, diesmal für einen Augenblick die Richtung der Frage umzukehren, von der Kultur zur Politik. Das gegenwärtige Buch enthält einen einzigen Text politischer Analyse, den Aufsatz über Kennan und die Politik der Weltmächte. Die politische Gestalt, in der wir uns heute den manifesten Ausbruch der Krise vorstellen können, ist der Krieg zwischen den beiden Weltmächten. Kennan, Uramerikaner und einstmals aktiver Diplomat seines Landes, und zugleich der wohl beste Kenner russischer Geschichte und Politik, ist vom Schicksal prädestiniert, den Ursprung der amerikanisch-russischen Konfrontation darzustellen und ihre Zukunftsaussichten abzuschätzen. Wir lernen von ihm, welche gegenseitigen Fehlwahrnehmungen die Konfrontation verschärft und aus der Gestalt der unvermeidlichen Fremdheit zweier nationalen Traditionen in die Gestalt fast unüberwindlicher gegenseitiger Angst und Verteufelung überführt haben. Dabei gehört Kennan, eben darin echt amerikanisch, nicht zu denjenigen Historikern, die eine periodische Wiederkehr hegemonialer Kriege für unvermeidlich halten. Er sieht, daß die beiden Mächte sehr wohl miteinander in einer Welt leben könnten, wenn sie fähig wären, einander so wahrzunehmen, wie sie wirklich sind. Vor dem Hintergrund eines Geschichtsbildes, das die wiederkehrende Tragik der Macht mehr in den Mittelpunkt rückt, wird die Tragik des vergeblichen Versuchs von Kennan, seine Nation zu realer außenpolitischer Wahrnehmung zu erziehen, nicht geringer, aber vielleicht verständlicher. Amerika und Rußland gehen den Weg, den Hegemonialmächte zu gehen pflegen.

Politische Verantwortung gestattet nicht, eine drohende politische Katastrophe als unvermeidlich und unbegrenzbar hinzunehmen; deshalb Wege in der Gefahr. Die Krise der Seele einer Kultur zeigt aber noch ein anderes Gesicht. Wer die Geschichte des neuzeitlichen Titanismus verfolgt hat, der muß wissen, daß seine Krise notwendig und wünschenswert ist. Es gibt keine Reifung ohne Krisen, weder im Leben eines Individuums noch im Leben einer Kultur. Jede tief begründete Krise führt freilich, im psychischen Erleben und oft auch in der äußeren Realität, an den Rand des Todes. Es gibt Krisen, die nicht mit Reifung, sondern mit dem Tod enden. Die Pflicht des Arztes ist, den Kranken, wenn er vermag, heil durch die Krise zu führen; jede Krise zu verhindern, ist vom Arzt nicht gefordert.

Unsere Frage »Wohin führt der Weg?« nimmt unter diesem Aspekt eine konkrete Gestalt an. Sie kann dann lauten: Welche Ziele muß eine Krise unserer Kultur erreichbar machen, wenn sie eine Reifungskrise und nicht eine Krise zum Tode sein soll? Ich nenne deren hier drei, je eines in den drei Feldern der Moral, der Theorie und der Wahrnehmung.

Ziele

Die Notwendigkeit einer neuen politischen Moral

Drei Ebenen sind zu unterscheiden: die der Legalität, der Moralität, der Nächstenliebe. Recht und Moral sind Regelsysteme, also lebensnotwendige Isolierungen von Verhaltensweisen. Nächstenliebe ist der speziell christliche Name einer umfassenden Fähigkeit des Menschen: der zugewandten Wahrnehmung des Mitmenschen. Zu ihrer Charakterisierung wiederhole ich oft Gesagtes in kurzer Form *. Die reifste Form des Prinzips aller Moral ist wohl Kants kategorischer Imperativ, der fordert, daß die Maxime meines Handelns jederzeit geeignet sein müsse, Prinzip einer allgemeinen Gesetzgebung zu sein. Er fordert also die vernünftige Allgemeinheit der Normen. Eine andere Version fordert, im Mitmenschen sein Menschsein ** jederzeit nicht als Mittel, sondern als Zweck anzusehen. Kant unterscheidet Legalität als Handeln gemäß dem Gebot, von Moralität als Handeln aus Achtung vor dem Gebot. Diese Unterscheidung liegt dem freiheitlichen Rechtsstaat zugrunde, der als Staat die Legalität der Handlungen seiner Bürger fordert, ihre Moralität aber nicht überprüft. Ich halte dieses Prinzip für eine der größten *moralischen* Errungenschaften der Neuzeit. Es gibt menschliche Instanzen, die über die Legalität der Handlungen ihrer Mitmenschen zu urteilen befugt sind. Es gibt keine menschliche Instanz, die über die Moralität ihrer Mitmenschen zu urteilen befugt ist. Die selbstgerechte Moral, die abgründig böse wird, ist eben diejenige, die diese Unterscheidung nicht macht. Legalität darf ich vom Mitbürger fordern, Moralität habe ich von mir selbst zu fordern. In der Nächstenliebe darf ich dem Mitmenschen zumuten, daß auch er von sich die Moralität zu fordern habe. Das Handlungsprinzip der Nächstenliebe aber hat Augustinus formuliert: Ama et fac quod vis, d. h. liebe, und tu, was du dann wirst wollen können. Dies drückt die Einheit von Wahrnehmung,

* Vgl. oben »Moral und Politik«.

** Kants heute sprachlich veralteter Ausdruck heißt »die Menschheit«.

Affekt und Urteil aus, eben die zugewandte Wahrnehmung des Mitmenschen.

In den großen moralischen und politischen Krisen der Menschheit war stets die Frage, auf welcher der Ebenen die jeweilige Forderung gemeint war. Die luxurierende Moral der Hochreligionen meinte stets die Einheit, die uns Heutigen als Einheit von Wahrnehmung, Affekt und Urteil, mit den dann selbstverständlichen Konsequenzen für das Handeln, erscheint. Sie meinte die Nächstenliebe. Dies gilt auch dort, wo, wie im Buddhismus, auf den hohen Stufen des meditativen Wegs der Reihe nach auf das Handeln, auf den Affekt, auf das Urteil und auf die gegenständliche Wahrnehmung verzichtet wird. Denn die Vorstufen sind liebevolles Handeln, liebevolles Urteilen, liebevolles Wahrnehmen; die höchste Stufe ist Wahrnehmung der ungegenständlichen Einheit selbst; und der ins Leben der Mitmenschen zurückgekehrte Meditierende wird nun erst wahrhaft liebevoll handeln, urteilen und wahrnehmen können. Und in der Bergpredigt drücken die Verschärfungen der Gebote durch das »Ich aber sage euch...« eben das aus, was der Liebende wird wollen können.

Es ist denkbar, daß gerade eine katastrophale Gestalt der kommenden Krise durch eine furchtbare seelische Erschütterung das Tor zu dieser höchsten Liebeserfahrung bei mehr Menschen öffnen wird als je zuvor. Wenn ich von der Notwendigkeit einer neuen politischen Moral spreche, so sehe ich es im Lichte dieser Möglichkeit. Aber ich spreche eine sehr viel bescheidenere Forderung aus. Was zum Überleben notwendig sein wird, kann man am leichtesten in der Ebene der Legalität sagen.

In der Sprache des Aufklärungszeitalters sagt Kant, daß *in* den Staaten heute der bürgerliche Zustand, *zwischen* den Staaten aber noch der Naturzustand herrscht. Bürgerlicher Zustand heißt hier Legalität, also Geltung und Durchsetzbarkeit des Rechtes. Naturzustand heißt Fehlen oder Undurchsetzbarkeit des Rechts, also eine nicht durch die Vernunft gehemmte Machtkonkurrenz. Nun hat die Neuzeit unseren Planeten zu einer technischen Einheit zusammengeschlossen; alle Völker sind von jeder modernen Machtmitte aus technisch erreichbar, und alle Völker sind durch die Weltwirtschaft funktional verbunden. Ich behaupte: Für diese technisch einheitliche Welt ist die weltweite Geltung einer durchsetzbaren Legalität eine notwendige Bedingung des Überlebens. Diese Legalität zu fordern aber bedeutet einen moralischen Impuls. Wenn die Forderung im Ernst universal erhoben würde, wäre sie eine moralische Revolution. Das »im Ernst« heißt vor allem, daß der Fordernde die Forderung nicht bloß an die Andern, sondern primär auch an sich selbst richtet. Und diese moralische Revolution ist notwendig. Sie ist das erste der notwendigen Ziele der Bewußtseinskrise.

Es ist nicht Aufgabe dieses Buchs, Gestalt und Folgen einer solchen Revolution zu beschreiben. Solche Beschreibung kann nur stückweise möglich werden. Nicht nur, weil unsere konkrete politische Phantasie nicht ausreicht, sondern weil erst die Spontaneität, also die Erschütterung, das notwendige Handeln möglich, ja denkbar macht. Es sei nur die einfache Struktur der Forderung noch einmal hervorgehoben. Sie ist die bescheidenste mögliche Forderung: die der Legalität. Dies ernstlich zu wollen, ist aber selbst ein Akt einer hohen, unüblichen Moralität. Und dieses Wollen wird nur durchzuhalten sein durch die affektive Nahrung der Nächstenliebe.

Das Erwachsenwerden der Wissenschaft

Dies ist eine bescheidenere, aber wichtige Forderung an die Theorie. Im gegenwärtigen Buch ist sie im Vortrag »Als Physiker zwischen Philosophie und Politik« (S. 329–348) auf die Formel zusammengezogen: Die Wissenschaft ist für ihre Folgen verantwortlich. In einem Aufsatz »Wissenschaft und Menschheitskrise«* habe ich die Struktur des Erwachsenwerdens der Wissenschaft, ihrer Reifung zur Erkenntnis ihrer Verantwortung, in vier Thesen angedeutet:

A. Der Grundwert der Wissenschaft ist die reine Erkenntnis.
B. Eben die Folgen der reinen Erkenntnis verändern unaufhaltsam die Welt.

* In DIE ZEIT, 10. 10. 1980, dort unter dem Titel: »Die Wissenschaft ist noch nicht erwachsen.« Abgedruckt in »Der bedrohte Friede« (1981), S. 559-568.

C. Es gehört zur Verantwortung der Wissenschaft, diesen Zusammenhang von Erkenntnis und Weltveränderung zu erkennen.
D. Diese Erkenntnis würde den Begriff der Erkenntnis selbst verändern.

Man sieht den moralischen Charakter der Forderung. Aber die Thesen sagen nicht, was der Wissenschaftler tun soll. Sie sagen, wie sich sein Bewußtsein unweigerlich verwandeln wird, wenn er den Tatsachen ins Auge schaut. Wie wird er dann handeln? Ama, et fac quod vis!

Die Begegnung der Religionen

Dies ist überhaupt keine Forderung, sondern die Schilderung eines unausweichlichen Geschehens im Felde der Wahrnehmung.

Die klassischen Weltreligionen begegnen sich. Sie können einander nicht ausweichen. Diejenigen der westlichen Tradition, Judentum, Christentum, Islam, geraten dabei in ein besonderes Problem durch den in ihnen traditionellen Anspruch alleiniger Wahrheit. Dieser Anspruch wurzelt in der altjüdischen Auseinandersetzung der damals neuen Erkenntnis des unbedingt Guten und Bösen mit den umgebenden Natur- und Staatsreligionen. D. h. er wurzelt in der notwendigen Intoleranz einer neuen Wahrheit, zumal einer Wahrheit der scharfen Scheidung. Die Intoleranz wurde später nur gegen den jeweiligen Vorläufer in dieser Reihe gemildert. Für die Christen ist die jüdische Bibel das »Alte Testament«, weisen die jüdischen Propheten auf Christus voraus. Für Mohammed sind Moses und Jesus seine prophetischen Vorgänger. Für die Juden aber war Jesus der falsche Messias, für die Christen war Mohammed der Lügenprophet. Die asiatischen Religionen haben es leichter mit der Toleranz, da sie weder den ausschließlichen jüdischen Gottesbund noch die griechische Logik geerbt haben. Die europäische Aufklärung hat Toleranz zu einer legitimen Forderung der politischen Moral gemacht. Aber Toleranz ist nicht die Lösung des Problems. Man kann Wahrheit in einer Haltung politischer Toleranz vertreten. Von der Frage, was wahr ist, wird man dadurch nicht dispensiert. Historisch ist die Toleranz der Aufklärung durchsetzbar gewesen, weil man schon am Wahrheitsanspruch der Bekenntnisse zu zweifeln begonnen hatte, und schließlich hat diese Toleranz die Privatisierung und damit das Irrelevantwerden der Religion eingeleitet.

Es ist denkbar, daß sich in einer aufgeklärt-neuzeitlichen Weltkultur die Religionen als »Privatsachen« schiedlich-friedlich miteinander arrangieren werden. Das würde eine essentiell irreligiöse Weltkultur bedeuten. Wenn aber die Krise der Neuzeit notwendig und berechtigt ist, so könnte auch eine ganz andere Entwicklung geschehen. Außer in seltenen Augenblikken kennen die Religionen einander bisher nur äußerlich: nicht wie verschiedene Organe eines Leibs, sondern wie unvereinbare Stammeskulturen. In der ungeheuren Erschütterung einer wirklichen Krise könnte diese äußerliche Wahrnehmungsweise wie ein Kartenhaus zusammenbrechen. Es könnte dann mehr Menschen als bisher geschenkt werden, das wahrzunehmen, was sie zuvor in ihren Religionen oder Aufklärungshoffnungen nur geglaubt haben. Dies wäre das Ende der Intoleranz der Gläubigen, der Selbstgerechtigkeit der Moral und der titanischen Planungsallmacht der Neuzeit. Ein Auge wäre aufgetan.

Sachregister

Personenregister

Deutsche Geschichte der neuesten Zeit

Herausgegeben von Martin Broszat, Wolfgang Benz und Hermann Graml

Peter Burg:
Der Wiener Kongreß
dtv 4501

Michael Stürmer:
Die Reichsgründung
dtv 4504

Horst Möller:
Weimar
dtv 4512

Martin Broszat:
Die Machtergreifung
dtv 4516

Wolfgang Benz:
Die Gründung der Bundesrepublik
dtv 4523

Dietrich Staritz:
Die Gründung der DDR
dtv 4524